なぜ大国は衰退するのか

古代ローマから現代まで

グレン・ハバード
ティム・ケイン
久保恵美子＝訳

日経ビジネス人文庫

謝辞

本書の準備にあたり、著者らは多方面から支援をいただいた。著者らの代理人のアンドリュー・ワイリーは、本書の当初の構想段階でわれわれを励ます力になってくれた。そして、幸いにもエディターのベン・ローネン氏の指揮するサイモン&シュスター社のチームが、それを形にするのを支援してくれた。フナツ・ナオコ、ジュリエット・ギンズバーグ、エミリー・オーダン、ティム・マー、イブリン・スミス、ブラッド・ストラングの各氏が研究を支援して下さったことに最大の感謝を申し上げる。ウィルヘルミナ・サンフォードは、どんなに夜遅くに彼女の助けを求めたときでも、対話やミーティング、編集の機会を調整して、著者らの共同作業が円滑に進むようにしてくれた。

われわれの家族とわが国の未来に捧げる。

目次

なぜ大国は衰退するのか——古代ローマから現代まで

第1章 序論

台座にはこう記されている

「わが名はオジマンディアス、王のなかの王
全能の神よ、わが事績を見て絶望するがよい！」
そのほかに残るものは何もなく
この荒れ果てた巨大な廃墟のまわりには
果てしない砂漠がただ一面に広がるのみ
——パーシー・ビッシュ・シェリー「オジマンディアス」より

第一次世界大戦前夜の時期にあたる百年前の人々の生活水準は、こんにちとは比べものにならないほど低かった。それは統計値からも読みとれる。当時の西欧の住民の平均年収は三千七十七ドルで、英国や米国でもそれより千ドルほど高いだけだった(1)。一九一三年には誰もテレビや抗生物質をもっておらず、ましてコンピューターなどどこにもなかった。そして千

年前の生活はさらに悲惨だった。西暦一〇〇〇年ごろの人々の平均年収は、北東アジア以外では世界のどの地域でも四百ドル相当だったと推定されており、北東アジアではそれより五十ドルほど高かった。哲学者らが言うように、当時の人間は一般に「厄介で野蛮な、しかも短い」人生を送っていたが、おそらく自然に囲まれて暮らしていた人々よりも都市の住民のほうがその傾向は強かっただろう。しかし、二千年前までさかのぼると、悲惨な歴史の海にぽっかりと島が現れたように登場した文明のなかで、人々は豊かで幸せな生活を送っていた。ローマ皇帝カエサル・アウグストゥスはパラティーノの丘の上にささやかな住居を建て、そこから大理石の建物の並ぶローマの町と、それと同じ名前の複合的な帝国を支配した。百年にわたる内戦の時代をへて訪れた、アウグストゥスの統治によるローマ帝国の繁栄は四十年ほど続き、西暦一三年は彼が死を迎える前の最後の一年になった。歴史家は豊かで安定した帝国の成立を彼の功績とし、このパクス・ロマーナ（ローマの平和）の時代はその後何百年も続いた。しかし、ローマ帝国は永遠には続かなかった。おそらく持ちこたえられなかったのだ。アウグストゥス後のローマ皇帝らの三百年にわたる治世において、延々と続く政治的停滞や経済の活力の低下といった問題が解決されることはなかった。それはなぜなのだろうか。

本書で検討するのは帝国のあり方ではなく、人類史上の大国の経済に関するデータや具体的な事実であり、このテーマを「偉大なる指導者、軍隊、文化の物語」として捉えてきた歴史家の業績をふまえて論じていく。この世に永遠に続くものは何もない。無数の研究者のおかげで、私たちの世代はこの謎をかつてなく深く理解できるようになった。本書がそれに付け加えようとしているのは、著者らの独特な経済学の領域から生じた成果である。本来、この経済学は世界をきわめて不自然な形で解釈するものである。つまり、財やサービスの市場だけでなく、威信、安全保障、政治的権力などの市場における「供給」や「需要」、「インセンティブ」、「制約」なども分析対象にしているのだ。

四半世紀前、イェール大学の歴史学者のポール・ケネディは著書『大国の興亡』で、世界情勢を形成する根底的な力について権威ある概論を示した。そして、歴史上の出来事の大半を左右してきた軍事的・外交的な力のおもな基盤は、相対的な経済力だったという鋭い解釈を読者に提示した。(2) 近年では、これまでになかったような歴史的データがつぎつぎに発表されたおかげで、歴史上の大国を改めて検証することが可能になっている。

ローマ帝国を考えてみよう。現在では多くの人々がローマ帝国を一極集中的な国だったと考え、現代のパクス・アメリカーナ（米国の平和）の知性面でのルーツだと捉えている。また、一般によく想像されるのは、ドナウ川の対岸に何千人と集まったゲルマン人らが、戦闘用の斧や盾を打ち鳴らして侵略を始めようとしている図である。大国とは、結局は野蛮人の群れに屈するものだと私たちは教えられてきた。「熱い門」を意味するテルモピュライという地で、三百人のスパルタ軍がペルシャ軍と戦った大昔の戦争から、ファシズムに支配された暗黒のヨーロッパ大陸に誇り高き英国が抵抗した第二次世界大戦期、そして聖戦《ジハード》を掲げるテロリストとの現代の戦いにいたるまで、このイメージは歴史に何度も当てはめられてきた。しかし、この英雄的なイメージはきわめて魅力的な幻想だと理解しなければならない。もちろん、軍事的敗北は大国の衰退をもっともよく示すものだが、前兆と原因を混同してきた歴史観は誤っている。また、日常の通貨や債務証券、生産性指標などが国の将来を決めるという考えからも距離をおくべきである。しかし、少なくとも、国の運命を真に決めるのは軍事力だけ、あるいは経済力だけではなく、この二つの組み合わせであることは認めなければならない。

西暦三七八年八月九日に起きたハドリアノポリス（アドリアノープル）の戦いは、ローマ帝国の衰退・滅亡の過程における転換点とするのにもっともふさわしい事件である。同帝国に侵入してきたゲルマン系のゴート族は、皇帝ヴァレンスがみずから率いるローマ帝国軍によって、ハドリアノポリス（現在のトルコの都市であるエディルネの近郊にあった町）の近くまで追い詰められた。ヴァレンスはこれを最後に、ゴート族を完全に追い払いたいと思っていた。しかし、この日、ローマ軍はただの敗北にとどまらない壊滅的な打撃を受け、ヴァレンス帝はほとんどの高級将校や司令官、兵士らとともに戦死した。ローマ帝国の弱体化が招いた百年にわたるゲルマン系民族の侵入によって、同帝国はさらに縮小し、ついには偉大な都市ローマそのものが陥落した。

ハドリアノポリスの戦いのこうした説明はある程度正しいものの、要点を外している。まず、ウァレンス帝が戦死する前に、ローマ帝国の内部はすでに腐敗していた。それが数十年ではなく数百年にわたって続いていたのである。さらに重要なのは、そもそもゴート族がなぜ戦っていたのかがこの説明では誤解されていることだ。彼らはローマ帝国を侵略していたのではなく、ローマという同盟国に反抗していたのであり、それは彼らにとって略奪以外に飢えをしのぐ方法がなかったからだった。三七六年にフン族から逃れてきたゴート族は、ローマ軍の新たな同盟者としてドナウ川の南方に定住することを認められた。しかし、ウァレンス帝は彼らに新しい土地や食料を約束するという不適切な対応をして、彼らを別の都市へ移らせた。これは〝死の行軍〟になってしまった。その都市はゴート族が入ってくるのを拒否したのだ。ゴート族が反乱を起こしたのは当然だったが、彼らが勝利したことによって、ローマ帝国がすでに大きく弱体化していたことが証明された。この歴史のひとこまからは、ケネディの主張とは逆に、ローマ帝国の衰退の原因が、その規模が大きくなりすぎたことや何らかの外的な脅威ではなかったことがわかる。このことは、偉大な文明の存続を脅かす要因としては、国境に押し寄せる異邦人よりも、その文明がみずから生み出した内部の経済的不均衡のほうが重大であることを示しており、これは古代ローマ帝国から現代ヨーロッパにいたるまでの歴史にも当てはまる。

たとえば、政治面での過剰な中央集権化は帝国の衰退の一般的な要因であり、通常はこうした集権化の実現から百年以降に衰退が始まる。明朝中国で同国の船団を指揮した鄭和《ていわ》の七回にわたる大航海の話を知っている欧米人は多い。十五世紀半ばにとつぜん内向的になっていなかったら、明はクリストファー・コロンブスによる新大陸発見より百年も前に世界を支配していたかもしれない。これが本質的にきわめて劇的で、しかも経済的な話であることを理解している人はほとんどいない。一四〇二～二四年にかけて明を支配した永楽帝は、儒教を信奉する行政官らによる制限的な貿易政策の転換を命じた。そして、日本、フィリピン、インド、さらにはそれより遠い国々に貿易使節を送り、強力な海軍に資金を提供して海賊を撲滅させた。ところが、明が中央集権化していたために、永楽帝の次の皇帝は貿易を打ち切り、その次の皇帝はそれを再開させ、さらにその次の皇帝がそれを打ち切るという展開になった。明の宝だった大船団の船は、最終的には皇帝じきじきの命令によって港で破壊された。この行為が示唆するメッセージを裏づけるため、外洋航行用の船の建造は死に値する罪であるとの勅令も出された。

帝国や国家は、経済面で作用している構造的な力を理解せずにバランスを失ってしまうことがよくある。いっぽう、国の支配者らはこうした力をたとえ理解していても、それに適応できないことが多い。これが現代の大国にも当てはまるのは不気味であり、また興味深いことでもある。スペイン帝国の支配者らは、米大陸から船で運ばれてきた銀が国中にあふれていたにもかかわらず、何度も破産に追いこまれた。彼らはライバル国の力を高めた〝生産性革命〟に気づかないままだったのだ。また、一九〇〇年になると、産業力の面でヨーロッパ大陸諸国に追いつかれた英国はパニックに陥った。自国の相対的な衰退を半ば否定していた英国にとって、その植民地と自由貿易以上の関係を築いていくことは考えられなかった。

もし経済面での米国の世界的な影響力が絶える日が来るならば、歴史上のいくつもの大国が通ってきた道に米国を押しやる力になるのは、財政の均衡の破綻であると言ってほぼ間違いないだろう。債券格付会社のムーディーズが発する小さな信用不安の警告や、債務限度をめぐる熾烈な政治闘争といった、いま聞こえているひび割れの音は、米国の存続を脅かす唯一の要因が米国自体から生じていることを裏づけている。

歴史を経済学のレンズを通じてひとたび眺めると、二度と過去は振り返れなくなる。歴史は人間のドラマをはるかに超えるものになり、後世から見れば不合理に思える政策選択が驚くほど周期的に繰り返されてきたことがわかる。本書のテーマのひとつは、政治的制度はたいていてい変化が遅すぎて、経済面での事実の変化に適応できないことである。著者らの衰退論が制度面に焦点を当てていることは、とくに独創的でも、今の時期ならではのことでもない。この研究分野の草分けは経済学者・社会学者のマンサー・オルソン（一九三二〜九八年）で、一九八二年に出版された彼の著書『国家興亡論』はとくに先駆的な業績である。また、政治学者のフランシス・フクヤマは、一九八九年に発表した先見的な論文「歴史の終わり」で一躍注目を浴び、それ以来この分野の代表的な研究者になった(3)。また、嬉しいことに、二〇〇一二年に出版されたダロン・アセモグルとジェームズ・ロビンソンの共著『国家はなぜ衰退するのか』では、著者らと共通の主張が示されている。この本は彼らの数十年にわたる経済的制度に関する学術研究を公開したものであり、長期的な経済成長が実現するなかで「包括的」な制度が「収奪的」な制度を打倒することや、法の支配や財産権などのきわめて重要な制度の政治的ルーツを、説得力豊かに説明している。

いっぽう、本書が新たに示すのは経済力を測定する新たな方法である。経済力とは、日常会話によく登場するものの決して明確に定義されたことのない、漠然とした概念である。また、本書ではかつて繁栄していた社会について、それがそもそもどのように発展したかではなく、政治的・経済的な停滞にどう至ったかを分析する。本書の大部分は大国が陥った不均衡の研究であるが、この不均衡はつねに経済的なものなのだ。そして最終的にはこれらの教訓をもとに、米国がまさに陥ろうとしている不均衡に注目する。著者らは学者としてだけでなく、政策アドバイザーとしての立場からもこれを論じる。

米国の存亡に関わる脅威とは財政問題である

こんにちの米国は財政の不均衡に直面しており、これは経済や国力の面における米国の世界的な主導権を脅かしている。この脅威を生み出しているのは国外の敵ではなく、長期的な財政規律の崩壊である。近年、米国の財政赤字は毎年およそ一兆ドルずつ増え続けている。これは、おおまかに言えば、三兆ドルの歳出に対して税収が二兆ドルしかないことの計算結果である。読者諸氏はもちろん、ここで論じているのがいわゆる「財政の崖（二〇一二年に終結した政治的な膠着状態の呼び名）」よりもずっと大きなジレンマであることにお気づきだろう。実際のところ財政の崖の問題は、過去四十年間にわたって深刻さを増してきた物語のほんの短い一章にすぎない。

ハーバード大学の経済学者であるカーメン・ラインハートとケネス・ロゴフの最近の研究によると、国内総生産（GDP）に対する債務総額の比率が九十パーセントを超えた国は衰退への転換点を迎えるという(4)。いまや財政赤字が毎年GDPの五〜十パーセントを占め、債務総額の対GDP比が約七十パーセントにのぼる米国は、不均衡の限界点へ急速に向かっている。これは経済学者の総意だが、政治家の総意はかなり異なっている。政治家はどの党の党員であれ行動を起こすことには後ろ向きであり、「財政赤字は問題ではない」と主張するか、財政赤字は〝あとで〟、つまり目下の不景気、選挙、干魃《かんばつ》、その他もろもろの危機が数年後に終わったら解消すべきだと言っている（またはその二つを同時に主張している）。実際、米国は近年の比較的低い金利のもとで国家債務の急増を免れているが、それは米国以上に危ういヨーロッパの公的債務との歪んだ対比のおかげである。米国は〝最後の借り手〟であり、全世界で債務を抱えた国家が増えすぎた状況のなかでは安全な避難場所なのだ。

政治家だけでなく経済学者のあいだでも意見が分かれているのは、この財政ギャップをどう埋めるかである。二〇一〇年にオバマ大統領が設置したボウルス・シンプソン委員会をはじめ、さまざまな優良団体が予算を是正する無数の案を提出している。一九八〇年の大統領選でロナルド・レーガンがこの問題に焦点を当てて以来、何百もの同様の策が提案されてきた。さらに別の解決案を出すことも可能ではあるが、もはや最善の経済政策でさえ問題を解決してくれるとは思えなくなってしまった。不均衡に陥ったのは経済だけではないし、財政赤字の天井知らずの増大は数学的な問題ではない。それらはプロセスの問題、すなわち政治的な問題なのである。

米国の連邦予算を是正する多くの案は理論的には効果のあるものだが、どれも実行に移されてはいない。米国の政治制度はそれらに対応できないのだ。この脅威に対処するには米国政府が変化しなければならない。米国の政治の停滞に注目したのが、政治学者のトーマス・E・マンとノーマン・J・オーンスタインの共著『事態は見かけより悪化している――米国の憲法制度は過激主義の新たな政治といかに衝突するか（*It's Even Worse Than It Looks: How the American Constitutional System Collided with the New politics of Extremism*）』である。マンとオーンスタインは政治的な分極化を核心的なジレンマとして指摘しているものの、ある政党を他の政党よりも強く批判していることに著者らは同意できない。制度派経済学の分野では、米国で政党が成立するずっと前から停滞のパターンが歴史的に記録されてきたが、マンとオーンスタインはそれを認識していないようだ。

制度は私たちの集団的な行動を左右する「ゲームのルール」である。経済的な制度の一例は特許で、これは政府が発明者に対し、その人の許可なく発明のアイデアが誰かに模倣されるのを防ぐために付与するものである。特許とは何か無形のものに対する財産権だと考えればよい。さらに基本的な制度は政治的制度で、たとえば法律を適用・施行する政府高官と立法者のあいだの「抑制と均衡（チェック・アンド・バランス）」といった概念がそうである。ときには既存のルールで抑制しにくい行動が現れることもあり、そうしたルールの歪曲は一般に新たなルールでしか阻止できない。

プロスポーツの世界を考えてみると、そうしたルールの歪曲のジレンマがわかりやすくなる。サッカーや野球などの一部のスポーツは保守的な傾向があり、ルールの変更をほとんど認めない。これに対し、アメリカン・フットボールやバスケットボールはルールの見直しにずっと寛容で、試合でのプレーが進化したことによって人気が高まり、経済的にも成功した。

フットボールの選手は昔から、敵のクォーターバックを負傷させれば敵チームが勝つチャンスを潰せる可能性があることを承知していた。これに対し、ナショナル・フットボール・リーグ（NFL）は選手を保護するためにルールを微調整してきた。クォーターバックのもつボールがパスされてその手を離れたあとに、「そのクォーターバックに対してラフプレーをする」ことは、一九三八年に反則とされた。さらに、NFLでは一九四三年にヘルメットの着用が義務づけられた。低位置での「チョップ」・ブロックも、数十年にわたる絶え間ないルール改正によって禁止されてきた。ブロックの仕方が進化するにつれて、ルールもまた進化したのである。最近ではヘルメットどうしをぶつけて脳震盪を起こさせる例が多発しているが、これは現行のルールでは防ぎにくいことがわかっている。NFLはルールの改定に動いており、新しい種類のヘルメットを義務づける可能性すらある。(5)

こうした行動とルールのいたちごっこは国家や経済にも当てはまる。経済と政治のそうした相互作用は、試行錯誤の過程として捉えることもできる。各国政府は長年、国の不安定化を最小限にとどめながら最大限の繁栄をもたらす、〝法律と行動の適切なバランス〟の発見を競い合ってきた。残念ながら、新しい行動の結果（自国の貨幣の質を下げたことによる物価の高騰など）は、もはや手遅れになるまで適切に理解されないことが多い。「それは指導者たちが政策の悪影響を理解していないだけだ」という意見を、アセモグルとロビンソンは「無知説」と呼んでいる。彼らはそうした考えに異議を唱えているものの、無知説が当てはまらない対象を近現代の発展過程に限定している。(6) 国際援助機関は、諸外国の支配者は悪意があるのではなく無知なのだという仮定にもとづいて任務をおこなっているが、それが逆効果をもたらすおめでたい考え方であることには著者らも同意する。そして、この無知説は西暦三〇一年のローマ帝国に対してもほとんど当てはまらないのだ。

無知が原因ではない場合でも、歪んだインセンティブは問題を引き起こす。大統領や議員らは政策の良し悪しはたいていわかっているが、彼らのインセンティブは長期的な国の成長ではなく、みずからの再選という短期的要因であり、これは代表民主制に特有の問題である。それについて有益な教訓を示しているのが貿易政策である。国が関税を低減して「自由」貿易協定を結ぶ開放政策を認めても、多くの産業界は非関税障壁を求めてロビー活動をおこなう(日本での輸入牛肉に対する規制や、ヨーロッパでの遺伝子組み換え作物に対する規制などがその例である)。アダム・スミス以来、経済学者らが重商主義は非生産的であると主張してきたにもかかわらず、管理貿易の誘惑は選挙シーズンに入るときわめて強力になる。政治的にはまったく合理的な政策が、経済的には不合理なこともあるのだ。

民主制において経済と政治の関係が緊張するのは正常であり、経済的に致命的な事態にまでは至らないのが普通である。利己的な政治の行き過ぎは、政治家の見識によって防がれる。適切な政策よりも政治的な駆け引きのほうが圧倒的に優先されてしまう場合でも、国際的な競争によってそのバランスが是正されることが多い(新規事業をもっとも簡単に、最短の時間と最少の事務手続きで立ち上げられる国はどこか、革新的で起業家精神のある移民を歓迎する国はどこか、など)。しかし、現代の福祉国家(政府が積極的に給付金を交付する、いわゆるエンタイトルメント国家)に関連する要因によって、良い経済と悪い政治のバランスがとれなくなってしまっている。

エンタイトルメント国家

この数十年のあいだに、現代国家は賢明なリーダーシップや国際競争でも抑制されない、新たな行動をとるようになった。その徴候は、ほぼすべての先進工業国で財政の不均衡が進行している、つまり例年の財政赤字が積み重なって債務が膨らんでいることに表れている。米国では、経済規模に対する「公共が所有する負債（州、企業、個人、外国政府などが所有する連邦政府の負債）」の比率が近年もっとも低かったのは一九七四年であり、同負債額はGDPの二十三・九パーセント、実質ドルで三千四百四十億ドルだった。これが現在ではGDPの約七十五パーセント、十一兆五千七百八十億ドルにのぼっている（注＝この数字には政府勘定上の負債額は含まれない）[7]。いっぽう、ヨーロッパ中央銀行の報告によると、ユーロ圏加盟諸国の二〇一〇年における同負債額の対GDP比は、上はイタリアの百十九パーセント、ギリシャの百四十三パーセントから、下はエストニアの六・六パーセントまでの幅があった[8]。多額の負債の利払いは、金利が上昇した場合には通常の政府機能を妨げる大きな支出項目になる。つまり、利払いが多くなれば、教育や防衛問題の研究に対する政府の資金提供力が低下するのである。

米国の現在の負債が憂慮すべき水準に及んでいるのは、財政赤字拡大のパターンが平時

図1　米国における国家債務の対GDP比の推移

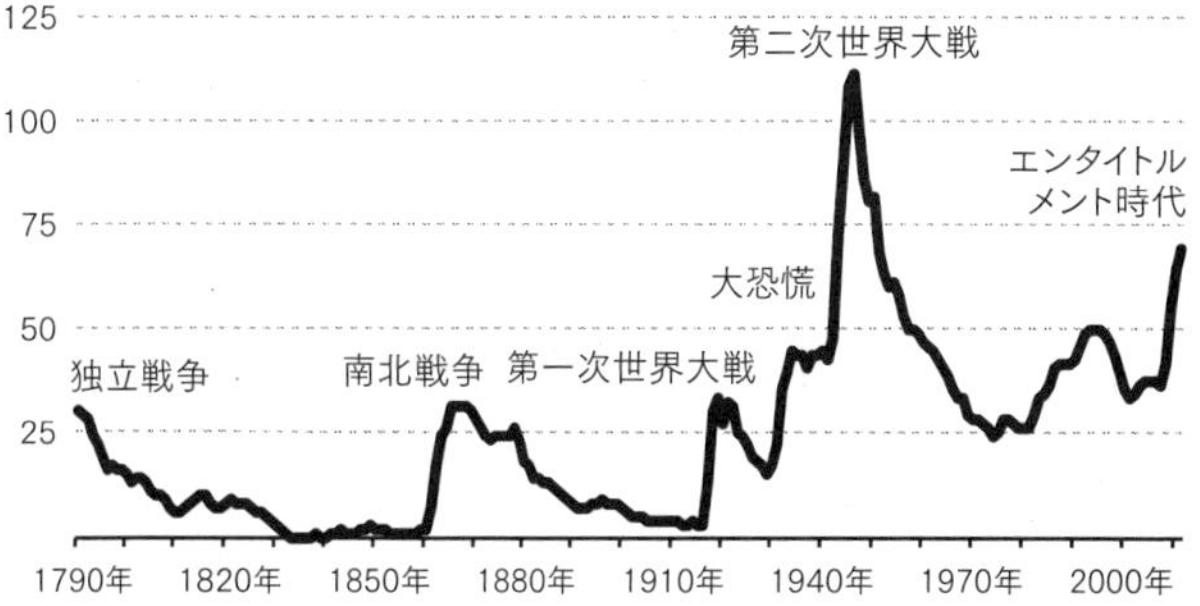

出所：米国議会予算局（2012年）

（ただし湾岸戦争とイラク戦争の終結期も含む）に生じているからであり、これは歴史的通念からの前例なき逸脱である。図1に示したのは、憲法制定後の米国における国家債務額の対GDP比の推移である。一九七〇年代まで、この比率は平時には低下し、戦時にのみ急上昇するのが一般的だった。この通例を形成したのは、独立戦争、南北戦争、第一次世界大戦、大恐慌、第二次世界大戦の五つの時期における債務の急増である。大恐慌期の債務の急増は他のケースのように戦争によるものではないが、毎年の財政赤字が急激に増えて年間でGDPの十パーセントに近づき、その後に債務総額が徐々に減少するというパターンは同様である。こうした債務の減少は負債の元本が返済されたからではなく、経済成長が負債の増加率を上回ったからだった。米国の債務額の変化を示す六つ目の例は、一九七〇年代半ばから始まった異例の動きである。これはその特徴の面で他と異なり、突然の変化でもなければ、軍事的危機によるものでもない。この時期の中東での湾岸戦争やイラク戦争を無視するわけではないが、これらの戦争の総費用はそれ以前の大規模な戦争に比べれば微々たるものである。また、米国の年間国防費の対GDP比は、一九五〇～六〇年代の十パーセントから一九七〇～八〇年代には六パーセントに低下し、その後はさらに四パーセント以下に下がっている。

では、何が変わったのだろうか。それはエンタイトルメント支出である。公的医療保険・扶助制度のメディケア・メディケイド関連の年間支出は、一九七一年には百十億ドルでGDPの一パーセントだったが、二〇一〇年には七千九百三十億ドルでGDPの五・五パーセントになった。これに社会保障費を追加すると、現在ではこの三大エンタイトルメントだけでGDPの十パーセントを超えている。議会予算局（CBO）の二〇一一年六月の長期予算展望によると[9]、エンタイトルメント支出は今後二十年間でGDPの十五パーセントまで増大するという。この支出と、負債およびエンタイトルメント支出関連の利払いによって、現行の租税政策のもとでの予想税収はすべて消えてしまうことになる。このシナリオをエンタイトルメント・バブルと呼んでも間違いではないだろう。

「エンタイトルメント」とは、すべての一般市民に対して状況に応じて保障されている政府支出のことであり、もっと容易に削減できる裁量支出（国防、高速道路、宇宙探査の予算など）とは異なる。表1では、国防費の減少とは対照的にエンタイトルメント支出がいかに増

表1　連邦政府支出の対GDP比

	国防	社会保障	メディケア	保健医療（メディケイド）	所得保障
1940年代	17.0			0.1	1.1
1950年代	10.4	1.1		0.1	1.3
1960年代	8.7	2.6	0.4	0.3	1.5
1970年代	5.9	3.8	0.8	0.8	2.6
1980年代	5.8	4.6	1.5	0.9	3.1
1990年代	4.0	4.2	1.9	1.3	2.7
2000年代	3.8	4.4	2.4	1.9	2.9
2010年代（推定値）	4.2	4.6	3.0	2.5	3.4

出所：米国行政管理予算局、2013年予算、表3.1

大してきたかを示した。公式記録によると、一九四三～四四年にはエネルギーや輸送などの物理的資源に対する連邦政府支出が、人的資源（教育、保健医療、福祉、およびあらゆるエンタイトルメント・プログラム）に対する同支出の二倍にのぼっていた。すなわち二対一の比率である。一九七〇年になるとこの比率は一対五と逆転し、二〇〇〇年にはさらに差が開いて一対十五、二〇一〇年には一対二十七になった。今後、この比率に圧迫されてインフラ投資がどれだけ阻害されるかは想像に難くない。

ここでさらに大きな疑問が生じる。こうした比率の変化はどのように起きたのだろうか。一九六五年にメディケアが導入され、一九七二年に社会保障制度の構造改革が実施されると、その政治的影響を考える時間的視野の限界を超えて、遠い未来まで続く義務的な財政支出の増大が約束された。過去を振り返ってみると、このように約束されたエンタイトルメントは、そのプログラムの創設者が想定した義務を超えて拡大している。給付としてのエンタイトルメントを将来的に漸増させる約束は細かく調整され、放置されてきた過剰な給付は、年月の経過とともに政治的な見返りを明らかに生み出してきた。現在でもそれは変わらず、二〇一二年の選挙の結果が出た直後の当選者インタビューでは、エンタイトルメント・プログラムの増大率を変えない約束を中心的な話題にした人が何人かいた。著者らはそれを削減せよと主張しているのではなく、テクニカルな調整によって同プログラムの増大率を下げるべきだと主張しているのだが、こうした政策論は控えめに言っても政治的な批判を浴びる。

残念なことに、経済成長率がエンタイトルメント・プログラムの増大率を上回ることもあり得ない。CBOは次のように明言している。「政府の政策が著しく変化しないかぎり、今後数十年において〔エンタイトルメントの増大と医療費の膨張は〕適切と思われるどのような仮定のもとでも、GDPに対する歳出の比率を急増させるだろう」[10]。増税も不可能ではないが、共和党員の多くと民主党員の大半は増税の限界を正しく理解しておらず、CBOによれば、これは経済成長の予想外の阻害要因になり得るという。こうした政治的ジレンマがあるにもかかわらず、どの大統領や連邦議会議員も即時に実行される真の支出削減策を示すことはまれであり、構造改革に至ってはほとんど口にしない。政治的プロセスは、経済的な力に対処するための立法のプロセスを骨抜きにしてきたのだ。

民主制のパラドックス

米国が直面した財政的ジレンマの政治的発端がすぐわかるならば、その解決策を特定するのも簡単なはずだと考えられる。だが、ほぼすべての欧米諸国が陥っている債務危機については、その状況だけでなく近接原因までよく知られているものの、その解決策はなかなか見つからない。エンタイトルメント・プログラム自体の改革案はほとんど的外れか、さらに悪いことに、行動を起こさないための言い訳である。こうした政治構造こそが、注目と改革を必要としているエンタイトルメント・バブルを実現・存続させているのだ。このような政治的ゲームのルールは変更しなければならない。

多くのルール変更は、最初に提言されたときは論争を起こすが、やがて広く称賛され、その後は当然視されるようになる。たとえば、アメリカン・フットボールの試合では前方へのパスは一九〇六年まで反則だったが、この年にほかならぬセオドア・ルーズベルト大統領自身がその改正を促した。[11] この反則規定のためにその前年には十八人の選手が死亡し、さらに百五十九人が障害の残るような重傷を負っていたからだ。同様に、バスケットボールのスリーポイントシュートも、一九四五年のフォーダム大学対コロンビア大学の試合で初めて導入されたときには議論を呼んだが、これによってバスケットボールのゲームは多くの人々にとってより参加しやすいものになり、プレーヤーがもっと平等な立場で戦えるようになった。

米国において憲法は究極の制度であり、階層化されたルールである。数百年にわたり、その政治的・財政的なルールの体系はうまく機能してきた。歴史をみると、経済面での新たな課題は従来の政治体制のもとではあまりよく理解されないのが常であり、本書でのちに説明するローマ帝国でのインフレーション、明朝中国における技術の退行、十八世紀のスペインの重商主義などがその例である。大国が衰退するなどの事例でも、歴史的な記録をみると、その支配者のとった行動は短期的には合理的に思えても、長期的には国の成長を阻害するものだったことが多い。著者らの考えでは、現代の立法者は負債のリスクの本質について無知である。もしかしたら故意に無視しているのかもしれないが、それによって壊滅的なバブル崩壊というわずかなリスクは当然ながら予測できなくなる。非難すべき対象は政治的支配者ではなく、政治的ルールなのだ。

幸いにも米国では、予期されていなかったことが建国の父らによって予期され、将来の脅威から国を守るために修正することが可能な憲法が作成された。そして、一七八七年の憲法承認の過程でも、現在では権利章典として知られる十もの条項を付け加えて憲法を修正することが、各州によって決定された。それ以後、米国民はおよそ十五年ごとに憲法を十七回修正してきた。最後の修正は一九九二年である。

建国者らは、支配者が長期間その座にとどまると専制政治につながりかねず、逆に政権期があまりに短いと政権の能力や忍耐力が充分に発揮されないことを認識していた。この問題の解決策は、下院議員が二年、大統領が四年、上院議員が六年と、それぞれ異なる任期を設定することだったが、重要なのは任期の回数に上限は設けなかったことである。個人が大統領を三期以上務めないという規範は、ジョージ・ワシントンによって確立された伝統である。百五十年にわたって守られたこの二期の規範を破ったのがフランクリン・ルーズベルトだった。大恐慌という重大な時期に、多くの米国民はルーズベルト大統領を支持した。一九四四年、彼は選挙に勝利して四期目の任期に入ったが、これは第二次世界大戦中の連合国によるノルマンディー侵攻の数か月後のことだった。その後、将来の大統領の任期を法律で二期に制限する正式なルールが提案され、これはルーズベルト大統領の死去から六年ほどたった一九五一年に憲法修正第二十二条として成立した。

エンタイトルメントのジレンマは、大統領は二期までという規範をルーズベルトが破ったことによく似ている。平時に財政を均衡させることは約二百年にわたって米国の規範になり、従来の政治制度がそれを支えてきた。しかし、エンタイトルメント支出が財政面に及ぼした影響は、このプログラムを作った政治家らが考えていたよりも大きく長期的なものだった。エンタイトルメントを修正しようとした初期の試みが問題点を誤解していたのは無理もないことだったが、現在では米国の民主主義の制度は自己修正に不向きであることがわかっている。

米国が財政というゲームのルールを変えれば、立法部の消極性のせいでエンタイトルメント支出が膨らむ余地はなくなる。そのひとつの方法は、米国憲法の財政関連の修正条項を成立させることである。じつに有権者の七割が財政均衡のための憲法修正に賛成しており(12)、具体的な修正案が一九八〇年代、一九九五年、そして最近では二〇一一年にも提出されたが、これを支持する経済学者はほとんどいない。米国の財政を真剣に分析している人々はみな、米国の財政状況は持続不可能であり、これが米国経済の長期的な活力や影響力に対する真の脅威であることは認めているものの、財政均衡憲法修正のような対応策は厳しすぎると考えている。米国民はまるで、ユーロ圏にとどまりたいという強い意向を示しながら、それに必要な緊縮財政には強く反対しているギリシャの有権者のようである。どの国でも有権者は両立できないものを両立させたがるものだが、そうしたパラドックスは大国の民主制が衰退しつつあることを明示している。

欧米の民主制に特有の停滞状況は、歴史上の帝国の崩壊とは一見まったく異なる問題のように思える。「西暦一一三年当時のローマと二〇一三年の米国の比較は面白くはあるが、あまり真剣に受け止めるべきものではない、ローマは結局のところ帝国だったのだから」という見方もある。著者らの歴史分析では、「現代」は昔とは違うというそうした自信過剰も、よく見られる〝症状〟のひとつであることを説明する。大国の衰退は必ずと言っていいほど、「自国の停滞が内的な要因の結果であることを否定する、中央集権化が進む、将来を犠牲にして現在浪費する」という決まったパターンに従って起きているのだ。

本書の概観

本書ではケース・スタディーに入る前に、第二章と第三章で大国の衰退に関する著者らの説を解説し、第二章では経済力を測定する斬新な方法を提示する。著者らはこれを、この学問分野で見られる通常のあいまいな経済力の表現よりも優れたものだと考えている。そして、さまざまな統計を山のように示すかわりに、易しくはないが理解可能な経済力の計算法を紹介する。これは、アダム・スミスが『国富論』を発表する百年前に英国で登場した草創期の方法から、現代の経済成長理論にいたるまでの、国力の経済的測定法の歴史にもとづいている。第三章では、経済力に関する具体的なデータから離れて、行動経済学という比較的新しい分野の検討に移る。そして、忍耐や損失回避という個人の行動理論を、総体的な国家行動や、ルールが行動に及ぼす最大の影響に当てはめていく。

このケース・スタディーは困難な作業だった。本書のように経済的な課題を論じる場合は、どの大国を選ぶべきなのだろうか。ローマ帝国は不可欠であり、これは第四章のテーマになっている。また、明朝中国もきわめて重要である。鄭和の宝船《ほうせん》による大航海の話をよくご存じの読者もおられるだろうが、中国の経済史を掘り下げてみると、熱心な読書家でさえその先入観を覆されるような、直感に反する見解にたどりつくのだ。著者らはさらに、外せない事例に加えて、われわれの説に反するような事例も選択したいと考えた。その点でスペイン帝国は魅力的である。この帝国が破産を繰り返し、ヨーロッパの支配を目指したものの失敗したことは、同国がただ経済的繁栄に安住するのではなく、軍国主義的な思想をより重視していたことを物語っている。また、多くの米国人はオスマン帝国の歴史について無知であるが、第七章でオスマン帝国はどの大国よりも多くの教訓を米国に示してくれるだろう。第八章では、一八六八年の明治維新以後の日本の歩みを改めて論じる。この時期以降、多くの発展途上国が発展を遂げたが、そのモデルを理解するにあたって日本の事例は不可欠である。第九章と第十章ではヨーロッパを論じる。第九章で検討する英国は、真に衰退したことは一度もないと著者らは考えているが、その潜在能力を充分に生かせなかったことが一度ならず二度あった。第十章ではユーロ圏をとりあげ、制度の質を評価する新たな学問についても述べる。最後のケース・スタディーの対象は、他とは異質な米国カリフォルニア州である。かつて（人口一人あたりの指標で見ると）米国全体よりも豊かで経済力が高かった同州は、米国の強みと弱みのすべてを持ち合わせており、分極化、エンタイトルメント、負債などの問題は国全体よりもいっそう鮮明である。黄金の州と呼ばれる同州はまさに貴重な事例なのだ。

第十二章と第十三章では、以上八つのケース・スタディーを活用しながら米国を分析する。第十二章では政治の分極化に注目し、エンタイトルメント危機の政治的なルーツをさらに深く掘り下げる。著者らは、「政治の分極化の問題は、言論の自由の権利を抑制することでしか解決できない」という考えで世論が一致していることに驚きを感じてきた。本来、言論の自由をもっとも強力に唱えるはずの新聞の社説欄は、「財政改革推進」のメッセージをその意味もわからないまま繰り返すいっぽうで、そうした財政改革が二つの政党（すなわち独占主体）に支配力を与えてしまうことには気づいていないようだ。分極化は測定可能な現象であり、一九七〇年代に裁判所が政治的言論を制限した、まさにその時期から分極化が進んできたことは、ごく簡単な調査研究からもわかる。この一九七〇年代という時期は、米国が制度的に〝大国の衰退〟へ向かい始めた転換点として著者らが指摘した時期と一致している。そして最終章の第十三章では、民主制自体に加えて米国憲法も慎重に分析し、それにもとづいて米国の制度の改革案を提示する。

ノーベル賞を受賞した偉大な経済史家のダグラス・ノースが改めて教えてくれたように、どの国もその政治制度の「本来の不安定性」が表に現れてくると、必ず崩壊する。しかし、こうした考え方はいたずらに諦観的にもなり得る。ほとんどの国家は危機を乗り越えることで生まれ、存続してきた。ローマ帝国は最終的に解体する百年前、あるいは三百年前や五百年前に消えていてもおかしくなかったが、何度も持ちこたえたのだ。現代の国々もこの教訓を忘れてはならない。スウェーデンはヨーロッパの福祉大国が改革によって成功する方法を示した。これに対し、現在のギリシャは改革の失敗例を知らしめようと決意しているかのようだ。日本で二十年間続いてきたこと、近年のヨーロッパを脅かしていること、そして現在の米国で野放しにされていることは、世界的な財政問題の嵐の終わりではなく始まりなのである。

経済力に関する議論は散漫になりがちであり、経済力とは十年ぐらいの間隔でプレーヤーが入れ替わる際の基準を示すもののように語られている。中国はいずれ米国を追い越すのだろうか。ヨーロッパは立ち後れていくのだろうか。ブラジルはいつまでも〝将来性のある国〟のままなのだろうか。著者らは、この二十一世紀初頭の経済危機は、大多数の人々が認識しているよりもはるかに大きな嵐であることを示したいと考えている。この嵐の足取りは遅くなり、さらに危険性を増している。世界全体のシステムはもろいものであり、その人口構成と負債がリスクを生み出している。かつての大国が衰退したとき、挑戦者に取って代わられた例はまれであることを誰もが理解しなければならない。ローマ帝国が倒れたあと、世界では暗黒時代が千年も続いたのだ。米国や現世代の大国が直面している大きな課題は、より斬新で充実した、経済的観点を重視する歴史観に学んで、この破綻した道のりを修正できるかどうかである。

第2章　大国の経済学

ホッブズ氏が言うように、豊かさとは力である。

――アダム・スミス

一九九二年、当時マサチューセッツ工科大学スローン経営大学院の学長だったレスター・サローは、その著書『大接戦』で、絶好調の日本経済は米国を凌駕したと警告した。米国の戦後の年間GDP成長率が平均三パーセントだったのに対し、そのほぼ二倍の速さで成長していた日本のことを、サローらの多くの人々は警戒心とともに指摘した。日本の人口一人あたりの国民総生産（GNP）は「数字の上では米国を二十二パーセント上回っている」とサローは述べ、警鐘を鳴らした。米国が後れをとっていることを誰が否定できるだろうかと彼は問いかけ、米国の貿易不均衡のデータから、比較的少ない研究開発投資額にいたるまでの警戒すべき数字を提示した。サローはさらに、『ワシントン・ポスト』紙の寄稿記事欄で日本企業の優位性を説明した。「欧米の企業と大接戦を展開している日本企業は、これまで負け知らずの状況である。日本の市場シェアは拡大し、それ以外の国のシェアは縮小している。（中略）将来の経済的成功を確実にするために、日本ほど投資している国はない[1]」。

米国の新聞論説委員や専門家は、米国の経済モデルが（それがどんなものであれ）、日本株式会社とも呼ばれる日本の管理型資本主義のモデルより劣ることが明らかになったと懸念した。ところが、このサローの本の印刷インクが乾くか乾かないかのうちに、日本経済は失速した。東京での大規模な不動産バブルの崩壊から始まったこの景気後退は深刻なもので、ノーベル経済学賞を受賞したポール・クルーグマンの言う、日本の「失われた十年」が始まった。この十年はすでに二十年に及んでいる。

日本恐怖症は一九八〇年代版の「衰退主義（declinism）」の表れだった。衰退主義とは、一般大衆が国外の競争相手の登場や自国の失敗を（たとえそれらが錯覚であっても）感じがちになることである。この現象はずっと昔から続いてきた。歴史学者のロバート・ケーガンは最近このような意見を示している。「第二次世界大戦の終結から十年ごとに、米国民は自国の影響力の低下を危惧し、米国を犠牲にして台頭しているかのような他の大国を不安げに見つめてきた[2]」。一九四五〜八九年の冷戦期のほとんどを通じて、米国民はソ連の発展に後押しされた共産主義の東側諸国が、資本主義の西側諸国を追い抜くのではないかと恐れていた。全米の新聞の社説は、西側の制度は道徳的には勝《まさ》っていても、実利主義的な力を執拗に追求するソ連の体制にはかなわないだろうと懸念した。しかし、結局のところ、こうした考え方はまったくの錯覚にすぎなかったのである。

著者らが衰退主義的だと考える本の大半も、やはり長く売れ続けることはない。しかし、一九八〇年代に出版されたある本は、その主張の一部は的を射ていたため、いまだに傑作として人気を保っている。それは一九八七年に出版された『大国の興亡』で、著者のポール・ケネディはこの本によって一般的な歴史観そのものを変えたという見方もあるようだ。同書も独自の警告を発してはいたが、これは衰退主義の宣言にとどまらない書だった。ケネディは経済的な側面から歴史を考えることを読者に促したのだ。同書は冒頭で欧米の発展を慎重に解説し、二ページ目では一転して明朝中国を長々と論じている。さらに、一五〇〇年代の強力なイスラム国家についての長い説明があり、その後はまたヨーロッパに戻ってその「奇跡」のルーツを述べている。この奇跡とはルネサンスや宗教改革、産業革命とともに実現した、絶え間ない物質的進歩のことである。ケネディの最大の貢献は、長期的・相対的な経済力を重視したことだろう。同書で彼はこう述べている。

同様に、歴史的記録からは、それぞれの大国の経済的な上昇・下降と、重要な軍事大国（あるいは世界的帝国）としての盛衰のあいだに、長期的にはきわめて明確な関連性があることが読みとれる。これもおよそ驚くべきことではない。先に述べた二つの事実から生じた結果だからだ。その一つ目は、大規模な常備兵力を支えていくには経済的な資源が必要であること。二つ目は、国際的制度に関するかぎり、富と権力はつねに相対的なものであり、またそのように捉えられるべきことである(3)(強調部は原文どおり)。

この『大国の興亡』の表紙の絵だけを見てもストーリーが読みとれる。ランダムハウス社から一九八七年に出版された初版のハードカバー版では、地球を上り下りしている三つの主体が描かれている。先頭は英国の力を擬人化した〝ジョン・ブル〟の絵で、地球から下りようとしている。真ん中で地球のてっぺんにいるのが米国を象徴する〝アンクル・サム〟であり、それに続いて地球を上ってきているのが日本のサラリーマンである。一九八九年に出たペーパーバック版の初版では違う絵が使われており、日本、英国、中国、米国、ソ連の国旗のマークを身につけた五人の人物がいて、宙に浮いている、または弾んでいる地球に手を伸ばしている。

このケネディの本は出版当時の米国のヒステリックな雰囲気を和らげたが、それよりも長期的に及ぼした影響のほうが大きかったと思われる。同書の出版直後にソビエト帝国は崩壊し、日本の輸出の勢いも急降下した。二〇一〇年のPBS(公共放送サービス)のインタビューでこの表紙の絵について尋ねられたケネディは、「その面では誤解していた」と述べている。

こんにちの世界が注目しているのは最大級の衰退主義的脅威である。新たな魔物は中国だ。

その人口は日本の八倍にのぼり、人口一人あたりの所得額は日本よりはるかに低い水準からスタートしたものの、その成長率は日本の例をしのぐほどである。二十一世紀初頭の中国に比肩する経済発展の例は、歴史上のどの時期にも見当たらない。中国の台頭は米国の覇権に対する脅威にならざるを得ないと考える人は多いが、この新たなライバル関係がどう展開するかを確実に把握している人は皆無である。

経済学者は、軍事戦略家や歴史家とは異なる形で事の成り行きを予想しがちである。現代の経済成長理論では、アジアの奇跡的な経済成長（一九五〇年以降の日本、一九六〇年以降の韓国、一九七〇年以降の東南アジア諸国、一九八〇年以降の中国）を標準的であるはずだと考えるのがコンセンサスになっている。だから、経済が発展しないアフリカやラテンアメリカの国々は謎なのだ。アイデアは自由に移動するものだから、建前上はどの国も、技術を初めて発見するときのコストを支払うことなく既存の技術を導入できる。組立ライン、有限責任会社、需要と供給の法則といったものはすべて無料である。どの国もこれらを自由に導入できるのだから、その後は人口一人あたりの所得がフロンティア（限界値）へと収斂していくはずだ。このフロンティア（経済学の専門用語で言えば生産可能性フロンティア）は、百年以上にわたり多かれ少なかれ米国経済によって決定されてきたことから、米国以外のすべての国には、米国よりもはるかに速く成長できる可能性がある。このような主張を経済学者は収斂理論と呼んでいる。

カリフォルニア大学バークレー校の経済学者であるブラッドフォード・デロングは、収斂理論の誤りをもっとも早い時期に指摘した学者のひとりである。彼は一九八八年にある専門誌の記事で、ほとんどの国ではその所得水準が収斂に向かったことはないと指摘した。実際はまったく逆であり、もっとも豊かな国々はより高い所得水準へと収斂したのに対し、貧しい国々、とくにアフリカやラテンアメリカの国々の大半はそうした国々に比べて停滞・拡散してしまっている。収斂にはもっと長い時間がかかるという主張もできなくはない。収斂は地域的な連合体を介して実現する可能性もあるし、国ではなく人口を基準にしてこの理論を評価すれば（中国はアフリカの約六十か国の合計よりも多い人口でウェイトづけされる）、時間の必要性を主張できる。とはいえ、収斂理論は学者や政策立案者、貧困問題に関わる人々などにとってはいまだに解明されない、厄介な謎であると言ってよいだろう。

しかし、この理論のある面は論破されていない。それは、収斂に向かっている国々の成長軌道に関することである。収斂理論はこの問題について、フォロワーである国々はリーダー、つまりフロンティアに「近づくことはあってもそれを超えることはない」と予測している。米国が決定する人口一人あたり所得のフロンティアに近づいた国は数多くあるが、それを超えた国はひとつもない。この〝成長の天井〟は日本の経験にも当てはまる。日本の所得水準はますます高まって米国の水準を超えていくと考えられていたが、結局は米国と同程度の安定的な成長率に収まった。韓国も日本におよそ四十年遅れて同様の道をたどっている。中国の例も、米国の水準に近づくが超えはしないという同じ展開になるだろう。コンピューターでネットワーク化された世界では経済発展がかつてなく速くなっているのはたしかだが、もっとも速く成長している国でも、人的資本の質を世界標準まで引き上げるのに三十年はかかるだろう。

中国の成長過程はさほど恐れるべきものではないという著者らの予測は、あまりドラマティックではないだろうが、この主張の経済原理主義に多くの専門家は不快感を覚えるかもしれない。著者らが間違っている可能性もある。結局のところ歴史はまだ定まっていないし、公平に言うならば、われわれの説明は歴史を先取りしてしまっているからだ。現代における国の力関係の推移を慎重に考えようとすれば、たいていの一般的な説よりも深い検証が必要になるが、その〝深い〟には二つの意味がある。その一つ目は、各時代をより深く検討するということである。教訓となる大国、とくに覇権国は実例が少ないが、それを歴史的にできるだけ広い範囲から集めなければならない。二つ目は、経済力の測定という概念を分析的に深く見ていくことである。このような話において主人公になるのは、良くも悪くも経済学者なのだ。

国富とは何か

スコットランドの偉大な道徳哲学者であり、最初の経済学者として知られるアダム・スミスは、一七七六年出版の有名な著書『国富論』で「富」という言葉を使ったとき、何を意味していたのだろうか。常識的には富とは豊かさの蓄積である。人口が多く、土地も大きく、鉱物や木材、航行可能な河川などの天然資源が豊富な国は、他の国々よりも豊かであると直感的に考えられる。金銀が一番多く埋蔵されている国が、あらゆる国のなかでもっとも豊かであることに異議を唱えるのは難しい。

しかし、アダム・スミスはそれに反対した。ヨーロッパの王室はその富を金《きん》や宝石、土地などで比較し合い、彼らの民はみなその相対的な富のひとかけらでも手にすることを夢見ていたが、文明の原動力とは何か別のものではないかと考える、風変わりな哲学者も少数ながらいた。そのなかでももっとも突飛で、かつ最高の洞察力をもっていたのがアダム・スミスだったのかもしれないが、そのような疑問をもった人物は彼が最初ではなかった。

スミスの傑作が出版される百年前に、言葉ではなく数字で国を評価するという考え方を、あるイングランド人が初めて提唱した。それはウィリアム・ペティという、一六五〇年代にイングランドの護国卿オリバー・クロムウェルに仕えた人物である。ペティはダウン・サーベイという調査で、アイルランド全土の土地の評価と地図作りの責任を負っていた。この調査は、アイルランドを征服しつつあったイングランド軍に褒賞として与える土地を没収するためにも使われた。英国学士院の創設メンバーだったペティは、自国の国力増強のために、その計量的な考え方を科学、起業、会計などの分野に応用した。一六六五年にはペティの著書『賢者には一言をもって足る（*Verbum Sapienti*）』が出版され、イングランドとウェールズの人口、収入、支出、土地などの資産を彼が推計した値が、ひとつの統一的な書式によって示された。また、彼の死後に出版された別の著書『政治算術』（一六七六年に執筆されたが、出版されたのは一六九〇年）は、「数字、重量、測定」を社会科学の基礎として用い、当時の多くの人々が危惧していたように、イングランドが経済的に衰退してはいないことを証明しようとするものだった。[4] ペティは同書の序文でこう説明している。

これをおこなうために私がとった手法は、まださほど一般的なものではない。私は比較的・誇張的な言葉や知的論理だけを用いるのではなく、数字、重量、測定の面から自分の主張を表現する手段をとった。それは意義のある論拠だけを使い、本来目に見える基盤のある主張のみを検討するためである。特定の人々の変わりやすい心や意見、欲求、情熱などにもとづく主張については、他の人々の検討にまかせる。あえて言うならば、私はサイコロの目がどう出るかを予測するのに、そうした根拠だけでは（根拠と呼べればの話だが）

満足のいく形で話ができないのだ(5)。

『政治算術』のテーマはシンプルで、この時代のオランダはフランスよりも国力があるという主張である。フランスの人口はオランダの十倍だったとはいえ、その商船隊はオランダの九分の一の規模だった。ペティはさらに、対外貿易（輸出入）、外国にある資産、労働力の専門化、都市化などの面におけるオランダの優位性も指摘した。オランダのほうが低かった唯一の経済的指標は資本の利子率で、当時はフランスの半分の水準だった。これはアムステルダムの金融市場のほうが〝厚み〟があったことを示している。

アダム・スミスは計量的な正確性に関するペティの教えと、フランスの「重農主義者」による、ある一定期間内の経済的生産量は国力の重要な一面であるとの見識を組み合わせた。スミスは『国富論』の冒頭で、「あらゆる国の年間労働量」（興味深い概念である）はその国の年間消費量の基盤であるとの見解を示している。国家規模のある総量的な指標が他のそれとつねに等しくなるという見方は、数学的には恒等と言われるもので、きわめて深い洞察である。生産の諸要因を重視するスミスの解釈は、富とは手元資金の蓄積であるという従来の重商主義的な観点からの脱却を示している。フローではなくストックとして富を計測する重商主義的な見方では、国力を包括的に捉えられず、ましてその国の成長可能性は把握できないことを彼は認識していたのだ。スペインは、ある年にはフランスよりも多くの金《きん》や原料を有していたかもしれないが、フランスよりもはるかに国力は弱かった。なぜそうなったのだろうか。他国より強い国とは、他国より多くの武器や兵士を生み出せる国であって、傭兵を雇う金《きん》をより多くもっている国ではない。その金の蓄えは最終的にはなくなってしまうからだ。

フレッドとジョージという二人の農場主が隣り合って暮らしていたとしよう。彼らはそれぞれの父親から同じ面積の土地を受け継いだ。ジョージには穀物の蓄えはほとんどなかったが（そして手持ちの現金もわずかだった）、フレッドの倉にはあふれるばかりの穀物があり、さらに金貨も隠し持っていた。しかし、ジョージのほうが翌年耕作できる土地は多く、灌漑施設のおかげでその土地の質は改善されていた。ジョージは余った穀物を蓄えるのではなく売却し、現金をすべて投資して、肥料や新しいトラクターまで購入していたのだ。どちらの農場主のほうが豊かだと言えるだろうか。現代の経済学者ならば、フレッドの富の蓄えは〝より豊かである〟という錯覚を生み出していることを指摘し、投資額が多いおかげで、将来の収穫時の穀物生産量というフローがはるかに大きくなる可能性のある農家のほうが優位であると言うだろう。勝者はジョージである。ウィリアム・ペティもこのように書いている。「領土が小さく人口の少ない国が、もっと人口が多く領土の大きい国と、豊かさや強さの面で同等である場合もある」。

ペティが画期的な仕事をしてから二百年にわたり、哲学者や官僚によって国家の生産性の評価法は改善され続けていった。そのおもな原動力は英国の君主が税収を切望したことだったが、政府が秘匿を望んだため、この評価法改善の試みはあいまいにされることが多かった。経済学者のアンガス・マディソンは、「マクロ評価法のパイオニア」であるグレゴリー・キング（一六四八～一七一二年）に関する次のような逸話を伝えている。キングは英国の財政関連のデータをそれまでになかった形で精密に示したが、この指標は斬新でデリケートな性質のものであり、事実上の国家機密とみなされたため、キングはそれをあえて公開しようとはしなかった。(6)

読者諸氏は奇妙に思われるかもしれないが、「GDP」という概念自体はアダム・スミスの時代には知られておらず、その後も何世代にもわたって未知のままだった。そうした包括的な指標を考案する動きが始まるのは、二十世紀に入ってしばらくしてからのことである。この動きに拍車をかけたのは、過去に例のない国際的な経済危機の勃発だった。鉄道、自動車、電話などに関連する技術革新によって欧米全体が真の経済的繁栄を謳歌したが、新技術によって新たに結びついた国々は、過剰な負債、財政的バブル、恐慌などに対しては依然として脆弱だった。一九三〇年代の大恐慌によって不意打ちを食らった政治的指導者らは、自分たちがいかに事態を把握していなかったかを後になってようやく理解した。彼らに必要だったのは、自国の経済をもっと明確に分析する手段だった。

当時、国家経済の健全性の指標とされていたのは株価指数や貨物輸送量などの基本的なデータだったが、それらは明らかに不適切だった。現在でも、大恐慌期の失業率（よく引用される数字は二十五パーセント）に関するわれわれの感覚は、推測的なデータにもとづくものにすぎない。一九二九年の株価大暴落の衝撃が米国の銀行部門に波のように伝播すると、連邦政府当局は社会全体をもっと細かく説明する、信頼性の高い指標を探し始めた。ハーバード大学の経済学者だったサイモン・クズネッツは、一九三四年に連邦議会に提出した報告書で先駆的なモデルを示した。彼のモデルは経済を労働、資本、産業などの各構成部門に分割するもので、産業部門についてはさらに農業、輸送、製造などの部門に区分した。これらの各部門における一九二九〜三二年にかけての所得変化を分析することで、クズネッツは大恐慌が米国経済に及ぼした複雑な影響を評価した。クズネッツのこの手法によって、経済の変動を監視しそれに対応する政府の能力は、当時としては前例のない水準にまで高まった。[7]米国政府は第二次世界大戦中に中央集権的な経済計画への依存度を高めたため、所得のデータとともに支出や生産量の推定値も必要とするようになった。一九四〇年代の終わりになると、クズネッツのモデルは彼が国民総生産（GNP）と名づけた公式の指標に発展した。[8]GNPとは、ある国の国民が一年間に生産した最終財とサービスの価値のことである。クズネッツはこの貢献によって、のちにノーベル経済学賞を受賞した。

クズネッツのGNPのような指標をもっていた国は皆無だったが、この概念は各国の政府にもすみやかに、また自由に広まっていった。クズネッツが米連邦議会への報告書を書いてから十年後の一九四四年には、有名なブレトンウッズ会議が開かれてこの考え方を後押しした。連合国は米国ニューハンプシャー州のブレトンウッズで会議を開き、国際通貨基金（IMF）や国際復興開発銀行などの組織を創設した。IMFや世界銀行は戦後の国際経済の安定化を目指すにあたり、GNPを用いてその成果をチェックした。[9] さらに、戦争の余波のなかで第三世界の国々が新たに独立し、それによって各国経済の比較研究が促進されると、クズネッツは経済学者として革新的な手法をふたたび示した。一九四八年に、国家経済の比較に使用できる、国民所得勘定にもとづく計量的な枠組みを提案したのである。この枠組みは経済改革の理論的モデルの基盤になるいっぽう、そのモデルの有効性の確認にも役立った。[10]

GNPの教科書上の定義[11]は、経済学者以外の多くの人々が考えているよりもはるかに緻密なものである。GNPとは、ある一定期間（一般には一年間）に、ある国の国民によって生産されたあらゆる最終財とサービスの市場価値である。「価値」という概念自体はつかみどころのないものだが、実際には取引価格を意味している。GNPの定義のキーワードは「最終財」である。たとえば、最終財には顧客に売却されたフォードのムスタングの新車はすべて含まれるが、自動車部品メーカーからフォードに売却された部品（タイヤ、エンジン、革のシートなど）や、その年に売られた中古車は含まれない。一九九一年、米国は勘定上の主要な指標をGNPからGDP（国内総生産）に公式に切り替えた。GDPとGNPのおもな違いは、GDPはある国の国内の経済活動を測定するものであり、外国の主体が所有する国内の工場で生産された製品の価値は含まれるが、その国の主体が所有する外国所在の工場でつくられた製品の価値は含まれない点である。たとえば、米国オハイオ州のホンダの工場で生産されたものは米国のGDPには算入されるが、米国のGNPには算入されない。

経済活動に対する私たちの理解にGNPは革命的な影響を及ぼしたものの、重商主義的な視点から富をあいまいに定義することに逆戻りしてしまうことはいまだによくあり、それは偉大な指導者たちでも同じである。つまり、富を生産力のフローとしてではなく資産のストックとして捉えてしまうのだ。オーストリア学派と呼ばれる経済学の学派は、何らかの計量的指標によって〝生活の質〟の大半の側面を表せるという考え方を批判した。公平のために言うと、GDPの測定を担当する政府の専門家（米国では商務省経済分析局）にとって、〝質〟を評価することはつねに難題である。たとえば、iPhone5と比較したiPhone4Sの質の向上はどう評価すればよいのだろうか。また、GDPを用いると人権や環境汚染、人々の不安などの非経済的な価値観が必然的に無視されるという批判もある。一九七〇年代には米国のGDP成長率が低下したと言われているが、それはおもに、米国の空気や水を格段にきれいにした環境関連規制の実施の結果だと考える人々もいる。

顕微鏡と望遠鏡

GDPという概念を〝経済を見る顕微鏡〟、すなわち生きている経済の様子をきわめて詳細に表すものだと考えるならば、過去を振り返るときの望遠鏡になってくれるものは何なのだろうか。それはおそらく歴史という概念そのものだろう。人々は「物事の現状」と対比される「物事の過去の状況」の物語を紡ぎ続けてきた。きわめて賢明な米国の建国者のひとりだったベンジャミン・フランクリンは、庶民の生活を改善するのに科学がいかに役立つかを繰り返し説いた。しかし、著者らの言う経済の望遠鏡とは、進歩の状況をただ観察するだけのものではない。

歴史は、経済的な繁栄と恐慌という潮の満ち引きのような現象の連続でもある。どの商品でも価格の上昇や下落は起きる。こうした短期的な経済の浮き沈みは「景気循環」と呼ばれ、人類史の一部を構成し続けてきた。十九世紀の景気循環は現代のそれよりもサイクルが短く、変動も大きかった。また、各国の経済は貿易によってゆるく結びついているだけだったため、景気循環も地域限定的なものだった。このサイクルが起きる原因には、財務レバレッジ、自然災害、大衆のパニック、経済活動の円形的な流れに小規模な技術的混乱が起きたことなど、さまざまなものがある。経済学では景気循環に関する理解が徐々に深まってきたものの、経済学が長年うまく機能してこなかった分野はマクロ・トレンドの分析、とくにＧＤＰの登場以前のトレンドの分析である。景気循環と長期的成長の区別をつけるのは良質なデータがあっても難しく、質の悪いデータしかなければほぼ不可能である。鉄道輸送貨物の急減は広範な景気後退の表れかもしれないし、自動車などの別の新しい輸送手段が登場した結果かもしれないのだ。

過去数百年間をただ振り返り、人間の新たな発明をひとつひとつ確認するのも経済成長を考える有益な方法だが、大きな趨勢を観察しても現代的な意味で経済成長を把握することはできない。経済の望遠鏡を使うことは、年間のＧＤＰという一国全体の正確な指標があってはじめて可能になる。その国のある年の年間ＧＤＰを算出し、それを前年のＧＤＰと比較すれば成長率が計算できる。この成長率を算出することによって、数十年にわたる変化を望遠鏡で観察できるようになるのだ。望遠鏡で捉えた一国の姿を明確にするための最後の要素は、価格変動、すなわちインフレーションの調整である。物価の上昇はある年の経済状況を翌年と比較した結果を歪めてしまうが、経済学では財の大きなバスケットを構成する各財の価格を調整できれば、専門用語で実質経済成長率というものを算出できる。これを複数年についておこなえば（とくに十年以内の循環的な変動の影響を除去すれば）、長期的変化の明確なイメージが見えてくる。

この数十年で、実際のＧＤＰの水準には関係なく、経済成長率自体が政策立案者の重要な目標になった。たとえば、フランスは経済全体がヨーロッパで最高の水準を維持しているかぎり優位に立てるが、英国もその経済成長率がフランスの二倍になれば優れた経済政策モデルになるだろう。

複数の国を比較してみると、また別の問題が浮かび上がってくる。任意の時点で米ドルと日本円を比較するのはごく単純なことだが、各通貨の為替レートは長い期間でみればきわめて不安定であり、そのために十年や一年、あるいは一時間のあいだですら複数の国のGDPを比較するのは複雑な作業になる。為替レートの変動があまりに大きいため、為替レートにもとづく各国間の経済比較が正確性に欠けることはよく知られている。

一九六八年、ペンシルバニア大学の経済学者のチームが、国連国際比較プログラム（ICP）との緊密な連携によって、変化の激しい通貨市場に左右されない国際的比較を可能にする手法の開発を始めた。ロバート・サマーズ、アービング・クラビス、アラン・ヘストンらが主導したこのチームは、一九八二年に「購買力平価（PPP）の指標にもとづくベンチマーク比較」という体系的手法を考案した。このPPP方式は各国での生活コストについて、財の標準化されたバスケット（家、食料品、衣服、コンピューターなど）を用いて人口一人あたりのGDPを調整するものである。ハーバード大学の経済学者のエドワード・グレイザーは次のように述べている。「国際通貨基金が購買力平価によって調整した結果を見ると、米国の状況は比較的良いようだ。これは、ウォルマートの創業者のサム・ウォルトンから、アマゾン・コムを創業したジェフ・ベゾスにいたる米国の起業家らが、わが国を特売品ハンターの安息の地にしたからである」[12]。PPPのおかげで、経済の望遠鏡は過去を振り返るだけでなく、さまざまな国々を同時に見渡せるようになった。

このサマーズ・ヘストン法（クラビスはその後この手法の普及にあまり関わらなかった）をもとに、ベンチマーク比較の膨大なデータベースであるペン・ワールド・テーブル（PWT）が生まれた。PWTは二〇一三年現在バージョン7・1で、百八十九の国と地域のデータが二〇一〇年までの六十年間にわたって掲載されている[13]。その誕生以来、PWTは世界の発展の相対的状況に関して驚くほど詳細な情報を提供し、それによって歴史をマクロ経済的な視点から見る画期的な研究も促進された。

PWTのデータを使って、異なる「望遠的」見解を示す二つの図を考えてみよう。その一つ目は図2で、これは一部の国々の一九五〇〜二〇一〇年における人口一人あたりの絶対GDPの値を、二〇〇五年のドルベースで示したものである[14]。二つ目は図3で、ここでは同じデータを、生産性の世界的主導国（米国）によって設定されたフロンティアと比較した場合の比率を示した。

このPWTのデータのおかげで、千の言葉に相当する図を描くことができる。この二つの図を注意深く分析すれば、世界経済に関する専門家の意見を山ほど聞くよりも多くのことを学びとれるのだ。これらの図で際立っていることは何だろうか。第一に、米国は絶対的にも

図2　1950〜2010年における世界の国々の所得
（2005年の米ドルベースによる人口1人あたりのGDP）

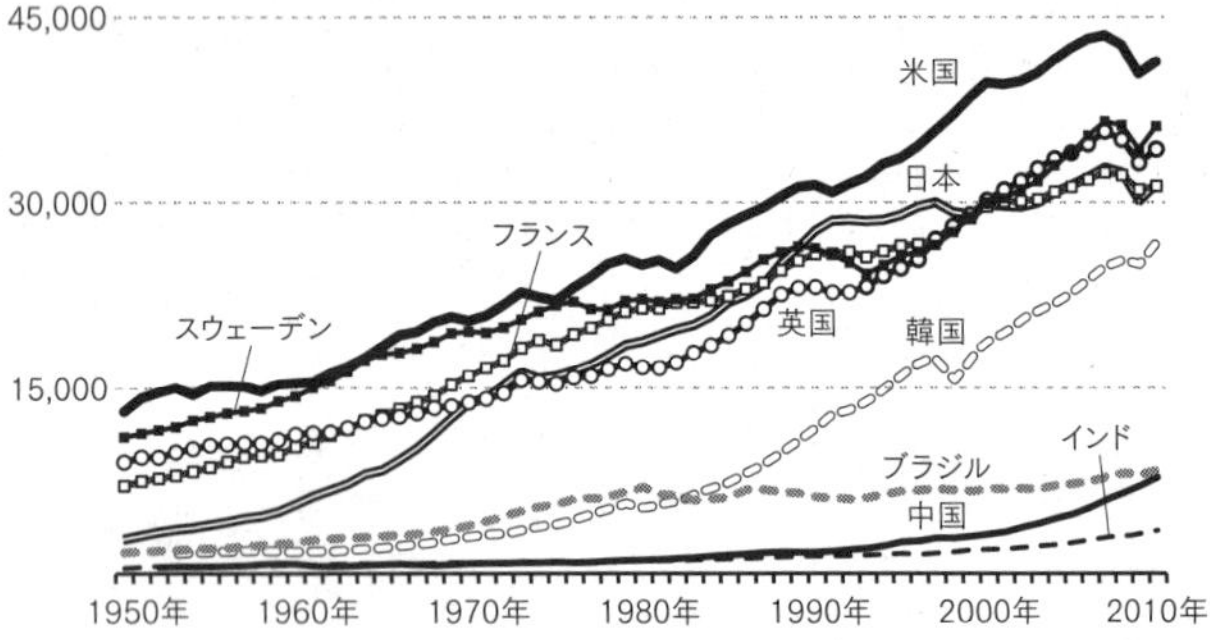

出所：Penn World Table, Mark 7.1

図3　1950〜2010年における世界の国々の相対的所得
（米国の人口1人あたりのGDPに対する比率）

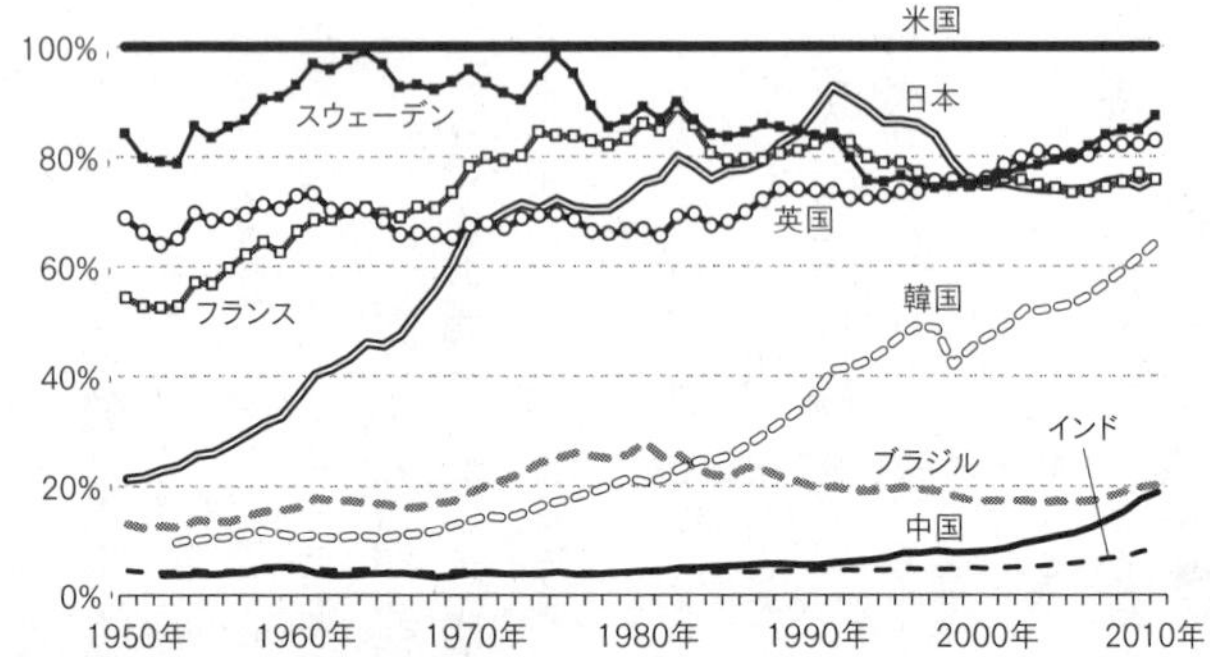

出所：Penn World Table, Mark 7.1

相対的にも、人口一人あたりのGDPの面では優位に立っている。第二に、ヨーロッパの主要国はほぼまとまった動きをしている。第三に、韓国はこの時期に経済先進国へ移行しつつある唯一の国として際立っている。第四に、中国とインドは多くの人々が考えているよりもずっと貧しいが、中国はインドよりもはるかに速く成長しているように見える。第五に、ラテンアメリカ諸国は生産性の最高水準の二十〜三十パーセントあたりの水準で足踏みしているようである。

これらの図で興味をそそられるのは、一部の国々は急速に米国の水準に近づいたものの、結局は米国の七十五〜八十パーセントの範囲に落ち着き、ヨーロッパの主要国も数十年にわたってこの水準にとどまっていることである。この傾向は注目すべきものであり、世界経済の動きに関する重要な事柄を私たちに伝えている。

貧しい国の経済が成長するのは奇跡ではない。ノーベル経済学賞を受賞したエドワード・プレスコットは、アジア諸国の成長は決して驚くべきことでも奇跡でもないと語った。だが、悲しいことに、韓国や中国以外の国々はこの二国ほど速く成長していない。先述の収斂理論によれば、これらの国々も急速に成長するはずだが、なぜそうならないのだろうか。アジアの成長については次のように考えてみよう。米国やカナダ、フランス、ドイツなどの経済先進国の進歩は、科学的知識の欠如という深い森の中をゆっくり進むことでしか実現できないが、他の国々はすでに確立した科学や技術という開かれたフィールドを走り抜けられる。その意味で、アジアではどの国も経済学や会計、ストック・オプションなどの原則を改めて発見する必要はなかった。

だが、そうであったとしても、これまで経済成長が先進国に追いついた国はひとつしかない。それが「ヨーロッパ圏」に入ってきた日本である。とはいえ、米国の八十パーセントという天井を超えるには、中央統制的な資本主義ではなく、起業家精神にもとづく別の種類の経済活動が必要になるようだ。いっぽうで、わからないのは十〜七十パーセントの範囲を急上昇する国がきわめて少ないことである。なぜ〝収斂〟はうまくいかないのだろうか。

この問題への関心や同様の疑問から、収斂主義者以外の経済学者はマクロ経済学の手法をさらに古い時代にも当てはめてみた。PWTのデータは財や物価、生産高に関するほぼリアルタイムの指標にもとづいている。一九三〇年代の米国や英国の経済についてそうした細かいデータを出すのは格段に難しく、まして一八〇〇年以前の時代に関してそれらを推定するのは至難の業である。産業化されていない国々についてはさらに困難だ。しかし、私たち全員にとって幸運なことに、英国の経済学者のアンガス・マディソンがそうした歴史的分析に情熱を注いでくれた。彼の著書『世界経済（*The World Economy*）』の第一巻と第二巻（二〇〇六年出版）では、西暦元年にまでさかのぼってこの比較分析がおこなわれ、人口動態、貿易、人口一人あたりのGDPなどの変数が二千年間にわたって驚くほど詳細に示されている。[15] たとえば、次の表2は同書の表2−30を簡略化したもので、英国とインドの比較である。

表2　1600〜1947年にかけてのインドと英国の経済的データの比較(16)

人口1人あたりのGDP（1990年の国際ドルベース）			
	1600	1857	1947
インド	550	520	618
英国	974	2,717	6,361

GDP（1990年の国際ドルベース、単位100万ドル）			
	1600	1857	1947
インド	74,250	118,040	255,852
英国	6,007	76,584	314,969

こんにち、マディソンのこの網羅的な研究は尊重・称賛されている。経済協力開発機構（OECD）によって出版された彼のデータは、現代の素晴らしい〝経済の望遠鏡〟としてPWTに並ぶものとなっている。こうした望遠鏡の開発は二十世紀の知られざる革命であり、学界以外ではほとんど評価されてこなかった。サマーズ・ヘストン法やマディソンのデータのような望遠鏡が現れるまで、歴史家やジャーナリストはその場かぎりのミクロ的なデータや逸話に頼らざるを得なかったのである。

ポール・ケネディの『大国の興亡』の出版から二十五年がたち、一九八七年の出版当時にはほぼ不可能だったことだが、読者ははっきりと世界を観察できるようになった。二十世紀の指導者らはそうした明確な見方をほとんど想像できず、実際にそのように世界を見ることはなお困難だった。マクロ評価法の偉人たちのおかげで、世界は恒久的に変化したのだ。GNP、GDP、人口一人あたりのGDP、経済成長といった概念がつぎつぎに一般化し、普遍的と言えるまでになっても、マクロ評価法の進化はまだ終わったわけではない。比較的優れたデータの欠点は、完全なデータだとみなされかねないことである。危険な世界では、データにわずかな欠陥があることは脅威ではなく迷惑程度に思われるかもしれないが、欠陥のあるデータは見せかけの脅威を生み出すおそれがあるのだ。

恐怖を生かし続けよ

有名なコントラリアン（人と反対の意見を主張する人）の思想家で『ニューズウィーク』誌の元副編集長だったダニエル・グロスは、衰退主義は「その時代の粋で知的なポーズとして登場した」と語る。(17) 二〇〇七〜〇九年の金融危機以降にベストセラーになったノンフィクションの本の一覧を概観すると、それが事実であることがわかる。また、衰退主義は米国政府内で合意が確実に成り立っている唯一の概念でもある。専門家や政治家、ジャーナリストらは、その政治的立場を問わず、二十一世紀における米国の力の衰退を声高に論じてきた。『ニューヨーク・タイムズ』紙の見識あるコラムニストであるトーマス・フリードマンは、米国は「みずから発明した世界で後れをとってしまった」と嘆いている。(18) 国際問題評論家のファリード・ザカリアも、ベストセラーとなった著書『アメリカ後の世界』で同様の予測をしている。そして、超保守派の政治コメンテーターのパトリック・ブキャナンは、米国が「二〇二五年まで生き残れる」かどうかさえ心配している。[19] いっぽう、テレビ界の人気コメディアンのスティーブン・コルベアは、二〇一〇年にワシントンのナショナル・モールで「恐怖を生かし続けよ」と唱えるデモ行進を組織して注目を集めた。コルベアは例によって、米国の時代精神をつかむ鋭い感覚をもっていた。その精神とは、近年の〝大不況〟が建前上は終わったあとでさえ、ほとんど減ることのなかった悲観主義的な主張（あるいはそれを求める声）である。悲観主義、衰退主義、国家規模での恐怖の押し売り行為がずっと前から続いてきたことを指摘したのは、コルベアが初めてだろう。

すでに述べたように、衰退主義的な話には必ず敵対者が登場する。ある風変わりな外国の勢力が、経済が低迷する米国をまさに追い抜こうとしているというものだ。米国がナチス・ドイツや大日本帝国を打倒したあとにこの敵対者の役割を引き受けたのは、危険な大国として姿を現した、ヨシフ・スターリン率いるソビエト連邦だった。米国の資本主義とソ連の共産主義の対比によって、衰退主義的な物語にイデオロギー的な、それもとくに経済思想的な力が与えられた。一九四九年にソ連が核兵器を所有し、同じ年に中国が共産主義化され、一九五七年にソ連の人工衛星スプートニクが打ち上げられると、「全体主義的な経済思想は米国の軍事、技術、経済、さらには自由で開かれた民主主義すら圧倒しようとしている」という米国民の不安は膨らんだ。スプートニク打ち上げの直後、ドワイト・アイゼンハワー米大統領の科学諮問委員会は、米国の軍事支出や軍事的能力は今後ソ連に大きく引き離されることになると警告した。とくに、同委員会のゲイサー報告書はソ連経済が米国の「一・五倍の速さで成長している」と指摘し、ソ連経済の規模は一九八〇年までに米国の半分を超え、いっそうの拡大を続けると予告した。[20]

俗に言うように、物事はあとから振り返ればよくわかるものだ。誰もが知っているとおり、一九八〇年になるとソ連は一九五〇年代に考えられていたような経済的な脅威ではなくなった。中央情報局（CIA）が示した根拠ある推測も含めて、ソ連の急速な経済成長に関する不吉な警告は誇張だったことが判明したのである。アンガス・マディソンのデータによれば、一九五〇〜七三年にかけてのソ連のGDP成長率は三・四パーセントで、米国の平均GDP成長率の二・五パーセントをたしかに上回っていたが、その後すぐに急落した。ソ連の成長は物理的資源を使い尽くすことによって実現していたのであり、産業がもたらす公害、労働者の権利、技術や労働者の技能への投資などに同国はほとんど関心をもたなかった。最終的に、ソ連の指導部は増大する国民の食料を確保することもままならなくなった。同国の人口一人あたりの所得は一九七三年の六千五十九ドルから二〇〇一年には四千六百二十六ドルまで下落し、それにともなって人口も減少した。マディソンによるこの二〇〇一年のデータが、旧ソ連の各国の合計値であることは辛辣な事実である。一九八九年十一月にベルリンの壁が崩れたときとまさに同じように、大国ソ連は一九九一年に崩壊した。米国の政治学者のジョージ・F・ケナンは、ソ連を悪魔のように捉えるべきではないという賢明な警告を米国民に発していた[21]。このソ連崩壊は、アイゼンハワーの顧問らが警告を発してからわずか三十年後のことだった[22]。

ソ連が力を失うと、米国にとっての魔物は日本に交代した。一九七〇～九〇年にかけて、米国は自動車などほぼすべての先進的産業において、日本との貿易が赤字の状況にあった。ドルに対する円の価値が二倍に高騰し、米国の消費者から見た日本商品の価格が上昇しても、日本はこの望ましい貿易収支を維持した。日本の人口一人あたりのGDPは米国の水準にかつてなく近づき、日本の年間GDP成長率は八パーセントという高水準まで上昇した[23]。PWTの推定値は、日本の戦後の成長率は十パーセントを超えていたことを示している。CIAが示したソ連の架空の成長率とは異なり、日本のデータは正真正銘のものだった。

現在と同じように、当時も狼狽した学者や専門家らが、この新興の超大国に比べて米国は衰退していると警告した。そうした批判は日本と比較した米国の経済実績をお粗末だと評しただけでなく、資本主義制度を支える基本的な前提にも疑問を投げかけた。レスター・サローの著書『大接戦』は大胆にもこう明言している。「今から百年後、歴史家は過去を振り返って、〔この〕世紀を支配したのは日本だったと言うはずだ」。サローの主張の基盤は、消費よりも投資に力を入れ、政府と産業界の強い結びつきを重視する日本型の「生産者経済」は、米国型の「消費者経済」よりも「はるかに優位」に立っているとの考えだった。また、彼は米国とヨーロッパの大国が展開する経済競争の激化も予見し、米国の市場原理主義は他の先進諸国の管理型資本主義にはかなわないだろうと主張した。リベラル派の優れた評論家で、ジミー・カーター大統領のスピーチ・ライターだったジェームズ・ファローズも、サローと同様に日本のモデルを絶賛した。日本の不動産バブル崩壊の重大性がまだほとんど認識されていなかった一九九三年に、ファローズは『アトランティック』誌への寄稿文で日本のアジア型資本主義制度を褒めちぎった。「米国の産業界は、米国式の経済理論のもとで正しいことをすべて実行していながら崩壊し始めた[24]」と彼は結論し、競合する各企業の効率性を重視する米国のモデルは、行政指導にもとづく日本のモデルに劣ると厳しく批判した。この日本型モデルでは各産業のトップ企業が選定され、そうした企業は系列と呼ばれる協調的な企業ネットワークと連携している。この系列の諸企業には「どんな犠牲を払ってでも勝ちたい」という非情なまでの意欲があったと、ファローズは皮肉抜きで述べている。そして実際に、これらの日本企業は各産業でつぎつぎに勝利を収めていった。ファローズによれば、米国の製造業者や経済学者は当惑したという。日本が資本主義を改善して米国を追い越していくとはどうしたことだろうか。ファローズは「沈まない太陽」と題したこの論説文を膨らませ、一九九四年に発表した同じ題名の著書はベストセラーになった。その一節は引用に値する。

2010年の人口1人あたりのGDP（2005年のドルベース）

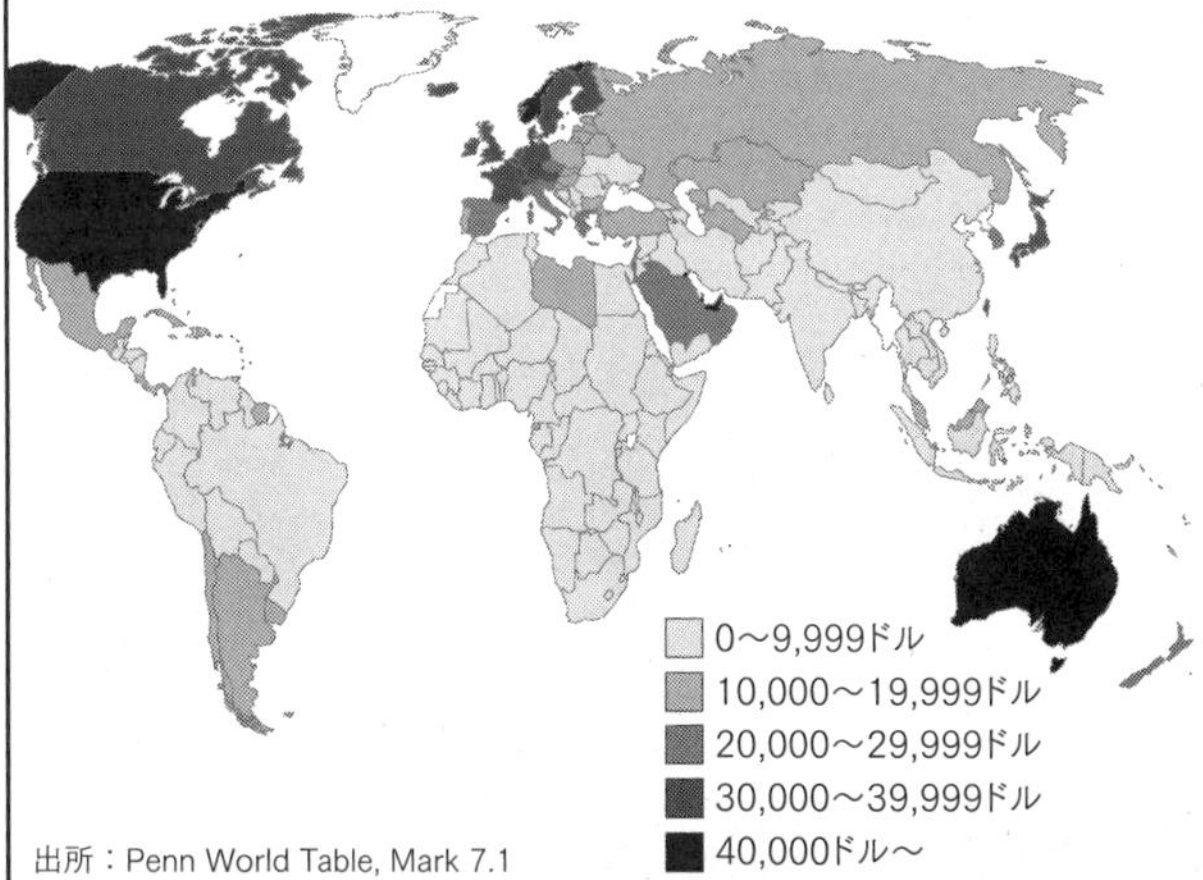

出所：Penn World Table, Mark 7.1

2010年のGDP（2005年のドルベース、単位10億ドル）

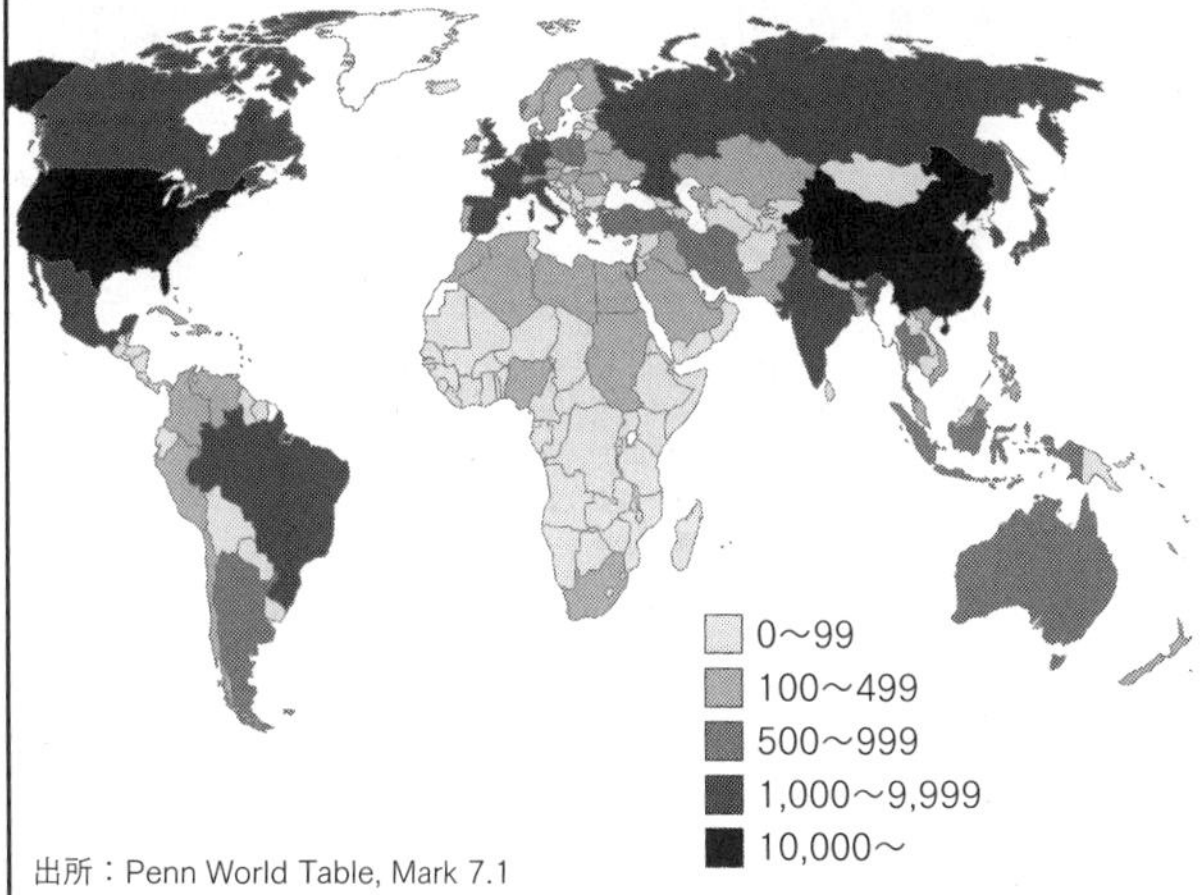

出所：Penn World Table, Mark 7.1

このアジア型システム全体が次世代の世界経済の主要な原動力になることはほぼ確実であるため、欧米諸国はそれから取り残されないようにあらゆる努力をすべきである。一九九〇年代を通じて欧米諸国の経済成長は低水準にとどまる可能性が高いが、東アジア諸国の成長はそれを相殺するおもな力になるだろう。(25)

だが、それから一、二年のうちに、ファローズの論旨は的外れなものになってしまった(もっとも、それを誰もが理解するには一九九〇年代末までかかった)。一九九四年には、技術力を失ったと考えられていた米国でワールド・ワイド・ウェブという新技術の実用化が急速に進んだ。この年にネットスケープが生まれ、マイクロソフトのブラウザやヤフーも登場した。懐疑論者らがインターネットなど一時的な流行にすぎないと語るいっぽうで、日本の苦境という厳然たる事実をたんなる景気循環として説明するのは不可能になっていた。東京の深刻な資産バブル崩壊は偶然の不運ではなかった。その後すぐに日経株価指数が急落し、それから約二十年にわたって同指数はピーク時よりもおよそ八十パーセント低い水準にとどまり続けた。米国の衰退主義者らはふたたび過ちを犯した。代替モデルの美点と考えられていたことは、じつは悪だったのだ。いまや縁故主義の美名と考えられている〝系列〟のネットワークは、不良債権を死に体の企業に滞留させてしまうのである。

公平のために言えば、ファローズ自身も日本の状況に関するマスコミの一変した評価に言及し、日本の現象は景気循環よりもはるかに大きな問題だと主張している。その点において彼は正しかったし、日本が不況に陥ったあとでも信念を曲げなかったことは称賛に値する。とはいえ、経済モデルどうしの衝突という彼の長期的見解は間違っていた。彼の考えたモデルが誤りだったのであればまだよいが、彼と同様に賢明な何千もの思索家がそうであるように、ファローズも経済力を正しく測定する方法を知らなかったのなら残念なことである。

混乱と合意（成長に必要な導火線）

二〇一二年の夏、ジャーナリストのマット・イグレシアスはオンライン・マガジンの『スレート』に、「経済成長が何から生まれるかは誰も知らない」と題した十行の論説文を寄せた。[26]彼は鋭い洞察に満ちた刺激的な意見をよく主張する人物である。もちろんこの題名によって示された彼の意見は正しいが、彼の考える意味で正しいわけではないだろう。二十一世紀初頭の経済学者が経済成長の要因を理解していないと発言することは、医者がガンを理解していないとか、気象学者が天気を理解していない、あるいは進化とは仮説にすぎないと言うようなものである。人間の知識には限界があるとはいえ、謙虚と無知を混同すべきではない。

残念なことに、経済学者は誰よりもそうした発言をしがちである。ハーバード大学の権威ある経済学者のエルハナン・ヘルプマンは、二〇〇四年に『経済成長のミステリー』という著書を発表した。また、ウィリアム・イースタリーの著書『エコノミスト南の貧困と闘う(原題 *The Elusive Quest for Growth*)』という好例もある。マスコミは彼らに刺激され、経済成長を厳粛な調子で「ミステリー」と呼んでみたり、さらにひどいときは「奇跡」と表現したりしてきた。いっぽうのイースタリーの例が示しているポイントは、世界銀行のいわゆる開発専門家が各データの相関関係を根拠に政策を考えると、みごとに失敗してしまう例がきわめて多いことである。学者はある国に関するデータを入手すると、アダム・スミスらがかつて分析したように、その資本投資と経済成長率の相関関係を立証してきた。しかし、状況の多面性をより考慮した最近の研究の結果を見ると、資本投資は経済成長につながっていないことがわかる。むしろ経済成長のほうが先に始まり、投資はそのあとに伸びてくるのだ。[27] これを聞いて頭が混乱するようなら、ソ連や中国という歴史上の共産主義国の例を考えてみよう。これらの国々は産業への投資に執着したが、どちらも経済成長率は低かった。

現在、経済学者が使用できるようになったGDPの計算法によって一部の理論の正否が立証されるいっぽうで、新しい理論も生まれてきた。経済に関する問題の解決法がどれだけ進歩したかを示しているのが、経済成長率に関する六つの決定的な事実を指摘した二つの論文である。そのひとつは一九五七年にニコラス・カルドアが発表したもので、これは資本、労働力、産出量の関係性にともなう「定型化された」六つの事実を示し、経済学界で有名になった。これらの指摘は一般的に正しいとされたが、なぜ正しいかは解明されず、経済学者にとっての宿題になった。そして、イグレシアスの主張に反して、この難題は解決された。カルドアの論文発表から五十年後、スタンフォード大学の経済学者のチャールズ・ジョーンズとポール・ローマーは〝カルドアの発見の最新版〟を発表した。本来カルドアが指摘したのは労働力や資本などの有形の資源と、その相対的な比率に関する事実だったが、最新版では市場規模や長期的な加速度、制度の多様性、人的資本といった無形のものに関する事実が示された。

二十世紀後半の経済成長理論の研究では、「国民所得の増大は、ほとんどの場合、資本や労働力などの測定可能な物理的資源の増大では説明できない」というきわめて鋭い指摘がなされた。つまり、「橋の建設で使う鉄鋼の量を二倍にすれば、その橋の強度も二倍になる」という理屈は経済には当てはまらないということである。ある国の労働力が二倍になり、さらに資本も二倍になれば、生産高は容易に三倍になるかもしれないのだ。有名なソロー方程式は、経済成長に関して説明のつかない未解決の部分を説明する項を用いた。その項はほとんどの教科書ではいまだに「技術」と呼ばれているが、この技術という言葉はまさに私たちがいかに無知かを遠回しに語っている。イグレシアスはそれを指摘しているわけだが、マクロ的な意味で技術がどう創造されるかについて、一九六〇年代よりは理解が進んできたと言っておかねばならない。人間の頭脳は科学的な発想を生み出す。したがって人的資本、教育、健康などが重要になり、知性を尊ぶ社会的資本や、協働作業を促す組織的資本も当然ながら重要になる。技術は野心的な起業家が忙しく働くことから生まれてくるのだ。

一部の評論家が経済成長をミステリアスだと言う理由はわかりやすいものである。経済成長という言葉は定義が多すぎるのだ。経済成長につながる可能性のあるその時々の変数はあまりにも多く、そのいっぽうで整合性のあるデータにもとづくケース・スタディーはきわめて少ないため、経済成長の究極的な要因を特定するのは数学的に困難なのである。ただし、この難題の中心に何があるのかについて確信をもつ学者は増えている。ダロン・アセモグルとジェームズ・ロビンソンは共著書『国家はなぜ衰退するのか』で、さまざまな変数全体の基盤は、本書ですでに述べたように、制度であると論じた。アセモグルがあるインタビューで言った冗談のとおり、同書の題名は『国家はなぜ成長するのか』にすべきだったが、それではアピール力が足りなくてベストセラーにならなかっただろう。この本は、彼らの数十年にわたる高い評価を受けた学術的研究の集大成である。同書は国家の失敗を概説した人気書のひとつとして読むこともできるが、「キャッチアップ型」の経済成長はその話の一部にすぎない。制度を重視すれば、フロンティア上の経済成長も説明できるのだ。フロンティア上の経済成長とは先進国、すなわち大国の経済成長のことである。

著者らやアセモグル、ロビンソンによる「経済成長の基盤は制度である」という主張は重大な反面、些細なものでもある。この意見は、それほど物議を醸すものではないという意味では些細である。ある社会の経済的な制度、すなわち財産権、就業規則、自由市場などが相対的な豊かさや経済成長を決定する主因のひとつであることには、誰もが同意するだろう。しかし、われわれの見解は、制度によってすべてが説明できると主張する意味では重大である。有名な書『銃・病原菌・鉄』の著者のジャレド・ダイアモンドはこの意見に同意せず、制度は現代の国家間の差異のおそらく五割程度を説明するにすぎないとしている。[28] われわれの主張について、些細な意味の面ではすでに合意が成り立っている。したがって、著者らが本書を書いている目的は重大な意味のほうである。

　経済成長にはさまざまな種類がある。その第一のタイプは、新たな貿易ルートの開発をはじめとする商業活動の拡大である。その結果としての労働の専門化は、アダム・スミスにちなんで「スミス型」成長と呼ばれている。このような類型化は経済史家のジョエル・モキアによるもので、彼は規模の効果による別のタイプの成長も定義しているが、これはスミス型成長によく似ているのでここで区別する必要はない。第二のタイプは投資の拡大で、これはロバート・ソローの名をとって「ソロー型」成長と言われる。この場合は、所得の使い道が消費から〝生産高を増やす耐久設備への投資〟に変わる。第三のタイプは革新による経済成長である。革新とは技術そのもの、またはたんに「アイデア」と呼ばれるもので、この成長はもっとも説明がしやすい。つまり、鋤《すき》を改良すれば農場の収穫高が増えるというたぐいのものだ。こうした経済成長はヨーゼフ・シュンペーターにちなみ「シュンペーター型」成長と呼ばれる。

人類史の大半においては、どのような種類の経済成長も測定できないほど遅く、リアルタイムでは事実上目に見えないものだった。進歩がきわめて遅いため、生産性の上昇は人口の増大に吸収されてしまい、何世紀にもわたって平均所得は一定のままだった。数千年ものあいだ、一日あたりの個人の平均所得は現在の米ドルで三ドルの水準にとどまっていたのだ。たとえば、輪作のような革新が実現し、それが広く普及して農業の産出量が増え、人々がより豊かになると、余剰生産物は平均所得の増大ではなく人口の増大につながった。産出量が一割増えると人口も一割増えるという、マルサスの罠にはまってしまうのだ。規模がもたらすメリットは養う人口が増えることで無意味になり、やがて差益は徐々に減って消滅してしまった。また、大衆に識字力がなければ、労働力が増えても概して知的能力は上がらなかった。

何百年にもわたり、先述した三つの経済成長のプロセスはどれも絶えず作用し続けた。そのいっぽうで部族集団から国家が生まれ、歴史上のどの国も少しずつ違う制度を導入した。一部の国々はしばらくのあいだ繁栄して他国を征服し、それ以外の国々は吸収されて消え去った。滅んだ国々の制度は三つの成長プロセスを阻害していることが多かったが、ときにはそれらを進化させていることもあった。

こうした制度論については、地理などの他の説明的な変数のほうが根本的に重要なのだから理屈が通らない、との批判もあるだろう。また、人間の進歩には科学よりも政治のほうが大きく影響するという考えを否定する人々もいる。本書ではこれらの反対意見に順に対処していくが、こうした意見がそれぞれ正反対の立場から出てきたことに注目してほしい。科学理論とは基本的にヒーローを必要とする。たとえば、アイザック・ニュートンがいなければ引力の理論は生まれなかっただろう。これに対し、地理的理論では本来ヒーローは無用である。温暖な気候と雨、そして航行可能な川がなかったら、その土地では食料はとれず交易も始まらないのだ。

この地理的理論は経済成長の差を説明する正当な説である。あるいは、少なくとも産業革命まではそうだった。しかし、産業革命から現在までの二百年以上の時期に関しては妥当性を大きく欠いている。また、地理的要因が経済成長に及ぼす影響は、本来国境を越えるものである。たとえば、ユーラシア大陸全体には、さまざまな種類の動物が家畜化されたことや多様な穀物があったことなど、他の大陸にはない特徴から生じた優位性があった。しかし、この違いでは、なぜギリシャやエジプトやイスラエルではなく、ローマ帝国が地中海全域を支配したのかを説明できない。

技術自体については、これが経済成長の主因のひとつであるのは間違いないが、著者らは技術を制度という基盤の上に成立しているものだと考えている。まず、発明が一般的であるのに対し、革新はまれであるという事実を考えてみよう。中国では紙、火薬、時計、印刷機などが世界で初めて発明されたが、これらの技術が適切に発展し実用化されたのはヨーロッパに伝播してからだった。次に注目したいのは、ほとんどの発見は唯一無二ではないことである。車輪や風車は何度も発明されては忘れられてきたことが知られている。ある社会がこれらを広く導入し、恒久的に後世に伝えていく制度的な枠組みをつくり出して、ようやく定着したものなのだ。車輪や風車の商業利用が成功し、その後これらが普及したことで、大きな経済的変化が訪れた。革新は制度によって生まれるのである。

技術による経済成長の説明に難があるもうひとつの理由は、発明自体が制度的な要素に依存していることである。その要素とは知性やインセンティブなどだ。革新的な商品を販売できる、自由だが規律のある市場、知的財産を守る法的制度、安定的な通貨などがあってこそ、価値ある発明をするのに必要な環境が生まれる。科学そのもののために科学を探究する人もいることはたしかだが、成功したベンチャー企業にとっては、増資の約束が技術への好奇心を後押しする要因になることも否定できない。もっと根本的なことを言えば、優れた知性とは木に実るものではない。アイザック・ニュートンは彼に先立つ偉人たちの業績を活用したのであり、そうした業績は火事で焼失しなかった図書館や大学の、焼失しなかった書物に幸いにも書かれていたのである。

著者らの経済成長モデルには三つの柱がある。それはスミス型の規模、ソロー型の投資、シュンペーター型の革新であり、これらは制度という基盤の上に成り立っている。ローマ帝国の経済が成長した最大の要因は、必要なものが豊かに供給されていた帝国の各都市や、交易のネットワークのなかで成立していた規模の経済のメリットだったが、それは国境の安全確保、法の尊重、公共事業といった制度が存在してはじめて実現した。制度の発展が停滞すれば、経済成長もまた停滞したのだ。

ポール・ケネディの相対主義

ポール・ケネディの『大国の興亡』は、「大国」の基盤としての相対的な経済力について考えるきっかけを読者に与えた。こんにちの経済学者はこの考え方を当然視しているが、歴史家や一般人にとって、相対的な経済力に関するケネディの徹底した考察は重要な転換点になった。著者らはケネディの思想を、いろいろな意味で本書の議論の出発点だと考えている。経済力は間違いなく軍事力の基盤である。著者らはケネディの示す前提には同意するが、彼の結論の多くには賛成しない。まず、国家間の力の均衡（a balance of power）とよく表現される〝新たな均衡〟（a new equilibrium）についての彼の予測には疑問がある。ひとつの国家が他の国々すべてを支配している場合、その単極的な状況の直後に多極化が実現することもあるが、多極化のかわりにもっと穏やかならぬ状況になることも考えられる。たとえば、ローマ帝国の文明が衰退したとき、この文明に取って代わったのはライバル国ではなく、暗黒時代だった。さらに根本的な面で著者らが同意できないのは、米国の軍事支出は経済的な活力を犠牲にして実現しているという、ケネディの結論の核心である。この主張は仮説を拡大しすぎたものであり、国が投資と国防に配分する資源がゼロサム型のパイであることを前提としている。

一九八九年、国際政治学者のチャールズ・カプチャンは権威ある専門誌の『インターナショナル・セキュリティ』に『大国の興亡』の書評を寄せ、「軍事費が経済成長に及ぼす影響はケネディの主張よりもはるかにあいまいである」と述べた。(29) そして、「ケネディは軍事費と経済実績のあいだにネガティブな関係が存在することを繰り返し示唆しているが、それを論破できると思われる」一連の反例を示した。そのいっぽうで、カプチャンは帝国主義の近視眼的な側面を経済成長の阻害要因として指摘した。これはケネディ自身もハプスブルク朝スペインにそういう側面があったことを解説しており、歴史家のアーロン・フリードバーグはそれを二十世紀末に英国が衰退したことの主因と見ている。カプチャンは次のように記した。「英国の支配者層は、ドイツの力が急成長していることを充分すぎるほど承知していたが、相対的衰退の長期的な意味を認めるのに必要な分析力や評価法をもっていなかった」(傍点は著者らによる)。ジョン・F・ケネディ大統領の経済顧問を務めたウォルト・W・ロストウも、一九八八年初頭に『フォーリン・アフェアーズ』誌に寄稿した『大国の興亡』の書評で、次のような同様の反応を見せている。

軍事費の相対的な削減は経済成長率の上昇に自動的につながるものではなく、相対的に高い経済成長率が、同じく相対的に高い比率の軍事費と両立しないわけでもない。たとえば、一九七八年まで英国の軍事費は減り続けたが、同国の経済は悪化の一途をたどった。一九七〇年代の米国経済にも同様のことが言える。一九七九年に米国の軍事費はGNPの五パーセント足らずという低水準まで減少した。いっぽう、台湾は人口一人あたりのGNPは米国の二十パーセントで、軍事費の対GNP比は米国より高いが、人口一人あたりの経済成長率は米国の約四倍に達している。(30)

この批判の最後の部分からは読み取りにくいことだが、ロストウは経済成長のパターンを深く理解している。彼は「成長段階」という古典的な成長理論を唱えたことで有名である。この成長段階説は、「離陸段階ではゆっくり進み、続いて急上昇し、最後はまたゆっくりになる」という、消費を基盤とする現代経済のS字型の成長を唱えるものである。ロストウは、台湾の急成長は離陸段階の特徴であることを理解していた。

ある歴史家を、経済学の重要性を強調したことで称賛する反面、経済学のすべての側面を理解していないとして批判するのはフェアではないかもしれないが、『大国の興亡』の成功によってそうした細かい検討を避けて通れなくなった。同書の二十世紀後半に関する章の終わり近くで、ケネディは「米国では製造業からサービス業へ移る人々の割合が増えている」と述べている。この観察は正しいが、そのあとの「つまり、生産性の低い分野に移動しているのだ」[31]という主張は誤りである。これはよくある間違いで、サービス業では医療、調査研究、建築、ソフトウェア、工学といった高い技能を要する部門よりも、小売や輸送などの技能をあまり必要としない部門のほうがずっと大きいという固定観念によるものだ。アラン・インガムは『エコノミック・ジャーナル』誌の一九八九年最後の号で強力な批判を展開した。「経済がどう発展するかに関するモデルか、少なくとも明確な仮説、そしてまとまった一連のデータ的なものが求められる。〔ケネディが〕主張していることはひとつずつ見ればたいへん説得力があるが、それらをすべて組み合わせるとどうなるかは別の話だ」[32]。

著者らが最後に注目した『大国の興亡』の書評は、一九八九年六月に社会学者のイマニュエル・ウォーラーステインが『ブリティッシュ・ジャーナル・オブ・ソシオロジー』誌に寄せたものである。そこで彼はこう記している。「私は〔ケネディが〕作成したリストに異論は唱えないが、ある有力な国が大国であるかどうかをどれだけ正確に判断できるかは決して明確ではない」[33]。ウォーラーステインが述べているのは、この本はまさに歴史的な記述の練習だったということである。同書は「素晴らしい統合体」と称賛されているが、軍事衝突の背景である制度・文明・文化の衝突を解釈できる、厳密なモデルを使って国の興亡を説明しようとしたものではない。だが、ケネディは私たちの目をこうした方向に向けさせた点で称賛に値するし、その難題に立ち向かったのもすでに昔の話である。ペン・ワールド・テーブルによって、経済力についてもっと慎重に考えるために必要な未加工データがすべて手に入るようになったからだ。

「しかし中国は違う」！

この三十年あまりで、共産主義国の中国は十億人が住む貧しい巨大国家から、急成長する奇跡の資本主義的国家へと変貌した。中国は約十パーセントの経済成長率を十年近く維持しており、人口一人あたりのＧＤＰは三十年前の約二十六倍になった。それに加えて、中国政府は米国債を一兆ドル以上保有している。また、インドも世界的な注目を集めてきた。インドの実質ＧＤＰ成長率は二〇一〇年に十パーセントの大台を超え、人口一人あたりのＧＤＰはこの十年で倍増した。これに対し、米国は低い経済成長率（二パーセントを下回ることが多い）、失業率の上昇、国家債務の加速的増加という状況下で行き詰まっているようだ。そうした数字の面からみれば、今この時期に米国の地位が東洋の経済成長国に比べて低下しつつあることを誰が否定できるだろうか。

もしかしたら「今の時代は異質」なのかもしれない。経済学者のカーメン・ラインハートとケネス・ロゴフは、金融危機に関する共著『国家は破綻する』で、その原題でもある「今の時代は異質である（this time is different）」という世界観を（懐疑的に）強調した。中国が象徴しているのは異質の難題だというのだ。たとえそうだとしても、中国崇拝者らが忘れてはならないのは、どの国に関しても歴史の奥深い物語は経済力に結びついているということである。フランスの物理学とまったく異なるドイツの物理学はなく、同様にロシアや日本と根本的に異なる形で中国経済が発展することもない。急成長している貧しい大きな国は、生産性フロンティアにすぐ近づいてしまうのだ。したがって、著者らは、「魔物扱いされている新興の大国から米国が学ぶべきことはたくさんある」というイメージは誤りだと考える。その国の人口がいかに多くても、あるいはその経済成長がいかに速くても同じことだ。ただし、過去の崩壊した帝国から米国が学ぶべきことは多数ある。

そのように言うと、「本書自体が衰退主義的だ」とか、「衰退主義を批判したくせに言行不一致だ」という批判がすぐ出てくることも著者らは承知している。この点については次のような説明で納得していただけることを願っている。われわれの見方は言行不一致だったり〝バランス〟をとったりしたものではなく、物事の多面性を考慮したものである。著者らがポール・クルーグマンのポピュリズム的な評論にみられる、露骨な衰退主義に同意しないことはたしかである。クルーグマンの評論についてリバタリアンの学者であるブリンク・リンゼイはこう記している。「細やかさや洞察力、たくみな分析などは見られず、二元論の真の信者の世界観が示されているだけである。つまり、崇高な意図によって特徴づけられた大衆の政治運動は完全な善を達成できるが、それに対抗する卑しく利己的な価値観による大衆の政治運動は、その善を打ち消してしまうというのだ」[34]。政治的な分極化は米国の経済的ジレンマを解決に導くものにはならず、むしろそうしたジレンマをいっそう解決困難にしてしまうおそれもある。

著者らは現代世界における米国の状況については、革新を原動力とする経済成長の勢いはあるものの、そのいっぽうで衰退へ向かって漂流するリスクを冒していると見ている。経済学者のタイラー・コーエンが問いかけているように、米国は前世紀の遺産の活用という手っ取り早い手段による経済成長の恩恵をいまだに受けているが、今世紀に私たちを前進させる力になるのは何なのだろうか。発展と衰退のどちらの方向にも作用する経済的な力があることは理解しなければならないし、そうした力の片面にだけ注目するのは、発展や衰退が確実だと言い切ることと同じくらい馬鹿げている。大国のゲームの成り行きを推測はしても、それ以上のことは決定論的でナンセンスなのだ。

経済成長率に関する問題

中国についてメディアが解説するのは経済成長率のことばかりである。経済成長率は経済的な活力の手軽な目安になり、それに関連する他の統計値はほとんど注目されなくなった。

最近の記事では、経済成長率を中国経済全体の規模、すなわちGDP総額や、もっと意味のある人口一人あたりのGDPなどの指標に絡めて論じることが少なくなっている。著者らは、この経済成長率という簡便な指標は一般的になりすぎたのではないかとの疑念から、中国経済に関する最近の新聞記事をランダムに選んで調査してみた。まずは簡単な第一印象を得るため、グーグルで「ワシントン・ポスト　中国経済」などのキーワード検索をして最初に出てきた、社説以外の十本の記事を選んだ。そして、GDP成長率、中国経済の相対的な規模かGDP、人口一人あたりのGDP（または他の絶対的・相対的な生産性の指標）について何らかの言及があるかどうかを、それぞれの記事ごとに記録した。『ワシントン・ポスト』紙や『ニューヨーク・タイムズ』紙の記事の多くは、中国のGDPについて実際の数字ではなく相対的な規模にしか言及していなかったが、それも勘定に入れた。また、「世界第二位の経済規模」といった大ざっぱな表現もカウントした。図4はその結果を示したものである。

予想どおり、調査したほぼすべての記事が中国のGDP成長率には触れている。しかし、GDPの水準に言及していたのは合計五十本の記事のうち十三本しかなかった。生産性について触れたものはさらに少なく、五十本のうちわずか六本で、そのうち三本は『ウォール・ストリート・ジャーナル』、二本は英国の『フィナンシャル・タイムズ』、一本は『ワシントン・ポスト』だった。GDPや人口一人あたりのGDPが重要な指標であることは明らかだが、新聞は成長率の数字だけに注目する傾向がある。これは、成長率によって衰退や発展に

図4 中国経済に関する報道の質
主要な経済指標に言及していた記事の割合

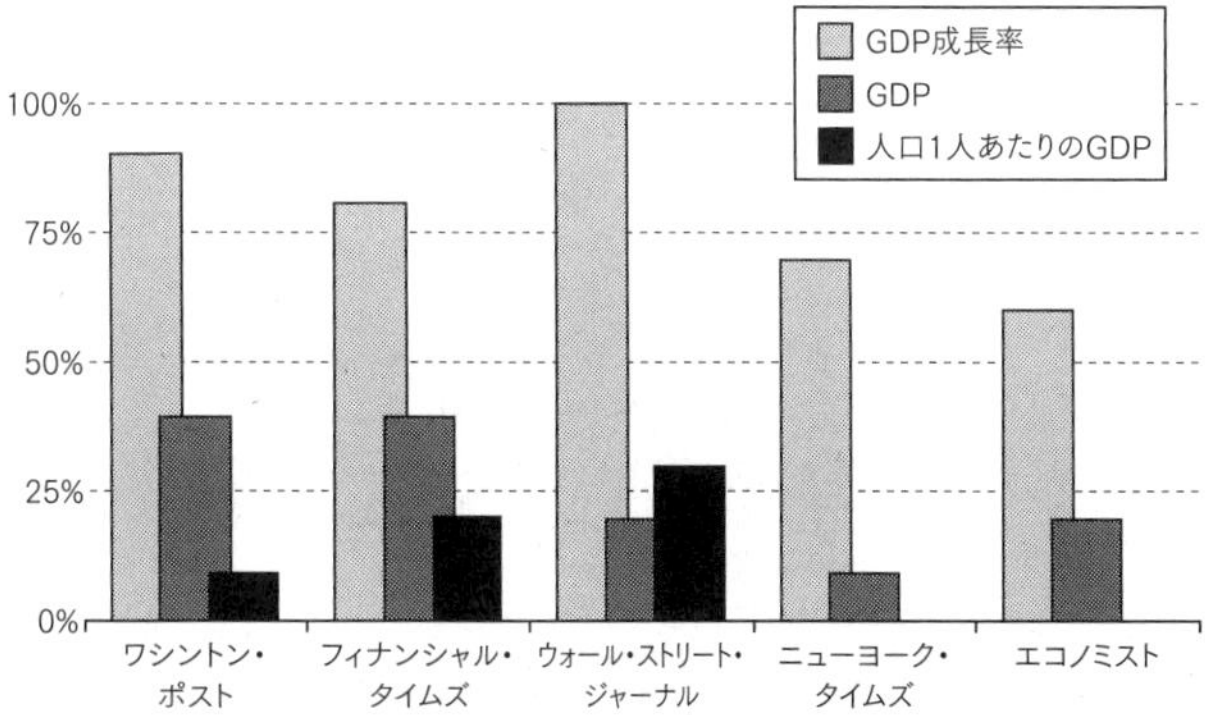

出所：ティム・ケイン、グレン・ハバード

関する魅力的な物語を作りやすくなるからなのだろうか。『ワシントン・ポスト』のコラムニストのロバート・サミュエルソンは、「物事の全体像を正しく捉え続ける」べきだと警告している。これに同意するならば、中国関連のニュースで同国の人口一人あたりＧＤＰが米国の水準の五分の一であることに言及していないものを見かけたら、用心しなければならない。

著者らは経済評論家ならその点はましだろうかと考え、ロバート・サミュエルソン、ポール・クルーグマン、トーマス・フリードマン、デービッド・スミス、ニーアル・ファーガソンらが書いた計十二本の記事を調べた。中国経済に関する彼らの記事内容が状況の背景をもっと明確にしていたかというと、それはたしかにそうだった。十一本の専門的な寄稿記事のうちＧＤＰ成長率に言及したのは八本、ＧＤＰに触れたのは六本、何らかの形で生産性に触れたのは五本だった。ファーガソンは『ニューズウィーク』の記事でこれら三つの変数すべてをとりあげ[35]、サミュエルソンも三本の記事のうち一本でその三つすべてに言及していた[36]。クルーグマンは三本の記事のすべてで成長率に、うち二本の記事でＧＤＰに触れていたが、生産性はとりあげなかった。いっぽう、フリードマンは中国経済に関する二本の記事で、これらの変数にはまったく言及していなかった[37]。具体的な数字をはぐらかすこうした傾向は一般化している。クルーグマンはある記事で、「中国はいまだに貧しい国だが急成長しており、その純粋な経済規模から見て、このままいけば経済大国として米国に肩を並べる」と述べ、三つの概念には触れたものの、それらに具体性は与えなかった[38]。

　著者らも経済成長率は国際経済を評価する現代の指標であり、実際に優れた物差しであることは理解しているが、それが意味をもつには他の指標と組み合わされなければならない。たとえば、ソ連のＧＤＰ成長率はかつての日本のように数十年にわたって高水準にあったが、ソ連も日本も誤解され、この誤解は外交政策に多大な影響を及ぼした。世界経済に関する議論にＧＤＰ、生産性、ＧＤＰ成長率の三つが含まれれば、米国の公開討論の質も改善されるだろう。

経済力をどう測定するか

「経済力」の測定法は想像しやすいものであるため、ここではそうした測定法を実際につくり、過去六十年間の国際的なデータに当てはめていくことにする。ある時点での国の経済力を測定するには、その国のGDP、GDP成長率、人口一人あたりのGDP（これは技術力を反映している）を組み合わせなければならない。この三つの変数はすべてひとつの図に描くことができる。二つの軸を使って二つの変数を表し、三つ目の変数は円の大きさで表すようにするのだ。図5から図7までは、この三つの変数の枠組みを使ってGDP成長率（十年平均）をy軸、人口一人あたりのGDP（二〇〇五年のドルベース）をx軸、GDPを各円の面積で表し、世界の経済大国の発展を示したものである。図5からわかるように、一九七〇年の人口一人あたりの生産性は米国が二万ドルあまりともっとも高かったが、GDP総額は「ヨーロッパ（西欧の十七の国々を総合したもの）」が最高だった。また、ヨーロッパのGDP成長率は米国の二倍（米国の四パーセントに対してヨーロッパは八パーセント）に及んでいた。いっぽう、GDP成長率がもっとも高かったのは日本で、十・六パーセントに達している。当時の中国は生産性とGDP成長率の面でもっとも低い水準にあった。

一九九〇年になるとこの状況は劇的に変化した。[39] 人口一人あたりのGDPではヨーロッパ

図5　1970年における世界の経済大国の状況（円の面積はGDPを表す）

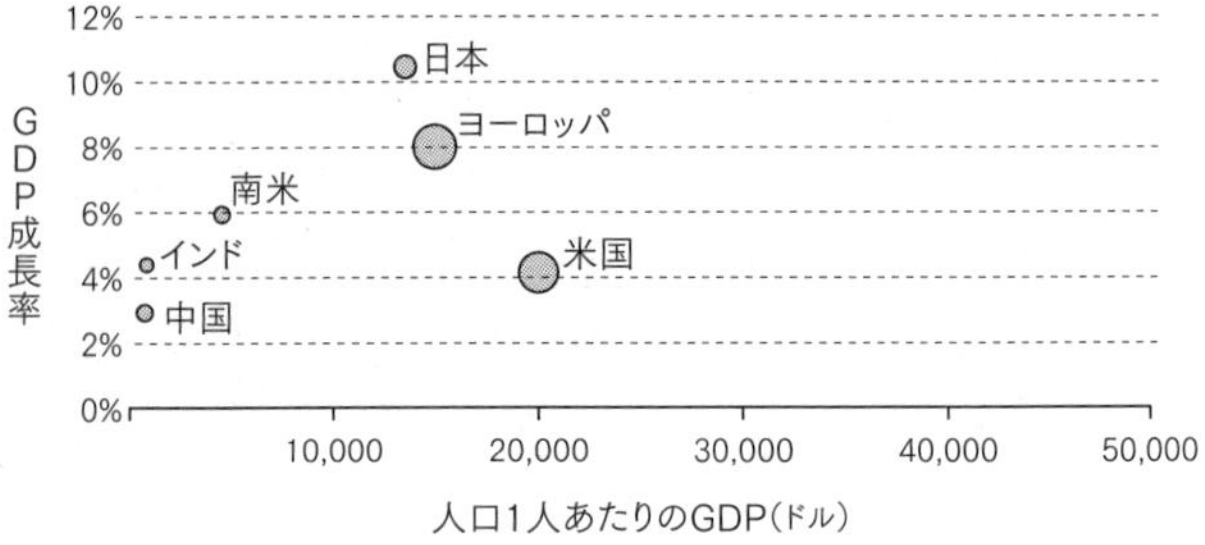

出所：Penn World Table 7.1

も日本も米国の水準に追いつかず、どちらもGDP成長率が大幅に下落した。いっぽう、中国はきわめて貧しいままだが、GDP成長率は高く、しかも上昇を続けていた。この時点でヨーロッパのGDP総額（二〇〇五年のドルベースで九兆一千億ドル）は米国のGDP（同七兆八千億ドル）よりかなり大きかったことに注目してほしい。その二十年後の二〇一〇年には米国のGDPは十二兆八千億ドルまで増大し、いっぽうのヨーロッパのGDPは十二兆九千億ドルだった。ただし、米国の人口が三億一千万人だったのに対して、西欧の総人口は四億二百万人だったことから、人口一人あたりの平均所得の面では米国のほうが二十五パーセント（一万ドル）高かったことになる。いっぽう、二〇〇九年までに中国のGDPは十兆三千億ドルに、GDP成長率は二桁に達し、生産性の水準も二倍に上昇した。

これらの図は興味深いものだが、多くの研究者にと

図6　1990年における世界の経済大国の状況（円の面積はGDPを表す）

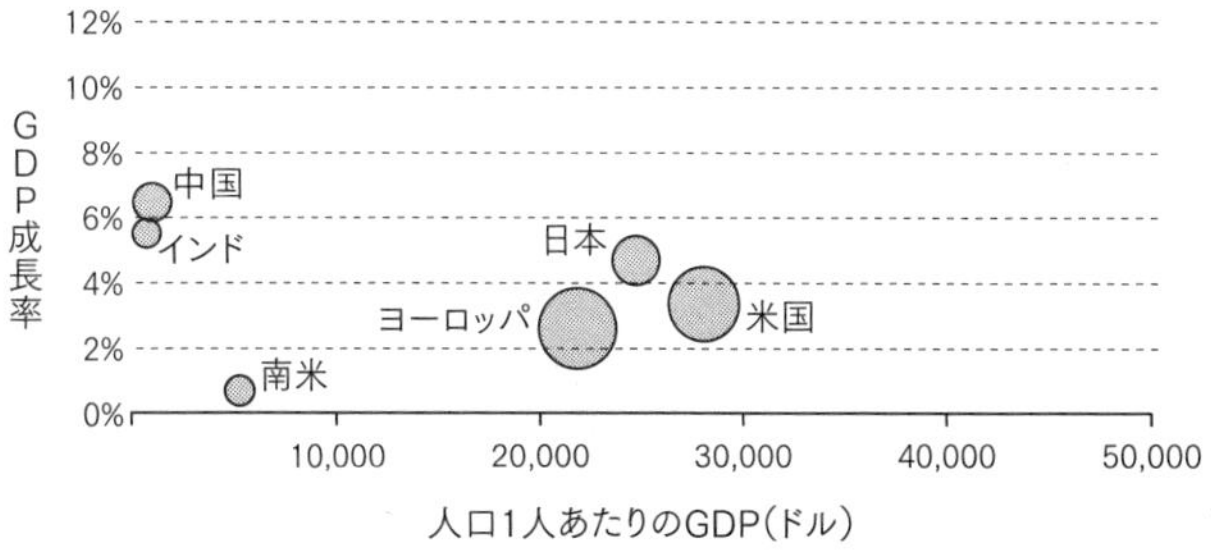

出所：Penn World Table 7.1

ってこの三つの変数の推移や相互関係をつねに把握するのはきわめて難しい。著者らが最初に考えついたのは、これらの変数をできるだけ単純な手段、つまり掛け算によって組み合わせ、ひとつの変数にすることだった。そうした単純な式（経済力＝GDP×生産性×GDP成長率）を使って一九七〇年の米国や各国の経済力を計算すると、日本の相対的な経済力は米国の二十パーセント、ヨーロッパ（ドイツを含まない）は六十九パーセント、中国は一パーセントだった。

この掛け算は経済力の概算法のひとつではあるが、この単純な方法には二つの問題がある。第一に、GDP成長率がマイナスだった場合は経済力をどう解釈すればよいのだろうか。GDP成長率がマイナスになるのは一般に考えられているよりもよくあることだが、常識で考えれば、ある国の経済力がマイナスであると説明するのは馬鹿げており、まして経済力をゼロとするのは論外である。この問題は十年、あるいは二十年

図7　2010年における世界の経済大国の状況（円の面積はGDPを表す）

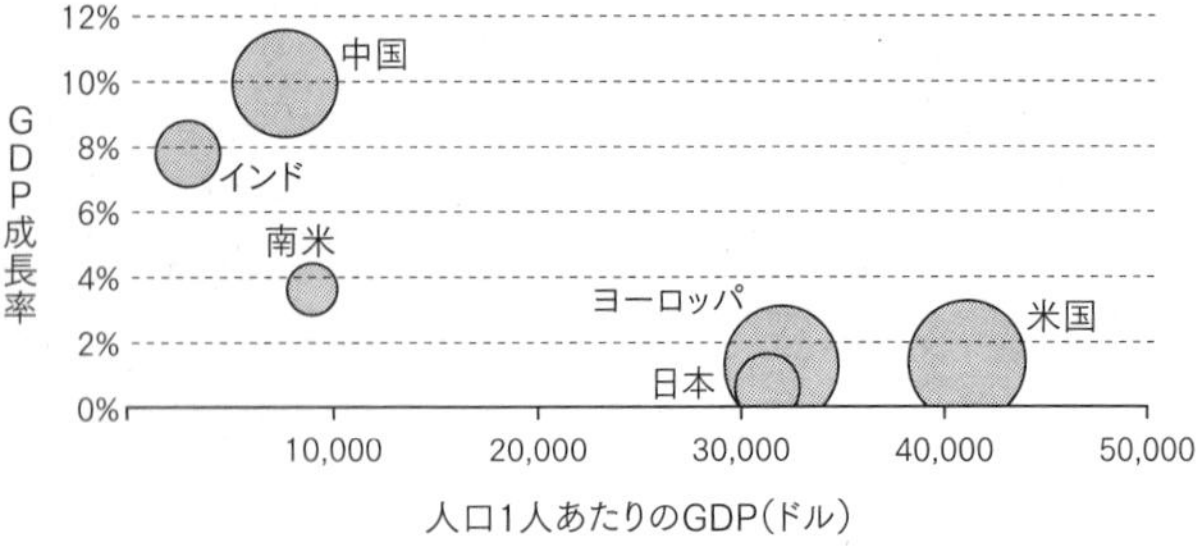

出所：Penn World Table 7.1

といった長期の平均成長率を用いても解決しない。弱体化した大国（一九八〇年代のソ連など）ですら経済力を失っていたわけではないのは自明である。この問題に対処するひとつの方法は、ＧＤＰ成長率の値に下限を設けることである（同成長率が〇・二パーセントより低い国々については、すべてその値を〇・二パーセントとして計算する、など）。しかし、この線型的な方法には二つ目の問題がある。ＧＤＰ成長率が十パーセントの国は、他の条件は同じだが同成長率が五パーセントの国に比べて経済力が二倍だということになるのだろうか。一七〇〇年代のヨーロッパにおける二つの同等な国を考えてみよう。この二国は人口や生産高の水準は等しく、唯一の違いは北側の国で巨大な銀鉱が発見され、一時的に経済が急成長していることである。この場合、北側の国の十年間の平均経済成長率がもうひとつの国の三倍だったからといって、経済力も三倍高かったと言ってよいのだろうか。

経済力の測定法の開発にあたって著者らが目指したのは、理解しやすく、かつ学者にも受け入れられる方程式を導き出すことである。われわれは先述の二つの問題に対処するため、経済成長率の非線型的な変換法を数多く試行し、歴史的データだけでなく理論的な極値も用いてそれぞれを評価した。たとえば、平方根や自然対数、あるいはもっと複雑な式を使って経済成長率の変換を試みたのである。その結果、歴史的データを処理するにはこの非線型的な手法のほうがはるかに優れていることがわかった。とくに、大規模な戦争によって国や個人の所得水準が大きく混乱した二十世紀初頭についてはそうである。詳しい説明は注に譲るが[40]、簡潔に言えば、著者らが考案した国家の経済力を計算する方程式は次のようなものである。

結局は、GDP成長率の平方根を使うというごく単純な方法がうまくいった。たとえば、ある二つの国のGDP成長率が九パーセントと四パーセントだった場合、著者らの経済力算定式ではこれらの数字がそれぞれ三と二という数値に変換される。次の表は、この算定式によって、六つの大きく異なる国や地域の経済力をひとつの指標で比較可能にした例である。ユーロ圏のドイツやスペイン、および非ユーロ圏のスウェーデンや英国を含めた十七の主要国からなるヨーロッパは、GDP総額の水準は米国に等しく、GDP成長率は米国よりわずかに低い。また、人口一人あたりのGDPは、ヨーロッパは平均三万二千ドルであるのに対

経済力＝GDP×生産性×GDP成長率 $^{1/2}$

し、米国は四万一千ドルである。これらの変数を使って経済力のスコアを算出すると、ヨーロッパは四百五十六、米国は六百二十三になる。これに対し、二〇一〇年時点の中国は二百五十一で、ヨーロッパの半分より少し上である。中国のGDP成長率は九・九パーセントに達しているが、経済力の水準が比較的低いのは、生産性（人口一人あたりのGDPで評価される）が低いためである。六つの国と地域すべての経済力の値を示したのが表3である。米国の経済力と比較した場合、二〇一〇年のヨーロッパの経済力は米国の七十三パーセント、中国は四十パーセント、日本は十五パーセント、インドは六パーセントである。また、南米における経済上の主要三か国（アルゼンチン、ブラジル、チリ）の経済力を総合すると、米国の七パーセントになる。

図8では、二〇一〇年の六つの主要な国・地域の経済力を把握するにあたり、著者らが最善と考える方法を図示したものである。ただし、ここで比較の基準とした米国の経済力は、それがピークに達した二〇〇〇年当時の水準である。二〇一〇年の米国はその十年前に比べてGDPや生産性は高まったが、長期的なGDP成長率は半分まで下落した。その結果、米国の経済力は二〇〇〇年のピーク当時の四分の三にとどまっている。

この経済力の比較を六十年間に拡大したのが図9である。米国の経済力は近

表3　2010年の経済力の算定

	米国	ヨーロッパ	中国	日本	南米	インド
人口1人あたりのGDP(ドル)	41,365	32,004	7,746	31,447	9,236	3,477
GDP成長率	1.4%	1.2%	9.9%	0.5%	3.6%	7.7%
GDP(10億ドル)	12,833	12,875	10,303	3,988	2,394	4,079
経済力	623	456	251	93	42	39
対米国比	100%	73%	40%	15%	7%	6%

出所：ハバードとケインによる計算。データの出所はPenn World Table, Mark 7.1。

図8　2010年の経済力

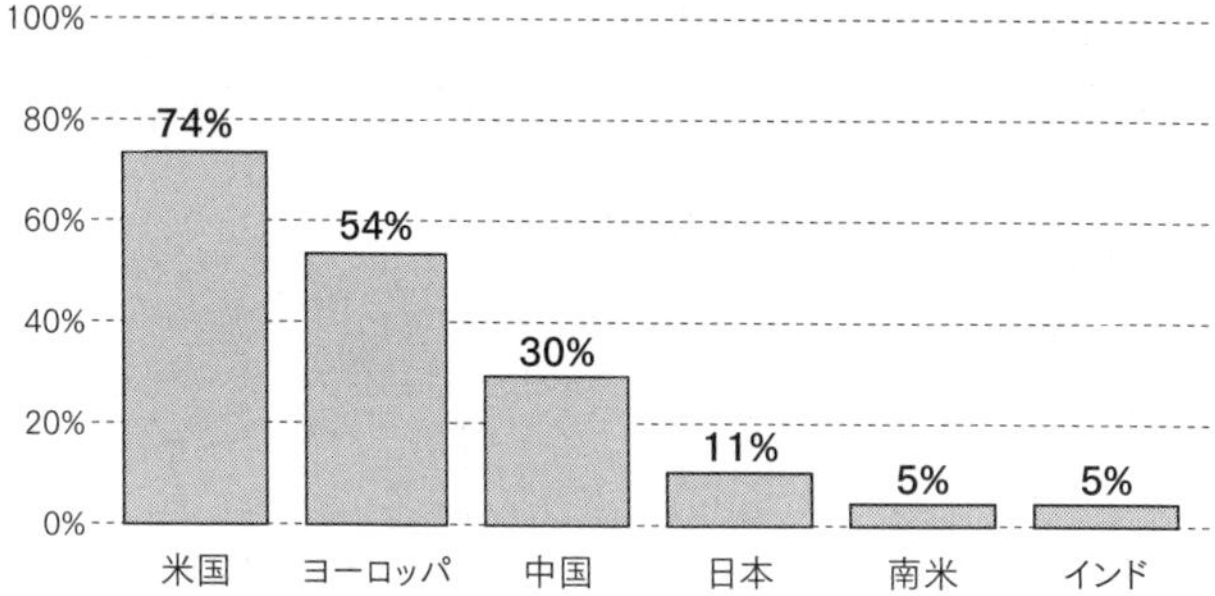

出所：ハバードとケインによる計算。データの出所はPenn World Table, Mark 7.1。

図9　1970～2009年の経済力の成長

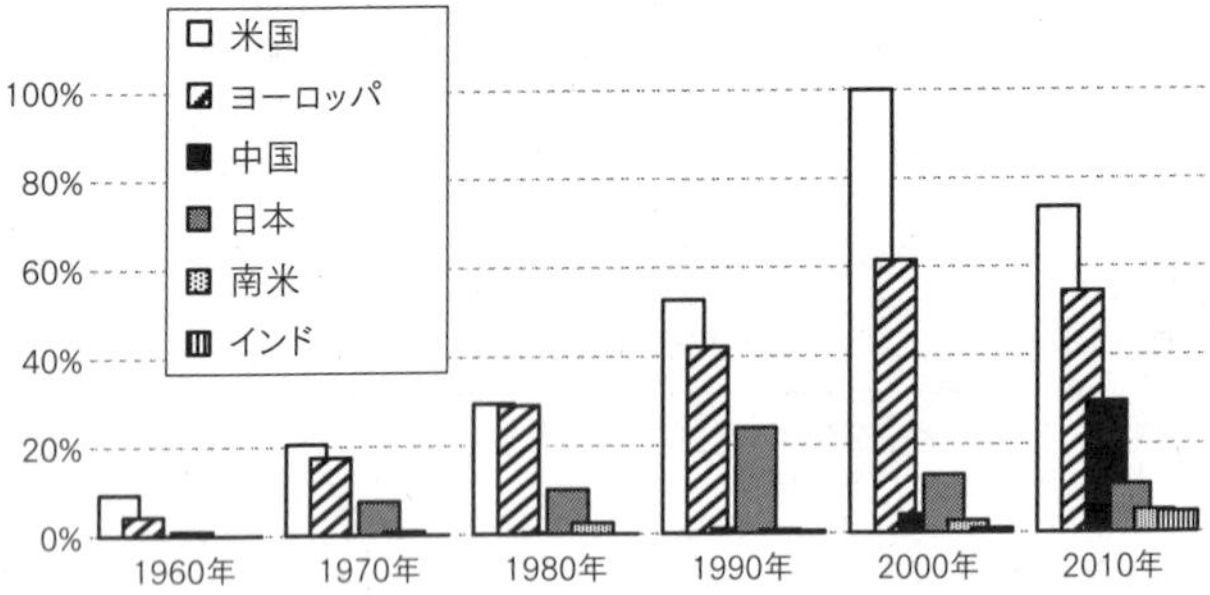

出所：ハバードとケインによる計算。データの出所はPenn World Table, Mark 7.1。

年では低下しているものの、全体的な推移はきわめて良好で、この六十年で七百パーセント上昇した。日本の経済力の上昇はもっと劇的で、対米国比は一九七〇年の一パーセントから一九九〇年のピーク時には二十四パーセントまで上昇したが、最近は十一パーセントと徐々に下がっている。いっぽう、中国はアジアの「奇跡」のモデルを日本や韓国から引き継いだと解釈すべきだが、その経済力はこれまでのところ三十パーセントまでしか上がっていない。

　こうした「経済の眼鏡」を通して世界を見てみると、米国のライバルに関する話の様相は大きく変わってくる。ヨーロッパについての話は「そうあるべき姿」やヨーロッパ支持者の主張する姿を映し出した、実体のない幻にすぎない。中国経済の成長率や全体的な規模は印象的だが、その生産性の平均水準が低いことは、すべてを考慮すれば同国はまだ脆弱であることを意味している。それは三十年後には確実に変わっているはずだが、たとえそうだとしても、米国が衰退すると主張する根拠はない。中国のGDPは増大するだろうが、いずれその成長率は急激に低下するとみられ、同国の経済力が米国の水準を超えることはおそらくないだろう。著者らは経済力に関するこれらの具体的なデータを見て、米国にとっての最大の脅威は、先にも述べたように、やはり米国自身であるという印象をもった。

経済力で世界を見る

一九六一年、ピッグス湾事件後の困難な時期に、ジョン・F・ケネディ大統領は米国の例外的な立場を計量的に考えることを評価する姿勢を見せていた。彼は信頼する経済顧問のウォルト・ロストウにこう言った。「神経衰弱になっている場合ではない。わが国は〈自由な世界の経済力の〉四十パーセントを占めており、その分を埋め合わせてくれる国は他にないのだ」。ケネディ大統領は経済力を測定可能な数量として考えていた点で、時代を先取りしていた。

さて、経済力を測定するという知的探求を続けていこう。これは、二人の経済学者がその世界観を壮大な戦略に当てはめようとするものであり、その目的は、「相対的に大きな経済力をもつ国にとっての難題は、希少資源をめぐる競争相手の台頭ではない」と示すことである。あるいは、その経済大国の規模が大きくなりすぎたとか、軍事支出と経済的投資のあいだで国のエネルギー配分を誤ったなどの問題でもない。著者らはそうした考え方を否定する。歴史を見ると、大国が主導権を失うのは技術的なフロンティアを押し上げられなくなったときであることがわかる。

ここでは、次に挙げるポール・ケネディの基本的な主張は正しいことを前提とする。第一に、ある国の軍事力の源泉はその国の経済的生産性である。第二に、経済力は同時代の国々との比較において重要である。

著者らの主張は次の二つに分かれると考えてよい。第一に、大国の衰退は基本的・本質的に経済的な現象であり、これは定型化された事実である。すなわち、まれな例外を除けば一般的に真実だと言える。第二に、経済的な衰退は制度の停滞（おもに政治的制度が現状維持のための不作為へ偏向すること）の結果である。

第一の論点において、著者らは、帝国が拡大しすぎたことが衰退の原因であるというポール・ケネディの拡大解釈的な主張には不賛成である。ケネディの説の根底には、「国家は安全保障上の支出と経済的投資とのあいだのトレードオフ関係に直面する」という彼の信条がある。経済はさまざまな形で均衡を失うことがあり、過大な軍事支出もそのひとつである。しかし、ケネディの見解に対する反例となる国、つまり戦争に従事し軍事部門が大規模化するという、衰退の全体または一部の原因として指摘できる要因を抱えていながら、経済的に繁栄している国もきわめて多いのだ。

　第二の論点は、経済的な不均衡が生じる原因は国家の政治的停滞だということである。この説明は、マンサー・オルソンやノーベル賞を受賞したダグラス・ノース、エリノア・オストロムらの経済学者が大きく発展させた制度論のひとつである。著者らは経済学のレンズを通して政治を見るという点で、これらの学者からヒントを得た。この見方において、政治的主体は他の誰もがもっているのと同じ、私利（政治家の場合は当選、法案の成立、官僚の統制など）の追求心に従って行動する。再選を目指すときに利益を追求するのは自然なことであり、その行為自体は道徳的でも非道徳的でもない。ただし、社会はその内部のあらゆる市場で、人間の感情をコントロールするための適切なルールを必要とする。

　著者らは大国が不均衡な状態になること、つまりひとつの国の内部で制度的な停滞が起きることを必然とは考えない。歴史家は、明らかに計量的だという理由だけで一部の説を決定論的だと決めつける傾向があり、ポール・ケネディもそういう誤った一般的批判に直面した。たしかに著者らの手法も〝大国〟の新たな指標を提示する計量的なものだが、繰り返されてきた歴史、すなわち国家が衰退した一連の現象を、米国の避けられない運命として捉えるべきではない。制度的な衰退によって大国が不均衡に陥るという不吉なパターンはあるものの、歴史上の帝国や国家が制度改革を成し遂げた例もきわめて多いことを指摘しておかねばならない。ローマ帝国では、多くの皇帝のもとで数々の進歩的な改革がおこなわれた。国を大きく変えたカエサルやアウグストゥスの治世も、そうした改革の時期だったという見方もあるだろう。近代史においても、ペロン主義のアルゼンチン、バブル崩壊後の日本、米国のカリフォルニア州など、制度が原因で苦境に陥った例は数多くあるが、スウェーデン、エストニア、チリといった成功例も同じくらい容易に挙げることができる。とはいえ、これらの事例についてはもう少しあとで語ることにしよう。

衰退主義の行動経済学的説明

本章を締めくくるにあたり、もう一度最初に戻ってみよう。衰退主義というテーマはなぜこれほど多くの米国人を魅了するのだろうか。これは、毎晩のニュースはなぜ珍しいセンセーショナルな殺人事件や幼児の誘拐、恐ろしい大事故などの話ばかりなのかと問うのと同じことかもしれない。報道界には「流血はトップニュースになる」という言葉があり、この理屈でも衰退主義の人気は表面的に説明できるだろうが、もっと別の理由もある。〝壮大な戦略〟においては、後者を検討しなければならない。

豊かな国々は一般に自国の地位を失うことに過大な恐怖心を抱いている。個人のレベルで言うと、人間は自分をとりまく環境が改善しているときでも死を恐れることがわかっている。著述家のグレッグ・イースターブルックは二〇〇三年の著書『進歩のパラドックス――人々の不快感が増すとともに生活は改善する理由（*The Progress Paradox: How Life Gets Better While People Feel Worse*）』で、現代の思潮をこう述べている。

今から数世代前まで、実質的には人類史の全体にわたって人間はたいてい苦労が絶えず、その生活環境は貧弱で、食料の入手は不安定であり、ごく初歩的な医療や不充分な教育しか受けられず、旅行や娯楽の機会はほとんどなかった。そして、最後は早々に死ぬのが普通だったのである。（中略）〔米国における〕生活水準、平均余命、医療、教育、個人の自由などがこんにちの水準に近づき始めたのは、一九七〇年代になってからだった。(41)

過去数十年間に発せられた誤った警告を振り返ると、一種のおかしさを感じる。一九七〇年代には地球寒冷化が心配されていたが、現在ではもっと根拠のある地球温暖化が懸念されている。他にも、たとえば環境汚染による寿命の短縮から人口過剰へ、食料不足と大規模な飢餓から肥満の蔓延へと懸念の対象は移り変わってきた。こうしたサイクルはずっと続いている。イースターブルックは、衰退主義的な話に夢中になるという米国人の特徴は、生物学的な本能から生じているのではないかと主張している。それは、初めての子どもを授かった親がその子に対するリスクに敏感になるのと同じことであり、人がみな自分の富のことを考えるのは、この保護的な本能の表れである。喪失に対するこの不合理な恐怖心は、不確実性によって増幅されているようだ。米国はこれほど豊かになるのにふさわしい国なのだろうか、それともただ幸運だっただけなのだろうか。

こうした感情は従来の経済学の範疇ではなかったが、行動経済学の研究によってそのギャップは埋められつつある。この分野の有名な洞察のひとつは「損失回避」というもので、これは大きな尺度で見れば衰退主義によく似た、選択の指針になる個人の考え方である。

古代の人々は感情と理性が対立することを理解していた。したがって、米国人の集団的な恐怖心を不合理なものの見方だとみなしても中傷にはならない。不合理であることは必ずしも間違いではない。愛情も信仰も不合理になり得るからだ。だが、ここでは不合理性が経済に及ぼす影響に目をつぶらないことにしよう。不合理性にはメリットもあればデメリットもあるのだ。

過保護な親は子どもを死なせずにすむ可能性が高いが、子どもの成長を妨げることもある。子どもが外の世界をよく知ることができなくなったり、創造力が低下したり、他の子ほど自信をもてなくなったりするのだ。リスク回避は不健全な行動になり得る。科学ジャーナリストのマット・リドレーは二〇一〇年の著書『繁栄――明日を切り拓くための人類10万年史』で、この警告を現在の環境論争との関係で語っている。彼のおもな主張は、人間をとりまく環境が著しく進歩し続けていることは否定できず、この趨勢は今後の百年間も続く可能性が高いということである。リドレーは論理的な主張によって悲観論者に対抗しているが、そのいっぽうで進歩は敵もつくり出すと述べている。彼の指摘によると、一部の過激な環境保護論者は、人類の技術のせいで世界は大きな危機に陥っており、この危機を押しとどめるには経済的な成長や進歩をすべて停止させるしかないと考えているという。そうした環境保護論者は人類の滅亡という夢想にふけっているのだ。彼らほど過激でない急進派も、経済成長をストップさせることは求めている。リドレーはそうした考え方が示唆することをこう説明している。

これはつまり、あなたの会社の売り上げを伸ばすことはもちろん、それを低下させないことも罪になるということだ。自分のノルマ以上のことを達成すること、新たな道具を発明すること、一エーカーあたりの食料収穫量を増やすことなどは言うまでもなく、業績をノルマ以下に抑えないことも、既存の技術を放棄しないことも、一エーカーあたりの収穫量を減らさないことも重罪になる。なぜなら、これらはみな経済成長の要因だからだ。[42]

次の章では行動や意識についてさらに深く検討する。これらは国家の不均衡状態に対して、経済力の具体的なデータと同等か、場合によってはそれ以上に大きな影響を及ぼす要因である。

第3章　経済的行動と制度

ヨーロッパや米国ではヒステリックな感情が高まっている（後略）。
僕たちはイデオロギーの違いには関係なく、同じ生理現象を共有している。
——スティングの歌「ラシアンズ」より

経済学に対する一般的な批判とは、「あまりにも単純であり、この欠点のせいで個人の行動がどう決定されるかだけでなく、国家の行動に関する理解まで歪められてしまう」というものである。国の経済は、消費、投資、政府、純輸出という四つの部門の数学的な特性だけで、本当に適切に説明できるのだろうか。どの人間も利己的・リスク中立的で、最適化を目的としているのだろうか。だから、国家の行動の動機もつねに自己利益であると仮定すべきなのだろうか。世界史を「経済の眼鏡」を通して眺めたときに、著者らが本書の執筆に取り組むおもな動機のひとつになったのは、集団レベルでの行動的な要素が国家の不均衡の原因だと考えられたことである。歴史をそうした形で分析するのはさほど斬新ではなく、かと言ってその手法が定まっているわけでもないが、社会的要因を考慮することは、経済力に関する生のデータを活用するのと同じくらい重要だと著者らは考えている。

まず、経済学者というわれわれの仕事が一見じつに不毛であることを認めなければならない。経済学者が世の中のモデルをつくるときには、人々や物事の動き方について数々の仮定をする。たとえば新古典派のモデルでは、それぞれの人間という「主体」は個人的効用（つまり幸福）を最大化し、あらゆる人間は完全な知識をもっており、嗜好は安定的で、意思決定は前後関係の影響を受けず、何事も空間・時間内のある一点で起きると仮定している。こうした〝合理的な妄想〟は、歴史家や哲学者に嘲笑されても仕方がないものだろう。

これに対し、やはり「合理的であるがゆえに無知」な精神的空間で活動する心臓外科医を考えてみよう。彼女は人間には脳も免疫系もなく、また機関車やイルカ、木星、ブロードウェイなどもこの世に存在しないと考えている。これらは彼女がおこなう手術の目的には関係のない現実だ。彼女の精神的モデルも、先述の経済学者の精神的モデルも不適切なわけではない。仮定を単純化することはきわめて重要である。そうすることで、医者や経済学者などのあらゆる科学者がモデルや一般的な理論を構築できるようになるからだ。単純化が許されなければ、モデルや理論は手がつけられないほど複雑になってしまうだろう。

しかし、そうした意義を尊重したとしても、単純な理論モデルには欠点や盲点もある。現実世界にとっての経済モデルは、工学にとっての理論物理学と同じである。技術者が自動車や橋を設計するときには、重力や運動量、エネルギーなどの理想論的な法則を基準にはするが、実際は摩擦や抵抗の複雑な関係も計算に入れなければならない。経済学でそうした摩擦や抵抗にあたるものが、人間の一筋縄ではいかない感情的な行動なのだ。

経済学で理想とされる完全競争の状況を考えてみよう。この状況では、あらゆる企業が市場で商品をすべて売却できる価格を完璧に設定する。また、費用と収入が完全に等しくなるため利益は生じない。この理想の世界は何かを説明する際にはおおいに威力を発揮するが、ある現実の状況に当てはめようとすると、やはり非現実的であることがわかる。完全競争の必要条件は、あらゆる情報が無料で充分に拡散していること、人間が充分に合理的かつ利己的であること、自分のほしいものを可能ならば手に入れる人間の能力がとくに発達していることである。完全競争のもとではマーケティングや販売の会議は開かれない。どの人間もあらゆる知識をもっているからだ。著名な心理学者でベルリンのマックス・プランク人間発達研究所の所長であるゲルト・ギーゲレンツァーはこう述べている。「経済学、認知科学、生物学などの分野における合理的な意思決定モデルは、（中略）人間の頭脳を時間、情報、計算力などの資源を無限に有している、いわば〝ラプラスの悪魔〟だと仮定している[1]」。

完全競争理論に対する緻密な反対論が生まれたきっかけは、おそらく一九五〇年のゲーム理論の登場だろう。米国のランド研究所の経済学者だったメリル・フラッドとメルビン・ドレシャーは、囚人のジレンマというもっとも初期のゲーム理論を唱えた。彼らのモデルは、自発的な主体が市場と自分自身の両方にとって悪い結果を導き出す場合もあることを証明する手段になった。経済学の定説では、合理的な人間は自由市場の繁栄も促進すると仮定されていたため、このフラッドとドレシャーの概念は驚くべきものだった。完全競争は経済学を教える際に不可欠な基本概念として生き残ったが、このときを境にミクロ経済学は永久に変化した。いっぽう、ゲーム理論は高度な学術的理論の進歩だけでなく、核戦略や国際金融、公共政策の発展にとってもきわめて貴重なものになった。(2)

単純化されすぎているという欠点があるのはミクロ経済学だけではない。ケインズ主義という過度に単純化されたマクロ経済学のモデルは、一九六〇〜七〇年代には経済学者や政策立案者のあいだでもっとも有力な理論的枠組みだったが、米国をはじめとする世界各地でインフレが発生するという現実の事態によって信用を失った。このモデルは英国の経済学者のジョン・メイナード・ケインズの名をとったもので、ケインズは一九四〇〜五〇年代に政府が従来にない経済的役割を果たすことを鼓舞する意見を発表し、そうした著作によって当然の名声を得た。不況で民間部門の消費が減少したときには、政府は収入を超える財政支出によってそれを補うべきだというのが彼の主張だった。

ケインズ主義の理論はGNPの計算法の発展とうまくかみ合った。おもちゃ、食料、衣服、家具など、あらゆる種類の民間消費は消費（consumption）のCの文字と、ひとつの大きな数字で表された。住宅、新たな工場設備、ソフトウェアなどのあらゆる民間投資も合計され、投資（investment）のIで表現された。政府支出の総額は政府（government）のG、輸出額から輸入額を引いた純輸出（net export）はNXと表された。これらの支出の合計は国全体の所得の合計と数値的には等しくなる。ケインズによれば、CやIが落ちこんだときには、政府はGを増やして対応すべきだという。実際にケインズ主義は総需要を調整する際の財政赤字の正当化に用いられるが、過去にはこれが恒常的な刺激策に転化してしまった。好況時には手軽な政策、不況時には不可欠な政策とみなされて継続されたのである。

第二次世界大戦後、欧米の経済は二十年にわたって着実に成長し、多くの人々から見てケインズ主義はその正当性を立証していた。だが、残念ながら、状況を単純化するケインズ主義のモデルは、一九七〇年代の米国を襲ったスタグフレーション（インフレ率の上昇とGDPの減少の同時進行）を予測できず、その混乱状態からの脱出法も示せなかった。スタグフレーションはほとんどの経済学者を窮地に追いこみ、政治家を唖然とさせた。この状況に対し、リチャード・ニクソン大統領は悪名高い物価統制を（多くの顧問らの抗議にもかかわらず）実施した。ジェラルド・フォード大統領は「インフレーションをいま叩こう」と約束したが、ジミー・カーター大統領の一期だけの任期中にはインフレ率が年間十パーセントを超えた。

正統派の経済学者は、インフレを退治すれば大恐慌なみの厳しい景気後退が起きると警告していたが、一九七九〜八七年にかけて連邦準備制度理事会議長を務めたポール・ボルカーは大胆な行動をとり、このコンセンサスに挑戦した。通貨供給量の増大率を徹底的に抑制したのである。その後の生産高の減少や失業率の上昇は、従来のケインズ主義の理論が予測したほど長くは続かなかった。一九八〇年、ボルカーは連邦準備制度の目標金利を約十パーセントから二十パーセントへ引き上げただけでなく、大衆のインフレ率上昇の期待が落ち着くまでそれを堅持することを約束した。そして、実際にそうしたインフレ期待は長期的には収まっていった。マクロ的な行動の一種である経済的期待はボルカーの成功のカギになったが、これはもっとも単純なケインズ主義のモデルにも見当たらないものだった。シカゴ大学の経済学者のロバート・ルーカスはこの新たな事実を受けて、経済的結果をもたらす期待の役割を重視する仮説を立てた。この発想によってルーカスはのちにノーベル賞を受賞し、ボルカーの「実験」が成果を上げたことで連邦準備制度は米国民の信頼を獲得した。米国ではその後数十年にわたり、「連邦準備制度の賢明な金融政策によって、景気後退が完全には撲滅されなくても、経済は堅調を維持するに違いない」という期待が形成された。

このような経緯にもかかわらず、大半の政治家にとっては依然としてケインズ主義の理論が思想の主流だった。ボルカーの衝撃的な施策によって米国経済が真の順調な経済成長の軌道に戻ってから三十年以上がたったが、この間に表面的なケインズ主義が人気を回復し、これは政治家が（おそらくは連邦準備制度が救済してくれることを期待して）財政支出や財政赤字を増大させる際の学問的な隠れみのになっている。著者らは最近の〝大不況〟によって皆が目を覚ますことを期待するばかりである。総需要の責任ある管理に近年失敗したことや、ヨーロッパが現在財政危機に陥っていることから、少なくとも現在の政治の方向性を熟考し再評価することが必要になっている。

いっぽう、良かったことは、ミクロ経済学のゲーム理論もマクロ経済学の期待理論も、経済学者の思考の根本的な変化を示していたことである。ある理論が数学的にきちんと整理されている洗練されたものであっても、それだけではもはや信用されない。経験的なデータを使って現実世界の動きを測定することが、どんな政策においても不可欠になったのだ。フットボールやバスケットボールのコーチが口をそろえて言うように、選手は一時間の講義よりも五分の実戦からより多くのことを学ぶものである。

人々は実際にはどう行動するのか

近年ではノーベル経済学賞が行動科学の研究者に授与される傾向が強まっている。ハーバート・サイモン（一九七八年）、モーリス・アレ（一九八八年）、ゲーリー・ベッカー（一九九二年）、バーノン・スミスとダニエル・カーネマン（二〇〇二年）、エリノア・オストロム（二〇〇九年）らがその例である。[3] ある定番の教科書は行動経済学を「人々が経済学的に合理的だと思えない選択をする状況の研究[4]」と説明している。他のノーベル経済学賞受賞者でこの〝行動経済学革命〟への道を開いた人々も大勢おり、なかでもジョン・ナッシュとラインハルト・ゼルテン（一九九四年）、ロバート・オーマンとトーマス・シェリング（二〇〇五年）といったゲーム理論の研究者らがよく知られている。

あなたの手持ちの現金はいまどれくらいあるだろうか。それがいくらであるにせよ、「無限」でないことだけはたしかだろう。従来の経済学は、市場の経済主体がもっている物理的資源には限界があると仮定する。一九五五年にハーバート・サイモンが提唱した限定合理性の理論では、人々に与えられている時間や情報、知力などの無形の資源にも限界があるとされる。しかし、サイモンの主張では、一人ひとりの人間はその合理性が限定されているにもかかわらず、充分に適切な選択をする傾向があるという。実際の人間は、各自の制約条件の範囲内であっても、成果の最大化を図らないことがよくある。行動経済学の観点から言えば、必ずしも最善のものでなくても、良いものであれば人間は満足できるのだ。

次のような例を考えてみよう。あなたはスーパーマーケットにやってきた。買いたいのは朝食用のシリアルである。従来唱えられてきた〝完全な世界〟では、それぞれのシリアルの味が他のものに比べてどうかをあなたは承知している。また、あなたは自分の嗜好についても完全な知識をもっている。この嗜好とは、たとえばスプーン一杯分のシリアルの甘さ、フレッシュさ、歯ごたえにどれだけの金銭的価値を与えるかである。つまり、レーズンやグラノーラ、チョコレートなどと比較したマシュマロの自分にとっての価値を、あなたは完全に把握しているのだ。従来の理論の世界では、あなたは頭の中でこうした包括的な評価をスーパーでの商品価格と比較し、またスーパーと競合する地元の食料品店での商品価格とも比較する。そして最終的に、完璧なあなたは最善のシリアルを選び出し、自分の選択に満足して立ち去るのだ。馬鹿馬鹿しい？　もちろんである。だが改めて言えば、ある物体の表面に摩擦がないとする物理学の仮定は馬鹿げた単純化ではあるが、飛行機を設計するときには役立つものなのだ。

サイモンは、経済的行動の従来の解釈は、あまりに単純で誤解を招きかねないものだと批判した。何かを考えるには時間がかかるし、あらゆることについて考えるのは不可能だからだ。サイモンはまた、人間は「限定合理性」とともに行動していると説明した。現実の世界でシリアルを買うときに次善と思われる結果が生じても（たとえば、道の反対側の店でお気に入りのチーリオズのシリアルがたった二ドルで買えるのを知らずに、ケロッグのシリアルを三ドルで買ってしまっても）、人はそれで満足できるとサイモンは主張する。時間や場所の制約の範囲内で充分に良い選択をしたことで、現実世界の大半の人間は自分の選んだ結果に満足するのだ。

限定合理性は「群衆行動」も促進する。群衆行動とは、人は自分の決定をじっくり考える時間がないときには、大勢の人々の言動に従いがちになることである。大衆が「低能な」皇帝に服従するのは、人間の文明における群衆行動の究極の例であり、これは民主制のもとでも起きることがある。新たに当選した（または再選された）大統領の支持率が、選挙後に五パーセントや十パーセント跳ね上がることがあるのはその一例だ。

　行動科学的な研究におけるもうひとつの鋭い分析は、授かり効果というものである。これは、人はあるモノや考えをいったん自分のものだと考えると、それに大きな付加価値を与えることを指す。店にあったときは五ドルだったおもちゃでも、それを買って数日すると、あなたにとってその価値は五ドル以上になるのだ。授かり効果の政治的な事例として思いつくのは、ハプスブルク朝スペインが広範囲の土地の領有権を主張し、とくにオランダを支配しようとしたことである。

　人は制約された脳で考えようとすると、「ヒューリスティック（経験則）」という方法をとらざるを得なくなる。これは論理的な意思決定の近道で、神経活動の時間を有効に使えるようにするものである。幼い子どものヒューリスティックは親の助言に従うことである。彼らにとって世界は危険なことや知らないことでいっぱいだからだ。いっぽう政治家の場合は、法律の微妙な意味合いを熟考するよりも古参党員の助言に従うことがヒューリスティックになる。一般的なヒューリスティックには、過去の経験に目を向ける、仲間の言動や決断に合わせる、本能的な反応や感情に従って選択を決める、などがある。これらの選択肢のなかで、古典的な経済学者が経済的に賢明な判断だと考えるものはひとつもない。感情や過去、周囲の仲間などは、結局のところ典型的な経済主体には何も影響を及ぼさないと仮定されているからである。

このことが世界史上の大国とどんな関係があるのだろうか。国王もまた制約のなかで必要最小限の結果を追求する存在である。だが、有権者や政治家、国家全体の視点から見ると、限定合理性は新たな重要性を帯びる。ある国会議員が文字どおり何百もの問題に関して主導権をとることを期待されている場合、その議員は途方に暮れるだろうが、別のものにも完全に束縛される。この議員は何を最適化しようとするだろうか。おそらく、大多数の国会議員の目的は長期的な経済成長の最大化ではなく、短期的な自分の再選回数の最大化だろう。この二つの目標が一致する場合ですら、議員はどの政策が最善の選択なのかを認識していないことが多い。彼らは先述の心臓外科医や空腹の買い物客と同様に、合理的であるがゆえに無知なのだ。

正反対のことを語ったジョークが人気ではあるが、国会議員は一般に信じられないほど優秀で、信じられないほど忙しい。彼らは農業、貿易、通信、保健医療、産業規制、税といった多様な問題の政策専門家になることを期待されている。それに加えて、彼らは政治家という職業のプロであることも求められる。そのためには、資金集めや事務処理はもちろん、メディア戦略やものの言い方、合従連衡にも長けていなければならない。失業保険の見直しに関する、革新的な提案を検討している議員の頭の中を想像してみよう。そこでは、私たちが食料雑貨店でシリアルを買うときに使うのと同じヒューリスティックや近道によって、この複雑な判断がもっと容易なものに変わっているはずである。第一のヒューリスティックは政党の方針に沿って票決する、または自分が過去に票決したときと似たやり方で決める、というものである。この議員には充分に情報を得て選択をするだけの時間はないのだ。こうなると、最終的に決定されるのは革新的な政策ではない可能性が高い。これが、停滞が始まる理由である。

では次に、この議員の地元の有権者について考えてみよう。十一月になり、選挙の時期がやってきた。有権者は政策の細かい内容について、この現職議員ほど詳しく理解しているわけではない。それに加えて、民主制も別の難題をもたらす。公共選択論の生みの親のひとりである、偉大な経済学者のゴードン・タロックは、「政治における情報の問題は市場でのそれよりもはるかに深刻である[5]」と説明する。選挙結果は有権者自身の財政状況に大きな影響を及ぼすかもしれないが、この有権者は選挙結果に無視できるほど小さな影響しか及ぼさない。三億人の人々があなたの今日の夕食は何にすべきかについて投票すれば、あなたはその結果を気にするいっぽうで、自分自身の投票などほとんど影響力はないのではないかという合理的な疑いももつだろう。こうして、多くの国民は政治に表面的な関心しか示さないという、悲しいけれども理論上合理的な決定を下す。これは「政治的情報の問題」と呼ばれ、別の種類の政治的ヒューリスティックにつながる。すなわち、政党（ブランド）が私たちの限定された理解力に適合する、重要なフレーミングの道具として発展するのだ。

大国の歴史にもっとも関係が深い、限定合理性に関する教訓とは、「経済的な真実が完全に明らかにされることは決してない」という単純なことである。私たちは、物理的、化学的、生物的、そして経済的に世界がどう動いているのか、そのしくみの真実に近似する科学的な思考の枠組みのなかで活動している。そして、この枠組みは現在の知識の水準より優れたものにはなり得ない。したがって、政策立案は雑貨店で商品を選ぶよりもはるかに慎重を要する作業になる。帝国の皇帝たちは強力な存在ではあっても、未知の物事を知ることはできない。十五世紀のヨーロッパで人々の思考の枠組みを混乱させた経済的無知がどれほどのものだったか、それを考えると身震いするほどである。古代はさらに悲惨だったことだろう。そうしたヨーロッパの人々は有史時代の大半にわたってマクロ的なデータをもたず、労働の専門化と比較優位、インフレ期待、起業家的革新、計量経済学などに関する理論も知らず、さらにはアラビア数字も使っていなかった。経済的合理性がこのように大きく限定されていると、衰退の危機に瀕した大国はみな、自国の経済が不振である真の原因をめったに突き止められないという単純な理由で苦悩することになる。無知とは究極の限定なのだ。

国家のビジョンと分裂

アイルランドの人々は千年以上にわたり、あえて言えば、あまり「文明化」されていない

**図10　アイルランドの生産性が英国を追い抜く
（米国の水準と比較した人口1人あたりのGDP）**

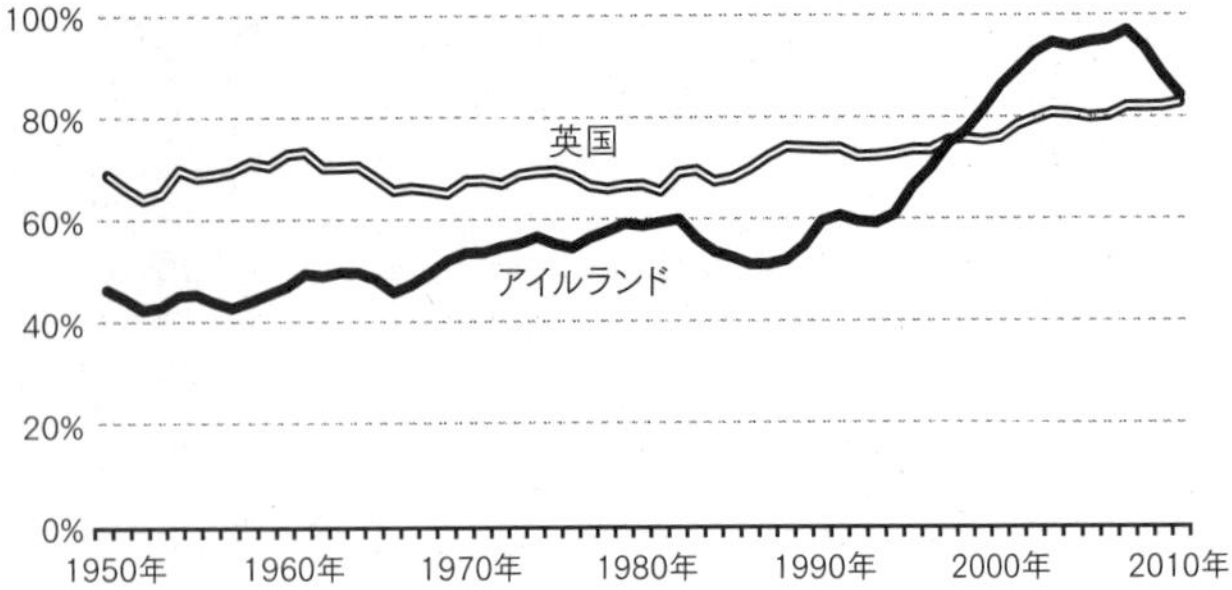

出所：Penn World Table, Mark 7.1

と豊かな英国人から思われていた。ヨーロッパの各民族間の人種差別は強烈であり、その固定観念は長期的な経済格差に根ざしていることが多い。この醜い固定観念の世界では、ポーランド人は愚か、ユダヤ人は強欲、アイルランド人は酔っ払いなどとされている。

　何百年ものあいだ、アイルランドの平均所得は英国の平均所得をはるかに下回っていた。一六七六年にウィリアム・ペティはアイルランド国民の貧困を深く懸念し、その解決策の発見にその後の人生を費やした。しかし、その目標を達成することはできず、その後も四百年近くにわたって誰もこの問題を解決できなかった。こうした所得格差がずっと続いたことは、アイルランドはつねに経済面で英国に劣るという、多くの人々にとってのヒューリスティックに発展した。

　以上のことを考えれば、一九九〇～二〇〇〇年代にかけてアイルランドの生産性が奇跡のように急上昇したことへの反応が想像できるだろう。わずか三十年ほどのあいだにアイルランドの平均所得は著しく増大した。二〇〇二年に英国の『ニュー・ステーツマン』誌に掲載されたある論説文は、アイルランドのGDP成長率は十一・五パーセント、失業率は三・七パーセントであるとの調査結果を示し、次のように主張した。「こうした統計値を見ると、アイルランドについての古いジョークのすべてが馬鹿げた冗談そのものになる。こんにちのアイルランドは成功を収めている。同国とアイリッシュ海を挟んで向き合うここ英国では、エメラルド島とも呼ばれる同国に多くの人々が魅了されるようになり、二〇〇一年三月のICMリサーチ社の世論調査によると、英国人の四人に一人が自分はアイルランド系だと主張しているという[6]」。

このアイルランドの急成長の話は、同国は劣っているという誤ったヒューリスティックを打倒しただけでなく、新しいヒューリスティックを成立させた可能性もある。現在、世界のエリート層の人々は、どの国も世界におけるその相対的な地位を保証されていないことをかつてなく痛感している。永遠に後進的、あるいは先進的だと考えてよい国はひとつもないのだ。どの国も発展を望むならば、自国の制度に注意を払わねばならない。「国家の機会平等の原則」とでも名づけたいこの新たなヒューリスティックは、健全な進歩である。

こうした国家の話はどれも、行動経済学に関するひとつの興味深い疑問を喚起する――国家とは何なのだろうか？　正式な定義はすでに明示されているのかもしれないが、この疑問を国民感情の面から考えてみよう。人々にはなぜ愛国心があるのだろうか。オリンピックやサッカーのワールドカップの期間中、無関心な人々がいるいっぽうで、熱狂的に盛り上がる人々もいるのはなぜだろうか。二人のアイルランド人がいたとして、ある夜、自国のサッカーの代表チームがフランスを相手に決勝ゴールを決めた瞬間には隣り合って応援していたのに、次の日にはそれぞれカトリックと英国国教会の教会に行き、互いの宗教を罵倒し合うのはなぜなのだろうか。それぞれのケースでみられる感情は集団的な「アイデンティティー」から生じている。多くの経済学者によれば、そうした感情はまったく不合理なものだという。

ノーベル経済学賞を受賞したジョージ・アカロフと、同じく経済学者のレイチェル・クラントンの共著『アイデンティティ経済学』が二〇一〇年に出版され、ブルームバーグ社はこれを同年の注目される三十冊のひとつに選んだ。同書の要点は、人間の人生を形成する意思決定は、金銭的な費用・利得の計算だけでなく、社会のなかで認識されている自分の立場にもしばしば左右されるということである。テレビを見るのはいつも夜のニュースのときで、母親が毎日料理や掃除をし、子どもたちは学校で良い成績を取らなければ外出禁止になるような家庭で育った子どもは、家族がみなクラシックの楽器を演奏し、食事は各自で自由に食べるような家で育った子どもとはまったく違った行動習慣、つまり規範を身につけるだろう。この二人の子どもは、他の面ではいかに似ていたとしても、「受け継いだ規範」の面では違った生き方をするようになる。

アカロフとクラントンはこう述べている。「規範はモチベーションを生む強い力になる。その時々のきわめて細かい決定、たとえばジョギングにどんなTシャツを着ていくかなどの些細な判断に影響を及ぼすのだ。いっぽう、規範は人生を変える大きな決断を促す力にもなり、学校をやめるかどうか、結婚するのか、するなら誰とか、仕事、貯蓄、投資、引退、戦争などをするかどうかといった重要な問題についての決定も左右する」(7)。

アイデンティティーは、直感に反する経済的行動が数多く見られることを説明する一助になる。たとえば、「タックス・コンプライアンス」について考えてみよう。これは、ある国の国民が税金を全額支払う税率のことである。従来の経済学の枠組みの中では、人々は税金を払うかどうかを、税負担を減らす潜在的メリットと、法を守らなかったことで逮捕・処罰される可能性の二つを比較検討して決める。しかし、多くの国では「過度な法令順守が自発的に起きる」という現象が見られる。つまり、従来のモデルが予測する水準よりも高い税率で人々が税金を払っているのだ。高い税率で税金を払うことを促す要因のひとつは、税のモラルだと言われている。これは、公平、助け合い、愛国心といった文化的規範も動機となって形成される、税を支払おうという本能的な意欲のことである。

テキサス州ダラスのテキサス大学でおこなわれた最近の国際的研究では、こうした決定要因がさらに精査され、ある国の多数派の民族集団に属していることがタックス・コンプライアンスに影響することがわかった。そうした多数派集団の構成員は税金を払う可能性が高い。

したがって、民族的に均質な国家のほうが、多民族国家に比べてタックス・コンプライアンスの水準が全体的に高くなる。人は自分の姿勢や価値観、広い意味での文化的アイデンティティーが自国の価値観や文化と一致していると感じると、年度末の納税に耐えやすくなる。いっぽうで、孤立感は正反対の影響を及ぼしかねない[8]。

アイデンティティーに根ざす行動は大国の興亡にも関係しているが、その理由には二つの側面がある。まず、人間にとってもっとも大きな影響力をもつ社会的アイデンティティーは国民性である。国民国家という概念は歴史学上では比較的新しいものかもしれないが、本書ではその言葉を柔軟に使って、古代の帝国であれ民族文化であれ、その時代のもっとも大きな社会政治的単位を表すことにする。さらに、階級、党派、宗教、信条なども私たちのアイデンティティーに影響する。こうした集団は国家、とくに民主国家のなかで強化され、政治的アイデンティティーとしてイデオロギー的に堅固なものになる。揺るぎない政治的アイデンティティーは合意にもとづく進歩を妨げ、革命を起こさずに制度を改革することが不可能になってしまう。

国民としてのアイデンティティーは強力かつ多様であり、それぞれの社会で永続的な独自の規範を確立する。フランシス・フクヤマはこう説明する。「人間がルールに本質的な価値を与える傾向があることは、社会の著しい保守性を説明するのに役立つ。ルールはある一連の環境的条件に適応するための便利な手段として発展することもあるが、そうした条件が変わったためにルールが的外れになったり、さらには機能不全になったりしても、社会はそのルールに固執してしまう」(9)。強力な規範は社会秩序の形成や維持にはプラスになるが、経済的発展を妨げる形で作用することもあるのだ。

この考察から次のような疑問が生じる。米国のアイデンティティーを特徴づけるのは何なのだろうか。米国人は、個人の自由を尊重する文化をもっていることで世界中に知られている。言論の自由、集会の自由、私有財産権、武器を所持する権利などがその例だ。そしてもちろん、米国の経済的文化はリスクを取る強い意欲、失敗の許容、少ない規制などの特徴をもつ、起業家精神に満ちた資本主義として称賛されている。米国内には、連邦政府の規制や立法の権限はとくに制限されていないと考える人々もいるが、中央政府の権限の制限を重視することは米国の流儀として国際的に認知されている。このアイデンティティーは、たとえその基盤になる事実が崩れかけていても、いまだに誤りではないと感じられるだろう。

米国の政治的・経済的制度が資本主義の高性能のモデルを生み出したことに、ほとんどの専門家は同意するはずである。ペン・ワールド・テーブルのデータが示すように、米国経済はほぼ百年にわたって技術的フロンティアを決定してきた。しかし、米国の制度は、今後百年のフロンティアの成長にとっても申し分のないものなのだろうか。さらに重要なのは、資本主義の次の飛躍、あるいは他のもっと優れた制度の成立が米国で実現するかどうかである。フクヤマの評論が示唆する答えはノーであり、政治的アイデンティティーはそうした革新の実現をいっそう困難にするだろう。

掌中の鳥

古いことわざでは、掌中の鳥は藪の中の二羽の鳥に値するという。これは本来、訓練された一羽のハヤブサの価値は獲物になる野生の二羽の鳥より高いという意味だったが、こんにちでは一般に、確実な賭けのほうが不確実な一石二鳥の賭けよりもましであり、リスクを取るのは馬鹿げているという意味に解釈されている。しかし、この忠告は、成長を促進する発明家や起業家を必要とする経済活動にとって健全なものではなく、個人の成功にとっても優れた指針にならないことがわかっている。

当時スタンフォード大学に所属していた心理学者のウォルター・ミシェルが一九六〇年代におこなった実験では、幼稚園児の〝満足感を味わうのを遅らせる〟能力がテストされた。この調査はビング・ナーサリー・スクールの園内で四〜六歳の子どもたちを対象に実施された。子どもたちが一人ずつ案内されて部屋に入ると、テーブルに何かおいしいもの（オレオ・クッキーやマシュマロ、プレッツェルのスティックなど）が置かれている。子どもは、一人になったら好きなものを食べていいが、調査員が十五分後に戻ってくるまで食べずに待てたら、追加でお菓子をまたもらえると教えられる。調査した六百人の子どものうち、誘惑に打ち勝って十五分間待つことができたのは全体の三分の一にすぎなかった。お菓子をすぐに食べてしまった子も少数いたが、大半の子は数分待ってから誘惑に負けていた。ミシェルによると、「お菓子の皿が見えないように目を手で覆ったり、皿に背を向けたりする子もいれば、テーブルを蹴り始める子、お下げ髪をぐいと引っ張る子、マシュマロを小さなぬいぐるみのように撫でる子」などがいたという。しかし、この実験の意義がさらに増したのは、数十年後にミシェルがこの子どもたちの追跡調査をしたときだった。彼らの衝動をコントロールする力と、成長後の学問的成功とのあいだには強い相関関係があることがわかったのだ。この追跡調査に関する学術論文で、ミシェルはこう記している。

この満足感を遅延する行動が予測していたのは、一連の認知的・社会的能力とストレス耐性である。これらの能力は、幼稚園の実験状況における実際の満足感遅延行動について、その背景的なプロセスを実験的に分析した結果と一致していた。とくに、四、五歳で長く待つことのできた子どもの親は、青年になったわが子を学問的・社会的な能力や弁舌力が高く、合理的で注意力に優れ、計画性があり、フラストレーションやストレスにうまく対処できると評した。[10]

この発見はそれ自体も興味深いものだが、ミシェルは子どもたちではなく国家について語っていると考えながら、この概要をもう一度読んでみよう。強い経済を築く国は、たとえ短期的には痛みがともなうとしても、長期的な見返りを得ることを志向する。経済学はまさにこの目的のために、消費と投資を区別する。権威ある経済成長モデル、とくにソロー・スワンモデルは、ある国の労働力に対する投資資本の比率が最善になるポイントがあると指摘する。その比率において消費と投資は理想的に均衡し、国民の福利も最大化するというのだ。だが、現実世界の国家は個人と同じように、そうした合理的な理想を実現してはいない。

先述のお菓子の実験は、「損失回避」という別の行動も示唆している。人は現在所有している資産を過大評価する傾向があり、その資産価値が二倍になったときに感じる幸福感に比べて、資産を失ったときの失望感は著しく大きい。純粋に合理的でリスク中立的な人ならば、一ドルなくしたときの不運は五十セントをなくしたときの二倍だと考えるだろう。しかし、行動経済学の先駆者らは不合理な本能が働く余地があることを発見した。

経済学に対するこうしたアプローチを開拓したのがダニエル・カーネマンとエイモス・トベルスキーである。彼らはエルサレムのヘブライ大学で開かれたあるセミナーの最中に協力を思い立った。その場でカーネマンがトベルスキーに、人間には統計的直感力があるか（つまり、人は生まれつき数理的思考に強いのか）どうかについてのプレゼンテーションを依頼したのだ。「われわれはすでに、人間は優れた直感的文法家であることは承知していた。子どもは四歳にして、しゃべりながら文法の規則に楽々と従っている。そんな規則が存在することすら知らないのにである」[11]。カーネマンがトベルスキーに提示した疑問は、その答えはノーであるという二人の共通の信念にもとづく、実り多い長期の共同研究につながった。人間は高尚な理論が想定するような、統計的直感力のある合理的な主体ではないのである。

悲しいことに、トベルスキーは協働したカーネマンがノーベル経済学賞を受賞する数年前に亡くなった（二人はノーベル賞を分かち合うはずだったが、この賞が死後に与えられることはない）。カーネマンの研究は高く評価された彼の二〇一一年の著書『ファスト＆スロー』で一般に広まった。この本はトベルスキーの天賦の才に敬意を表したものである。

カーネマンとトベルスキーは経済的行動の認知的側面を「プロスペクト理論」にもとづいて図示した。損失回避もこの理論の一部である。カーネマンは次のように記している。「プロスペクト理論では、人間は富や広範な効用に関する長期的予想ではなく、損得に関するその場の感情的な衝動に従って動いている」[12]。彼らのもうひとつの発見は、実際の人間は予想される一ドルの損失や利得を同等には評価しないということである。カーネマンがまとめたこの理論の三つのポイントをわかりやすく言うと次のようになる。

一、人は「参照点」をもっている。この参照点より良い結果は利得であり、参照点より悪い結果は損失である。

二、人間の行動は〝感応度低減の法則〟に従う。人は絶対的価値ではなく相対的価値の観点から物事を考えている。参照点の保有金額が増えれば（つまり百ドルから百万ドルに増えれば）、予想される百ドルの損失や利得の重要性は減少する。

三、人間には損失回避性がある。利得と同等の損失は利得より大きなものに感じられる。

図11 プロスペクト理論の抽象モデル

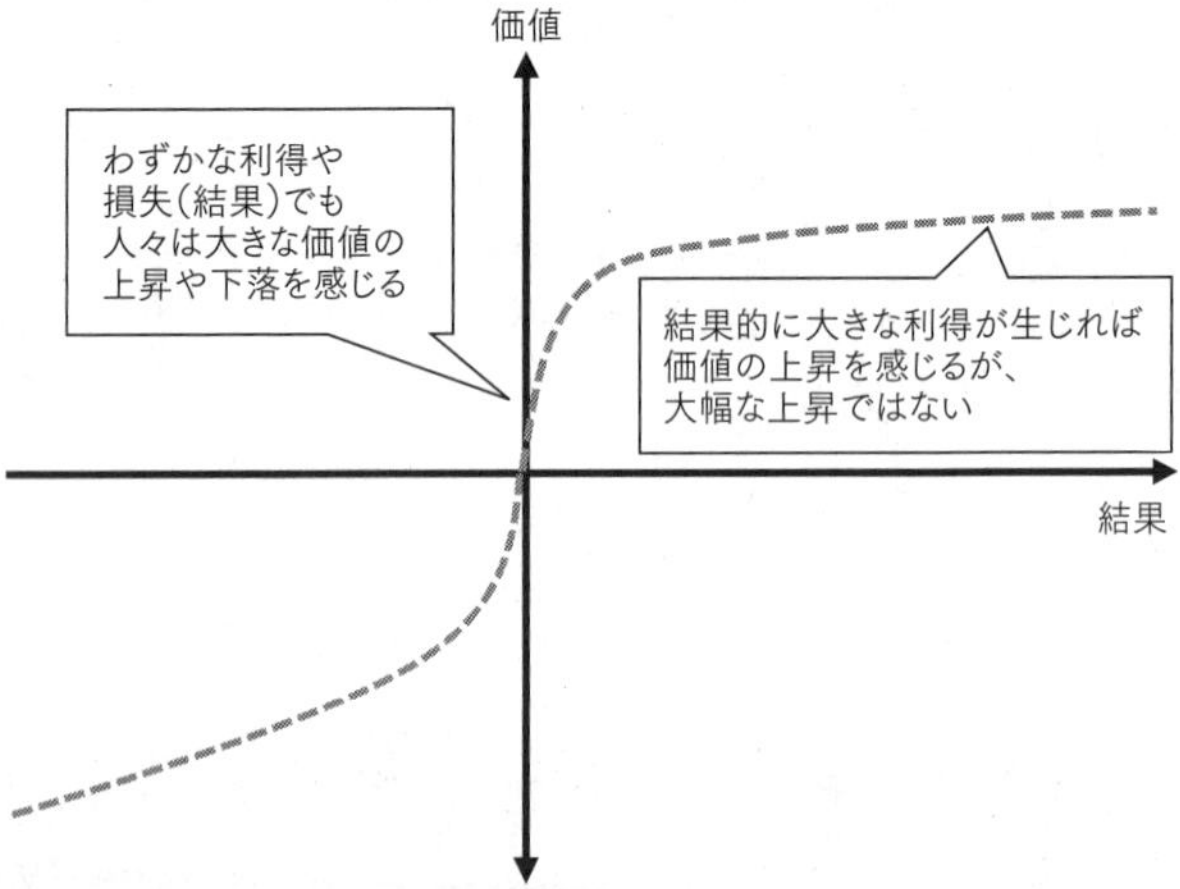
価値
わずかな利得や損失（結果）でも人々は大きな価値の上昇や下落を感じる
結果的に大きな利得が生じれば価値の上昇を感じるが、大幅な上昇ではない
結果

図11はプロスペクト理論の抽象モデルを再現したものである。この図は、実際の人間が出発点である原点と比較して、物質的な利得や損失を経験したときに感じる「価値」を示している。この当初の参照点がいかに重要であるかに注目してほしい。x軸上の利得が少しでも増えれば大きな価値を感じられるが、この感覚

は利得が増えるにつれて減少する。

損失回避はリスク回避と同じではない。人間、または国の政治的制度は、「賭け自体は好まないが（損失回避的）、もし賭けをするなら安全な賭けよりもリスクの高い賭けを好む（リスク愛好的）」ということもある。損失回避を大国の行動に当てはめると次のようになる。損失回避性の集積によって、国家は、競争相手と認識している国々や貿易相手国が成長・変化しているとわかっているときでも、経済の変革に消極的になる。もしかしたらそれが原因で、米国人は経済の自動化やサービス業志向が進んだために消滅しつつある、工業的な仕事を懐かしがるのかもしれない。たとえ平均所得が増大したとしても、そうした気持ちに変わりはない。読者の大半はこの記述に不快感を覚えるだろうが、事実は次のとおりである。米国の製造業の労働者数は、ピークだった一九八〇年代の二千万人からすでにほぼ半減しているが、全体的な工業生産高は組立ラインの自動化によってかつてなく増大している。その面では米国はより豊かになっているのだが、本当にそうなのかという疑念が消えることはない。

政治面を見てみると、選挙運動では根本的な改革、とくに詳細な改革案を口にしないことで損失回避を目指すことになる。そのかわりに、有権者には「希望と変化」というあいまいな約束や、損失回避の反応を引き起こさない他のスローガンが示される。何か具体的な社会保障制度改革が提案されるたびに、それはリスクの高い「非現実的な計画」だとすぐに批判される。失業保険を廃止し、かわりに個人勘定を導入して職業訓練支援を充実させようとしても、成功する見込みはない。その政策の効果が不確実であるため、それに賛成票を投じても政治的に負けてしまうからだ。

人間が時間を超えて選択肢を合理的に比較検討できないことは、集団になっても同じである。停滞した民間部門の消費の不足を埋め合わせるために短期的な財政赤字を求めるという、当時は非正統派だったケインズの理論に批判者たちが反対すると、ケインズは「長期的には、われわれはみな死んでいる」という有名な皮肉で応じた。[13] それはごく正当な発言であり、彼がその政策によって、健全な経済環境のもとでも財政赤字を恒常化させることを意図していたわけではないのはたしかである。ケインズは、当局者はみずからの行動を律して、不況時には経済を刺激し、好況時には財政支出を減らすと仮定していた。しかし、残念ながら政治家はそれほど合理的ではない。短期的な選挙のサイクルの影響で、議員の時間選好の概念は画一化され、彼らの長期的な時間割引率は最大化すると言ってよい。しかし、公平のために言えば、政治家の短期主義は有権者の時間選好の反映であり、それへの対応策である。現在の利得と未来の痛みを選んだことの究極の責任は、有権者にあるのだ。

変革とは困難なものである。国家の制度は経済的均衡のカギだが、行動経済学の最新の考え方をひととおり見てみると、長期的な繁栄に対する社会政治的な障壁が存在していることがわかる。

長身者の問題

もしハワード・ホブソンがいなかったら、マイケル・ジョーダンはバスケットボールの世界で偉業を達成することも、名声を得ることもなかったかもしれない。と言っても、あなたもジョーダンもホブソンの名前はおそらく聞いたことがないだろう。ジョーダンはシカゴ・ブルズを六回のNBA（プロバスケットボール・リーグ）優勝に導いた。身長百九十八センチで「スモールフォワード」のポジションを務め、競争心が飛びぬけて強く、運動能力も抜群に高かったジョーダンは、史上最高のバスケットボール選手として広く称賛されている。スポーツファンなら、世界に征服するところがもはやなくなって涙したと伝えられるアレクサンダー大王のような時期が、ジョーダンにもあったことを覚えているだろう。ジョーダンは一九九一〜九三年にかけて三年連続で所属チームのブルズを優勝に導いたあと引退した。そしてプロ野球の世界に入ったものの、バスケットボール界のような結果が出せない時期が二シーズン続いた。その後、ジョーダンはブルズに復帰し、一九九六〜九八年までふたたび三年連続でチームは優勝を果たした。ジョーダンが野球でバスケットボールの実績からはほど遠い結果しか出せなかったのはなぜだろうか。もちろん野球とバスケットボールのゲームが異なることも理由のひとつだが、この問題は、一九九〇年代に発展したバスケットボールのルールによって、このスポーツの試合がジョーダンの能力にぴったりの環境になっていたことも示唆している。ジョーダンが違う時代にバスケットボールをしていたら、あれほどの大選手にはなれなかったかもしれないのだ。

ハワード・ホブソンは二十世紀初めにバスケットボールのゲームを学び、彼が所属していたオレゴン州ポートランドの高校のチームは一九二一年に州大会で優勝した。そのころのゲームは今とは大違いだった。バスケットボールは一八九一年に、マサチューセッツ州スプリングフィールドのYMCAに通っていたジェームズ・ネイスミスによって考案された。その当時のバスケットボールは一チーム九人制で、ロープネットの代わりにバケツ型のゴールを使い、ボールやボールをもった選手がコート外に出ることを指す「アウトオブバウンズ」の概念はまだなかった。ゴールに入りそうになったボールを叩き出す「ゴールテンディング」も反則ではなく、したがって背の高い選手がゴールに近づいてシュートをブロックすることも可能だった。また、このようなゲームの進め方は想像しにくいだろうが、一九三〇年代まではゴールが入ったあとに必ずジャンプボールがおこなわれていた。このような奇妙なルールのもとで、ホブソンはオレゴン州の代表としてプレーを続け、その後はアイビーリーグの大学でバスケットボールを指導した。そして、最終的にはまたオレゴン州に戻り、一九三九年三月二十七日に初めて開催されたNCAA（全米大学競技協会）のバスケットボール・トーナメントで、みずから監督するチームを優勝に導いた。ホブソンは先見性のある指導者だったではなく、ルール改正によってバスケットボールを改善することを熱心に提唱していた。ホブソンの最大の貢献は十三年間にわたるバスケットボールの研究で、これは一九四四年にコロンビア大学の博士論文として発表された。この研究内容は一九四九年に『サイエンティフィック・バスケットボール（*Scientific Basketball*）』という本にまとめられたが、同書が提案した抜本的なルール改正は、マイケル・ジョーダンが活躍できる環境の整備につながった。

同書の第十一章では、バスケットボールの試合を歪めていた、とくに厄介な問題が解説されている。試合を支配する選手の背がどんどん高くなり、ゴールの近くに立ってオフェンスもディフェンスも独占するようになったのだ。また、彼らが他の選手の手の届かない高さでボールを保持するために試合が進まなくなり、ついに止まってしまうこともあった。当時はショットクロックがまだなかったのだ。長身の選手が腕の長さで競い合うような状況が生まれ、バスケットボールの試合は無意味になりかけていた。身長がある高さ以上の選手を出場禁止にすることが真剣に話し合われたこともあった。ホブソンは著書でこう問いかけている。「バスケットボールにおいて長身の選手をどうしたらよいだろうか。このことは長年にわたりバスケットの試合の大きな問題になっている」。彼はさらに次の事実も指摘した。一九三六〜三八年にかけての改革でジャンプボールの場面がほとんどなくなり、三秒レーン（約一メートルの幅のレーン）に三秒より長くとどまってはいけないというルールも導入されたが、結果的には「さらに背の高い」選手が増えるだけだったのだ。ミネアポリス・レイカーズのセンターだったジョージ・マイカンは身長二百八センチメートルの巨漢で、その身長と運動能力の高さでNBAを支配した。「この問題が全体的にもっとも顕著になったのは、一九四四〜四五年に身長二百十センチのボブ・カーランドが、ほとんど一人でオクラホマ州のチームA&Mを二回の全国大会優勝に導いたときだった」[14]とホブソンは記している。

コロンビア大学で論文を書き上げたホブソン監督は、一九四五年二月七日にフォーダム大学とコロンビア大学のあいだで実験的な試合をおこなった。まずコートが変更され、フリースローレーンの幅が約一・八メートルから三・六メートルに広げられた。これによって長身の選手がこのレーンに立ちはだかってゴールを守ることは難しくなった。次に、ホブソンはコートに見慣れない新たなラインを付け加えた。彼はこれをエリア方式の得点に必要なものだと説明し、この弧を描くラインの外側、つまりゴールから約六・四メートル離れたところから放たれたシュートは三ポイント入るものとした。この試合は招待された報道関係者のあいだで大評判を呼んだ。審判もこの新しい形式を楽しんだが、彼らには、シュートした選手の足がラインの内側・外側のどちらにあったかを見きわめなければならないという新たな負担が課せられた。

全米プロバスケットボール協会がスリーポイントシュートを導入したのは一九七九〜八〇年のシーズンになってからだったが、そのライバルのアメリカン・バスケットボール・アソシエーションは早くも一九六七年にこれを採用していた。また、一九八〇年から一部の大学競技連盟もスリーポイントシュートを認めるようになったが、一九八五年にNCAAが標準のスリーポイントラインを設定するまで、ゴールからこのラインまでの距離はまちまちだった。この標準ラインの設定は、ジョーダンがノースカロライナ大学を離れ、よく知られているようにNBAドラフトで全体三位の指名を受けた翌年のことだった。ユーチューブで一九八二年におけるNCAA決勝戦の大詰めの場面を見れば、スリーポイントシュートがいかに新しいものかがわかる。残り十五秒で、驚異の大学一年生だったジョーダンが最後のジャンプシュートを決めているが、床にスリーポイントの弧のラインは描かれていない。

スリーポイントシュートの導入は刺激的だったが、導入から五シーズンのあいだは選手や監督に広く活用されることはなかった。リーグ全体でもっとも積極的にシュートするタイプの選手でも、一つの試合で試みるロングシュートは平均で一本にすぎなかった。ジョーダンも自分のプレースタイルにロングシュートはなかなか採り入れなかったが、一九九〇年には意識してその導入に努めた。同年のシーズン半ばには、その前の三シーズンの合計を上回る数のスリーポイントシュートを決めている。「これは計画していたわけではなく、たまたまそうなった」とジョーダンは語っている。「これによって相手はゴールからもっと離れて自分とプレーしなければならなくなる。彼らがこちらに近づいて来るなら、それをかわして進めるし、近づいてこないならシュートを打てる(15)」。

一九九二年のNBAファイナルのある試合で、ジョーダンは六つのスリーポイントシュートなどを決めて三十九ポイントを挙げた。スリーポイントシュートは彼のプレースタイルを選手人生の半ばで変えただけでなく、バスケットボール自体も変化させた。『NBAエンサイクロペディア』には次のように書かれている。「バスケットボールはより広い範囲でプレーされるようになった。ディフェンスが展開して、スリーポイントシュートを打たれる可能性に備えなければならなくなり、これによって敵は空いたレーンに走りこみ、ゴールに向かえるようになったのである」[16]。バスケットボール情報のウェブサイトを創設したジャスティン・クバトコが二〇一一年に書いたある記事によると、最近では一試合でスリーポイントシュートを試みる数が十二回を下回るチームはなく、ガードのレイ・アレンは同シュートの成功数が二千七百本超という記録をもち、彼のスリーポイントライン外からのシュート率は四十パーセントにのぼっているという[17]。

長身者の問題は解決された。公平な試合を実現したのはあからさまな身長差別ではなく、ホブソンの新しいルールだった。こうしたルールは、そのテレビ契約で数十億ドルが動くバスケットボールのリーグにも採用された。この改革手法の成功は詳しい検討に値する。ホブソン監督は、試合と国の両方のルールに影響する制度改革には慎重に取り組むべきであることを強調した。同監督はその博士論文の紹介文を次のような言葉で締めくくっている。「大きな変革は、その価値を充分に証明しないうちに決して実行すべきではなく、それについての調査や実験を必ず実施しなければならない」[18]。

経済的・政治的制度

新聞の寄稿記事やケーブルテレビでおこなわれている現代の経済政策論争は、あらゆる問題を二つの単純な理論、つまり自由放任の市場原理主義と大きな政府を掲げる社会主義の衝突として扱いがちである。こうした問題を比較的冷静に論じたり判定したりしている人々は、「新自由主義的」、「ケインズ主義的」のような分類を使っている。しかし、大切なポイントは、問題を一元的な分類の枠に当てはめて単純化すると、〝経済に関する理解や合意〟という多様で多面的な世界が消滅してしまうことである。

二十四時間のニュース・サイクルにみられるおもな歪みは、長期的な視点の欠如である。「マクロ経済的」な選択肢としてのケインズ主義的な財政出動策に関する意見がどうであれ、その政策が国家の長期的な経済成長政策に何らかの影響を及ぼすとは、事実上誰も考えていない。じつのところ、経済成長政策に関しては、学界や政策研究者のあいだで次のような合意が広く成立している。すなわち、結局は国家の経済的な制度こそが、生産性水準や経済成長率の上昇を決定している要因である。

制度は経済的行動を体系化する制約である。こうした制約には法的保護、市場、政府による規制、政府の構造、社会の規範、宗教の信条などがある。従来の経済学は、制度は効率性や効用を最大化する構造になっていると考えがちだったが、ごく最近の学界では、著者らのようにこの主張への疑念を強めている人々も増えている。経済学者が経済的制度の重要性に関心をもつようになったのは、経済成長を支えるにあたって制度が大きな役割を果たしているからである。ノーベル賞を受賞したダグラス・ノースは著書『経済史の構造と変化』で次のように述べている。「制度とは事実上、個人と資本ストックのあいだに、(中略)また資本ストック、生産された財・サービス、所得分配のあいだにそれぞれ存在しているフィルターだと言える(19)」。

制度の重要性は強調してもしきれないほどである。おおまかに言えばローマ帝国の時代から十八世紀末にいたるまで、人間の平均的な生活水準はほとんど上昇しなかった。要するに、一三〇〇年ごろのイングランド東部で農作業に汗を流していた農民は、古代ケルト族の祖先よりも大して豊かになっていなかったのである。こうした状況は十八世紀半ばに英国で産業革命が始まるまで大きくは変わらなかった。

制度に関する経済学者の研究は次のような疑問に注目してきた。産業革命はなぜ英国でその時期に始まったのだろうか。なぜ一六五〇年や、あるいは古代ローマでアレクサンドリアのヘロンが蒸気機関を発明した西暦五〇年ごろではなかったのか。また、なぜ技術開発の面で天才が何人も輩出した中国やローマ帝国ではなく、英国で起きたのか。ヘロンと同時代の人々は生産用具の動力として蒸気機関を使い、その〝魔法のおもちゃ〟で旅行者をあっと言わせることもできたのに、なぜそれをしなかったのだろうか。

経済学者から見れば、それらの答えもやはり「制度」である。産業革命という経済的な大変革が一七五〇年ごろ英国でついに実現したのは、制度のおかげだったのだ。一六八八年の名誉革命の結果、英国政府は私有財産権や資産の保護、恣意的な増税の廃止を公約できるようになった。こうした制度改革によって、ジェニー紡績機や水力紡績機といった技術的な発明を最大限に活用するのに必要な投資のインセンティブが起業家にもたらされたのである。これに対し、同時代に経済が発展していた中国には、起業家精神を活性化させるような制度は存在していなかった。

では、なぜ世界全体が豊かになっていないのだろうか。それは、一部の国々が制度と経済成長の関連性を理解できなかったから、というだけなのだろうか。その可能性もあるが、話はそれほど単純ではない。百ドル札が拾ってくださいと言わんばかりに歩道に落ちていることはめったにないだろう。

経済学者のラグラム・ラジャンとルイジ・ジンガレス[20]は、そもそも経済主体である国家が経済成長を妨げる戦略をとることがあるのはなぜかという、基本的な問題に取り組んだ。彼らの結論は、他の人々の著作と同様に、経済的制度に加えて政治的制度の重要性を強調するものだった。彼らはいわゆる〝開発の罠〟を、寄付金の当初の分配の問題として説明した。

そうした寄付金のばらまきによって成立した集票基盤は、その後もみずからを再生産する悪質な政策を支持する。こうしたケースでは、経済成長のための一連の改革を通じて、特権的支配者層の利益を覆そうとする派閥的集団が生まれる。この考え方は、ダグラス・ノース、ジョン・ウォリス、バリー・ウェインガストの共著『暴力と社会秩序（*Violence and Social Order*）』（二〇〇九年）で示された次のような見解に似ている。「静的な経済は、政治的制度と経済的制度の双方へのアクセスを制限する、レントシーキング型の派閥的集団に支配される」。

レントシーキングとはぎこちない言葉だが、これはある集団が政府のルールを自分たちの利益になるように操作して資金を得ることを意味する。これは経済学者のアン・クルーガーの造語で、本来は、厳密に言えば腐敗している第三世界の官僚の行動を指していた。そうした官僚は、事業免許の申込者で定められた待機期間を省略したいと希望する者に、事業免許を〝販売〟しているのだ。[21] 免許の獲得までに長い待機期間があるのは、たいていレントシーキングの兆候である。現代経済では、特定利益集団が議員に対するロビー活動を通じて、税制面でのレント（超過利益）を追求することはよくある。独占的な企業は本来レントシーキング的であり、みずからの資源を費やして競争を制限しようとする労働組合や同業組合もそうである。

このように問いかけを重ねてくると、経済成長の実現を説明するには、発展する国があるいっぽうで発展できない国があるのはなぜかについて、その理由を示す理論が必要なことがわかる。制度によってそれを説明する考え方は、法の支配、司法の独立、財産権などの歴史的な基盤に焦点を当ててきた。ダロン・アセモグルとジェームズ・ロビンソンは、発展を刺激または抑制する要因を指摘することも優れた理論の条件だと主張し、彼らの言う包括的な経済・政治制度と経済的発展とのつながりを強調している。経済成長の初期条件としての制度を分析した従来の諸説と同様に、彼らも先述の歴史的基盤を経済成長のカギだと認めている。これに対し、収奪的な制度は財産権を保護せず、既存の企業や利益団体に利益をもたらす。また、政治的制度も政治的権力を広く共有して包括的になることもあれば、政治的権力の集中によって収奪的になる場合もあるという[22]。

　こうした見方は、価値ある歴史的・制度的分析の補完としては有意義だが、著者らの目的にとっては不完全なものだと考えられる。大国の衰退は、政治的制度が経済面での現実の変化に適応できないことの表れである。終わりの見えない現在の米国の財政危機は、〝包括的な〟経済制度・政治制度が存在する国で起きているのだ。

　このパラドックスについては、経済成長を保証する一連の経済的ルールを完璧に設定するのは不可能なのだと考えるべきだろう。一八二〇年ごろの資本主義のルールは、当時の経済成長を促進するには最適でも、一九二〇年の産業資本主義にとっては不充分であり、二〇二〇年の技術資本主義にとっても同様のはずである。法人が従業員に自社の株式を取得させるという発想が出てきたのは最近のことだが、これは労働と資本の区別をあいまいにするものであるため、昔の米国では想像できない（また制度上も不可能な）革新だった。同様に、一九三〇年代に定められた労働関連規制は、労働者に集団的な発言権を与えるという意味で数十年にわたり利益をもたらしてきたが、二十一世紀では労働環境の柔軟性を制限するものになってしまっている。一九四〇年代には民間部門の労働者の三人に一人は労働組合員だったが、現在では十五人に一人である。民間の各産業が国際的競争力を得られるように米国の団体交渉のルールが改定されないかぎり、現在の労組モデルは廃れる可能性が高い。

国家の輸送インフラが整備されると、取引コストの低下や労働の専門化が進み、それによって経済成長の利益が広範に生じることはよく知られている。古代ローマが有名なアッピア街道から恩恵を受けたのと同様に、米国もアイゼンハワー大統領が整備した州間高速道路網によって大きく飛躍した。しかし、第二の州間高速道路を建設しても同等の公共利益は得られない。むしろ、経済成長を維持するには社会の物理的・知的インフラを近代化し続けなければならない。たとえば、アスファルトの改善や、輸送手段の無人運転を可能にするWi-Fi環境の開発などが必要になる。この絶え間ない近代化の必要性は制度にも当てはまる。

制度の質を測定する実際的な手法のひとつは、米国のヘリテージ財団と『ウォール・ストリート・ジャーナル』紙が毎年発表している経済自由度指数で、これは一九九五年から現在までの期間で百数十か国の制度を比較したものである。この指数は貿易の自由度や所得税率、汚職など、各制度に対する十項目の評価を総合して算出される。二〇〇七年にはこの指数の評価項目に「ビジネスの自由度」が付け加えられた。これは世界銀行が開発した指標で、新しい会社を立ち上げやすいかどうかを、免許取得の手数料や役所での手続き、許可の遅れなどの面から評価したものである。予想されるとおり、経済自由度の水準が高い国ほど、人口一人あたりのGDPも大幅に多くなる傾向がある。二〇一二年のヨーロッパ諸国を見ると、経済自由度の面における上位五か国の人口一人あたりGDPの平均は四万六千五百九十三ドルで、同じく下位五か国の同GDPの平均は一万三千五百九十五ドルである。

世界的には、経済自由度指数の平均値は（完全に自由である状態を百とすると）一九九六年の五十七・一から二〇一二年には五十九・五と、二・四ポイント上昇した。各国とも他の国々に比べて自国がどうであるかの認識を高めており、「ビジネスのしやすさ指数」という類似の制度的指標の使用を促す世界銀行の試みも高く評価されている。世界の大半の国々の自由度指数は上昇しつつあり、そうした諸国が欧米の成功した制度的モデル（とくに米国の制度）に追いつこうとしているいっぽうで、多くの先進国の状況は後退している。たとえば、ガーナの経済自由度のスコアは、一九九五年の五十五・六から二〇一二年には六十・七と五ポイント上昇したのに対し、ギリシャは同じ期間で六十一・二から五十五・四へと下落した。また、この期間にインドの経済自由度は九・五ポイント上昇したが、米国は一九九五～二〇〇七年にかけて四ポイント上昇したあと、二〇一二年までに四ポイント下落している。米国はこの自由度指数では比較的高い七十六・三というスコアを得ているが、経済成長を維持するためには法律を進化させ続けなければならない。

こうした制度的な指標は、よく知られている〝経済的発展の基本パターン〟を裏づけている。各国はいまだに経済成長という「軍拡競争」における新たなルールをテストしている段階であり、完璧な制度的モデルなど決して現れないのはたしかである。しかし、多くの国々は、自国の法律はすでに最適化されていると思いこむという落とし穴にはまっている。たとえば、西欧諸国の大半は自国の経済をもはや改革しようとせず、かわりにユーロ圏内の規制を「調和」させることに目を向けている。この傾向は、政治的制度が停滞すると経済的な発展は不可能になるという真の難題を示している。

大国が不均衡に陥る標準的パターン

本書ではこのあと、大国の不均衡状態に関する八つのケース・スタディーを検討する。もちろん、過去のすべての大国を包括的にとりあげることはできないが、歴史上きわめて重要な大国だと多くの人々が考えている国々について、公正な検証に努めた。とりあげた国々はローマ帝国、中国、オスマン帝国、スペイン帝国、近現代の日本、（消極的にではあるが）英国、近現代のヨーロッパであり、最後に米国カリフォルニア州という興味深い事例を考察し、こんにちの米国の不均衡状態を検討する。

本章では「大国が不均衡に陥る標準的パターン」を明確化した。これについては、それぞれのケース・スタディーを示しながら改めて言及する。歴史上の不均衡の事例がみなそうした行動パターンをすべてなぞっているわけではないが、どの事例でもそのパターンの大半は見られると考えてよい。

著者らは本書を、失敗談をくどくど繰り返すだけの話よりもはるかに有意義なものにするつもりである。長期的には不均衡に陥った多くの事例のなかにも、予想に反して均衡がある程度維持されたケースはある。こうした例では、不均衡へ向かうパターンの吸引力を跳ね返す方法を指導者が発見したのだ。たとえばローマ帝国は、国内で大規模な問題や変化が生じながらも（その顕著な例がカエサルの大改革である）、何百年も存続した。衰退へ向かう圧力は自然で強力な、絶え間ないものであるため、大国が均衡を十年間維持できれば、その十年は大成功だと言える。現代のスウェーデンも不均衡へ向かう行動パターンを克服し、制度の整備をうまく進めている国の例のひとつである。そうしたことをふまえた上で、注意すべき重要な点は次のとおりである。

●「限定合理性」とは、理想的な経済政策を選択する支配者の能力に限界があることを意味する。無知とは究極の限定であり、とくに経済の法則が発見される前に経済危機に苦しんでいた国々にとってはそうだった。さらに、大衆による指導者の選択は、選択肢となる候補者と、政策に関する大衆の無知によって限定される。

●国民の「アイデンティティー」は、経済成長や国力に欠かせない強力な文化的・政治的・経済的制度の形成を促すが、その力は構造的変化に対する抵抗という意味での保守主義も含んでいる。政治的アイデンティティーは分極化や停滞の大きな要因である。

●「損失回避」によって、指導者らが何かを革新することはまれになる。彼らは自分の指導者としての地位を失うまいとするからだ。動的な世界では経済的変化は政治的変化より速く実現することが多いが、経済大国は損失回避のために改革に消極的になる。

●「時間選好」の概念も重要である。当局者は改革の必要性を認識していても、求められる改革の実行をあと一日、あと一年と遅らせてしまう。有権者もまた、より大きな発展という将来の価値を割り引き、痛みをともなう現在の選択を避けようとするのが常である。

第4章　ローマ帝国の没落

帝国はその民が楽しく暮らしているかぎり、
強力な国家であり続ける。

——リウィウス

新約聖書はナザレのイエスという男の物語である。彼は地域社会の秩序に苛立ちを感じていた人々を率いた預言者だったが、ポンテオ・ピラトという、エルサレムでローマ帝国の属州総督を務めていた人物の命令によって十字架にかけられた。この話を初めて聞いた人々の多くは、ローマ帝国とは悪だったと想像せざるを得ないだろう。歴史学者の意見では、当時のローマは共和政から帝政に移行したばかりだったが、イエスをとりまく状況はそうした体制の違いが示唆するよりもはるかに複雑だった。イエスが住んでいたのはローマ帝国の辺境であり、地中海一帯を支配するこの文明の首都ローマは、エルサレムから二千四百キロメートルあまりも離れていた。当時のローマ皇帝ティベリウスは、イエスの受難や磔刑に気づいてもいなかった可能性が高い。

ローマ帝国の規模はこの国が大国になった中心的な要因であり、おそらくはその衰退の主因でもあっただろう。ローマ帝国がそこまで巨大化したのはアウグストゥスの治世に負うところが大きく、アウグストゥスがローマを支配したころイエスはまだ少年だった。アウグストゥスの台頭は、戦略面・行政面で史上有数の非凡な才能が発揮された例だと考えられており、まさに驚くべきドラマだった。首都ローマから遠く離れて暮らしていた、当時オクタウィアヌスという名の十代の少年は、紀元前四四年三月十五日にユリウス・カエサルが元老院議員らの反逆によって暗殺されたことを知った。使者がその知らせをもってきた日に、アウグストゥスはカエサルが自分を後継者に指名していたことも告げられた。

運命の賽はこの若者の手にゆだねられた。これから地元の兵士らのあいだに隠れるべきだろうか、それともイタリアへ船で向かうべきだろうか？　彼はイタリアへ向かった。マルクス・アントニウスとクレオパトラなど、権力争いのライバルたちとの五年にわたる内戦をへて、アウグストゥスは勝者として浮上し、みずからをプリンケプス（市民の第一人者）と称した。ローマ市民らは闘争と内戦の世紀に終止符が打たれることを願っており、皇帝の座についた若きアウグストゥスは平和を確立した。

アウグストゥスの治世は紀元前二七年から紀元一四年にわたり、豊かさが広まったこの四十年のあいだに、比類なき繁栄を謳歌したパクス・ロマーナ（ローマの平和）二百年の舞台が整った。パクス・ロマーナの時代の意義としては次のことが挙げられる。まず、ローマの前にも後にも、地中海を囲む全域を支配した文明はなかった。スペインも英国もそれは実現できなかったのだ。また、二千年近くにわたり、技術の高度化の面でローマ帝国の水準に近づいた社会も出てこなかった。経済史家のジョエル・モキアはこう記している。「西暦一〇〇年ごろのローマは、舗装道路、下水処理、上水道、防火などの面で、一八〇〇年ごろの文明化したヨーロッパ各国の首都をしのいでいた(1)」。ローマの町の人口は百万人に達し、これに比肩する都市は十九世紀のロンドンまで現れなかった。

アウグストゥスの治世から百年たつと、ローマ帝国の成長は停止した。そして、アウグストゥス（およびイエス）の死からおよそ四百五十年後、ローマの町や、その名を冠した帝国の西半分は衰退した。しかし、それは正確にはいつのことだったのだろうか。八百年にわたって損なわれることのなかったローマの町が国外の侵略者による略奪を受けた西暦四一〇年だろうか。あるいは、ゲルマン民族がライン川やドナウ川を越えて暴力的に移住してきたため、アウレリアヌス帝がローマの町の中心部を囲む防御用の城壁を建て始めた二七一年だろうか。それとも、西ローマ帝国の最後の皇帝ロムルス・アウグストゥルスが西ローマ帝国を支配した異邦人のオドアケルに廃位され、偉大な都ローマを追われた四七六年だろうか。あるいはまた、ローマ帝国の滅亡は、歴史上のある時点の出来事というよりは数百年にわたる経済の崩壊だったのだろうか。

歴史的存在としてのローマ帝国は、あまりに長く存続したために論じるのが難しい。西暦元年のアウグストゥスの治世におけるローマ帝国の社会・経済・政治の形態は、トラヤヌス帝治世下の一一七年、カラカラ帝治世下の二一七年、コンスタンティヌス一世治世下の三一七年の各時点におけるそれらとは異なる。ローマ帝国の衰亡を分析する著者らの試みを、西暦三〇〇〇年代の暗黒時代に大半の証拠が損なわれてしまったあとの、今から二千年後の歴史家の試みだと考えてみてほしい。未来の歴史家は、デービッド・ペトレイアス将軍が率いた米軍とアイゼンハワー将軍が指揮した米軍を、同じ軍隊のように語るだろうか。ジョージ・ワシントンとジョージ・W・ブッシュ、そして二一八〇年ごろのジョージ・某大統領の各政権を、だいたい似たような大統領だったからとひとからげにするだろうか。それはないだろう。五世紀のローマ帝国の軍事的弱点や、四世紀の同国の文化的弱点を理解するには、それより何百年も前にまかれた〝経済的な種〟に注目しなければならない。ローマ帝国の興隆と衰亡の根本的原因は同じものなのだ。

ローマ帝国の経済の概説

経済学者のアンガス・マディソンは[2]、データ不足に関する注意を充分に喚起したうえで、ローマ帝国の国内総生産を一九九〇年のドルベースで二百五十億ドルと推算した。これは現代の米国ノースダコタ州と同等の経済規模である。マディソンはさらに西欧（ローマ帝国とそれ以外の地域）の人口について、西暦元年当時の約二千四百七十万人から二〇〇年には二千七百六十万人まで増大したものの、その後の二百年間で二千二百九十万人、さらには千八百六十万人まで減少したと推測している。ヨーロッパの人口がローマ帝国時代のピークの水準まで回復するのは、十一世紀か十二世紀になってからだった。

ローマ帝国衰亡の話に深く立ち入りすぎないうちに、その興隆について理解しておいたほうがよいだろう。ローマ帝国の誕生は暴力的な出来事ではなかった。かつて円満な共和国だったローマは、突如としてユリウス・カエサルの独裁制の国に変化した。カエサルの登場以前の百年間で、この「共和国」は非民主的で腐敗した、野蛮な社会に転落していた。共和政とは名ばかりになり、その市民権はイタリアの中心地域のエリート層だけに与えられるようになっていたのである。同盟市戦争やその後の計略・陰謀の時期をへて、スッラ（紀元前一三八～七八年）の独裁制が成立し、国はようやく安定した。スッラはギリシャでの戦争で率いたみずからの軍隊とともに、二回にわたって暴力的にローマに進撃した。この行動は若きカエサルにとって、腐敗した敵対的な元老院に対処する際の手本になった。スッラは元老院の権威を奪い取り、政策面で対立した有力者らを粛清したが、こうした独裁者は彼が初めてではなかった。その前例が護民官だったティベリウス・グラックスである。紀元前一三三年、元老院は、民衆に人気の高い土地改革を提案したティベリウスを暗殺した。これは今の米国でいえば最高裁判所長官を公的に殺害したに等しい。ユリウス・カエサルの独裁の成立まで、こうした貴族階級の争いが丸一世紀にわたって続いた。著者らの見解は次のとおりである。カエサルによる皇帝的な支配、とくに征服した異民族にもローマ市民権を与えるというポピュリズム的な市民権拡大策によってローマは救われ、さらにアウグストゥスのそれ以上の業績によってローマ帝国の力は強固なものになった。

ローマの各街道や拡大を続けるローマ中心部での交易の利益が増大するにつれて、この国の農業経済は発展した。そして、この交易による利益の増大はローマの軍隊のおかげだった。ユリウス・カエサルがガリアの軍事的制圧に成功したのを受けて（ローマの将軍で英仏海峡やライン川を渡ったのは彼が初めてだった）、紀元前四九年に元老院は彼に単身でローマに帰還するように命じた。猜疑心に満ちた元老院が彼を殺すつもりだったかどうかはともかく、カエサルは軍を率いてルビコン川を渡り、ローマの町そのものを征服することを決意した。しかし、この行動はウィンストン・チャーチルがそう語り、ダロン・アセモグルやジェームズ・ロビンソンもその旨を主張している「偉大なるローマの終わりの始まり」ではなく、むしろ「始まりの終わり」にすぎなかった。アセモグルやロビンソンは、カエサルの独裁やその後の帝国成立は古代ローマ史における衰退への転換点であり、二百年ほど時期尚早だったのではないかと指摘している。

歴史家によると、古代ローマの帝政期はひとつではなく二つの時代に分けて考えるべきだ

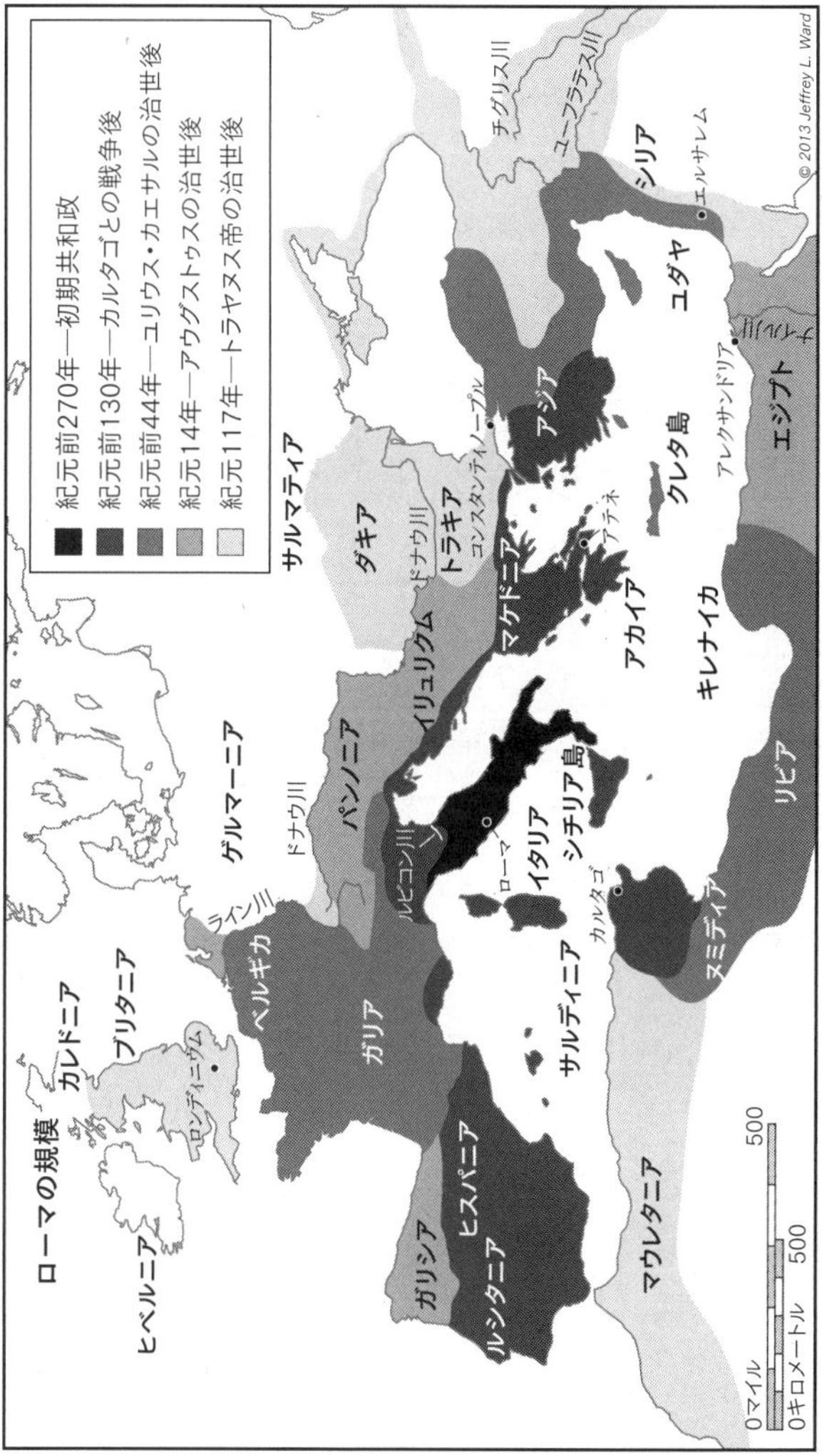
ローマの規模
紀元前270年—初期共和政
紀元前130年—カルタゴとの戦争後
紀元前44年—ユリウス・カエサルの治世後
紀元14年—アウグストゥスの治世後
紀元117年—トラヤヌス帝の治世後
カレドニア
ブリタニア
ヒベルニア
ロンディニウム
ベルギカ
ガリア
ライン川
ゲルマーニア
ドナウ川
パンノニア
サルマティア
ダキア
ドナウ川
イリュリクム
トラキア
コンスタンティノープル
マケドニア
アカイア
アテネ
アジア
チグリス川
ユーフラテス川
シリア
エルサレム
ユダヤ
アレクサンドリア
エジプト
クレタ島
キレナイカ
リビア
ヌミディア
カルタゴ
シチリア島
イタリア
ローマ
ルビコン川
サルディニア
ヒスパニア
ルシタニア
ガリシア
マウレタニア
0マイル
500
0キロメートル
500
© 2013 Jeffrey L. Ward

という。アウグストゥスが開始したプリンキパトゥス（元首政）は紀元前二七年から紀元二三五年にわたり、厳密には「三世紀の危機」を含む二八四年まで続いた。そののちにドミナトゥス（専制君主政）と呼ばれる帝政ローマ後期が始まり、これは四七六年まで続いた。この後期の特徴は戦争がほぼ絶え間なく続いたことで、内戦と外部との戦争の区別がほとんどつかないほどだった。この事実からは、ローマ帝国の経済的ピークは元首政の初期ではなく末期だったことが読みとれる。このタイミングは重要である。

制度の変化は経済成長を可能にするが、この成長とは経済学者のウォルト・ロストウが発展の「段階」と呼ぶ新たな水準へ経済が移行することにすぎない。これはつまり、元首政時代の制度や技術によって約二百年にわたる経済成長が促されたが、経済がより高い段階に移ると成長は徐々に衰えたということである。元首政時代の主要な制度とは、軍隊、大規模な交易による労働の専門化、そして都市化だった。ローマ帝国内の街道はこの三つすべてを改善・促進し、同国の市場、法律、租税、効率的な官僚制度もこれらに寄与した。だが、新技術の開発や制度のさらなる発展がなかったことは、三世紀前半までにはマルサスが唱えたような人口過剰の圧力によって、平均所得が減少していた可能性が高いことを示唆している。

ローマ帝国の経済自体はおもに地方・農業中心だった。有名な雄弁家のキケロはこう言い切っている。「利益を確実に生み出す仕事のなかで、農業はもっとも優れている。農業よりも利益が多く、楽しく、自由な人間になれる仕事はない」。ローマ帝国の民の大多数は田舎に住み、質素な田舎暮らしの美徳をエリート層も高く評価していた。主要な農産物は小麦で、パンはほぼ毎回の食事に欠かせないものであり、ローマ帝国に納められたアンノナという税は一般に穀物による物納だった。とはいえ、部族的文化と異なるローマ文明の特徴は、交易・サービスの専門化を可能にした都市の存在だった。現在の学界では、古代ローマ時代のイタリアの四十パーセント、ローマの町自体を除外すれば二十五パーセントは都市化されていたと推定されている。(3) キケロの言葉は意図的に農業を奨励していたのか、それとも昔を懐かしんでいたのか、あるいはローマ人自身は都市化が国の発展に経済的に強く関連していることを認識していなかったのか、そのあたりは定かではない。現代では、この都市化は共和政後期のローマ独自の発明であるローマン・コンクリートや、建築学・工学の進歩によって実現したことがわかっている。とはいえ、土地の所有はどの住民にとっても依然として富の源泉だった。元老院議員や騎士階級のあいだでも、土地は圧倒的に大きな富を生み出してくれるものだったのである。

カエサルのまいた種

古代ローマの文明の面白さは、つぎつぎに現れた独裁者の劇的な物語ではなく、その地理的な拡大、国内の同化、国の発展が経済的に必然だったことにある。古代ローマの経済規模の拡大は、紀元前五〇〇年から紀元二〇〇年の七百年間という驚くべき長期にわたるもので、その規模は異例だったものの、経済の変容のプロセスは部族的な村がより大規模な都市国家へ、さらに国民国家へ発展するという典型的なものだった。親類縁者のネットワークにかわって非個人的な法の支配が徐々に成立したが、この変化の原動力になったのは政治的主体の大規模化にともなう経済的メリットだった。これが軍事的利益にもつながったのは偶然ではない。このプロセスは世界中で実現したが、そのなかでもっとも成功を収めたのは、イタリア中央部を流れるテベレ川に近いパラティヌスの丘に住んでいた小さな部族だった。古代ローマは各制度の独自の組み合わせによって近隣地域を支配するようになり、やがてイタリア全域からヨーロッパ全域、そしてついには既知の世界全体で最強の国家となった。

古代ローマの歴史家カッシウス・ディオは、制度が同化していく際の微妙な変化をこのように説明している。

> 異邦人はローマのやり方に適応し、市《いち》を開くことに慣れ、平和的な集会に集まるようになった。しかし、彼らは先祖代々の慣習やその土地の生活様式、昔の独立的な暮らしを忘れたわけではなかった。（中略）彼らはそれと気づかないまま変わっていったのである[4]（傍点は著者らによる）。

古代ローマの地理的な範囲は、私たちがある程度正確に把握できる数少ないもののひとつである。古代ローマ全域には四十前後の属州があり、その数はそれぞれの時期における境線の引き方で変わった。シチリアは古代ローマの最初の属州で、紀元前二四一年にカルタゴ（現チュニジア）から獲得した。ローマとカルタゴの最後の戦争となった紀元前一四九〜一四六年の第三次ポエニ戦争のあと、カルタゴは破壊され、その領土はローマに奪われた。紀元前二世紀には、イリュリクム（バルカン半島東部）、マケドニア、ギリシャ、東アジア（現トルコ）が属州になった。紀元前二二〇〜一九年にはイベリア半島の各地域がつぎつぎにローマに併合され、紀元前六四年にはポンペイウスがシリアを属州として併合した。同じころ、シリアに近いパレスチナ南部のユダヤもローマに従属する王国になり、その数十年後にはこの王国のいくつかの地域がひとつのローマの属州にまとめられた。紀元前五八〜五〇年にかけての戦乱期には、ユリウス・カエサルがガリアを征服した。独立国家だったエジプトも、紀元前三〇年に女王クレオパトラ七世が愛人のマルクス・アントニウスとともに、彼らの政敵だった未来のローマ皇帝アウグストゥスに打倒されると、ローマの支配下に入った。アウグストゥスは中央ヨーロッパでの領土拡大にも積極的で、ラエティア（現スイス）やダキア（バルカン半島西部）を征服し、さらに東方のアジアまで支配を拡大した。アフリカ北東部には少数の植民地や従属国があったが、西暦四〇年にローマはこの地域を二つの属州に分割した。ローマはさらに四三年にはブリタニアを侵略し、四六年にはトラキア（現ブルガリア）

を属州にした。九八〜一一七年のトラヤヌス帝の治世にローマ帝国の領土は最大化し、この時期にダキア（現在のハンガリーにあたる地域）、さらにはメソポタミア（現イラク）までもがローマに征服された。

こうした急速な領土拡大は軍隊のおかげであり、軍隊は古代ローマの制度的な強みのひとつだった。アウグストゥスは二つの賢明な改革をおこなったが、その一つ目は、徴兵ではなく自発的な十五年間の従軍を募ってプロの軍隊を編成したことだった。二つ目はローマに近衛隊を新たに置いて、（アウグストゥスの父のような）反乱を企てる軍人から都を守れるようにしたことである。近衛隊は皇帝を攻撃から守るいっぽうで、後世の皇帝らが元老院を弱体化させると、皇帝の擁立に影響力を及ぼすという想定外の力ももつようになった。

エルサレムの貴族階級に生まれたユダヤ人のフラウィウス・ヨセフスは、ローマ帝国に対する反乱に参加したものの、のちにはローマのウェスパシアヌス帝に重用された人物で、ローマ軍の独自の特徴をこう説明している。

ローマ軍の組織をよく調べてみれば、彼らが偉大な帝国を手に入れたのは幸運のたまものではなく、その武勇が報われた結果であることがわかるだろう。ローマの軍人にとって、武力行使は戦争の勃発とともに始まるものではない。彼らは平時にはぼんやり座っていて、必要なときだけ手を動かしているわけではないのだ。まったく逆である。まるで武器を使うためだけに生まれてきたかのように、彼らは訓練を決して怠らず、武力が必要になる事態をじっと待つこともない。その訓練は実際の戦闘に劣らないほど激しいものである。どの兵士もまるで戦争をしているかのように毎日全力で訓練に参加している。だからこそ彼らは戦闘のストレスをものともしないのだ。(5)

大規模な帝国で軍隊が支配的立場に立つことの経済的メリットのひとつは、軍団を国境以外に配置する必要がなくなることである。ローマ帝国西方の国境に面していない属州は、いかなる脅威にも直面せず平和を謳歌し、そのなかで交易や投資の環境が大きく改善した。共和政期のローマの領土拡大から生じたさまざまな変化によって、ローマというアイデンティティーはすみやかに確立し、広まっていった。ローマの価値観は普遍的なものとして理解されたが、これは米国人が基本的人権という米国の概念はあらゆる人々、つまり米国民にもそれ以外の人々にも当てはまると考えていることによく似ている。その結果、ローマ人は他文化の有益な面を採り入れるいっぽうで、征服した民族を（たいていは奴隷として、しかし時代が下ると対等の立場で）自国の文化に順応させることが容易にできるようになった。

ローマが拡大するにつれて、その文化的アイデンティティーが民族的アイデンティティーに取って代わるようになった。他民族を征服しながらみずからの民族的優越性を主張しないのは、どの民族にとっても難しいことだが、ローマ帝国が大きな成功を収めた要因が、ローマ市民権を他の民族にも拡大したことだったのは間違いない。他民族のローマ化、つまりローマ市民権をイタリア人以外にも与えることを始めたのはユリウス・カエサル自身だった。属州のヒスパニア（現在のスペインとポルトガル）の人々に市民権を与えたことで、カエサルはその後数百年にわたってローマ社会を強化した制度的原則を確立した。それによって紀元前一世紀の同盟市戦争を引き起こした主因のひとつも解決されたわけだが、いっぽうで、元老院の民族的エリート主義者が抱いていたカエサルへの残虐な敵意が高まることにもなった。カエサルは暗殺されたものの、この市民権に関する改革はアウグストゥスの治世でも続行され、元首政期に他国の征服を続けたローマ帝国の規範になった。それから百年とたたないうちに、トラヤヌス帝、ハドリアヌス帝、マルクス・アウレリウス帝などのヒスパニア系の皇帝も誕生した。

古代ローマで実現した技術的な偉業はしばしば見過ごされている。たしかに、十七世紀の〝啓蒙時代〟のような時期はなかった。古代ローマにおける大きな発明はコンクリートだけのように思えるかもしれないが、それは発明の対象を「ハードウェア」に限った場合の話である。実際はローマ社会の「ソフトウェア」、すなわちプロの軍隊や連邦主義的な統治、財産権などのほうが経済成長にとってはより重要だった。とはいえ、コンクリートの影響を決して無視してはならない。コンクリートのおかげで、おもに二つの形による商業的な成長が可能になった。第一に、コンクリートによって人口密度が高まる都市部で高い建物が建てられるようになり、衛生状態は改善され、水道橋で水が送られるようになった。第二に、道路が頑丈になって各都市間の交易が盛んになり、また海底をコンクリートで固めたことによって海上交易のための港も改善された。

紀元一世紀には公共財への投資が絶えずおこなわれたが、これは商業面での〝乗数〟として、歴代皇帝の認識をはるかに上回る価値があったはずである。「レンガの町だったローマを受け継ぎ、大理石を残した」とアウグストゥスは豪語し、その後の皇帝たちもアウグストゥスのインフラ面での業績に並ぼうと最善を尽くした。ティベリウス帝（在位一四～三七年）は新たな土地を征服し、新規の国境沿いに主要な軍事基地を建設して領土を確保した。悪名高いカリグラ帝は、四年という短い治世のあいだに二つの水道橋の建設に着手した。彼の次のクラウディウス帝（在位四一～五四年）は道路や水道橋、帝国全体の各属州を結ぶ運河などを積極的に建設した。のちに国富が他の目的で使われるようになるまで、インフラ整備はローマ帝国の主要な支出項目だった。

ローマ帝国が長く続いたことの要因として考えられる政治的制度は、皮肉なことに、世襲的な支配とは対立するものだった。ローマがまだ比較的小さな都市国家だった紀元前五〇九年には、王政ローマの最後の王に対する民衆の反乱が起きた。その後、立憲民主政が成立し、二人の執政官（それぞれ任期は一年）に限定的な行政権が与えられた。また、君主政を避けたローマは同盟関係にあった各都市を行政的には独立したままにし、この制度的なしくみは元首政期にも維持された。経済学者のピーター・ガーンジィとリチャード・サラーはこう説明する。「ローマが官僚機構なしで統治できた秘密は、この国の都市制度だった。各都市は自治的で、帝国の需要を満たす力があった。『元首政』の時期には自治的な都市の驚くべき増加と拡大が見られ、これはとくに帝国内の都市がほとんどなかった地域で顕著だった」[6]。ローマ人は、いわゆる連邦主義的な統治機構を使いこなしていたのだ。著述家のカレン・マーフィーによると、帝政初期でも行政機関の人員数は少なかったという[7]。

輸送や通信の速度が遅かったことを考えれば、連邦主義はじつに理にかなっていた。ローマ帝国時代の情報の伝達速度は時速約一・六キロメートルだった。この速度はさまざまな方法で知ることができるが、そのひとつは帝国内の各地で公文書上の日付印が前皇帝から新皇帝のそれに変わるまでの平均日数である。首都ローマで新皇帝が指名されたあとに、ローマの属州のエジプトで、すでに死去した前皇帝の名前が公文書に掲載されている日数の平均は五十六日だった[8]。経済活動を中央で統制しようとした後世の試みは、このような制約があるだけで効果を失ったのである。

古代ローマの制度のなかで法制度、とくに財産権の承認ほど重要な、あるいは称賛されているものはない。人間ではなく法による支配の成立によって、ソロー型の投資（資本設備の購入など）が促進されたことはたしかである。ローマでは都市交易の市場も活発で、こうした市場はヨーロッパでも特異なものだった。盛んな交易によってコレギウムという独特の制度が発達したが、これは私的な集団に法的地位を与えるもので、現代の法人や労働組合、さらには非営利団体の直接の法的起源である。交易活動は、危険な長距離の航海に対する一種の保険制度が発達したことでさらに活発化した。

これらの特徴のおかげでローマ帝国は経済面で比肩するもののない存在になったが、自由市場の力を完全に理解することはついになかった。エリート層は商人を軽蔑しており、経済学者のディアドラ・マクロスキーの言う「ブルジョワの尊厳」は存在していなかった。「ローマ人は米国人がもっとも尊重する起業家精神を見下し、単純労働を軽蔑していた」(9)とカレン・マーフィーは述べている。じつのところ、ローマの元老院議員らは輸送などの交易活動に携わることを、威厳が損なわれるという理由で禁じられていた。キケロによる次の文章は意味深いものである。

紳士にとってやはり下品で似合わないものは、その芸術的技能ではなく労働に対価が支払われる、雇われ労働者の仕事である。こうした者たちにとって、報酬は隷属の代償にほかならない。同じく卑俗だと考えられるのは、卸売商人から商品を買い入れるやいなや、くるりと向きを変えてそれを転売する小売商人である。彼らは嘘を山ほどつかなければ利益を得られないが、嘘をつくほど恥知らずなことはない。職人全般の仕事も卑しいものである。作業場や工場には上品さのかけらもないからだ。そして、もっとも恥ずべき職業とはわれわれの感覚的な快楽の欲求を満たすもの、つまりテレンティウスの言う『魚屋、肉屋、料理人、家禽の飼育者、漁師』である。これに香水製作者や舞踊手、あらゆる演芸人を加えてもよいだろう(10)。

奴隷の多用も古代ローマの文化が単純労働を蔑んでいたことを物語っている。古代ローマでは住民の三人に一人が奴隷だった可能性がある。奴隷制によって、ローマは他の土地を征服して新しい世代の奴隷を得なければ経済が成り立たなくなったとする説もあるが、その考え方は極端すぎるかもしれない。世界の歴史においては、ほとんどの社会で奴隷は比較的最近まで存在していた。現代の経済学者ならば、奴隷の労働力は労働市場の労働力に比べてはるかに効率性が低いため、奴隷制は経済的な強さではなく弱さの象徴だと言うだろう。全体的に見て、さまざまな職業に対するローマ人の見方は職業上の厳然たるヒエラルキー、つまり一種の文化的な（そして場合によっては法的な）カースト制を表しており、これは意図的ではなかったものの、進歩に対する決定的な障壁になった。

古代ローマの経済に関するこうした研究は、この経済の多くの強みを説明するものだが、この強みのほとんどは「制度的ソフトウェア」である。近現代の米国がそうだったように、百年にわたる技術進歩を経験した文明が絶対的な意味で退化することはめったにない。しかし、経済成長の基盤が商業的規模（つまり交易をする人々の数が多く、互いの結びつきが強いこと）であり、その規模が崩壊してしまった場合は、経済が破綻する可能性が高い。経済学者のジョエル・モキアはローマの経済についてこう語っている。「ローマの成長はギリシャやローマの文明の名高い特徴、つまり組織、交易、秩序、貨幣の使用、法律などから派生したものだった。このような成長によって経済の大きな進歩が可能になり、実際にそれは実現した。しかし、それを支えていた政治的な基盤が揺らぐと、スミス型成長のみにもとづいていた繁栄は急速に崩れ去った(11)」。

衰亡の証拠

ローマ帝国でのちにキリスト教が誕生したことが同帝国衰亡の主因だったとする説は、いまだに広く知られている。この解釈を前面に出したのが、一七七六年に出版されたエドワード・ギボンの有名な著書『ローマ帝国衰亡史』である。しかし、現在ではこの説はおおむね誤りだとされている。ノーベル賞を受賞したダグラス・ノースは著書『経済史の構造と変化』で、「大多数の学者は経済的な力が決定的に重要だったと考えている」と述べた。

近年支持され注目を集めている説は、ローマ帝国は決して衰亡しなかったと考えるものである。そう考える歴史家は、衰亡の原因を探し回るのはやめようと唱え、むしろ移民の圧力によってローマの文化は漸進的に進化したのだと主張する。そして、いずれにせよ帝国という体制にそれほど素晴らしい点などあるだろうかと問いかける。しかし、歴史家のブライアン・ウォード・パーキンスは二〇〇五年の著書『ローマの衰亡（*The Fall of Rome*）』で、政治的には妥当性を欠く従来の見解のほうをはっきりと支持し、次のように記している。

現在では、ローマ帝国の末期に「危機」や「衰退」のようなものが起きたと主張するのはきわめて時代遅れであり、まして「文明」が崩壊して「暗黒時代」がそれに続いたとする説はまったく古びた考えだとされている。新たに主流になったのは、東ローマ帝国でも西ローマ帝国でも、その社会は徐々に、そして本質的には痛みをともなわずに、中世的な状態に「変容」したとする説である。しかし、この新しい見方には克服できない問題がある。この考え方は、現在入手できるようになった数々の考古学的な証拠とかみ合わないのだ。そうした証拠は、五〜七世紀にかけて西洋の生活水準が驚くほど低下したことを示している。それは農民から国王、さらには教会で永遠の眠りについた聖人たちにいたるまでの、あらゆる人々に影響を及ぼした変化である。これはたんなる変容ではなく、『文明の終焉』と当然ながら表現できる規模の衰退である。

ウォード・パーキンスがローマ社会の複雑さが失われた原因として事実上指摘しているのは、かつて巨大で摩擦のなかった国内交易市場の規模の崩壊である。規模が失われたことで、専門化の動きも消滅した。数々の町が丸ごと滅び、地域全体の発展水準もローマ人の到来前よりも低いレベルにまで後戻りした。ローマ帝国時代の町が点在した地域の地図が、現在では田舎、さらには荒野を示しているのは驚くべきことである。

では、規模の消失がローマ帝国の衰亡の原因だったのだろうか。この問題を考えるにあたり、経済的な衰退を軍事的敗北や政治的衰退から切り離して論じるのは困難である。規模の経済の消滅は、おそらく衰退の原因ではなく結果として考えたほうがよく理解できるだろう。ウォード・パーキンスが説明する〝五世紀の経済破綻〟のはるか前に、経済的な痛手をみずから招いた時期が三百年にわたって続いていたからである。

「ローマ帝国崩壊の原因として挙げられる事柄は、ほとんど歴史家の数だけある」と記したのは、著述家のウォルター・アイザックソンである。[12] ドイツのある学者は、ローマ衰亡の原因を二百以上も整然と列挙した。ギボンも一七七六年の時点で、さまざまな説が互いに補い合って成立していると常識的に示唆していた。彼らが指摘したローマ衰亡の原因の大半は、確実なデータが入手できるようになる前に提唱されたものである。

一九九四年には四人の科学者が『サイエンス』誌上で、グリーンランドの氷床の内部に残る、千年にわたって蓄積された大気中の鉛汚染の痕跡に関する分析結果を発表した。[13] 鉛汚染は銀の精錬から生じるものである。彼らが導き出したデータをグラフにしたのが図12で、大気中の鉛の量は帝政ローマの初期にピークを迎えていたことがわかる。同様のレベルの汚染

図12　世界の鉛の生成量（紀元前750年から現在まで）

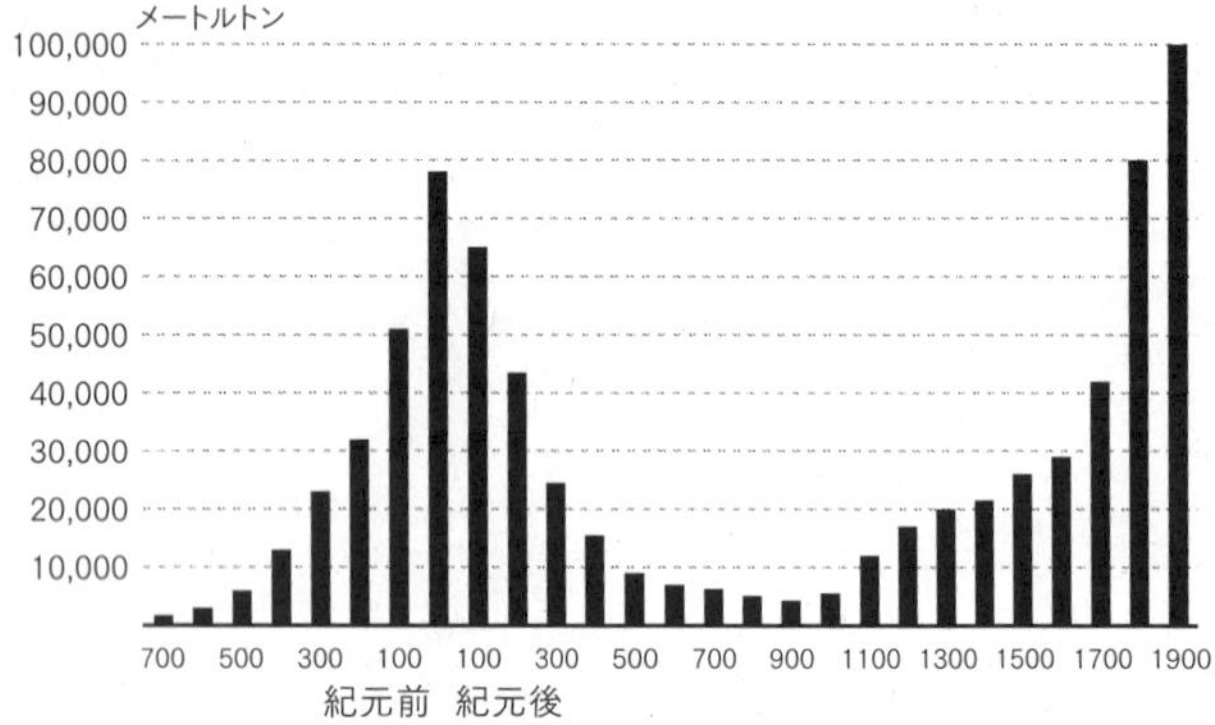

出所：ホン他、Science 265、No. 5180（1994年）

は一七五〇年代になるまで生じていない。他の新たなデータとしては、地中海で発見された難破船の残骸を放射性炭素年代測定法で分析した結果がある。それによると、約二百個の残骸が一世紀のもので、同じく二百個ほどが紀元前一世紀のものだった。二世紀と紀元前二世紀の残骸はそれより若干少なかった。船が進歩すれば残骸の数がある程度減る可能性もあるとはいえ、三世紀の残骸は八十個あまり、四世紀のものは五十個というように、時代を下ると残骸数は減少した。少なくとも、このデータからは地中海西部の交易が徐々にではあっても大きく衰えたことが読みとれる。

経済学者の注意を引く三つ目の証拠は硬貨の考古学的分析、つまり年月の経過にともなう硬貨の質の低下と、硬貨が使われなくなった地域の分析である。ウォード・パーキンスは、ローマ帝国西部の全域で経済の複雑さが失われていったことの考古学的な証拠を詳述している。この地域では、先進的な陶器、硬貨、さらには基本的なモルタルまでもが消失した。この衰退は帝国の西半分に限られ、三〜四世紀には地理的にまばらな現象だったが、五世紀になると衰退は明白になった。これがもっとも唐突に起きたのがブリタニアで、「その経済は、硬貨はなく、手作りの鍋や木造の建物しかなかった青銅器時代に近い水準の単純さにまで逆戻りしてしまった[14]」という。

このように見てくると、ローマ経済の衰退の基本的な原因はもはやそれほど謎めいたものではなくなる。衰退が起きた時期や、その一般的なパターンはすでに知られている。経済学者のブルース・バートレットは一九九四年に発表した論説文で、ローマ帝国の衰退を経済面から説明した。それによると、衰退の原因は食料補助や増税、インフレーション、そして究極的には国家社会主義だったという。彼はこう記している。「最終的には、軍隊、砦・船の建造、国境の防衛などに支払うお金が底をついた。ローマ帝国に致命的な打撃を与えた五世紀の異邦人による侵略は、三百年にわたる帝国の財政的な自衛力の低下がもっとも顕著に表れた出来事にすぎなかった[15]」。

ローマ帝国の不均衡

何かが消滅することには多くの原因があるものだ。そのなかには明白なものもあればわかりにくいものもあり、その消滅の瞬間に生じるものもあれば、最後の瞬間のずっと前から存在しているものもある。ローマ帝国の衰亡の場合、ゲルマン民族の軍事的勝利を原因とする説が他のすべての説に影響を及ぼしているが、この説は論理的にさほど支持されていない。アセモグルとロビンソンはこう主張する。「ゴート族、フン族、バンダル族がローマに勝利したのはローマの衰退の徴候であって、原因ではない」。実際、古代ローマは存在したすべての期間を通じて国外からの大きな軍事的脅威にさらされていたが、その脅威に負けたのは「国内の経済的停滞」を経験したあとのことだった。

経済的不均衡には多くの種類がある。著者らの判断では、ローマ帝国の経済的不均衡とは、財政支出を現実の収入と一致させられない状況の継続だった。現代の豊かな国々の大半がそうであるように、ローマ帝国がおこなった財政政策は税制改革や貨幣の改悪、独裁的な中央計画体制などでは支えきれないものだった。同帝国は崩壊する前に、この三つの手段をすべて順に試している。同帝国の財政問題や政治的腐敗の根源は紀元前二世紀にあった。風刺詩人のユウェナリスは、幼稚な大衆が「パンとサーカス」と引きかえに票を売ることを嘲笑する詩を作っている。

帝政時代にローマの支配者らが犯した小さな過ちは多数あるが、とくに大きな悪影響をもたらしたものとしては三つ挙げられる。この三つのうちひとつだけでも違う決定がなされていたら、暗黒の経済的退行期が千年も続くことはなく、経済面ではるかに豊かな歴史が実現していたかもしれない。

紀元一二二年に始まった最初の過ちは、ブリタニア中央部における「ハドリアヌスの長城」の建設である。この長城は領土拡大や征服の活動から手を引き、内向きになったハドリアヌス帝の治世を象徴している。第二の過ちは、二世紀末にセプティミウス・セウェルス帝がおこなった銀貨の改悪である。現在では、硬貨の質を下げると短期的な財政赤字の悪化は防げても、急激なインフレ発生のおそれがあることが知られている。そして第三の大きな過ちは、三世紀末にディオクレティアヌス帝が経済の衰退に対する「処方箋」として、経済を支配・統制しようとしたことである。これによって民衆の側は柔軟な経済活動がまったくできなくなってしまった。他の過ちと同様に、この策も短期的なメリットはもたらしたが、長期的には多大な損害が生じることになった。

ローマ帝国の人々は、なぜ帝国が弱体化しているのかは理解していなかっただろう。経済的な成長や衰退はきわめてゆっくりと進行したため、議論の対象にもならなかったのだ。しかし、現在の時点から当時を振り返ってみることは有益である。現代から見れば、ローマ帝国の基本的な制度が徐々に崩れていくいっぽうで、その民が「パンとサーカス」で楽しみを与えられ、買収されていたことがわかるからだ。

「終わり」の始まり――トラヤヌス帝の即位

ローマ帝国の「終わりの始まり」を特定するのは容易である。それは一一七年八月九日、トラヤヌス帝として知られるマルクス・ウルピウス・ネルウァ・トラヤヌス・アウグストゥスが死去した日である。彼は、パルティアに対抗してメソポタミアでの帝国の拡大を画策していた時期に健康状態が悪化し、その後まもなく世を去った。

トラヤヌスは愛された皇帝であり、キリスト教徒に寛容だったことや、財産所有者に対する公正な処遇、そして何よりも帝国を拡大・強化した功績によって名声を得た。また、年月の経過とともにその高い評価が消滅したり変化したりしなかった、まれなローマ人のひとりでもある。彼より後の皇帝たちは、新たに即位すると元老院に「フェリキオル・アウグスト、メリオル・トライアノ」という希望をこめた言葉で迎えられた。これは「アウグストゥスより幸運で、トラヤヌスより偉大であるように」という意味である。小プリニウスをはじめとする後世のローマ人はトラヤヌスを賛美した。十三世紀にはトマス・アクィナスも彼を褒め称え、キリスト教の神学者らはトラヤヌスを道徳的な異教徒と呼んだ。ダンテの『神曲』地獄篇では、トラヤヌスは天国の幸福な住人となっている。

彼は人気のある皇帝ではあったが、その治世にはローマ帝国の経済的不均衡につながる最初の要素がいくつか見られる。トラヤヌス帝はローマ周辺の子どもの貧困を緩和する、初の福祉政策に着手した。これは広範な政策ではなく、導入された地域でも一般化しなかったが、もともと中身が問われるというよりも象徴的な意味合いの強い策だった。とはいえ、これによって、国家には市場がもたらす不平等を埋め合わせる義務があるという原則が確立した。三か月に及ぶ剣闘士の試合という見世物も、この時期独自のものではなかったとしても、国にとって費用がかさむ娯楽だった。

トラヤヌス帝の養子で、彼の死後まもなく新皇帝の座についたハドリアヌスは、メソポタミアでの軍事行動をただちに停止し、ローマ軍を堅固な国境の内側へと撤退させ始めた。もちろん、ハドリアヌス帝といえば、彼の命令でグレートブリテン島を横断する長城が建設されたことで知られている。これはローマ帝国支配下のブリタニアを、ローマが征服できなかった野蛮なケルト人が住むスコットランドから分断するものだったとされているが、それは所詮ハリウッド的な見方にすぎない。この長城はローマ帝国の終端を示していたが、その建設の目的はローマの世界を封鎖することではなく、交易を統制し、それに課税することだったのである。とはいえ、心理的にこの長城が果たした役割はまさに前者のほうだった。

トラヤヌスからハドリアヌスへ帝位が移行したのは、ネルウァ＝アントニヌス朝時代（九六〜一九二年）と言われるローマ帝国の全盛期だった。ローマ帝国の地理的な規模が最大になったのは、トラヤヌス帝が死去した一一七年のことである。その後三百五十年にわたって、同帝国の領土は縮小し続けた。全体的に見れば、ハドリアヌス帝は「社会の強さの基盤は国民の安寧である」という歴史家リウィウスの金言に従った偉大な皇帝だった。ハドリアヌス帝は公共財に充分に投資するというトラヤヌス帝の政策を継続し、帝国を過小なまでに縮めるという彼の決定は、国富をふたたび国内に振り向けることをおもな目的としていた。さまざまな善政もあったものの、彼が確立した完全に内向きの統治姿勢は意図的なものであり、これは負の前例になった。

考古学的な証拠を否定しても意味はない。この時代は経済の転換点である。当然ながら、地理的な拡大が止まれば経済規模の拡大や労働力の専門化も止まるからだ。ハドリアヌス帝は、トラヤヌス帝によるメソポタミアとドナウ川東岸を征服する試みも放棄した。そうした地域、とくにペルシャ湾から極東にいたる海上貿易を実現させる可能性もあった、チグリス川・ユーフラテス川流域の併合にローマ帝国が注力していたら、いったいどうなっていただろうか。

いっぽうで、天然痘が流行した「アントニヌスの疫病」の時期（一六五〜一八〇年）を転換点とする説もある。当時の人々によると、この病気にかかった四人のうち一人が死亡したが、生き残った者には免疫ができたという。現代の学者はこれをヨーロッパに天然痘が現れた初めての例だと考えている。帝国全土に広がったこの疫病によって五百万人が死亡したと推定されているが、これが経済的な転換点だったとする説は、他の疫病が流行したときの結果と矛盾する。他の疫病の流行時には、人口一人あたりの富や所得が増大するという皮肉な相殺効果が生まれていた。労働力が不足すれば賃金は増大するからである。

カレン・マーフィーは、タイミングはずれているものの（ローマ帝国の経済が衰え始めたのはトラヤヌス帝による領土拡大からおよそ百年後のことだった）、帝国が「拡大しすぎた」ことが衰退の原因だったとする仮説を支持し、ローマ人は〝銃とバター〟のあいだの財政的なトレードオフ関係に気づいていたと指摘する。ローマ帝国の歴史家のカッシウス・ディオはそれを「剣かパンか」の選択だと述べたが、これは本来アウグストゥスの腹心だったアグリッパの言葉だとされている。しかし、だからどうだというのだろうか。ローマ人は財政上の短期的なトレードオフ関係は知っていても、アダム・スミスが唱えた長期的な経済理論は知らなかった。これは叡智ではなく無知の表れである。さらに端的に言うと、マーフィーの古代ローマと米国の類似性の分析は、他の点では洞察力が見られるものの、市民社会に対する軍事的圧力の点に関しては支離滅裂である。[16]彼は、米国では徴集兵からなる軍隊がなくなったために文化的分裂が生じたとするいっぽうで、ローマ帝国では軍事的文化が過度に発展し、それがディオクレティアヌス帝のもとでの過酷な徴兵につながったと主張している。いったいどちらが正しいのだろうか。著者らは、その国の文化や安全のためには、すべて志願兵からなるプロの軍隊のほうがよいというアウグストゥスの意見に賛成する。後期のローマ帝国における徴兵制の復活は、国が認める奴隷労働の形態がまたひとつ増えたことにほかならなかった。

ローマ帝国の内部では経済は発展し続け、専門化が進み、その規模も拡大していたが、ハドリアヌス帝が即位するとまもなく「ローマ帝国は皆で保護されている」という意識が内政については強まり、国は市民を保護しインフラを建設する以上のことをすべきだという暗黙の了解が生まれた。国は娯楽を提供し、貧困と戦わねばならなくなったのだ。〝支配者の慈悲心〟の実際の意味が拡大されたわけである。経済学者として、著者らは公共財の範囲については厳密で専門的な定義をしているが、独裁者は（冷酷な者であれ慈悲深い者であれ）その政治的野心に沿う形で、公共財を独自に定義するものである。

安全は飛びぬけて重要な公共財であり、国家が存在するために当然ながら欠かせないものである。交通機関、共通の通貨、基本的な公益設備（清浄水の提供設備や衛生設備）もほぼ不可欠だといえる。これらは民間経済が発展するための基本条件だからだ。もっとあとの発展段階で供給される「公共財」は、国家が民間部門よりも効率的に供給できる範囲の限界に近いものである。娯楽や食料は、全面的にではないとしても、民間部門によって営利的に供給されている。

ハドリアヌス帝による軍隊の撤退は、元老院や民衆のあいだではきわめて不評だった。マイク・ダンカンがポッドキャストで配信した「ローマ史」の百七十九巻目では、ハドリアヌス帝がいかに慎重に自分の意図を隠したかが説明されている。彼は「娯楽に次ぐ娯楽」を大衆に与えてその関心をそらした。そして前線からゆっくりと帰還し、一一八年七月に首都ローマに帰りついた。帰還する前に、彼は自分の外交政策に反対する数人の元老院議員の殺害を命じている。そして元老院に圧力をかけ、被害者の罪を捏造して殺人を正当化させた。この事例はローマ帝国の政治秩序に暗い影を落とすことになった。

大衆の歓心を買おうとしたハドリアヌス帝の最後の行動は、少なくともあとから考えれば、経済的な不安を呼び起こすものだった。ダンカンの説明によると、ハドリアヌス帝は「過去十五年間に国民が国に対して負った未払い債務のすべて」を帳消しにした。そして、「本気であることを証明するため、彼は近衛兵に国の貸付記録をトラヤヌス広場に運ばせ、それを巨大な薪の山にくべてすべて燃やしてしまった」という(17)。ハドリアヌス帝はさらに、自治体の財政負担を中央政府が直接肩代わりすることを発表したが、これは事実上、各都市の独立性を一気に買収したに等しかった。こうした施策によってハドリアヌス帝は人気を得たものの、どれだけ鈍いローマ市民でも、今後倹約をするのは馬鹿げていると悟った。大金を借りられる内々のコネをもっている市民は、当たり前のように多額の借金をするようになった。経済学者がモラル・ハザードの理論を考え出すのはそれから何百年もあとのことだったが、このとき実際にモラル・ハザードが生じていたのは明らかである。ハドリアヌス帝の平和主義を称賛する歴史家もいるだろうが、それと引きかえに財政の規律や地方の独立性、元老院の自律性が崩壊してしまった。

ハドリアヌス帝はまた、パルティア人の軍隊が国境を脅かしたときにもみずから対処したが、その対応は斬新なものだった。彼はパルティア人に金を与えて兵を引かせたのである。つまり、戦争ではなく平和のために金を使ったのであり、この話は大きく広まった。

「終わり」の途中——セウェルス朝期の通貨改悪

ローマ帝国は大規模ではあったが、その政府の力は制限されており、経済はほとんど統制されていなかった。イエール大学の著名な歴史学者だったミハイル・ロストフツェフは、「アウグストゥスと彼に続く皇帝たちの時代には交易がほぼ完全に自由であり、民間主導の素晴らしいチャンスが生まれた時期だった」と述べている（おもに二十世紀前半に著作を残したロストフツェフは、実際の経済データを古代史に当てはめる研究の先駆者だった）[18]。ローマ帝国の税は軽く、五パーセントの相続税と属州間の交易に対する軽い関税だけだった。

ご承知のとおり、アウグストゥスはローマ帝国の税制をタックス・ファーミングというあくどい形態から、国家による貨幣での徴税制に進化させた。それまでおこなわれていたタックス・ファーミングは、徴税請負人が徴税の権利を一括払いで国から買い取り（多くは競売形式だった）、近隣の特定の地域であらゆる手段を使って物納の税を取り立てるものだった。アウグストゥスの改革後も、増えるいっぽうの政府の義務を支える収入がますます必要とされるなかで、数百年にわたって税制は発展を続けた。税収が不足した場合に皇帝が取れる手段は限られていた。国債はまだ発明されていなかったため、赤字財政は不可能だった。古代の経済は現金経済、さらに正確に言えば硬貨の経済だったのである。こうした経済で収入を増やす方法とは、貨幣価値を低下させインフレを起こさせるという〝見えない税〟を導入すること、つまりは金をだまし取ることだった。国有地の売却はもっとまともな方法だったが、国有の財産は少なかったため、もっとも裕福な層の市民から財産を没収することが増えていった。バートレットはこれを「富裕層との戦争」と呼んでいる。

さらに別の方法として、新皇帝が即位したり国が偉大な勝利を収めたりしたときに、〝捧げもの〟として人々から集金することもあった。皇帝らは些細な小競り合いに勝ったときでも、捧げものを集めるに値する大勝利だと宣言するようになった。カラカラ帝（在位一九八～二一七年）はそうした行いがあまりにも多く、ロストフツェフはそれを「まぎれもない強盗行為」だったと述べている。将来の国の不安定化をいっそう強く予見させたのは、こうした捧げものを集める時期に軍隊にボーナスが支給され、皇帝が替わるたびにその額が大きくなっていったことだった。新皇帝はもちろん金で忠誠心を得ようとしていたわけだが、軍のほうは皇帝が暗殺されればボーナスを得られることを承知していた。これはじつに注目すべきインセンティブである。

カラカラ帝の治世は、ローマ帝国が下降局面に転じた唯一の時期だったと考えられる。彼は父親のセプティミウス・セウェルスが創始したセウェルス朝の皇帝だった。この父子はどちらも暴力的な手段を用いて皇帝の座についている。セウェルスは死の床で息子たちに「〔兄弟〕仲良くし、兵士らに金を与え、他のすべての者たちを軽蔑せよ」と助言したという。セウェルスはゼロサム的・被害妄想的で絶え間のない政治権力闘争を信念とし、それを実践した。

セウェルスがセウェルス朝を創始した一九三年は「五皇帝の年」とも言われている。この年が始まったのは、コンモドゥス帝の不安定さを増す十二年間の治世が、一九二年十二月三十一日に彼の暗殺によって幕を閉じたあとのことだった。彼から帝位を引き継ぎ、近衛隊の権限や給与の削減を試みたペルティナクス帝も、一九三年三月に暗殺された。ペルティナクス帝の死後、近衛隊は皇帝位を競売にかけた。元老院議員のディディウス・ユリアヌスは近衛兵一人あたり二万五千セルテルス（四セルテルス真鍮貨は一デナリウス銀貨に等しかった）を支払うと約束して帝位を手に入れた。このユリアヌス帝が最初におこなったとみられるのは、デナリウス銀貨の銀の割合を八十七パーセントから八十一・五パーセントに引き下げる命令を出したことだが、これは問題にはならなかった。冷酷な軍司令官だったセプティミウス・セウェルスの差し金で、ユリアヌス帝は一九三年六月一日に暗殺された。セウェルスは元老院やドナウ川・ライン川軍団には皇帝として認められたものの、帝位をめぐって他の二人の将軍と戦わねばならなかった。配下の軍隊への賃金支払いのために、セウェルスはデナリウス銀貨の銀の割合を七十八・五パーセントまで引き下げた。一九三年末までに彼の二人のライバルはいずれも死亡した。翌一九四年にセウェルス帝はふたたびデナリウス銀貨の純度を六十四・五パーセントまで低下させ、一九六年末までにはさらに五十四パーセントまで下げた。エドワード・ギボンはセウェルス帝をこう評している。「彼の信条や行動の破滅的な影響を受けた後世の人々は、彼をローマ帝国の衰退を招いた張本人だと当然ながら考えるようになった[19]」。

二一一年にセウェルス帝は死去し、帝国の支配は彼の堕落した息子たち、カラカラとゲタの手にゆだねられた。この二人の兄弟は互いに憎み合っており、まもなくカラカラはゲタの暗殺を企てた。この殺人は、二人が穏やかに和解できるようにと彼らの母親が用意した話し合いの場で、しかもその母の目の前で実行された。この出来事はカラカラ帝の治世の様相をまさに予言するもので、その六年後にはカラカラ帝自身が近衛兵に殺害された。その後、近衛隊長だったマクリヌスが帝位を継いだが、その治世もまた短いものだった。マクリヌス帝が殺害されたあとはセウェルスの一族がふたたび権力を握り、それは二三五年にセウェルス朝の最後の皇帝、アレクサンデル・セウェルスがみずからの軍隊に暗殺されるまで続いた。この暗殺をきっかけに五十年にわたる内戦と経済停滞の時代が始まった。こんにち「三世紀の危機」と呼ばれる二三五〜二八四年の時期には、二十五人の人物が皇帝の認可を受け、帝国が二つ、または三つの準国家に分かれて互いに争った。ローマ帝国は崩壊寸前だったが、制度的な犠牲を払って持ちこたえた。民主主義は後退して消滅し、この流れはローマ帝国の銀貨の価値と悲しくも一致していた。二八四年になるとデナリウス銀貨の銀の割合は二〜五パーセントまで下がり、制御不能なインフレが発生した。交易は物々交換になり、税も物納になった。貨幣がなければ、長期的な取引は不可能である。規模の経済の消滅にともない、国の豊かさも衰えていった。

ローマ帝国の遺跡を歩いてみると、ギボンの語る悲しみが理解できるだろう。一部の遺構は大きなものだが、想像するほど巨大なものではない。それらが遺跡と呼ばれるのには理由がある。〝新世界〟から来た者にとって、ローマやカイロ、京都、ムンバイ（ボンベイ）などの古都は魅力的である。米国では千年前の遺跡を礎とする建物はどうしても見つからないからだ。たとえば、ヨーロッパのほとんどの地域ではあちこちに〝歴史〟が残っている。ヨーロッパでは現在でも、建設業者が土地の新しい区画を掘り返して、住宅やビルを新設するために基礎用のコンクリートを流しこもうとすると、当たり前のように古代の硬貨が数十枚単位で見つかる。世界中の趣味の店で、ローマ帝国の鉱山から生まれた古代の硬貨が安い値段で何百枚と売られている。多くのローマ皇帝の在位中につくられた銀貨ならかなり安く買えるだろう。銀の含有率があまり高くないからだ。

それより古い時期の銀貨は本当に銀だった。アウグストゥスによって純度を九十五パーセント以上とすることが定められていたからである。材料科学者のアラン・ペンスはこう説明する。「ローマ人にとってこの銀貨の価値がどれくらいだったかというと、アウグストゥス時代のローマ軍の兵士の年収は二百～三百デナリウスで、給与は四か月ごとに支払われていた。将校クラスになると年収は一万デナリウスになり、高級将校になると二万五千デナリウスにも達した[20]」。

初代皇帝のアウグストゥスは彼の前や後の支配者たちよりも、デナリウス銀貨の価値は富を貯蔵する力にあるのではないことをよく理解していた。米国の十セント玉よりもやや大きいこの硬貨の価値は、交換の手段として人々に使用されることにあると彼は承知していたのだ。信頼性のある通貨は、ローマ人が発明したコンクリートよりも堅固な経済の基礎である。とはいえ、大半の建物の基礎と同様に、通貨も維持保全がなされなければ、その質も価値も下落してしまうのだ。

通貨価値の切り下げとは、硬貨の質を貴金属の割合を減らして低下させる過程のことである。米国の一セント玉は取り除けない不純物を別とすればおそらく純粋な銅だろうから、同じように銀貨も純粋な銀だろうと考える人もいるかもしれない。しかし、現代の米国の一セント玉に銅はほんのわずかしか含まれておらず、この硬貨はおもに亜鉛でできている。それでも問題はない。米国の貨幣はかなり前から「名目」貨幣である。その価値は、この通貨を正当なものとして尊重する社会の広範な信頼にもとづくものであり、基本的な金属の価値の表れではない。現代ではこの概念が抵抗なく受け入れられているのだ。私たちはただの紙切れである紙幣も、サインが走り書きされた小切手とともに尊重している。また、プラスチックのカードから発信される目に見えない数字の価値も信頼している。これは貨幣が金属であり、金属にこそ価値があった古代にはあり得ないことだった。

金貨や銀貨、銅貨の鋳造過程で不純物をなくすことはできなかったが、ローマ帝国が発展したのは、貨幣が可能なかぎり純粋につくられているという信頼が確立されたからでもある。しかし、いったん国家の権威が揺るぎないものになると、硬貨を純粋とはいえない金属で鋳造する誘惑が強まった。たとえば、九十九・九パーセントの純度の金貨百枚を再鋳し、まったく同じに見えるが金は九割だけで、銅が一割混ざった硬貨百十枚をつくったとしよう。この国の通貨供給量はおよそ十パーセント増え、この増大分は基本的に国が自由に使えるお金になる。この行為にどんな害悪が潜んでいるだろうか。こうした通貨価値の切り下げはトラヤヌス帝が実際におこなったことである。

トラヤヌス帝の治世の大半においてデナリウス銀貨の純度は九十三・五パーセントだったが、一〇七年に八十九パーセントまで引き下げられた。これは硬貨一枚あたり正味〇・一六グラムの銀が減ったことになる。それまでのどの皇帝よりも使えるお金が増えたトラヤヌス帝は、それをおもに東方での軍事活動の資金にあてた。この通貨価値の切り下げは〝見えない税〟を意図したものではなく、金貨と銀貨の比率を適切に保つためだったとの見方もある。いずれにせよ、この通貨価値の切り下げは小幅なものだったため、ローマの文明には影響を及ぼさず、市民もほとんど気づかなかった。気づきようがなかったのである。当時は元首政が成立してからまだ百年あまりの時期で、不純な貨幣を使う生活を知っている者は誰もいなかったのだ。

その後の皇帝たちも財政難に直面するたびに通貨改悪の手段に訴えた。国の支出はおもに軍事費の必要性によって増大していた。マルクス・アウレリウス帝（一二一〜一八〇年）時代のデナリウス銀貨の純度は七十五パーセントを下回り、セウェルス朝の末期には四十パーセントまで低下した。そして最終的には、ローマ文明の衰亡を象徴するように、この硬貨の銀含有率は二パーセントまで下落した。こうした後期の硬貨は銅貨を薄く銀メッキしたもので、末期にはあまりにも安上がりにつくられたため、発行後すぐにメッキした銀がこすれて剝がれ落ちるほどだった。

通貨価値切り下げのトリックは、大衆がいったんそれに気づくとすぐに効力を失った。商人は商品価格を引き上げて通貨価値の下落に対処した。改悪された貨幣が少量しかつくられなかった場合でも、その存在によって純粋な貨幣は市場から消えた。人々は高純度の貨幣を蓄え、低純度の貨幣のほうを使用したからである。財政家のトーマス・グレシャム（一五一九〜七九年）はこの現象をイングランド女王のエリザベス一世に「悪貨は良貨を駆逐する」

図13　ローマの通貨価値の下落

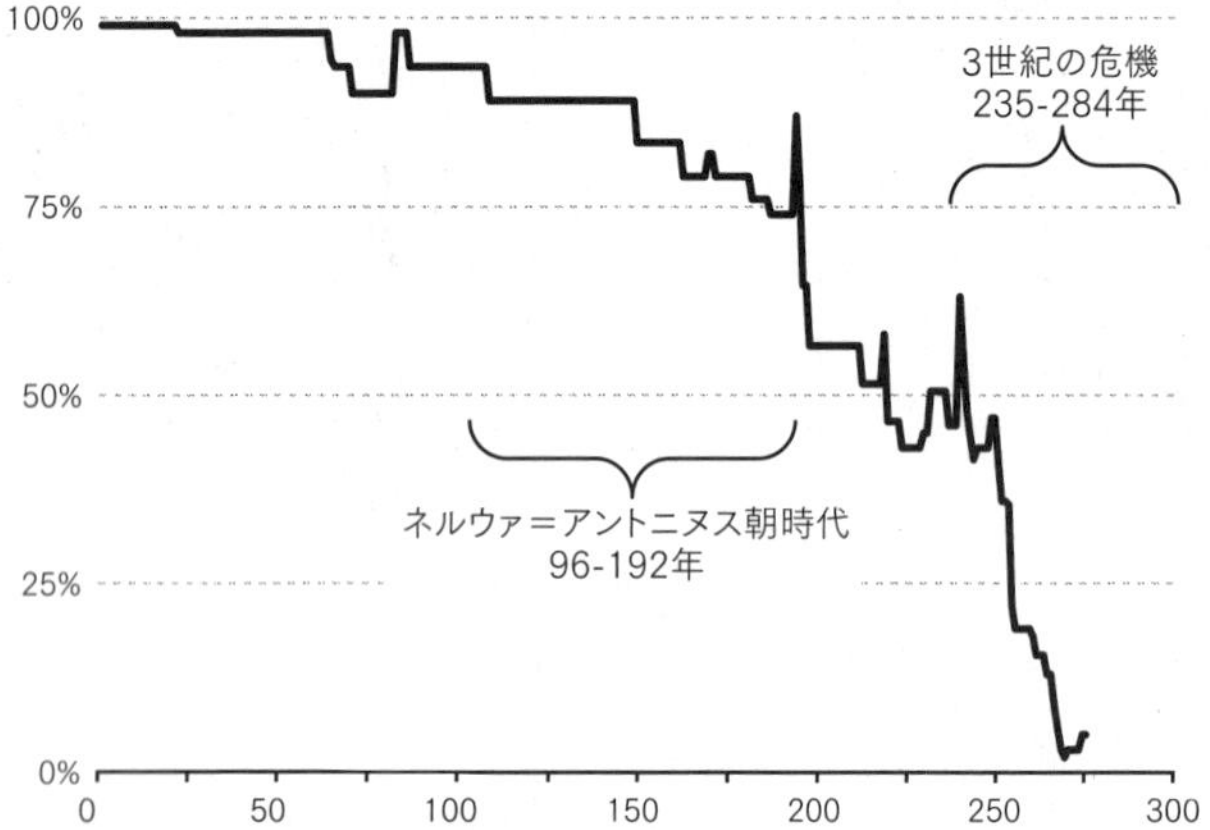

出所：ケネス・W・ハール

と説明し、当時の通貨の質を回復させるように進言した。現在、この原理はグレシャムの法則と呼ばれている。

通貨価値の切り下げは、大衆のあいだにインフレ期待が生じるという二次的な影響ももたらす。十パーセントのインフレは、一年目は大衆を惑わし、二年目も彼らを驚かせるかもしれないが、三年目には予想されるようになる。商人は悪貨のせいでむざむざ利益を減らさないよう、前もって商品価格を引き上げる。同じことが商品流通の上流でも下流でもおこなわれた結果、インフレが疫病のように国内に蔓延する。これを政府はいったいどうコントロールすべきなのか。これは、一九八〇年代に経済理論と現実世界での実験によってインフレが退治されるまで、ずっと解明されなかった謎だった。

「終わり」の終わり――ディオクレティアヌス帝の指令経済

三世紀の危機の時期におけるローマの支配者はみな専制君主だったと考えるのは誤りである。アウレリアヌス帝はこの時期の高潔で賢明な皇帝として特筆されるが、分裂していた帝国を再統一し、ペルシャ人やバンダル族、西ゴート族らの侵略に対する備えを固めるなどの彼の行動もコストがかかるものだった。主権とはもはや国境を保全するものではなく、アウレリアヌス帝が城壁をその周囲に築いた都市を守ることを意味するようになり、ローマの町すらそのひとつになった。今では、それが中世封建時代の城や町の先駆けになったことが知られている。また、アウレリアヌス帝が純度を高めた新しい銀貨を導入したことは称賛に値する。しかし、彼は皇帝としてたった五年しか生きられず、みずからの秘書官らが企んだ内々の陰謀によって殺害されてしまった。

三世紀の危機が終結したのは、ディオクレティアヌスという高貴な出自ではない一兵士が権力を握ってからのことだった。彼は軍隊で出世の階段をのぼり、皇帝の座についてからは賢明にも副帝を任命した。五十年にわたる軍事的混乱をへて、二八四年に国に秩序をもたらしたディオクレティアヌス帝は、多くの歴史家からローマ帝国の偉大な皇帝のひとりに数えられており、その治世は約二十年にわたって続いた。しかし、ディオクレティアヌス帝を研究した経済学者にとって、一部の歴史家が彼に熱烈な賛辞を送っているのは解せないことである。ディオクレティアヌス帝がローマ帝国に秩序を確立したやり方は、スターリンがソ連に秩序をもたらした手法と同じだからだ。歴史家のウィル・デュラントとアリエル・デュラントは「ローマ帝国はディオクレティアヌス帝のもとで一時的に社会主義化した」と述べているが、これはディオクレティアヌス帝が確立した特異な秩序に関する適切な理解である。

新皇帝となったディオクレティアヌスは、異邦人の侵略に対抗するために軍隊の規模を倍に拡大し、それを永続的なものとした。さらに、それまで税を免除されていたイタリアの住民を課税対象に加えたが、困窮者への施し物は内容を増やし、穀物のほかに豚肉や油も配られるようにした[21]。六十五万人規模と推定される軍隊の新兵を調達・管理するため、公務員も(おそらく三万人ほど)増員された。

三〇一年、ハイパーインフレと貧困層の暴動に直面したディオクレティアヌス帝は、有名な「価格統制令」を発布した。これはすべての属州に適用する物価統制の項目リストだった。意欲と善意のこもったこの命令では、単純にも、ブドウ畑のある地域のワイン価格は砂漠地帯での価格を下回るように、また都市部のパンの価格は田舎の町での価格を下回るように設定され、この統制に従わない商品価格をつけた商人は死刑に処せられた。インフレ抑制を意図したこの命令によって、価格統制につきものの影響が生じた。市場に商品が出回らなくなり、物々交換による取引がいっそう増えたのである。さらに、ディオクレティアヌス帝の政府は「鉱山、採石場、塩の堆積地の大半を国有化したうえで、主要な産業や同業組合のほぼすべてを厳密な統制下においた(22)」という。自由市場が機能していなかったため、新政府は市場を上から統制し、中央計画者としてそれを管理しようとしたのだ。このような絶対主義のもとで税がきわめて重くなったため、地主や小作農は土地を放棄するようになった。デュラントらが指摘するように、この重税の問題点は「労働やお金を稼ぐことへの意欲」に悪影響を及ぼしたことである。経済学者のアーサー・ラッファーが高税率の理論的なマイナス面を図示する千年以上も前に、ローマ帝国の著述家らはその破滅的な影響を実感していた。

二十一世紀の知識をもって三、四世紀のローマ帝国に関する歴史的記述や同時代に書かれた記述を読むと、かなりの苛立ちを覚えるものだ。労働に対して賃金を支払うとか、課税によって需要と供給が乖離し、効率性が低下するなどの感覚はなかった。こうした経済的な概念は当時想像もつかないことだったのだ。労働力は田舎では不足、都会では過剰という不合理な状況になっていた。ディオクレティアヌス帝は充分に活用されていない労働力を吸収するための新たな公共事業計画を打ち出したが、こうした政策によっても都会の労働力過剰の問題は解決されなかった。ローマ帝国は奴隷を酷使して利益を得ていたのだと言う人もいるかもしれないが、奴隷制は年月とともに廃れ、多くの解放奴隷がさほど寛容ではない条件のもとで、納税義務のある市民に変わっていた。

ディオクレティアヌス帝は従来のどの皇帝よりも積極的に、またかつてなく単純なやり方でローマ帝国の経済の管理に取り組んだ。彼は人々や市場がなぜ自分の思いどおりに動かないのかを理解していなかったため、わがまま放題の子どもが自分の意志を押し通すような形で物事に対応した。その治世の初期に、ディオクレティアヌス帝は同業者組合の国営化を命じている。船積人の組合は何百年ものあいだ独立を保ち、必要不可欠な穀物の大部分をエジプトからイタリアに運ぶ地中海貿易を管理していた。ディオクレティアヌス帝はこの組合を国営化したうえ、イタリアに海路で商品を持ちこみたい者はみなこの組合に加入することを義務づけた。政府の官僚は業界の船、人々、倉庫などをすべて把握し、この商売を統制しやすくした。また、組合の熟練労働者の減少を防ぐため、ディオクレティアヌス帝は労働者がこの業界から離れることをいっさい禁じた。この組合への加入は義務であり、永久に退会できず、さらに悪いことに組合員の息子たちにまでその規制が適用されるようになった。ディオクレティアヌス帝はこの結果を気に入り、のちには他の組合や交易活動も国営化した。[23]

皇帝は機能不全に陥った他の市場も統制しようと躍起になったのか、専制君主として最大の失敗を犯した。それは中央計画者による古典的な過ちでもあった。田舎の住民の自由な移住を禁止し、さらにすべての男性市民に父親の職業を継ぐように命じたのである。ディオクレティアヌス帝が長年にわたって計画主体である官僚制を拡大し、経済の主要な活動を支配した結果、労働力の柔軟性がまったくなくなり、ローマ帝国の人々は奴隷化されてしまった。

価格統制令が失敗に終わって数年後、ディオクレティアヌスは帝国を治める重責を他者に譲ることを決意した。その治世における彼の皇帝としての最善の行為が、三〇五年に引退したことだったのは間違いない。これは当時の大多数のローマ人にとって、記憶にあるかぎりで最初の平和的な権力の移行だった。

集合行為の問題

ローマ帝国は拡大しすぎたせいで滅んだのだろうか。おそらくそうではないだろう。経済的に衰退したことはたしかだが、その根本的原因が脆弱な統治制度にあったのは明らかである。当初、皇帝による統治体制が不安定化するのは次の皇帝への移行期だったが、のちには皇帝が専制的でないかぎり、治世の最中にも安定性をなくすようになった。皇帝の異様なまでの権力欲や汚職、無能といったリスクはつねに存在していた。これは経済的繁栄にとって望ましい環境ではなく、まして経済成長を促すものではなかった。ローマ帝国があれほど長く存続したのは、その革新性のおかげである。この国の普遍性、法律、コンクリート、規模などは過去に例のないものだったが、そうした革新がずっと繰り返されることはなかった。

ローマ帝国の軍隊の性質は数百年の年月のなかで変化した。その様相は、一九八二年に著書『国家興亡論』を刊行した、経済学者のマンサー・オルソンが唱える公共選択モデルに合致している。オルソンの主要な思想は、「集合行為」の問題に関する彼の研究の延長線上にある。集合行為とは特定利益集団が状況の改善を犠牲にして、みずからの立場を守るために社会のなかで必然的にとる行為のことである。労働組合や独占的法人は「レント（超過利益）」を（多くは競争を制限することによって）確保する政策を訴え、ロビー活動をおこなう。オルソンは、そうした傾向は民主制において自然に生じる問題であることを認めた。ごく一部の利害関係者に高い利益をもたらす政策は、そのコストが薄く広く負担される場合に支持を得やすくなる。民主的な制度は、年月がたつにつれてレントシーキングの温床になりやすい。そして、政府がレントシーキングを促進するという特異な形態が生じたのがローマ帝国なのである。

ローマの軍隊が権力を独占したことで文官と武官の権威の分離がなくなり、ついには軍隊が皇帝位の継承を完全にコントロールするようになったという点で歴史家の意見は一致している。軍隊はレントシーキングの戦略をとり、他のすべて、すなわち安定、経済的繁栄、市民の自由、さらには国家の安全まで犠牲にして、みずからの収入と権力を最大化した。この軍隊の欲望によって税はますます重くなり、最終的には税基盤、通貨、そして貨幣経済までもが崩壊した。国家のしくみのなかで小さな強みを確保した軍隊、とくに近衛隊は、それを手放さないために激しく戦った。損失回避が起きると、レントシーキング的な制度の根絶は困難になる。

ローマ人はみずからを「エクメーネ」、すなわち既知の世界の主《あるじ》だと考えていた。(24)たしかに彼らの知る世界は非凡で大規模だったが、そこには彼らが理解していないこともたくさんあった。ガーンジィとサラーはこう記している。「皇帝や官吏は通貨の質を下げることの短期的利益だけに注目していたため、彼らがその長期的な影響をよく理解していたとは考えられない。経済的な概念や経済の機能について、彼らには限定された経験的な知識しかなかった」（傍点は著者らによる）(25)。支配者たちがその治世で起きた変化について経済的に無知だったために、ローマ文明は壮大な失敗を犯すことになった。だがある意味で、それは彼らの責任ではない。経済学はまだ知られていない科学であり、それが登場したのはさらに千年後のことだったからだ。

インフレのコスト、規模の経済、レントシーキングや産業国営化の危険性などが知られていなかったことは悲劇だった。皇帝がこうした問題を正そうとしても、モラル・ハザードを知らなかったために、たいていは〝悪しき前例〟になってしまった。新たに即位した皇帝は、国家に対する市民の私的な負債を帳消しにすることが多かった。アウレリアヌス帝はそうした負債の公的な記録を運び出させ、火をつけさせてしまったほどである。それがインセンティブにもたらす影響を考えてみよう。まずは負債をためこみ、現皇帝が生きているあいだは決して支払わないこと、次は皇帝を頻繁に殺すべきであること――これらがローマ市民の得た教訓だったのである。

衰退の概要

大国　ローマ帝国

転換点　一一七〜三一七年

経済的不均衡　財政面、金融面、規制面

政治的な原因　福祉国家の拡大、中央集権化した統治、軍事独裁

行動面での機能不全　インフレや自由労働市場が極端化した状況における限定合理性。ローマ軍の集合行為の問題。

第5章　中国の宝

優れた人物の心は正義に宿り、狭量な人物の心は利益に宿る。
——孔子『論語』より

学界では「逸話」の複数形は「データ」にあらずと言い習わされている。いわゆる〝物語〟はいかに説得力があったとしても、高度な統計手法と有効なデータの分析によって検証可能な仮説を導いている、学界でも評価された包括的な研究結果にはかなわないのだ——というのは冗談だが、冒頭の言葉はもともとノーベル賞を受賞した故ジョージ・スティグラーが、その講義のなかで否定形ではない形で使っていたものだという。スティグラーはシカゴ大学で教鞭をとった著名な経済学者で、「逸話の複数形はデータである」という皮肉をよく口にしていた。いずれにせよ趣旨は同じである。人々はいまだに物語を渇望している。それはおそらく、統計的な思考は不自然だが、逸話にもとづいたヒューリスティック（経験的）な思考は自然だからであろう。

一四〇五〜三三年にかけて明の船団を率いて大航海をおこなった鄭和については、次のような逸話がよく知られている。彼の巨大な「宝船《ほうせん》」ははるかアフリカにも到達し、キリンなどの野生動物を国に持ち帰って宮廷の人々を喜ばせた。ポール・ケネディの『大国の興亡』は実質的にこの話から始まっているが、そこでは鄭和はウェード・ジャイルズ式の発音表記で「チェンホー」と呼ばれている。この逸話は文化の主流的な分野にも浸透していて、ヒューゴー賞を受賞したヴァーナー・ヴィンジ作のSF小説『最果ての銀河船団』では、チェンホーという星間商人たちの文明が登場する。

われわれはなぜ鄭和の話にこれほど魅了されるのだろうか。その理由のひとつは、この話が繰り返し語られることである。鄭和は世界経済を説明する人気の説に必ずと言っていいほど登場する。バーソロミュー・ディアスやクリストファー・コロンブスの探検に似ている点がとても興味をそそるからだろう。また、鄭和の話には教訓も含まれており、現代の読者に「孤立主義は自滅的である」ことを単刀直入に教えている。ポール・ケネディは次のように述べている。

鄭和の船団の大きさ、船の馬力、耐航性について歴史家や考古学者が語る内容からすれば——この巨大な〝宝船〟のなかには全長が百二十メートルあまり、排水量が千五百トンを超えるものもあったという——彼らはアフリカを迂回してポルトガルを「発見」することもできたのではないかと考えられる。（中略）中国は諸外国を惹きつける数々の機会に恵まれていながら、世界に背を向けることを決意してしまった。[1]

一般的な見方に反対する人間になってみたいとは思うが、著者らは概して大多数の意見に同意する。逸話だからといって、それが間違っているとは限らない。人は重要な真実についてはそれをさらに裏づけようとするものだが、そのときにはヒューリスティックに頼る傾向があり、詳細があいまいではなく明確なときには必ずそうなる。中国の場合、この大国の経済的不均衡とその政治的停滞の両方をひとりでほぼ完全に象徴しているのが鄭和なのだ。しかし、彼は中国の衰退という重大な物語の立役者ではない。その衰退の時期に焦点を当てる前に、宝船が揚子江の河口に最後に戻ってきた運命の一四三三年七月につながる、中国の二千年にわたる豊かな文化史を見てみよう。

孔子

紀元前五五一年に中国で生まれた孔子（本名は孔丘）は、歴史上誰よりも長く、また幅広く子孫をたどることができる人物である。彼には三百万人の子孫がいると推定され、男系では最長の八十三代に及ぶ家系が形成されている。伝説では孔子は高貴な血筋の家に生まれたとされているが、若いころは比較的貧しい生活を送っていたという記録もある。中国が統一される前、現在の山東省にあたる地域で生まれた孔子は、三歳で父親を亡くした。若年期にはささやかな仕事をしながら教育を受け、やがてはその見識によって崇敬される教師になり、ついには地域の支配者に助言者として仕えた。孔子の死後、彼の弟子たちは師の著述を収集し、これは以後の中国文化を根本から形成するものになった。孔子（子は先生という意味）は、欧米ではラテン語化されたコンフューシャス（Confucius）という名で呼ばれている。

孔子の教えである儒教は、厳密には宗教ではない。しかし、超自然的な複雑さには欠けていても、道徳的な教えと文化的影響の面でそれを補って余りあるものがあった。孔子は「天」について語ったが、その自然界あるいは超自然界での起源には言及しなかった。彼はまた「自分がされたくないことは人にしてはいけない」という、いわゆる黄金律（の否定形版）を最初に唱えた人物でもあった。どのように呼ばれるにせよ、孔子の思想は甚大な影響を及ぼした。英国の著名な歴史家ジョゼフ・ニーダムによると、中国は二千年にわたってひとつの党、すなわち「孔子党」に支配されていたのだという(2)。

何百年もの年月を超え、多くの言語に翻訳される古代の知恵がみなそうであるように、儒教にもそれぞれの時代に即して解釈できる要素があるが、いっぽうで時代にかかわらず一貫している強力なテーマもいくつかある。儒教は「仁（人間愛）」を重視するが、これは彼の教えがもともと政治に関する見解から生まれたものであることを考えると、いっそう意義深いものになる。孔子はとくに国は家族のようであるべきだと唱えたが、そこには家族主義の良い意味と悪い意味がすべて含まれていた。

古代ギリシャのプラトンのように、孔子は美徳と正義を強調した。『スタンフォード哲学百科事典』によると、儒教の美徳とは「物理的な力に頼ることなく信奉者を獲得する、一種の道徳的な力[3]」だという。正義を重視することは、キリスト教の教えの多くがそうであるように、一般に貪欲だとされている貿易業者や商人、銀行家の行動とまったく対照的である。農業は尊いが商業はそうではないというのは、どの文化にも広まっていた道徳的なテーマだったようだ。

儒教の本質的な教えのひとつに、「道徳的な手本を通じて発揮されるリーダーシップは法律を通じて発揮されるものよりも優れている」というものがある。この原則は、経済成長の基盤としての〝法の支配〟の重要性に関する現在の社会通念とは逆であるが、中国王朝にとってはきわめて有益であり、中国の制度の発展をもたらした。この原則は行政を担当する官僚制の必要性と矛盾するものではなく、むしろ官僚が道徳や主観的判断を意思決定の指針にすることを意味していた。

フランシス・フクヤマが著書『政治の起源』で述べたように、中国の政治はインドや西洋の民主主義の伝統に比べて、優れているところも劣っているところもある形で発展した。実力主義は孔子が行動指針として重視した重要な原則であり、縁故主義や腐敗に傾きがちな人間の性向を正す役割をしばしば果たした。才能ある若者が国の官僚になるための試験制度（科挙）が始まったのは漢時代（紀元前二〇六年〜紀元二二〇年）だったが、大衆にその門戸が完全に開かれたのは、それから千百年あまり後の鄭和の時代のことだった。試験の内容は時代によって変化した。経済学者のウィリアム・ボーモルは、科挙は基本的に書道や機械的暗記といった非実用的な分野を重視するしくみになっていたと指摘し、こう述べている。「言いかえれば、帝政期の中国における経済活動の『ゲームのルール』として一般化していたのは、競争的・生産的な行動を通じて富や地位を得ることを強く嫌悪することだったようだ」。それは実力主義ではあったが、生産的であることが評価されるものではなかった。ボーモルはさらに、宋時代の科挙がいかに難関で回数の少ない試験だったかについてこう記している。「（三年おきの科挙に）合格するのは全国で数百人にすぎなかった[4]」。

また、フクヤマは、中国には博愛的なトップダウン型の官僚制があったために、「法の支配や政治的説明責任のメカニズムが生じることは一度もなかった」と記している。国のほかに法人的な主体はなく、独立的な都市もなかった。この点は重要である。法人制度、すなわち個人責任の限定は西洋諸国の成長の要となる制度だった。法人の保護のもとで起業家は解放され、より多くの経済的リスクを取り、資源をプールするいっぽうで法人資産に対するみずからの無形の権利を守れるようになった。しかし、この考え方は、王国のあらゆる資産は王のものとされている制度では成り立たない。法人とは利益分配の範囲を家族以外に広げるものである。このことは、中国文化で家族の力が過大評価されている理由かもしれない。さらに、法人の存在によって革新や競争が可能になり、個人破産をともなわない事業の失敗が通常化することは、起業家精神が生まれるもうひとつのカギである。商業のこうした要素が法律で保障されていなかったことを考えれば、中国の偉大な発明に対する民間投資がなかったこと、とくに（ボーモルの言葉を借りれば）生産技術が「職人の仕事場から工場へ[5]」シフトしなかったことに意外性はない。

孔子は斉の君主から優れた統治の原則を説明してほしいと言われて、こう答えたという。「良き政府は支配者が支配者として、大臣が大臣として、父親が父親として、息子が息子として存在しているところに成立する[6]」。孔子は民を愛するという第一の責務を果たさない支配者を軽蔑していたことから、これを人の能力を求めた言葉として解釈することもできるが、固定的な階層社会を肯定する恐ろしい言葉とも受け取れる。「誰もが立場をわきまえるべきである」という考え方は、制度的実験や革新、発展の真逆にあるものだ。

中国の帝政の場合、統治はつねに階層的に管理され、「県」制度のもとで地域住民が「中央の代理人」である県や町の長を任命していた。また、宮廷ではライバル関係にある各集団が皇帝の関心を引こうと争い合っていた。漢の王朝がたどった運命を考えてみよう。漢では皇帝への影響力をめぐって、名門一族、軍当局者、官吏である学者・官僚集団、宮廷の宦官という四つの主要な対立勢力が争っていた。漢時代には経済が大きく進化し、紀元前二世紀に鋳造された硬貨はその後七百年以上にわたって貨幣取引上の標準になった。しかし、宮廷内の陰謀によって国は不安定化し、一八九年には霊帝の死後に宦官が虐殺された。その後、首都の混乱は各地域での軍閥主義の成立に直結し、中央統制のもろさが露呈した。

「変化」だけは変わらなかった

中国はとくに難しいケース・スタディーである。異邦人に一度ならず何度も軍事的に征服された国として、歴史上中国ほど明らかな例が他にあるだろうか。長期間かけてゆっくりと衰退したローマとは異なり、中国の歴史は軍事的な失敗が帝国の衰退の主因か、少なくとも経済と同等の要因であることを強力に裏づけているように見える。

西暦元年以降に中国を支配した王朝の数はおよそ十二にのぼる。一九一二年に帝政が終結して中華民国が成立したときと同様に、一九四九年には毛沢東率いる共産主義者が武力で中華民国を駆逐した。清王朝は一六四四年に明に取って代わり、明は一三六八年にモンゴル人の侵略者による王朝（元）から中国を取り返した。そしてもちろん、フビライ・ハーン率いるモンゴルは十三世紀後半に分裂した金と宋を倒して中国を征服した。こうした王朝交代のリストはさらに続く。

このような軍事的侵略の歴史があったとはいえ、著者らは中国の歴史をもっともよく説明する要因はやはり経済だと考える。中国の王朝を中国そのものと混同してはならない。中国という大国、すなわちその文化と制度は、国を統治する王朝が替わっても生き残り、発展さえしたのだ。では、中国の支配者の承継はローマの多くの皇帝たちのそれとは大きく異なっていたのだろうか。中国では、儒教と首都の宮城が歴代の支配者を呑みこんで彼らを変えたのであり、その逆は起きなかったのである。この中国文化の堅固さは、上に立つ王朝が替わっても大きな国力が維持された要因であるとともに、のちに中国が経済的革新に柔軟に対応できず、そうした改革がなかなか進まなかったことの原因でもある。中国という帝国自体は、ローマ帝国と同様に一度しか滅びなかった。両者の違いは、ローマは衰退して滅亡したが、中国は永遠の静止状態に陥ったことである。

軍事的失敗を衰退の原因とする説に欠陥があるのは、それが物事の表面しか見ていないからである。中国王朝の移り変わりをよく調べてみれば、どの王朝も経済的不均衡によって軍事的に弱体化したことがわかる。モンゴル系の支配者の力、とくにチンギス・ハーンが発揮した力は、軍事力は経済的基盤の上に成り立つという考えを強化するものである。『エコノミスト』誌が主張するように、チンギスは「グローバル化を創始したと言ってよい」のだ。[7]彼は朝鮮からシリアにいたる交易路を確立するという明確な目標を掲げ、領土内の域内関税を撤廃した。さらに、モンゴル系の王朝は交易商人にも庶民にも等しく公共の場での安全を保障した。著名な伝記作家のジャック・ウェザーフォードはこう述べている。「この時代には、若い女性が金《きん》の入った瓶を頭にのせてモンゴル帝国の長い国境のどこを越えてやってきたとしても、決して危害を加えられなかったという」[8]。

中国の王朝はたいてい、みずから招いた経済危機の結果として衰亡したが、もっとも多かったのは中央集権化した官僚制の高いコストが仇になるケースだった。中国国内が遮るものの少ない広々とした土地だったことの大きな利点は、ヨーロッパや南アジア、中東、南北アメリカなどに比べて、はるかに容易に大きな国をまとめられたことである。後者の各地域では、ヨーロッパの中心にあるアルプス山脈など、自然の厚い障壁があった。しかし、統一が容易だったことは中国の弱点にもなった。比較のための情報のフィードバックがほとんどなくなり、物事が進歩するかどうかがひとりの支配者の気分次第になってしまったのだ。「中国では九六〇年以降、国内の政治主体のあいだでヨーロッパ型の争いが起きることはまれになった」とジョエル・モキアは説明する。「政治的競争がなくなったからといって技術進歩が止まることはなかったが、ひとりの意思決定者が技術進歩に致命的な打撃を与えるおそれは生じた」[9]。

革新と成長

ローマが西暦四〇〇〇年に何らかの方法で産業革命を成し遂げていたら、暗黒時代は訪れず、世界は恐ろしい〝進歩の中断〟に直面せずにすんだだろう。だが、そのような考えは空想にすぎない。ローマ社会は当時としては驚くべき文明だったが、他の多くの要因によって、マルサスの罠を克服するような技術の飛躍は困難になっていた。ローマ帝国が要塞化したそれぞれの町に分裂していったのは悲劇であり、また恩恵でもあった。悲劇は退行的な貧困が千年にわたって続いたことであり、恩恵は帝国の分裂によって競争が避けられなくなったことで、イングランドとフランス、フィレンツェとウィーンなどはその競争関係の例である。いっぽう、中国はアジア大陸をある程度支配していたため、ヨーロッパのような国家間の競争関係を経験しなかった。

しかし、ローマ帝国とは異なり、中国には農耕社会から産業社会への技術的飛躍を遂げる真の可能性があった。英国ではなく中国こそが産業革命を主導できたし、そうなるはずだったと考える人は多い。アンガス・マディソンは、西暦四〇〇〜一〇〇〇年における中国の人口一人あたりのGDPは年間四百五十ドルだったと推定し、これは当時の西欧より三十パーセントあまり高い水準だったとしている。中国は経済的に優位にあったおかげで所得水準も着実に上昇し、一三〇〇年には平均で年間六百ドルに達したと推定されている。その後、中国の所得水準は五百年にわたって上昇も低下もしなくなった。中国で所得が世界の他の地域よりも比較的高かった理由は、商業が広範囲にわたって平和的に営まれていたことだけではない。それはひとつの柱ではあったが、中国には独自の技術も存在していたのである。

西暦一〇五年には蔡倫《さいりん》という中国宮廷の宦官が紙を発明したとされているが、そのはるか前に紙はすでに中国で発明されていた証拠がある（その後おそらく再発明されたのだろう）。また、一二三二年には中国で手押し車が早くも考案されていたが、これは西洋で手押し車が発明される千年前のことである。唐（六一八〜九〇七年）の時代には木版印刷が発明され、世界で初めて大衆が本を入手できるようになり、カルタや紙幣も普及した。唐時代には純粋な磁器や複雑な化学工業も登場し、一般化している。また、一〇四一〜四八年には畢昇《ひっしょう》という平民が組み換え可能な活字を発明した。

中国人は発明するのは得意だが革新者ではなかった、つまり彼らの発明は実用的な形で商品化されなかったという根強い偏見がある。さらに悪いことに、こうした偏見によって、中国人は発明品を宮廷の人々を喜ばせるためのおもちゃにすぎないと考えていたとも言われている。火薬（つまり花火）の発明はよく引き合いに出される例である。これが火器（マスケット銃や大砲）にまで進化するのは西洋に伝わったあとだったからだ。しかし、このヒューリスティックは誤りである。

中国では紀元前二五〇年という昔に、近代的なホースカラー（馬の首輪）がすでに広く使われていた。荷物運搬用の動物の首を絞めないようにするのは、とくに農業経済が支配的な社会では常識だったと思えるかもしれないが、ローマ帝国をはじめヨーロッパのどの地域でも、ホースカラーは中国で発明されてから千年後までまったく使用されなかった。歯ブラシ、傘、マッチなども中国国内で広まった便利で革新的なものである。モキアはその包括的な技術史研究において、中国で実現した世界初の重要な革新を十も列挙している。彼の記述を引用してみよう。

米の栽培法の大きな進歩は中国の農業を根本から変えた。

また、中国では紀元前二〇〇年には鉄の鋳造が知られていたが、これがヨーロッパに伝わったのは早くても十四世紀後半のことだった。中国で鋳鉄の生産がいつ始まったかは正確にはわからないが、中世期の中国における鉄の生産量が人口一人あたりで見てもヨーロッパの水準をはるかに上回っていたことは間違いない。

繊維業では、中国と西洋で十三世紀というほぼ同じ時期に糸車が登場したが（おそらく中国のほうがやや早かった）、それがより速く高度に発展したのは中国だった。[10]

マディソンが示したデータを見ると、明朝のころに中国の成長が意外にも止まったことがわかる。人口は増大したが、人口一人あたりのGDPが増えなくなったのだ。一四〇〇年代以降の中国では所得水準の変動がなくなったのに対し、西欧の生産性は一世紀ごとにゆっくりとではあるが着実に上昇した。十九世紀前半までにヨーロッパの平均所得は中国の二倍の水準に達し、そのころ始まった産業革命によってこの差はさらに加速度的に開いていった。

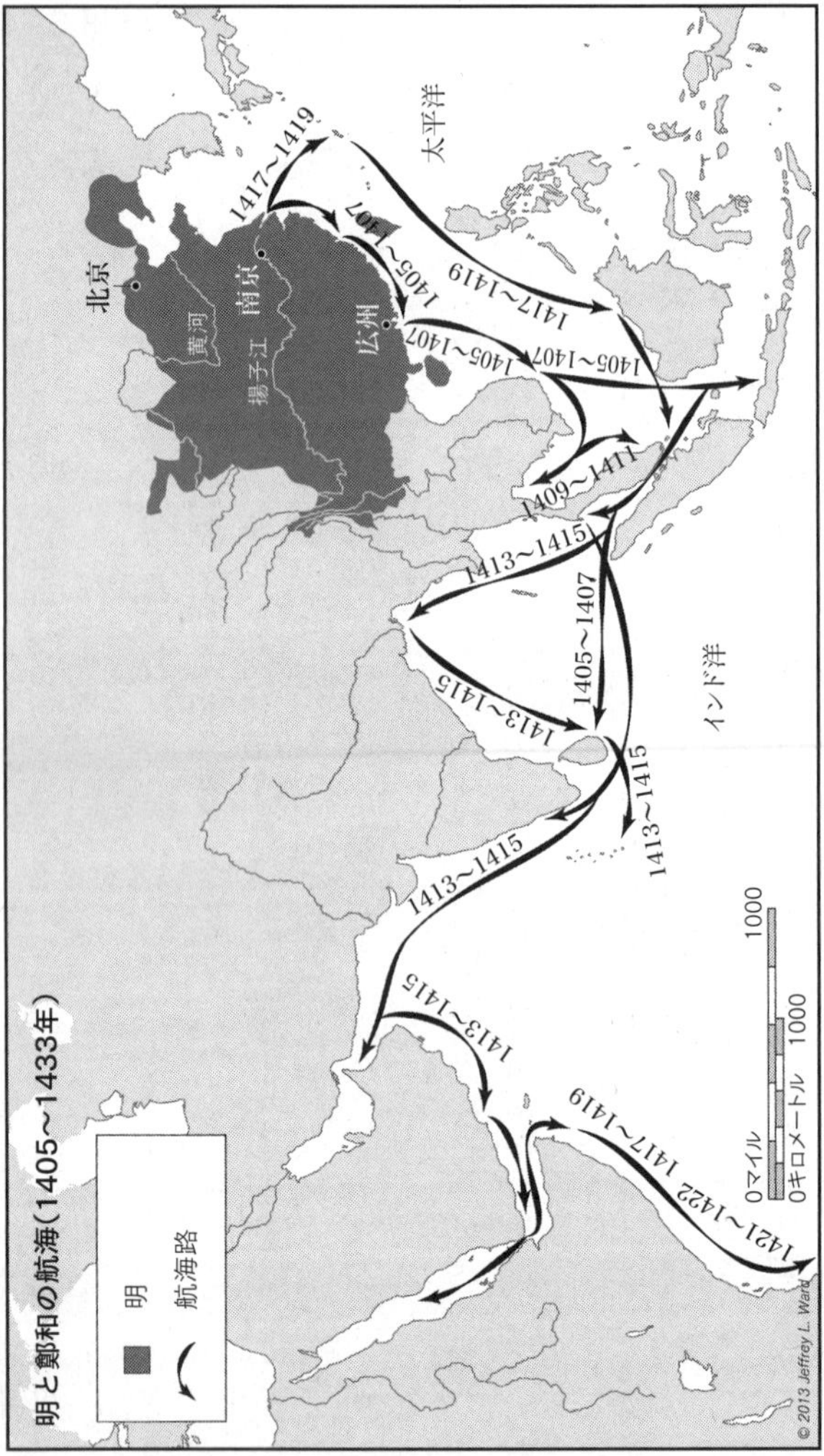

明と鄭和の航海（1405〜1433年）

なぜ中国は成長しなかったのだろうか。モキアはこう述べている。「技術史上最大の謎は、中国がその技術的優位を維持できなかったことである。一四〇〇年以前の中国では技術開発の驚くべき勢いが生じ、これは、こうした物事が測定される範囲を見るかぎりでは、ヨーロッパと同等かそれ以上の速さで進展した」[11]。この問題に関する論争は活発である。中国は西洋に比べて明らかに遅れていたとする昔ながらの主流の見方は、十九世紀の植民地時代の偏見を受け継いだものだ。しかし、これまでに概説したような、技術を研究する考古学者や歴史家の優れた業績によって、そうした主流の見解に疑問が投げかけられた。二百年前の中国は産業化した西洋よりも遅れているように見えたかもしれないが、そのせいでそれより五百年前の中国の力が目立たなくなってしまった。主流の見解と対立する別の説もあるが、それには評価すべき点はあまりない。その説とは、中国は英国で産業革命が起きるまで、西洋と同等かそれ以上の経済水準を維持していたというものだ。歴史家のケネス・ポメランツは著書『大いなる分岐（*The Great Divergence*）』でその見解を明示し、〝分岐〟は一八〇〇年以前ではなく、それ以後に起きたと主張している。東洋と西洋の分岐に関する問題は議論を呼ぶことが多いが、この見解は見当違いである。モキアの言葉を借りれば、「答えるべき第一の問題は、なぜ中国がヨーロッパとは異なっていたのかではなく、なぜ一八〇〇年当時の中国は一三〇〇年当時の中国と異なっていたのかである」。明時代の早期に何か決定的なことが起きて、中国の運命を変えたのだ。アンガス・マディソンが収集した新しいデータと著

図14　中国の経済力（1700年の英国を100％とした場合の比較）

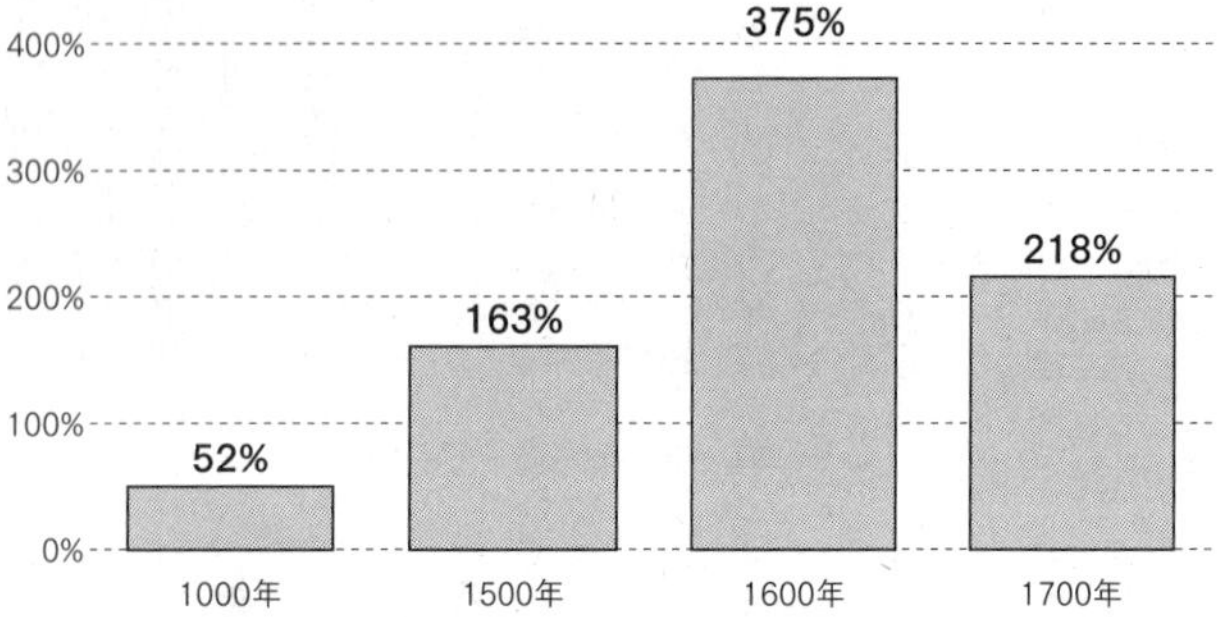

出所：グレン・ハバード、ティム・ケイン、データはアンガス・マディソン

者らによる経済力の測定法を用いてみると、転換点は自明である（図14を参照）。

宝船の真実

　中国で実現したあらゆる革新のなかで、もっとも経済的に重要だったのは造船技術だろう。東南アジアでは先史時代から操船術が日々の生活に不可欠なものであり、とくにインドネシアの一万七千の島と、フィリピンの七千の島からなるマレー諸島ではそうだった。一四〇五～三三年にかけて鄭和が七回にわたる大航海を実現する前に、帝政中国の船は太平洋やインド洋を越えた彼方にまですでに遠征しており、唐や宋はペルシャやトルコと貿易をしていた。十八世紀には中国南部の主要な港湾都市だった広州に商船局がおかれ、同局は海上貿易を監視し、それに課税した。この都市に住みついたアラブ人、インド人、ペルシャ人らは数十万人に及び、彼らはそこで何百年にもわたって活躍した。

一一三二年には宋の皇帝によって初めて海軍が創設された。それから百年とたたないうちに、この海上版の「万里の長城」は国外の敵に対する備えになっただけでなく、沿岸海域の海賊を退治して貿易を栄えさせた。歴史学者のルイーズ・リヴァシーズはその発展をこう説明している。

皇帝は船の設計の革新を促すために現金の報酬を提供し、これによってさまざまな新型の船に加え、火薬を用いた海軍用の武器も新たにつくられた。そして、十種類の外洋航行用のジャンク（海船）や十種類の戦艦をはじめ、渡し船、水タンカー、水上レストラン船、馬の輸送船、肥料の運搬船、そのほか十を超える専門用途の船などが発展した。創造性の開花とともに進取の精神も生まれた。中国の学者らは他の文化圏に対する優越的な態度を捨てて、アラブ文化やヒンズー文化で発展した航海学や地理学を研究した（後略）[12]。

チンギス・ハーンの孫のフビライ・ハーンが宋を打倒するにあたり、海戦は一般に考えられているよりも重要だったが、海戦が可能になったのは宋の商人や海軍司令官がモンゴル側に寝返ったからこそである。ヨーロッパの探検家でフビライに仕えたマルコ・ポーロは、四本のマストのある大きなジャンクを見たことを報告している。こうした巨大な海船には六十以上の個室がつくられ、貿易の長旅に出る商人たちが使用していた。ひとつの百貨店ではなく、六十の独立した店がある海上ショッピングセンターを想像してみてほしい。技術力の面では、中国のジャンクには「水密隔壁区画があり、これがヨーロッパの造船技術に採り入れられるのはそれから六百年後のことだった」[13]という。

モンゴル人が中国や他の多くの地域を支配した期間は一世紀（実際には九十七年）にすぎなかった。フビライ・ハーンは一二七一年に元朝を打ち立て、北京に新たな都を築いた。しかし、元朝は混沌としていた。皇帝がつぎつぎに替わることは不安定さの表れだったが、フビライ・ハーンの後継者らに経済的センスがもっとあれば、皇帝の交代はほとんどなかっただろう。元の国内では税金は高く、インフラは荒廃し、民族的弾圧が続いていた。元朝は崩壊したが、そのあとの王朝となった明の建国者らは、モンゴル人との戦闘で勝利したというよりも、他の競合する反乱集団に勝利したのだった。明の建国者らが決定的な勝利を収めたのは、一三六三年に中国最大の淡水湖、鄱陽湖《はようこ》でおこなわれた水上戦だった。ここで反乱軍の指導者だった朱元璋《しゅげんしょう》は二十万の兵からなる水軍を率いて、その三倍の規模を誇るライバルの漢の軍に勝利したのである。朱元璋は漢の動きの遅い密集した船団に焼き討ち船を突っ込ませる戦法をとった。一三六八年、反乱軍の統制権を握った朱元璋は、逃走する元の支配者から都の支配権を奪い取った。そして、天命によって新たに明朝を創始することを宣言し、みずから皇帝に即位した（洪武帝）。優れた戦時指導者だったが猜疑心の強かった洪武帝は、中国経済を再建に導く国内政策を実施したものの、それによって通常以上に中央集権化した支配体制の前例がつくられることになった。

現雲南省の南西部でモンゴル軍の掃討戦が繰り広げられている最中に、洪武帝の筆頭将官は馬和《まひ》という名の、ひときわ聡明だが無愛想なイスラム教徒の少年を捕らえた。この少年の父親はモンゴル軍を支援したか同軍に味方して戦ったとみられ、すでに命を落としていたことから、馬和は奴隷にされた。その数年後の一三八五年、馬和は去勢されて洪武帝の四男の朱棣《しゅてい》のもとに宦官として送られた。その後十年のうちに、馬和は朱棣に仕えるというよりも彼の友人になり、彼とともに南方での軍事作戦に赴いた。父の洪武帝の死後、朱棣は残忍な性格の甥と帝位をめぐって戦い続け、一四〇二年に明の第三代皇帝に即位した（永楽帝）。そして忠実な家来の馬和を昇進させ、鄭和という名誉ある名前を与えた。即位から一年後、永楽帝は貿易船と戦艦からなる大船団の創設を命じた。その行動が物語っているように、永楽帝は父帝による対外貿易の制限を撤廃した。

鄭和による西洋への七回の航海が注目を集めたのは、それが前例のないことだったからではなく、その艦隊がきわめて大規模だったからである。鄭和が一四〇五年に南京から最初の航海に出発したときの船団は三百十七隻のジャンクで構成され、一隻には平均九十人の船員が乗りこんでいた。そして、六〜八本のマストをもつ商船には絹や磁器、漆器などが大量に積みこまれていた。船の規模を歴史的観点から見ると、最大のジャンクの幅はコロンブスの使用した船の全長よりも長かった。

多くの歴史家は鄭和の航海を、優越性の面でコンプレックスをもった皇帝（つまり帝国）による力の誇示だったと捉えているが、この解釈は常識だけでなく考古学上の事実にも反している。これらの航海は貿易を目的とするミッションだったのだ。中国語が昔も今も婉曲的な言葉なのはたしかで、宝船から外国の支配者に貢ぎ物を贈るという言葉には、返礼の「貢ぎ物」を期待する意味もこめられていた。鄭和の航海の目的が貿易だったことの最大の証拠は、ジャーナリスト・著述家でもあるルイーズ・リヴァシーズの言葉を借りれば、「皇帝になった永楽帝が父帝の厳格な朝貢・貿易政策をただちに否定したこと」である。リヴァシーズはこう書いている。

永楽帝は民間貿易を認め、コショウや金《きん》に対する貿易規制を解除した。「中国の繁栄の源は農業のみ」という理想を支持していた儒者の顧問らにとっては不快なことに、永楽帝は外国人商人に中国の扉を開き、「四つの海に囲まれた人々はみなひとつの家族である」と語った。彼はさらにこう宣言した。「国境の柵を越えて相互貿易をおこない、国に必要なものを入手するとともに、遠隔地の人々の来訪を促そう(14)」。

鄭和は航海の目的地だったカリカットやインド西部との交易関係を強化した。さらに彼は日本との貿易も開始し（日本は元の大規模な侵攻を二回にわたって退けた）、海賊も退治した。その結果、永楽帝の支配する明朝中国はアジアで経済的覇権を握った。

中国も拡大しすぎたのだろうか。鄭和の航海は費用がかかりすぎ、財政的負担になったと主張する歴史家もいる。フクヤマは永楽帝の治世で税が三倍になったことを指摘しているが、この主張に対しては、その税はおもに運河や紫禁城の建設といった公共事業にあてられ、鄭和の艦隊だけに使われたわけではなかったと反論できる。マット・リドレーは中国に対してとくに厳しい評価を下しているが、より強く批判しているのは洪武帝の政策のほうで、彼はこう記している。「政府の許可を受けない交易や旅行をすべて禁じる、商人に商品の在庫を月に一回登録させるといったことは、経済を抑圧する方法を示す他山の石である（後略）[15]」。こうした政策は洪武帝の息子の永楽帝によって覆されたが、その後の皇帝によってまたもとに戻されてしまった。

著者らの考えでは、交易とは、経済学者の言葉で言えば〝成長の助手〟である。安全な海上交易を可能にするには多額の公共投資が必要になるが、交易で民間部門が得る利益はそれ以上に多い。とはいえ、永楽帝の時代には国家財政よりも皇帝の政治のほうに批判が集まった。儒者の官吏らは永楽帝を信用せず、その逆も同じだった。永楽帝は官吏に対し、科挙の受験資格を彼らの属する上流の家系の人々だけでなく、一般大衆にも与えるように命じた。

永楽帝がもっとも信頼した味方は鄭和のような宦官だった。いっぽうの官吏は皇帝に逆らう計略を忍耐強く推し進め、次の皇帝に対して優位に立つための下地をつくった。永楽帝の死後、機能していた政治的制度がいかにもろくなったかを考えてみよう。

永楽帝の跡を継いだ洪熙帝《こうき》は、皇帝になるとすぐに（中略）伝統的な儒者の一団で周囲を固めた。そのひとりが洪熙帝の個人教師だった銭乙で、彼は仁の精神で国を治めることの重要性を強調した。別の個人教師の楊栄は、宦官の影響力の抑制や〔東南アジアからの〕撤退を実現すべきだと考えていた。（中略）一四二四年九月七日に正式に即位した洪熙帝は、その日のうちに「宝船の航海はすべて中止する」という最初の勅令を出したが、これは彼の教師や顧問らの思想を明らかに反映したものだった。(16)

洪熙帝は即位から一年とたたないうちに死去し、帝位を継いだ彼の息子の宣徳帝は宝船に関する父の決定を覆した。宣徳帝は父に仕えた儒者の顧問団を引き続き周囲においたものの、貿易や軍事を監督していた宦官集団と、国の行政を担当していた学者・官僚集団とのあいだでバランスを保った。宣徳帝は貿易や開放政策を好み、他国を征服するための戦争は望まなかった。宣徳帝のもとで鄭和の航海はさらに十年続いたが、一四三三年に鄭和は死去し、海に葬られた。残念なことに、宣徳帝もその三年後に世を去り、次の皇帝は官吏寄りの立場をとった。探検と貿易の時代に終止符が打たれたのは、皇帝の「腹立ちまぎれ」の所業ではなく、財政上の必要性からでもなかった。それは、過度に中央集権化した政府の内部における権力闘争の結果だったのだ。

その後の経緯は興味深いものであり、不均衡によって衰退がもたらされることのケース・スタディーである。宦官と官吏による内戦に近い状況は何十年も続いた。朝貢貿易は崩壊し、比類なき明の艦隊は港で朽ち果てた。いっぽう、海岸地域の町の住民はその後も数十年にわたって対外貿易から利益を得たが、明の宮廷はその繁栄ぶりを不快で脅威をもたらすものとみなした。官吏は近視眼的で経済的知識のない官僚の常套手段をとり、潜在的なライバルの力をそぐことにした。もはや仁の政治どころではなくなったこの状況を、リヴァシーズは次のように説明している。

一五〇〇年になると三本以上のマストのある船を建造することは死にあたる罪とされ、一五二五年には海岸地域の当局者に対して、すべての外洋航行船を破壊し、そうした船で航海した商人を逮捕する権限を与える勅令が出された。一五五一年までには（中略）複数のマストのある船で航海することは、たとえ貿易目的であっても犯罪とされるようになった。過去に例を見ない世界最大の海軍は百年とたたずしてみずから滅びたのである。それはなぜなのだろうか。（中略）船乗り業や対外貿易は伝統的に宦官の管轄分野だったが、

官吏はそうした事業を廃絶することで、ライバルの力や収入のおもな源泉をなくそうとしたのである。(17)

大いなる分岐

中国人は発明者ではあるが革新者ではないという誤った見方は、ヨーロッパ人が初めて中国に進出した時代から続いてきた。イエズス会士が機械仕掛けの時計を携えて現れたことは、自国の皇帝はいつの世も天の下知ろしめす最高権威者であると考えてきた中国宮廷に衝撃を与えた。清朝は自国より優れた外国の技術を脅威に感じたに違いない。儒教では異邦人は中国人より劣っているとされていたが、中国にやってきたヨーロッパ人は大砲、灯油、工業製品、そして天文学、数学、工学などの知識をもっていた。清の人々は、ヨーロッパ人のおもちゃなど斬新でも便利でもないとしばしば公言して、このジレンマと折り合いをつけようとした。しかし、国内の争いは激化していった。宮廷内では改革を唱える声も生じたが、こうした争いに敗れた者は個人的にも損害をこうむることが多かった。

歴史家のデービッド・ランデスはこう説明する。「近代化の担い手になるはずだった人々は不安定な状況だけでなく、秩序を破壊する結果になるかどうかで革新の是非を判断する、宮廷関係者の計略にも妨害された。何らかの提案は必ず抵抗を招き、新しいものはつねに既得権益を脅かした。そして、どの階級でも、非難される（あるいはそれより悪い事態になる）ことへの恐怖心が見返りへの期待よりも大きかった」[18]。政治経済学の視点から判断すれば、このシナリオは制度的停滞の典型例である。官吏の秩序と、明確な利益集団の存在によって、清の制度はまったく硬直的になっていた。これは国家規模での損失回避や、王朝支配による集合行為の問題とも言えるが、こうした状況によって中国は弱体化し、帝国主義のヨーロッパ諸国に搾取・分断された。

十八世紀に中国を訪れた多くの人々の目にとって、この国の貧困は他に例を見ないほど深刻だった。かつて強国だった中国の人口の多さや都市の大きさは、印象的であると同時に、「マルサスの罠」を究極的に体現していた。しかし、清朝（一六四四～一九一二年）のもとで、中国人本来の革新の精神は公共財の劣化とともに衰えていった。モキアはこう記している。「清では重量単位の標準化、商法、道路、警察など、経済発展に必要な通常のインフラが整備されていなかった」[19]。

拡大しすぎたのか、内向的になったのか、あるいは他の理由か

ポール・ケネディの解釈によると、明の艦隊の崩壊は中国の内向性の象徴であり、物語の終わりを示していたという。だが、話の筋となるのは鄭和でも、清の保守性でも、中国の過

剰な拡大でもない。むしろ、中国が衰退した原因はそれらの背後にあった政治である。永楽帝の政策は中国の経済的発展の要因だったが、彼の後継者の政策が不安定だったためにこの国は衰退したのだ。

中国の特徴だった内向性はすべての原因であるとも言えるし、何の原因でもないとも言える。同国は拡大と縮小、侵攻と協力を繰り返し、他国への好奇心と軽蔑も交互に示したが、そうした話はどの大国にも当てはまる。今から五百年後に語られる米国の歴史を想像してみよう。「第二次世界大戦時に連合国軍を指揮したアイゼンハワーはヨーロッパやアジアの攻略を主導し、その指揮下でこれらの地域を強化したが、その後彼の子分たちはアジアから撤退した」といった話になるのではないだろうか。明朝中国を衰退させた真の原因は「制度の脆弱性」だった。中国人はこれを「低能な皇帝」の問題と呼んでいるが、この言葉も中央集権化の基本的な危険性を正しく表現していない。低能な皇帝は（低能な米国大統領と同様に）いつでも現れる可能性があるが、ローマの歴史と同じく、中国の歴史にも皇帝の力を抑制するしくみがない時期があった。〝善の拡大〟に寄与するために形成された帝政中国の政治制度は、各利益集団間の影響力をめぐるゼロサム型の争いに変わってしまった。この結果はローマ帝国の皇帝支配をゆがませた近衛隊の事例と同様である。

フクヤマは、「明朝中国には、近代的経済の発展に不可欠だと現在考えられている制度の大半が存在していた」[20]ことから、制度は衰退の原因ではないと結論している。しかし、この主張は正しくない。たしかにそうした制度は存在していたが、現代の中国に比べて古代中国のそれははるかに脆弱なものだった。著者らの考えでは、明の政治制度が安定的だったならば、おそらく中央集権化も実際ほど進まず、明の力の拡大は続いていたはずである。

利益集団のひとつだった官吏・学者集団は明の皇帝を内向きに変えようと画策し、短期のゲームには勝利した。彼らはそのアウタルキー（国内の経済的自給自足）政策を賢明なものだと思っていたに違いない。現代から見れば、彼らは「農民は尊く、商人はそうではない」というヒューリスティックをカルト的に信奉していたことがわかる。また、一四三六年当時は海上貿易が明の人々に豊かさをもたらしていたが、官吏による仁政の対象に富の源泉としての商業は入っていなかった。

明朝中国の発展と衰退はどちらも急速だった。永楽帝の治世は二十年、彼の孫の宣徳帝の治世は十年ほどにすぎなかった。彼らの治世のあとに国が不安定化したことでスミス型の商業は衰え、シュンペーター型の学習は顧みられず、ソロー型の投資は冷えこんだ。

指導者は仁と正義を体現すべきだという儒教の教えは正しく、これは度量の広い支配者にとっては優れた指針になるが、政治のあり方を定めるにあたっては何の役にも立たない。政治的な問題とは、〝仁と正義を体現する指導者〟を生み出す社会をいかに構築するかである。それには役人の登用試験をおこなうだけでは不充分なのだ。この問題提起は孔子という偉大な哲人を非難するものではない。孔子自身は支配者・被支配者間の社会契約を求めていたと理解できるからだ。

こんにちの中国経済は過去の帝政時代の慣習や制度の多くを捨て去っており、それを実行したのは毛沢東と、彼よりはるかに賢明だった鄧小平である。現代の一党支配の中国は安定性を重視しており、それは行き過ぎとも言えるほどだが、結果的に大きなプラス効果は生じている。中国では十五世紀には見られなかった中央の行政体制の安定が実現していて、教条的な政治変動がとつぜん起きたとしても、体制が揺らぐ可能性は減少している。しかし、いまだに中国経済は各地域の連合経済ではなく中央統制経済であり、この特徴によって制度的発展の可能性は低くなっている。二十一世紀において中国はさらなる成長を遂げようとしているが、開放的な政治制度がない状態でどこまで成長できるかは謎である。この問題は歴史を振り返ってみても解決できないため、いずれ答えが出るのを待つしかないだろう。

衰退の概要

大国	帝政期の中国
転換点	十五世紀
経済的不均衡	対外貿易の大幅な縮小
政治的な原因	中央集権的な統治、独裁的な政策立案、官僚の内部分裂
行動面での機能不全	ゼロサム型思考に陥った官僚による損失回避、商人・利得・外国の知識を敵視するアイデンティティー面でのヒューリスティック、経済成長にとっての貿易の重要性に関する無知

第6章　スペインの落日

私は別世界をわが国の王と女王の権威のもとに移した。この別世界によって、貧しい国と思われてきたスペインはもっとも豊かな国になろうとしている。

——クリストファー・コロンブス、一五〇〇年十月に書かれたドニャ・フアナ・デル・トーレスへの手紙より

スペイン帝国（一四六九～一八九八年）は史上最悪の帝国だった。それは、スペイン帝国はその植民地をもっとも過酷な形で搾取したとか、征服地の先住民の扱いがもっともおぞましいものだった、または同帝国がもっとも好戦的な国だったなどという意味ではない。そうした不名誉な評価に値する大国は、ポルトガル、フランス、オランダ、英国など、同時代のヨーロッパの国々をはじめとして他にもある。非人道的な恐ろしさという面では古代の人々もひけはとらない。エジプト人、アステカ族、フン族……そうした面で誰が一番の悪者だったとは決められないものだ。

スペイン帝国が最悪だったのは、支配的な立場に立ち損ねた面である。スペインほど経済的に繁栄する、あるいは世界を主導する可能性を体現した国はなかった。スペインは大きな力を手にしたが、それを生産性や繁栄にどう結びつけるべきかをまったく理解していなかった。歴史家のヘンリー・ケイメンはこう書いている。「あれほど未熟だった国が、なぜ一度も豊かにならないまま『衰退』したのかを理解するのは難しい」[1]。最終的に反面教師的な事例になってしまったために、勇気や高潔さが示されたスペインの輝かしい時期までかすんでしまうのは、じつに残念なことである。

一四九二年にスペインの支援を受けたコロンブスが米大陸を発見して以来、銀の流入によってスペインは豊かになり、新たに統一されたこの王国に予期せぬ経済力をもたらした。ところが、その百年後にスペイン王室は二回にわたって破産を宣言し、十七世紀には破産宣言の回数がそれをはるかに上回った。非情な重商主義によって国庫が大量の銀で埋めつくされるいっぽう、国民の生産性や長期的な生活水準は改善されないままだった。近代的な科学や技術、革新がなかったスペインは相対的にも絶対的にも立ち後れていた。こうした同国の歴史に異議は唱えられていない。スペイン帝国の発展と衰退の事実に関して広く合意が成立しているのは次の各事項である。

一、スペインの大国としての成長基盤は経済、とくに新大陸の富の発見だった。一連の幸運な政略結婚によってヨーロッパの本来ばらばらだった多くの土地が統合され、スペインも台頭のチャンスを得た。十六〜十七世紀には米大陸の銀がスペインの陸海軍を支える資金になった。

二、スペインは資本主義的な発展を軽視していた。国内の多数の商人を意図的に敵視し、何千人ものユダヤ人や非カトリック教徒の国民を国外へ追放した。

三、スペインは財政不均衡によって何度も債務不履行に陥った。十七世紀末までには大きな紛争のほとんどに敗れ、ポルトガルの支配権やオランダを失い、その財政的信用も失墜した。こうして同国は世界の覇権国から二流の国民国家に急速に転落した。

本書のケース・スタディーのひとつにスペインを加えたのは、著者らの不均衡の理論に対するもっとも強力な反例に見えるかもしれないと考えたからである。著者らの説を批判する人々は、スペインの衰退の理由として、フランスをはじめとする強国との絶え間ない無謀な戦争を挙げるだろう。それは北海沿岸低地帯（現在のベルギー・オランダ・ルクセンブルクにあたる地域）の国々が独立のために戦った八十年戦争（一五六八〜一六四八年）、およびヨーロッパ全土を巻きこんだプロテスタントとカトリックの信徒による血みどろの争いである三十年戦争（一六一八～四八年）の暗黒面である。したがって、批判者らは「スペインは一五〇〇年代前半にメキシコとペルーで銀が発見されたことで豊かになったとしても、戦争によって貧しくなってしまったのだ」と主張するだろう。スペインの異端審問が非カトリック教徒に不寛容だったことや、各地に散在するハプスブルク家の多数の領地に統一性がなかったという要因もある。それでも不均衡が衰退の原因なのかと問われれば、答えはイエスである。それは経済的不均衡ではないが、経済的側面はわれわれの理論の半分にすぎない。著者らを批判する人々は、われわれの政治的機能不全の理論をとりわけ軽視するだろう。だがケイメン風に言えば、スペインの君主制絶対主義には何らの発展もなく、したがって〝発展が止まる〟こともなかったのだ。スペイン帝国は好戦的・搾取的なヨーロッパの帝国のまさに典型例だったと考えられる。

十六世紀のスペインの（地理的）成長

スペインの国民国家が形成されたのは、カスティーリャと呼ばれていた大西洋沿岸北部を含む王国のイサベル王女（のちのカスティーリャ女王）が、アラゴンのフェルナンド王子（のちのアラゴン王）と結婚したことによる。アラゴンは地中海沿岸南部とイタリアの一部にまたがる王国だった。この二人が一四六九年に結婚し、のちに両国が一体化したことで、スペインを百年以上脅かしてきた陰謀の動きが最終的に消滅した。フェルナンドとイサベルが誕生したばかりのスペイン帝国を統治していた時期に、クリストファー・コロンブスは彼らの宮廷を訪れ、大西洋の地図の西端を越えて、新たな土地を発見する航海に出るという彼の夢への投資を依頼した。

その次の十六世紀に、スペインは（少なくとも地理的拡大の面では）劇的に成長した。一五〇四年にイサベルが死去すると、彼女の娘のファアナ王女がカスティーリャ女王に即位し、一五一六年にフェルナンドが死去するとファアナはアラゴンの王位にもついた。ファアナがハプスブルク家の若きフィリップ（フェリペ一世）と結婚すると、北海沿岸低地帯からブルゴーニュにかけての彼の領地とスペインが融合された。一五〇六年にフィリップが没すると、ファアナは息子のカルロス一世とともに、その後五十年にわたって最高統治者として君臨した。カルロス一世は神聖ローマ帝国の皇帝にも即位し、カール五世と呼ばれた。彼の息子のフェリペ二世は、一五五六〜九八年というスペインの国力が最大化した時期にスペインを支配した。十六世紀のこの黄金時代に、スペインは「日の沈まぬ王国」と称されるほどになった。こんにち、この言葉は英国を指したものと勘違いされているが、英国はこの称号を得た二つ目の大国である。スペインは既知のあらゆる大陸に散らばる領土を統治し、イベリア半島全土、オランダとイタリアの主要地域、ハンガリー、南北アメリカの半分、フィリピン（これはフェリペ二世の名前にちなんだ国名である）、西アフリカ・東アフリカ・インドの各海岸に点在するポルトガルが開発した貿易港、およびマラッカやマカオなどを支配した。

ポール・ケネディは、スペインはヨーロッパの覇権を「あと一歩で」握るところだったという見解を示し、これは歴史家のあいだでも一般化しているようである。一五八八年にスペインの無敵艦隊が英国を打ち負かしていたら、ヨーロッパ諸国のパワーバランスは決定的なものになっていただろう。ポルトガルが考え得る最悪の時期（一六四〇年）に反乱を起こしていなかったら、スペインは公に宣戦布告したフランスとの戦争に勝っていたのではないだろうか。実際には国が脆弱だったせいで、スペインは敵対するフランスとの戦いに全力を注ぐため、一六四八年にオランダの完全独立を認めざるを得なくなった。もしスペインの海軍や陸軍の指揮官が、あるいはただの歩兵が、もっと有能であればどうなっていたか――それは誰にもわからない。

百五十年にわたって続いた戦争は、人的被害と財政の両面でスペインに深刻な打撃を与えた。ポール・ケネディは、「増大し続ける戦争のコスト」によってスペインの脆弱さがあらわになったと主張する。この時代に軍事が抜本的に変化したため、生データが示す戦場の兵士の数が増えたことはたしかである。新しい種類の武器や戦術が登場して、長年の騎士中心の戦い方が廃れ、大規模な歩兵隊を編成する民衆中心の戦闘形式が優位になった。カルロス一世は、一五二〇年代にイタリアのスペイン領土に対するフランスの侵攻を撃退したときには三万の兵員しか動員しなかったが、一五三〇年代には六万、一五五〇年代になると十五万を超える大軍を指揮した。その後の八十年間でスペイン軍の兵員数は倍増して三十万人に達したが、一六四〇年代になるとその数は十万人まで激減した。[2] スペインでは兵士以外の一般市民の数も減少し、とくにカスティーリャでの減少が著しかった。その最大の原因は戦争だが、民間経済の圧迫や宗教的差別も大きな要因だった。経済史家のアール・J・ハミルトンが一九三八年に発表した影響力ある論文では、十七世紀にスペインの人口は二十五パーセント減少したが、そのうち戦争による減少はほとんどなかったことが解説されている。経済的な理由による移住によってイベリア半島は空洞化してしまったのだ。ハミルトンはこう述べている。「人口調査が実施された一五九四年と一六九四年のあいだに、製造業が栄えていたあらゆる都市で人口が壊滅的なほど減少した。たとえば、バリャドリード、トレド、セゴビアといった都市では住民が半分以下まで減ってしまった[3]」。

一六五九年にフェリペ四世とフランスのルイ十四世がピレネー条約に合意したころには、スペインが大国になる夢はとっくに消え去っていた。フェリペ四世は、まだ彼の統制が及んでいた王国内のあちこちで発生していた反乱に対処しなければならなかった。ケネディは、「そもそも戦略として帝国を過剰に拡大してしまったことの、いわば〝つけを払う〟ことになった[4]」と推論するが、この結論自体が拡大解釈であり、スペインに関するケネディの他の多くの見解と矛盾しているように思われる。カルロス一世が一五一九年当時のパワーバランスを謙虚に受け入れていたら、すべては丸く収まったのだろうか。そうではない。ヨーロッパの

ハプスブルク朝スペイン帝国の最大領域

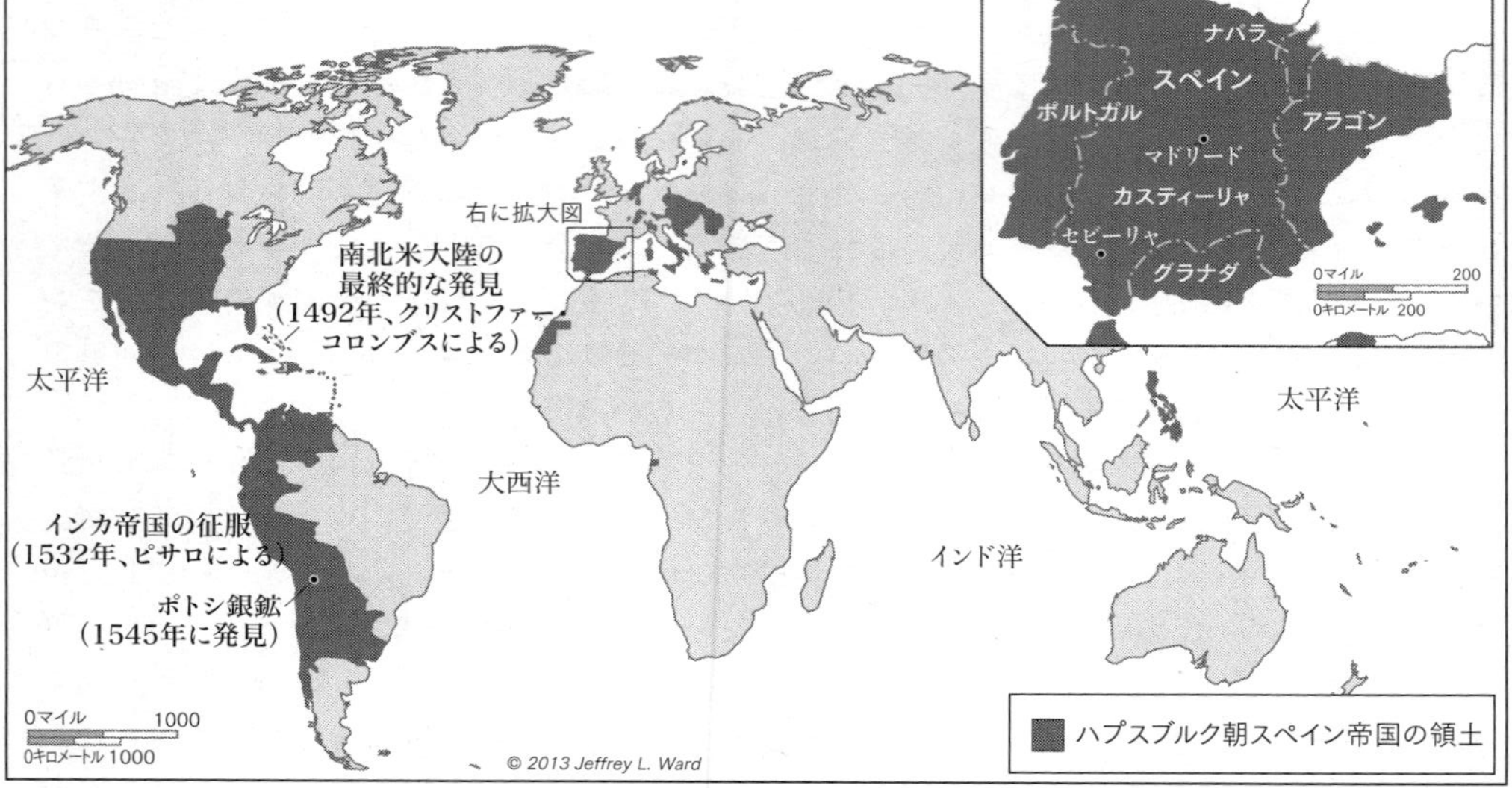

国民国家は根の深い競争のさなかにあり、軍事的競争はその一部にすぎなかった。プロイセンの偉大な戦略家だったカール・フォン・クラウゼヴィッツは、戦争は「政治的でない手段による政治の延長」であると言い切った。著者らもこれに同意する。あらゆる陣営で恐ろしいほど人命が失われたのは間違いないが、それらすべての背景にあったのは経済的競争であり、こちらのほうが最終的な結果にとってはよほど重要だったのだ。絶え間ない戦争がオランダや英国を疲弊させなかったのはなぜだろうか。フランスはスペインと同様に、一五五七年に破産を宣言した。英国でも軍事費が国家予算の九割を占めていたが、そうした英国やオランダはさらに力を強めていったのである。

超大国まであと一歩だったスペイン

では、軍事的に拡大しすぎたことだけが原因ではないのなら、スペインはなぜ衰退したと考えられるのだろうか。それは無知のせいである。まず、一四九二年にはまだ具体的な経済理論は存在していなかった。この時期はアダム・スミスの時代の三百年前、またウィリアム・ペティの時代の二百年前にあたる。識字率は低く、迷信が幅をきかせ、教会が物質財よりも道徳的な善を重視することを人々に奨励していた。そして、それはヨーロッパから異教徒を追い払うこと（この時期より前の国土回復運動《レコンキスタ》）や、海の向こうの野蛮な人々に信仰を広めることで実現できるとされた。

この時代の支配者らが経済成長を理解していなかったにもかかわらず、経済成長は充分に実現していた。十六世紀には、ヨーロッパの大半の国々が過去に例を見ないほど経済的に一気に豊かになった。現代の基準から見れば成長率は低かったが、それは真の成長だった。新しい技術や作物、農法などの開発の相乗効果と、競争の激しいヨーロッパ大陸での貿易の拡大が、コロンブスによる米国の（再）発見後に世界がはるかに拡大したことと結びついたのである。アンガス・マディソンのデータによると、一五〇〇～一六〇〇年にかけて、西欧の二十九の国の人口一人あたりの年間所得の平均は、七百七十一ドルから八百九十ドルまで増大したという。これは十五パーセントの増大である。スペインでの同所得は六百六十一ドルから八百五十三ドルへと二十九パーセント増大し、平均より低い水準から急上昇した。同所得の増大率がスペインより高かったのは現在の英国とオランダにあたる国々だけで、同じ時期に前者は三十六パーセント、後者は八十二パーセントという驚くべき増大率を記録している。

十七世紀の経済成長の様相はまったく異なっている。図15を見ると、一六〇〇～一七〇〇年にかけてスペインとフランスの人口一人あたりGDPは頭打ちになり、英国やオランダのそれとは明らかに対照的であることがわかる。ここでは一部の国々がマルサスの罠を抜け出し、他国より抜きん出たことが示されている。

図15　1500〜1700年にかけてのヨーロッパ諸国の所得水準
（1990年のドルベースによる1日あたりの人口1人あたりGDP）

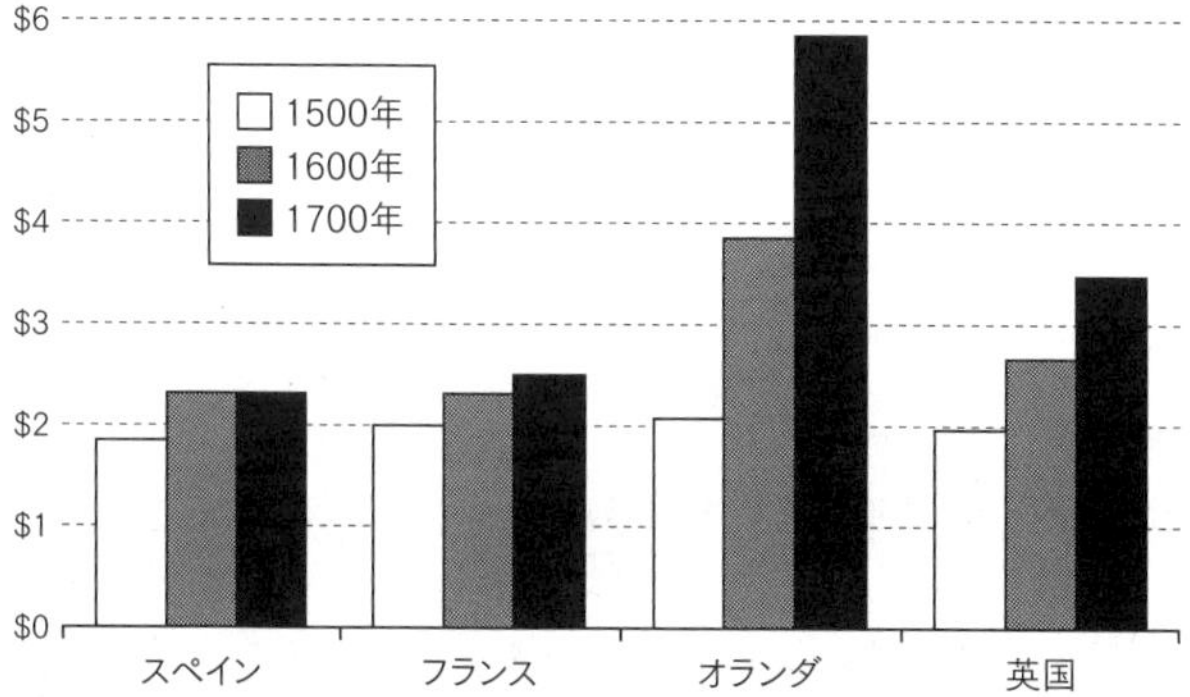

出所：アンガス・マディソン、The World Economy

著者らの経済力測定法（ＧＤＰ、人口一人あたりＧＤＰ、ＧＤＰ成長率を組み合わせたもの）を用いた結果が次の表４であり、これはさらに大きな対比を示している。スペインの経済力が一六〇〇年以降低下したのに対し、英国の経済力は二倍、オランダはほぼ二・五倍に上昇した。相対的に見ると、スペインは一六〇〇年にはほとんど競争力を失っていたと言えるが、この表の数字はスペイン帝国全体ではなく、イベリア半島のスペインのみに関するものであることに注意してほしい。

　米大陸に新たな領土を得たスペインは、ヨーロッパ諸国の国力をすべて総合したのに匹敵する力をもつ王国の建設を夢見ていた。スペインがその植民地を違うやり方で統治していたら、すなわち搾取や奴隷制をなくし、商

表4　1600〜1700年にかけてのヨーロッパ諸国の経済力
経済力＝GDP×人口1人あたりのGDP×GDP成長率$^{1/2}$

	1600年	1700年
スペイン	40	29
フランス	78	85
オランダ	29	71
英国	51	102

図16　1600〜1700年にかけてのヨーロッパ諸国の経済力
（世界一の国と比較した比率）

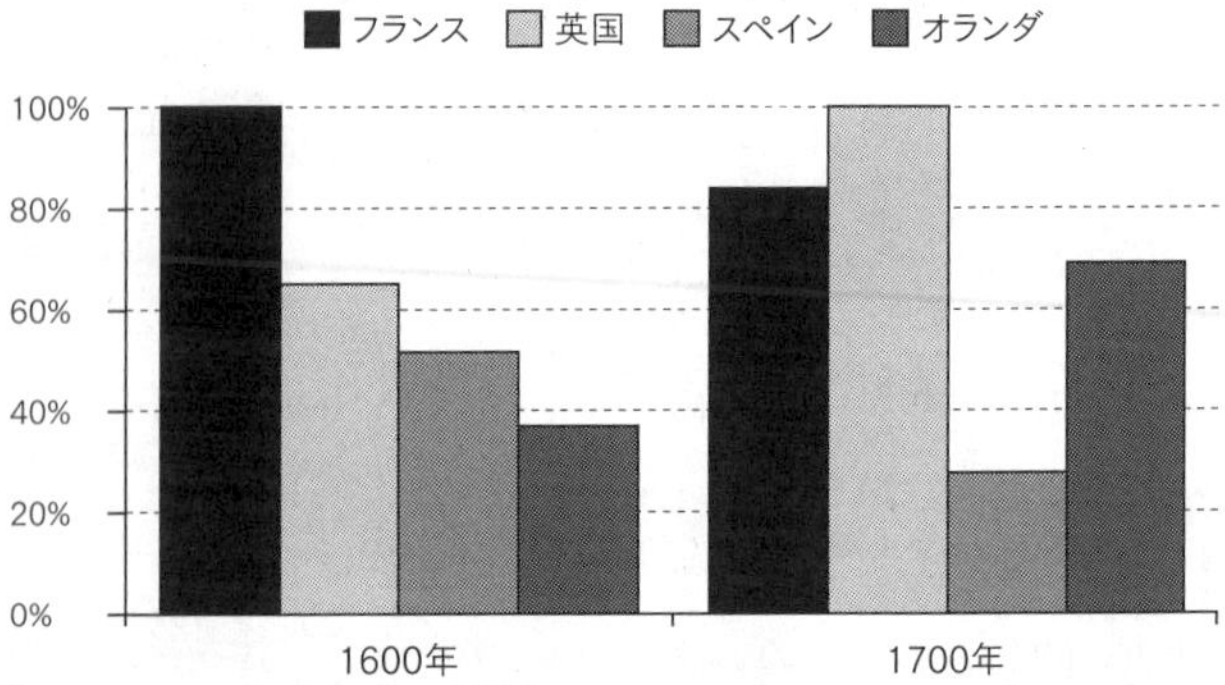

出所：グレン・ハバード、ティム・ケイン、データはアンガス・マディソン

品になるものを狂ったように奪い取るのをやめていれば、メキシコ、ブラジル、アルゼンチン、さらには米国などの国々が成立するかわりに、〝ニュー・スペイン〟が実現していただろう。ところが、スペインの国王たちは宗教戦争を始めてしまった。彼らは軍隊を通商ではなく権力の手段だと考えていた。さらに悪いことに、スペイン人のなかで別の選択肢があることを理解していた人々も、国王を説得することができなかった。

銀に支えられた帝国

一四九二年はクリストファー・コロンブスが米大陸を発見しただけの年ではなかった。この年はスペイン帝国にとって経済的に重要な年にもなったが、それには二つの理由がある（この二つのあいだに関連性はない）。まず、カスティーリャのカトリック教徒の軍隊はイスラム教徒からイベリア半島を取り返す戦いを八百年続けた末に、グラナダで抵抗していたイスラムのナスル朝君主を打倒した。この君主は一四九二年一月二日にフェルナンドとイサベルの軍に降伏した。さらに、この年にはスペイン国王によって同国内のユダヤ人の国外追放が決定された。これは十年以上続いてきた異端審問の一環だった。フェルナンドとイサベルは三月三十一日に悪名高いアルハンブラ勅令を発し、それから四か月とたたないうちに十五万人以上のユダヤ人が国外に追放された。国内に残ったユダヤ人はキリスト教への改宗を強制され（コンベルソ）、財産を保持することは認められたが、迫害を受ける危険性は高いままだった。

とはいえ、一四九二年はやはりコロンブスが新世界を発見した年として永久に記憶されるだろう。歴史修正主義によってこの発見の重要性は軽視されたり、のちの惨事につながったとして貶められたりしてきた。また、「発見」という言葉さえ批判を呼んでいる。すでに先住民が大勢住んでいた場所を発見したと言うのはおかしいという理屈だ。この〝発見〟を検討・説明する適切な方法は、米大陸に到達した探検家としてのコロンブスの立ち位置をひっくり返すことだろう。米大陸発見に関してコロンブスは今後も必ず最重要人物とされるだろうが、それは彼が最初ではなく最後の発見者だったからである。

コロンブスは一五〇六年にアジアを発見したと信じたまま世を去ったが、カリブ海の島々や中米南部に到達した彼の数多くの航海は悪しき前例になってしまった。それはコロンブスがイサベル女王の明確な願いに反して奴隷制度を導入したこと、そして見当違いの宝探しをしたことだった。スペイン人は馬、牛、羊、豚、サトウキビ、小麦、コーヒーといったヨーロッパの植物や動物を米大陸に持ちこみ、その社会を変えた。そしてもちろん、それまでヨーロッパで知られていなかったトウモロコシ、ジャガイモ、トマト、タバコ、チョコレート、バニラといった驚くべきものを持ち帰った。それでも、探検家たちがおもに探し求めていたのはアジアの香料や金だったため、彼らは猛烈な探索を始めた。そして見つかったのが銀だったのである。

フランシスコ・ピサロはペルーのインカ帝国をたった二十七頭の馬と百八十人の兵士で滅ぼした、もっとも悪名高いコンキスタドール（征服者）である。彼は米大陸を何度も訪れたあと、一五三〇年にインカ帝国征服の任務を帯びて出発し、その二年後にインカの皇帝アタワルパを捕らえた。インカ人はアタワルパの解放と引きかえに何十トンもの金銀の提供を申し出た。しかし、入手可能な貴金属はすでに底をついたと判断したピサロは、一五三三年夏にアタワルパを処刑し、これは歴史上もっとも恥ずべき行為のひとつになった。その十年あまり後の一五四五年、スペインのコンキスタドールらはペルーの高山地帯で世界最大の銀の主鉱脈を発見した。当時はカルロス一世の治世が最後の十年にさしかかった時期であり、ハプスブルク朝スペインはすでに超大国として頭角を現していた。

スペイン人は銀鉱脈が発見された山のふもとにポトシの町を建設した。これはすぐにスペイン帝国の最重要都市のひとつに発展し、その人口はヨーロッパの大半の都市よりも多い二十万人に達した。その後二百年のあいだに、ポトシの鉱山からは約四万五千トンの純銀がスペインに送られた。スペイン人は他にも貴金属の豊富な鉱脈を発見したが、ポトシに比肩する規模のものはメキシコのサカテカスの鉱脈だけだった。

この銀の「貿易」の中央集中化は、スペイン王室がこの幸運をどう生かしたかを示している。歴史家のニーアル・ファーガソンは近年の著書『マネーの進化史』でこう述べている。

「二回につき最大百隻の船からなる船団が、大西洋を越えて年間に百七十トンの銀を輸送し、セビリアの港に入っていた。銀の総生産量の五分の一が王室に納められ、その価値は王室の支出の四十四パーセントに相当した」。

スペインは「銀によって存続し、銀によって滅びる」という帝国の典型的イメージを確立した。スペイン帝国は銀山から銀が採れているあいだは繁栄したが、「一六二〇〜三〇年代の貴金属の輸入激減にともなう衰退を乗り切ることはできなかった」のだ。[5] 歴史家のデニス・O・フリンの主張によると、銀の増大は「カスティーリャを大国に押し上げた」が、その衰退の主因は銀の供給量そのものではなく、間接的に生じた財政の歪みだった。米大陸産の銀の「五分の一」は王室に納められ、十六世紀を通じてその量は増えたものの、同時にその価値は下がっていたのである。

カルロス一世は、彼に助言していた人々と同様に、獲得した銀が物価に及ぼすインフレ効果については無知だった。フリンは一般的な経済の論理を当時の状況に当てはめ、「銀の市場価値はその生産コストの水準まで無情にも急落した」と指摘する。これは供給と需要に関する教訓のひとつである。ある商品の供給曲線が外側へシフトすれば、その商品の価格は下がる。これはつまり、銀の価格が他のあらゆるものの価格に比べて低くなるということだ。米大陸産の銀はヨーロッパにおける「価格革命」を促した。歴史的な複合価格データによると、一五〇〇〜五〇年にかけてほぼすべての商品の価格が二倍になり、一五八五年までにさらに五十パーセント上昇した。一五八五年に銀貨一枚で買える食料や衣服の数量は、一五〇〇年当時に比べて大幅に少なくなったのである。これは、それまで三百年にわたって物価が安定していたヨーロッパの各地で感じられた変化だった。このインフレは生活水準を低下させ、とくに貧民層にとって大きな打撃になった。

スペインの宮廷がいかに困惑したかは想像に難くない。上質の銀が大量に流入して、どうしてインフレが起きるのか。ローマ帝国がインフレに苦しんだのは、デナリウス銀貨の質を下げたからではなかったのか。あるいは、銀貨の質を上げても下げてもインフレは発生するのだろうか。現在わかっている答えは、インフレの性質はそれぞれ異なるということである。ローマとスペインのいずれの例でも実体経済に変化はなく、どちらの場合も商品の名目価格が大幅に上昇した。では、一斤のパンを例に、それぞれのインフレがどう異なっていたかを考えてみよう。ローマの例では、上昇したパンの価格とは貨幣で計った価格であり、銀で計った価格ではない。銀貨の銀含有量を半分に減らせば、パン（およびあらゆる商品）の価格は二倍になる。このとき、パンと交換される実際の銀の量は変わらない。これに対し、十六世紀のスペインで起きた物価上昇はまったく異なるものだった。銀の供給過剰によって、銀自体の価値が年々下がっていたのだ。このケースでは国内の銀の量は二倍になったが、パンの量は比較的一定だった。こうして貨幣が過剰になるいっぽうで商品が過少になり、これによって市場では自然に物価が上昇したのである。

カーメン・ラインハートとケネス・ロゴフは共著『国家は破綻する』で、産業化以前の時代にインフレによって国家が債務不履行に陥った事例を二十三件示しており、そのなかでスペインは最悪ではないが最古の事例だとされている。エルナン・コルテスが現在のメキシコにあったアステカ帝国を征服した一五二一年には、スペインの物価上昇率は四十パーセントを超えていた。[6] いっぽう、米大陸産の銀がスペインにもたらした最大のものは負債だった。これは、銀行業を営むヨーロッパ各地の名家が、今後銀はさらに増えるという約束と引きかえに貸し付けたものだった。銀が港に届いたとたん、スペインは軍事行動拡大の資金としてさらに多くの銀を、もっと迅速に入手する必要に迫られた。カルロス一世はこの銀の流入を利用して、フランドルやドイツ、ポルトガルの資産家や、スペインの商人、イタリアの銀行家など、ヨーロッパ中の投資家から多額の資金を新たに借り入れた。それまでスペインが国家として負債を負ったことはなく、この新たな負債はスペインの立法機関の承認を得る必要がなかったため、国王にとってはとくに魅力的だった。この事態の成り行きは制度に関する訓話となった。行政機関の長が国家として資金を借り入れる無制限の権限をもっていると、財政は現実には必ず混乱するのだ。ラインハートとロゴフは、スペイン王室の債務支払い額は一般に歳入総額の半分にのぼっていたと指摘する。米国の債務の利払いが年間一兆ドルに及んでいたらと考えてみよう。これは二〇一〇年の利払い額の五倍に相当する金額である。

スペインが最初の債務危機に陥ったのは一五五〇年代のことだった。当時王子だったフェリペ二世は父王に宛てた手紙で、三百万ダカットにのぼる財政赤字は米大陸の銀ではカバーできないと述べている。「西インド諸島からの銀は、それを担保とする借り入れがあるため、今後数年は手に入らないままです」。債務支払い額はついに歳入を上回り、カルロス一世は一五五六年に王位を退いた。そしてその翌年にスペインは債務不履行に陥った。スペインはその三年後の一五六〇年と一五七五年にもフェリペ二世のもとで破産を宣言し、その後の国王の治世においても一六〇七年、一六二七年、一六四七年に破産を宣言した。

国家がこうも頻繁に破産を宣言できたのはどうしてなのだろうか。一五五七年の最初の宣言後は、貸し手も二度三度と金を貸すことには慎重になるはずである。その理由のひとつは、一五五七年の債務不履行は元金の支払い拒否ではなく、交渉を通じて負債を再構成するまでの支払い停止にすぎなかったことである。また、債権者の多くは帝国の臣民で、政治的影響力はあまりもっていなかったことも指摘できる。スペインが債務削減のために考案した手段とは、フロスという、特定の継続的収入（ある都市の売上税など）を担保とする固定金利の長期債の発行だった。フロスは安全な投資で、フェリペ二世のもとでこの債務が返済されないことは一度もなかったが、このフロスによって王室のいわゆる一般予算はさらに圧迫された。

スペインはポトシやサカテカスを発見していなかったら、もっと豊かになっていたかもしれない。そうした資源は災いのもとだったと主張する経済学者は多いことだろう。古典派経済学では、生産の主要な要素は土地、労働、資本であるとされる。土地にはその国のあらゆる資源、すなわち木材、鉱物、宝石、河川、安全な港、石油などが含まれる。しかし、二十世紀に実証的研究をおこなった経済学者らは、資源の豊富な国は比較的貧しくなる傾向があることに気づいた。米国という例外もあるが、日本のケースを考えてみよう。日本は天然資源の乏しい国だが、「奇跡」の経済成長の見本になった。シンガポールはさらにわかりやすい例である。湿地だらけの島でマレーシアから事実上追い出されたシンガポールは、リー・クアンユー首相のもとで繁栄するようになった。スイスやルクセンブルクが豊かなのも、石油やダイヤモンドや木材のおかげではない。いっぽう、その対極の例として、ダイヤモンドの大鉱山や油田などの資源に恵まれたアフリカの一部の国々は、貧困から抜け出せていない。同様に、ロシア、ベネズエラ、イランなどの石油の豊富な国々も、予想されたほど速くは成長できなかった。

一九七七年、『エコノミスト』誌は、オランダでの大規模な天然ガス田の発見は同国の景気拡大につながったものの、それによって他の部門、とくに製造部門の衰退が隠蔽されたことを指摘し、それを「オランダ病」と呼んだ。資源部門に外貨が流入したことで、他の部門では国内労働力に対する競争力や輸出品の競争力が低下した。スペイン帝国では資源はさらに大きな災いを呼んだ。米大陸産の銀によって増大した利益は、金融部門の発展にはつながらなかったからである。こうした利益は王室や軍隊に吸収された。[7] スペインでは軍人はどの仕事よりも威信のある、高給の職業だった。

新世界を発見し、米大陸産の銀の海上貿易を独占したスペイン帝国では、海運業が発展したと考える向きもあるだろう。だが、やがてスペインの港から商船は消えてしまった。このことはスペインが構造的にいかに不均衡だったかを象徴している。経済史家のハミルトンによると、一五八五年には「スペインの商船隊の規模はオランダの商船隊を上回るほどではなかったとしても、それに比肩するようになり、ドイツの二倍、英国やフランスの三倍になった」という。ところが、次の十七世紀にかけてスペインの船舶の総トン数はおよそ七十五パーセント縮小し、スペインの港に入る海上貿易品のほとんどは外国船で運ばれるようになった。造船については「事実上ストップした」[8]とハミルトンは述べている。

国内の状況もそれよりましとは言いがたかった。ハミルトンは、当時の経済政策を批判する声はその時代にもあったと述べ、「重税の負担」に繰り返し言及している。十七世紀を下るにつれて、「慢性的な財政不均衡が主因となって」貨幣価値の引き下げが一般化した。ハミルトンは十七世紀のスペインの経済学者を七人挙げ、こう記している。「〔彼らは〕スペインを破滅へ導く悪事の大半を非難した。それらは長子相続、死手譲渡、国民の放浪、森林伐採、聖職者の過剰、肉体労働や芸術の蔑視、節度のない施し行為、金融の混乱、過酷な課税などである」[9]。

財産権の功罪

スペイン人は、帝国が支配する土地の征服と統制を国家の主要な活動とみなした。スペインは結果的に貿易が大規模化したことのメリットを享受したと考えるのが自然だが、そうしたメリットは実際には生じなかった。金銀（とくに銀）の輸入から得られた莫大な利益は、ミクロ経済面での成長を促してもおかしくなかった。単純な例で言えば、こんにちのメキシコの人々が急に豊かになったとしたら、彼らは新たに見つけた富を投資するに違いない。どこに投資するかというと、まずは株式市場であり、ベンチャー・キャピタルに直接投資することもあるかもしれない。つまり、富は市場に回されるのだ。しかし、この想像は、スペイン帝国の時代には存在していなかった金融や商業の全体的なしくみを前提とした話である。

現代の観点から見れば、スペイン王室が対外貿易だけでなく国内交易も統制し、それに課税しようとしたのは奇妙なことである。ブルゴーニュ、カスティーリャ、ハンガリーの各地域のあいだには、カルロス一世のもとでこれらの地域が統合されたあとも、以前と同様に多くの交易障壁があった。経済学者のロビン・グリアはこう記している。「スペインはおそらく〔英国・フランスと比べると〕三か国のなかでもっとも締めつけが強く、植民地に対してスペインとの貿易しか認めない重商主義的な貿易制度を確立していた。セビリアは新大陸との貿易に従事することを認められた唯一の港だった。スペインでもっとも強力なギルドを構成していたセビリアの商人らは、西インド諸島との輸出入貿易のすべてを統制していた。また、メキシコでは国際貿易を法的に認められた港はベラクルスだけで、コンスラードと呼ばれる強力なメキシコのギルドが、ベラクルスを出入りするあらゆる商品を管理していた」[10]。

米大陸と貿易をする船すべてにセビリアへの入港を義務づけたことで、カルロス一世が課税・統制できる富裕なギルドが新設され、植民地支配権を行使する重商主義も確立した。セビリアの町は繁栄し、新世界の驚くべき品々の取引を希望する大型帆船がヨーロッパ各地からセビリアへ殺到するようになると、この町の人口は百万人にも膨れ上がった。しかし、やがて外国、とくにイタリアの港が競って新大陸貿易港の承認をスペイン国王に求めるようになり、この独占は破られた。こうしたイタリアの都市国家はスペイン王室への資金貸し付けを申し出ていた。

このような考え方、つまり政府の役割は商業活動に許可を与えることだという思想は現在も残っている。たとえば、職業の免許はレントシーキングの一般的な形態で、現在の米国人労働者の三分の一以上に影響しているという見方もある。古代でも現代でも、ある社会で政府の勅許、免許、許可、認可同業者組合などが象徴しているのは、一種の財産権である。現代の一般通念では財産権は経済発展にとって適切で必要なものとされているが、それは財産権という言葉が、「中央集権化した公私の権力からわが身を守る権利」を指す日常語になっているからにすぎない。ダグラス・ノースは財産権には望ましいものだけでなく、望ましくないものもあると述べている。

ノースはその独創的な著書『経済史の構造と変化』で、産業革命は十七世紀における財産権の構造的変化の「前ではなく後」に起きたと主張している。彼は、統合されたハプスブルク朝スペイン帝国を構成する、二つの国民国家で生じた財産権を比較した。カルロス一世の治世には、ヨーロッパ北部の北海沿岸低地帯が発展するいっぽうで、スペインは衰退した。それはこの二つの地域で財産、とくに個人所得に対する権利の概念が異なっていたからである。スペインでは、個人所得は国王が必要に応じていつでも取り上げることができるものとされた。これは、たとえば一四七〇年〜一五四〇年にかけて税収が二十二倍に増えたことの理由である。ノースの説明では、個人の豊かさが高水準に達している成功した国々では、財産権によって「生産要素をより効率的に活用するインセンティブがもたらされ、資源が独創的・革新的な活動に振り向けられた」[11]という。それによって、本章の図15や図16のような結果が生じたのである。

スペインにおける経済的権利の概念の起源は、もっとも有力で歴史の長いギルドのひとつである「メスタ」にさかのぼる。メスタは牧羊業で全国的な土地使用の独占権を与えられたが、これは王室に対する安定的な収入源の提供と引きかえに授与されたものだった。その結果として、「土地に関する有効な財産権の発展は何百年にもわたって阻害された」という。

他のギルドもメスタの例にならった。ギルドは当然ながら、競争や革新（つまり人口一人あたりのGDPの増大）を抑制する役割を果たしたのである。

オランダでは、個人の財産や商人の権利はギルドより優位とされた。十五世紀にオランダを支配したブルゴーニュ公は、ギルドの設立や交易の制限を控えた。商業活動には薄く広く課税されたが、それによって労働力の効率的な活用が妨げられることはなく、むしろそれが促進された。周知のように、労働の自由は労働生産性の上昇につながる。こうした政策は、ブルゴーニュ（およびそれに付随する北海沿岸低地帯）がカルロス一世に継承されても維持された。それは、アントワープの自由市場からはスペインのどの地域よりも多くの税収を得られるという単純な理由からだった。

一六四八年にオランダの反乱が始まると、収入を得る必要に迫られたフェリペ二世は国民の土地や財産の没収に着手し、カスティーリャの諸都市における独占的ギルドの新設を承認して、自由な商業活動をさらに制限した。貴族の称号の売却も王室の収入を増やす手段になった。貴族になれば将来の課税を免除されたため、その称号の価値は高まった。[12] また、スペインでの財産権の価値も上昇したが、そうした財産権は経済成長を阻むものだった。それらは手数料と引きかえに売却される免許、それも革新の意欲をそぐような影響をもたらす商売の免許だったのだ。十五世紀半ばに確立した経済的インセンティブによって魅力が増したのは、兵士、聖職者、植民地開拓者、ギルドのメンバーといった非生産的な職業だった。

政治的なクラウディングアウト

英国の政治哲学者だったトーマス・ホッブズは、この世のどんな力もかなわない国家の権力を「リバイアサン」という言葉で表現した。リバイアサンとは旧約聖書に出てくる言葉で、悪魔の力を表す恐ろしい生き物のことだとされている。

経済学者から見ると、大きな政府には重大な形で広範な経済活動を歪める危険性がある。まず、課税はもっとも明白で直接的な国家の介入であり、何かの目的で使用したり貯蓄したりするはずだった資金を一般市民から取り上げるものである。消費や貯蓄の減少は経済活動全体にマイナスの影響を及ぼす。ただし、国家による税収の消費や投資が、失われた民間経済活動に置き替わっているかぎりでは、純損失はない。そういう理屈もあるとはいえ、財政拡大には二次的な影響もあり、それを経済学では「クラウディングアウト」と呼んでいる。これは金利の上昇によって民間投資が阻害されることを指す専門用語である。大きな視点に立ち返り、次のことを理解しておこう。金利と投資の反比例の関係は狭義のクラウディングアウトだが、広義のクラウディングアウトは、あらゆる種類の経済的インセンティブを歪める国家の行動すべてに当てはまる。スペイン帝国の銀行部門が充分に発展しないままだったのは、スペイン王室の飽くなき借金欲が直接もたらした結果であるのは間違いないだろう。

スペインはほかにも多くの形でインセンティブを歪める罪を犯した。もっとも明確に歪んでいたのは〝才能〟の市場である。社会学者のリチャード・ラックマンは、「異端審問によって、事業活動、科学、（軍事・航海）技術の革新を目指した人々はハプスブルク帝国を立ち去り、プロテスタントのオランダや英国でその開発を活発化させた」と述べている。(13) また、推定二十万人のユダヤ人がスペインからの「締め出し《クラウドアウト》」という仕打ちを受けた。さらに、スペインの各種の政策は労働者が起業に向かわず、軍隊や政府機関に流れる原因にもなった。

著者らの説に懐疑的な人々が、「スペインは政治的に絶対主義だったため、君主から委譲されるものなど何もなかった」と結論していることを改めて考えてみよう。大国の不均衡に関する著者らの説は、「政治的衰退によって社会は経済の現状を維持するだけになり、現状を破壊する新技術を介した生産性の向上に抵抗するようになる」というものだ。ある批評家は、帝国時代のスペインは当初から経済的・政治的に立ち後れていたと主張する。たとえば、イングランドはジョン王がマグナカルタに合意した一二一五年という早い時期から、国民に個人的自由を保障する道を切り拓いてきた。イングランドでは、国民国家としてのスペインが形成される何百年も前から、比較的円滑に機能する中央集権的な王国が成立していたのである。オランダはスペインよりも経済面ではるかに発展しており、スペインとは正反対の寛容な宗教文化も生まれていた。

これらは正当な主張だが、スペインの制度的革新を見落としている。とくに看過されているのは、スペインの立法機関である議会（コルテス・ヘネラレス）である。一一八八年にレオン王国で始まったこの議会制度は、西欧では初めてのものだった。これは土地持ちの貴族の集会で、予算権限（お金の流れに対する影響力によって物事を左右する力）をもっていた。都市化が進むと、カスティーリャの国王は議会の議員にもっとも富裕な層の商人を加えるようになったが、その理由は単純で、国王の必要とする資金が田舎の貴族から提供される金だけでは足りなかったからだった。都市や地域は国にお金を納めるかわりに、独自の経済的規制を維持する法的自治権に相当するもの（フエロ）を与えられた。このフエロによって、まさに中世版の憲章都市（チャーター・シティー）が成立したのである。

ローマ帝国や古代中国といった他の大国のケース・スタディーで検討したように、経済成長の第一段階における徴税の中央集権化は、地方自治の消滅と対になっている。スペインの場合、有産階級やカスティーリャ議会の力はフェルナンドとイサベルによって弱体化された。そのころ、有産階級や議会などの有力な主体はコロンブスの航海への資金提供などには後ろ向きで、イサベル女王は彼らによって行動を制約されることに苛立ちを感じていた。王室は抵抗勢力の買収に動き、税の免除やギルドに独占権を与えるという特典で丸めこんだ。当時は貴族の議会、都市部の商人の議会というように、それぞれの階級ごとに異なる議会が存在するようになっていたため、こうした買収は容易だっただろう。カトリックの国王が予算権限を握るまで長くはかからなかった。政治学者のフランシス・フクヤマによると、従順なレントシーキングの主体と化した議会は、まもなく「国家権力に対する重大な抑制力としての機能を放棄した」(14)という。

王室が実施した課税は、周知のように抑圧的なものだったが、そうなってしまったのは不均衡の問題である。議会はみずからが徴税権をもつ制度のほうを望んでいた。エンカベサミエントというこの徴税権はイサベル女王から議会に与えられたが、彼女の孫のカルロス一世によって無効にされた。議会はこの措置を従順には受け入れず、反乱を扇動したが、それは新たに神聖ローマ皇帝にも即位した同国王によって鎮圧され、大きな犠牲を払うことになった。自治はもはやこれまでとなり、最終的に中央集権的な税制が成立したが、これは税収を最大化することにのみ敏感で、徴税が商業活動にもたらす影響には鈍感な制度だった。その結果、帝国の収入の八割はカスティーリャの住民、すなわち王室から税金をいっさい免除されない、スペイン国内のもっとも貧しい人々から取り立てられることになり、カスティーリャの諸都市はまもなく人口が激減していった。

スペイン帝国が数々の好機を逸したことに関する調査できわめて気がかりだった点は、スペインがラテンアメリカ諸国に経済成長を阻む制度を導入して(それは現在も残存している)、植民地の発展を妨害したことだけではない。もうひとつの憂慮すべき点は、十五世紀のスペイン文化の一部だった「自由市場や自由な労働力に対する規制」が、二十一世紀のスペインでも経済面を支配する文化の一部として残っていることである。ユーロ圏での近年の経済危機を考えてみよう。ユーロ圏にはオランダやドイツに加え、スペインやイタリアも含まれる。これら四か国の失業率はその負債水準よりもはるかに強く、世界銀行の報告書『ビジネス環境の現状』上のスコアと相関している（スペインのスコアは世界で四十四位、ドイツは十九位である）。ドイツの現時点での失業率は五パーセントだが、街頭で騒乱が起きているスペインでは国全体の失業率がドイツの五倍に及んでいる。そのいっぽうで明るい兆しもあり、多くのヨーロッパの人々、とくに多数のスペイン国民は現状を理解し、数百年前にカルロス一世やフェリペ二世が支持したような「安易な資金入手」による解決策に終止符を打つことを求めている。

衰退の概要

大国　スペイン帝国
転換点　一五五〇年
経済的不均衡　財政赤字と国家の破産、不適切な財産権
政治的な原因　中央集権的な君主制
行動面での機能不全　ギルドの損失回避行動の固定化、生産性向上の機会の本質に関する限定合理性

第7章 奴隷による支配

オスマン帝国のパラドックス

エジプト人には大きな秘密があり、彼らは三千年にわたってそれを忘れなかった。それは彼らが変化を恐れ、嫌悪し、可能なかぎり回避したことである。[1]

——チャールズ・ヴァン・ドーレン『知の全体史』より

古代エジプトは人類初の偉大な帝国だったが、この帝国が三千年存続したのは進歩を目指したからではなく、静止状態の維持に専念したからだった。著者らの説を裏づけるために古代エジプトに関する章を立てても、数ページで終わってしまうだろう。その内容を簡潔に、省略的な文をいくつか並べて要約すればこのようになる。「肥沃な土地と季節ごとに氾濫するナイル川を基盤とした農業にもとづく君主制。対等な力をもつ戦略的な国は他に存在しなかった。完全かつ意図的な制度的停滞。より優れた大国が登場するまで三千年にわたり存続した。カエサル万歳」。

また、インドの各地域はさまざまな帝国に何度も組み入れられた。そうした帝国の多くは強力だったが、現代のインドが成立するまでインド亜大陸に近代国家が形成されることは一度もなかった。インドに存在した帝国の多くが詳しい調査に値することはたしかである。インドの黄金時代だった西暦三〇〇～五五〇年にかけてはグプタ帝国が成立した。一五〇〇年代から一七〇〇年代にかけてはムガル帝国がインドを支配し、そのイスラム教徒の君主らはチンギス・ハーンの子孫だった。しかし、真の大国として歴史に登場したのは、他の中東の文明ではなく、オスマン・トルコとも呼ばれるオスマン帝国である。

多くのヨーロッパ人にとってオスマン帝国はイスラム教と同義である。驚くべき町イスタンブール（コンスタンティノープル）を都としたオスマン帝国は、歴史上一、二を争うほど長く続いた帝国で、一二九九～一九二二年まで六百年あまりにわたって存続した。ローマ帝国と同様に、オスマン帝国も攻撃的・侵略的な民族によって建設され、その民族の指導者の名前（オスマン）が国名の由来となった国である。ローマ帝国との違いは、オスマン率いる民族の台頭によって、ビザンツ帝国と呼ばれる旧ローマ帝国の東半分が滅ぼされたことだった。西ローマ帝国は五世紀に崩壊したが、大都市コンスタンティノープルに都をおいた東ローマ（ビザンツ）帝国はその後さらに千年存続した。一二五八年にオスマンが生まれたころには、東方から進出してきたモンゴル人が、老いたビザンツ帝国が混乱に陥っている隙にバグダードを占領していた。そして年月は流れ、気性の荒い二十三歳の戦士オスマンに率いられたトルコの一部族が、イスラム教信仰を掲げて近隣の土地を征服した。オスマン帝国の拡大を推進するにあたり、イスラム教を奉じた宗教的な情熱がどれほど重要な役割を果たしたかは強調してもしきれないほどである。

当時、オスマン帝国の騎兵隊は無類の強さを誇っており、海軍の技術も進歩したことで、同帝国はギリシャの大部分を征服した。そして、一四五三年には最終的にコンスタンティノープルを陥落させ、ローマ文明はついに終焉を迎えた。オスマン帝国は一五〇〇年代前半にはエジプトを含む東地中海も配下に収め、一五二〇～六六年にかけて同帝国を支配したスレイマン一世の治世には、拡大したその領土は古代ローマに匹敵するほどの広さに及んでいた。現代のトルコ、ギリシャ、ハンガリー、シリア、北アフリカ、黒海全体、紅海、メソポタミアからペルシャ湾までの地域がそこに含まれていたのである。オスマン帝国の経済は戦争で奪い取ったもの、すなわちダロン・アセモグルとジェームズ・ロビンソンの言葉を借りれば「収奪的」な制度にもとづいていたと言えるかもしれない。この見方は公正ではあるが、オスマン帝国の文化が征服の文化にすぎなかったとすると、イスタンブールやこの町を都とする新帝国がきわめて高度に発展したこととの説明がつかない。

十六世紀にオスマン帝国が権勢をふるっていた時期には、同帝国の民はほとんどの面で世界一文明化された人々だった。「都市は大きく、明かりが多く、排水も整備され、一部の町には大学や図書館、そして驚くほど美しいモスクがあった」とポール・ケネディは記している。「数学、地図製作、医学をはじめとする多くの科学分野や、製粉、銃身の鋳造、灯台、馬の繁殖などの面で世界をリードしていた」[2]。現代使われている数字は本来インドの発祥だが、こんにちでも「アラビア」数字と呼ばれている。この数字はオスマン帝国の巨大な文化と交易のネットワークを通じてヨーロッパに伝わった。

長く存続した帝国として、オスマン帝国はその存亡に関わる危機に何度も直面してはそれを乗り越えたが、一八〇〇年代には「ヨーロッパの病人」と言われるまでになっていた。じつのところ、第一次世界大戦におけるオスマン帝国の敗北は、何百年も続いてきた経済的衰退の最終的な結末だった。同帝国の力がごく早い時期にピークに達し（スレイマン一世の治世の一五六六年がその時期だと言ってよいだろう）、その後は細々と続くだけだったのはなぜなのだろうか。

ヨーロッパではルネサンス、宗教改革、産業革命などが起きたが、その何百年ものあいだ、オスマン帝国のスルタンはそうした文化や経済の構造的変化を目の当たりにしながら何もしなかった。一例を挙げると、進歩的に改革されたキリスト教にもとづく金融制度では高利貸しが認められるようになったが、改革されたイスラム教のもとでは高利貸しは禁止された。私的財産の不在や、一級市民と二級市民の区別があったこと（前者は税を免除されていた）、タックス・ファーミングが一般化していたことなどを先述の問いの答えとするのは、正しいけれども充分ではないと著者らは考える。最終的に問うべき問題は、一六〇〇～一八〇〇年にかけてヨーロッパの帝国が革新的になったのに対し、なぜオスマン帝国はそうならなかったのかである。

寛容と多様性

オスマン・トルコは忘れられた帝国である。この帝国は混乱していて、その基盤になった文化は脆弱だったというのが、西欧人から見た同帝国の典型的イメージである。こうした否定的な受け止め方はオスマン帝国の後期に形成されたが、これは根本的に間違っている。ヨーロッパ人はオスマン帝国が明らかに統治不能に陥った原因である、多様な文化・言語・民族の混在をとくに嘲笑する。「バルカン化」という言葉は、本来はオスマン帝国の支配が破綻したあとにバルカン半島が小規模な国々に分裂したことを指すが、現在では「政治面で希望を失い、争いや不幸を運命づけられた諸民族が混在する、解決困難な状況」を意味する。この言葉が表しているのはじつに奇妙なヒューリスティックである。それは〝多様性への敵意〟にほかならない。

実際には、初期のオスマン帝国の多様性はこの国の真髄でもあった。同帝国の無敵の騎兵隊に征服された異民族は文化的に抑圧されることはなく、それどころか従来の信仰や地域の伝統の維持を認められた。経済史家のセブケト・パムクによると、「(オスマン帝国が成功し

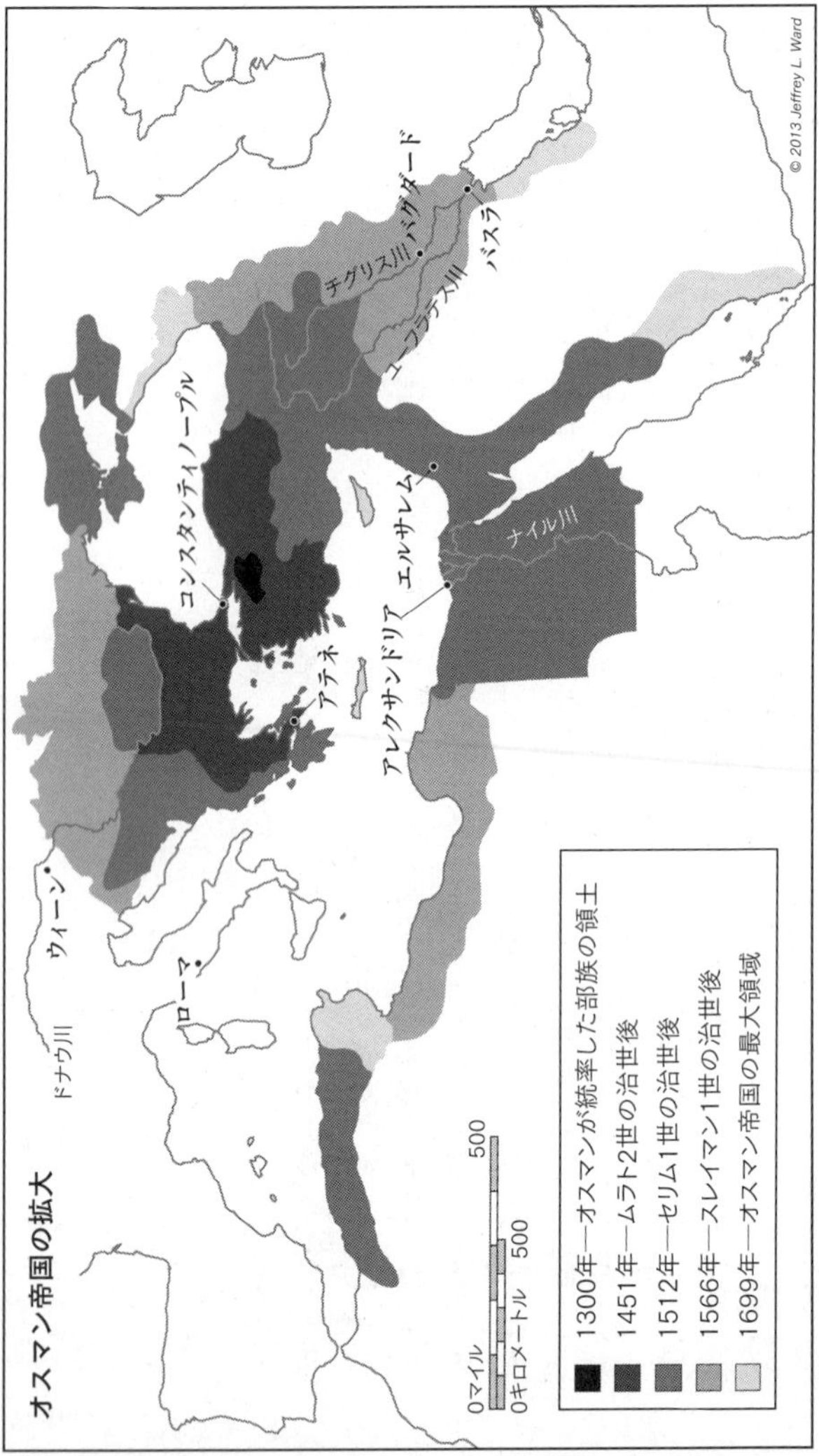
オスマン帝国の拡大
ドナウ川
ウィーン
ローマ
アテネ
コンスタンティノープル
アレクサンドリア
エルサレム
ナイル川
チグリス川
バグダード
ユーフラテス川
バスラ
0マイル 500
0キロメートル 500
1300年―オスマンが統率した部族の領土
1451年―ムラト2世の治世後
1512年―セリム1世の治世後
1566年―スレイマン1世の治世後
1699年―オスマン帝国の最大領域
© 2013 Jeffrey L. Ward

た）大きな要因は、事態に適応する、才能ある人材を活用して多方面からの忠誠を受け入れる、支援を求めて多角的にアピールする、といったことを実行する意思と能力があったこと」だという。[3] 初期のスルタンらは寛容さの見本だった。西欧で迫害されていたユダヤ人やキリスト教徒の受け入れを一四〇〇年代にはっきりと表明したことも、その寛容さの一例である。法学者のエイミー・チュアは著書『最強国の条件』で一五〇〇年代のオスマン帝国の寛容さを称賛し、移住してきたユダヤ人やキリスト教徒は居住地や職業の選択に関する制約をいっさい受けなかったことや、彼らの財産は法の支配のもとで保護されたこと、彼らはイスラム教の法廷でイスラム教徒を訴えることもできたことを指摘している。[4]

都市経済において大きな影響力をもっていた職業別ギルドには、どの宗教の信徒でも入ることができた。さらに、非トルコ系の人々は起業にも積極的で、「銀行業、造船、羊毛やタバコの生産、ぜいたく品の取引などの分野で顕著に活躍していた」という。[5] チュアの指摘によると、政府の仕事につけるのはイスラム教徒だけだったものの、オスマン帝国ではイスラム教への改宗者も生来のイスラム教徒と同等に扱われたという。これは決して些細な権利ではなく、ヨーロッパ各地でキリスト教への改宗者が不平等な扱いを受けたこととは対照的だった。

この際立った寛容さが変化するのは、一五六六年にスレイマン一世が死去し、その後サファビー朝ペルシャでイスラム教シーア派が台頭してきてからである。スレイマンのあとには十三人のスルタンが続いたが、彼らはみな「無能から愚か」までの範囲に収まる程度の人物にすぎなかったとチュアは述べている。現在でも激しく対立しているシーア派とスンニ派の分裂によって、十七世紀のオスマン帝国では国内の宗教に対する寛容の精神が薄れていった。政治学者のフランシス・フクヤマによると、正統的・保守的であることの重要性が増し、中央政府内で支配的になった文化的優越性のヒューリスティックによって、「外部からの新しいアイデアの流入が遮断された」という。(6) その後、ヨーロッパでは科学の啓蒙運動が始まったが、いっぽうのオスマン帝国の都は文化面で〝見ざる、聞かざる〟の状態に陥ってしまったのである。

しかし、オスマン帝国の柔軟性は他の面でまだ残っていた。それは統治面である。すでに解説したように、中国の制度は強固である反面、一気に崩れる危険性もあった。トルコの政治制度はその反対だったと言ってよい。つまり、脆弱だが柔軟性があったのだ。どちらの帝国も「愚かな皇帝」の問題に悩まされたが、中国はいくつもの王朝でその問題が起きたのに対し、オスマン帝国の王朝はひとつだけだった。その違いは両国の政治に表れている。オスマン帝国の統治階層を説明するには、「連邦独裁制」という言葉がぴったりである。スルタンが最高権威者であることはたしかで、オスマン帝国初期のスルタンらはみな土地持ちの貴族を根絶しようとした。中国の行政制度と同様に、オスマン帝国でも県制度が採用され、中央政府は地方長官（ベイ）を任命し、三年ごとに交代させた。この制度は土地持ちの貴族がふたたび出現するのを防ぐ役割を果たした。また、県の下におかれた郡（サンジャク）はすべて画一的に扱われたわけではなかった。アナトリア、バルカン半島、ギリシャといった都に近い地域ではもっともトルコ的な制度が敷かれたが、その他の地域の制度はもっと柔軟に設定された。政治思想家のニッコロ・マキャベリがスルタンを戴くオスマン帝国の政治の独自性を、フランスの王政と比較してどう説明したかを見てみよう。

君主制のトルコ全体を統治するのは一人の支配者であり、他の人々は彼に仕えている。この王国は各郡に分割され、君主はそれぞれの郡に行政官を送り、自身の決定によって異動させている。いっぽう、フランスの国王は昔ながらの封建君主制の中心に位置し、みずからの家臣たちによって認められ、愛されている。家臣たちもそれぞれ特権を有しており、国王でも危機時を除けばそれを剝奪することはできない。(7)

フランスとトルコの文化は対照的ではあったが、土地の権利の扱いは大国としての両国の歩みに関連する共通の問題だったようだ。オスマン帝国の土地編成の制度が、もともと軍事、経済、政治のいずれに関わるものだったかを判別することにほとんど意味はない。これらは互いに絡み合っていたからだ。ただし、別の意味で土地の所有には二つの形態があった。オスマン帝国が新たに征服した土地に導入した制度のひとつが「ティマール制」である。

ティマールとは土地の区画のことで、その大きさではなく価値がほぼ同等になるように区分されていた。この制度のもとで、スルタンは土地の所有権をもついっぽうで人々に居住権を与え、行政権を「シパーヒー」と呼ばれる騎兵に与えた。産業化前の社会では一般的なことだったが、帝国の人口の九割は農業に従事していたため、ティマールの重要性はきわめて高かった。それぞれの騎兵は各自のティマールに家族やその土地の人々とともに住み、物納で税を徴収し、それを小規模な部隊の装備や兵士の訓練の資金にしたほか、みずからの生活費の一部にもあてた。帝国全土に派遣されたシパーヒーは、周期的な戦争に備えて年に一度集まった。いっぽう、ティマールに住む地元の人々は世襲の用益権、つまり「土地を使用し、そこでつくられる農作物を保持する権利」を有していた。

シパーヒーは独特の軍事的特権階級で、彼らを一代貴族と呼ぶ人々もいる。ティマールに対するシパーヒーの立場や権利は相続可能なものではなかった。ティマールやそれ以上の規模の土地は、武勲やスルタンへの奉仕にもとづいて授与された。これはきわめて安定的な制度であり、権力の集中が進んで首都や各都市の権力中枢を脅かすことを防いだ。さらに、このシパーヒーとティマールの制度は、手柄を立てることに対するインセンティブや報酬としてつねに機能した。大半の国々で特権階級が支配的な立場にあった時代に、オスマン帝国はシパーヒー制にもとづく実力主義によって繁栄し、十五世紀の同帝国の重騎兵隊は無敵を誇った。ただし、シパーヒーになれたのは当然ながら生来のトルコ人だけであり、寛容な帝国もそこは譲歩しなかった。

イェニチェリ

スルタンに対する地方の影響力を相殺した二つ目の政治軍事的制度は、イェニチェリ軍団である。この実力主義的な制度は、十四世紀のオスマン帝国拡大期の早期に、被征服地から帝国全土に広まった。このころは同帝国が外国の優れたアイデアをもっとも積極的に受け入れていた時期だった。スルタンの政権は、エジプトのマムルークのような精鋭の近衛隊をつくることが、スルタン位の強奪を企みかねない部族・民族などの利益集団に対抗する、きわめて重要な手段だと理解していた。

デヴシルメという徴兵制のもとで、おもにバルカン半島出身のキリスト教徒で十〜二十歳の少年が五年ごとに選出され、奴隷軍人になった。こうして、きわめて屈強な若者たちが親族や故郷から引き離され、イスタンブールの都へ送られたのである。彼らはイスラム教に強制的に改宗させられてから戦士としての訓練を受け、能力があると判断された者はアスケリ階級（一級市民で「軍人」階級にあたる）の一員になった。アスケリは機能的には中国の儒者の官吏や宮廷の宦官に相当する。非イスラム教徒しかアスケリになれなかったのは奇妙に思えるかもしれないが、それはスルタンに（また内的には自分と同業の仲間だけに）すべてを捧げることを叩きこまれるという特異な点を考えれば、理にかなっている。イスラム教徒を直接奴隷にすることは容認されていなかった。アスケリの大半はイェニチェリ軍団と呼ばれる精鋭歩兵部隊に入り、その兵士の数は一五〇〇年代には二万人にのぼった。イェニチェリは制服を採用した初めての軍隊でもある。イェニチェリの兵士らは給与を現金で支払われ、帝国内では名誉ある立場にあったが、結婚は許されず、その財産はすべて軍に還元された。彼らのなかでもっとも優秀な人材は政権に登用され、行政官のトップであり首相に相当する「大宰相」という地位まで出世する者も多かった。たとえば、スレイマン一世に仕えた九人の大宰相のうち八人は非トルコ系のアスケリだった。

常備歩兵軍のイェニチェリと、非常備の騎兵軍を構成するシパーヒーという組み合わせは、数百年にわたってオスマン帝国の君主を支え続けた。このような力関係は、宗教的特権階級や都市のギルドなども含めてバランスが維持された。この均衡は、十七世紀に経済的な圧力が生じなかったらもっと長く続いていたかもしれないし、やはり必然的に崩壊したかもしれない。パムクは、経済的な利益集団（地主、商人、金融業者）の影響力はほとんどなかったと主張している。(8) 帝国内の利益集団のうち、個人としての自己利益を獲得する大きな力をもっていたものはひとつもなかったが（たとえば、イェニチェリの子はイェニチェリにはなれなかった）、階級としての利益は実現した。そして、帝政期の中国と同様に、奉仕者だった人々が年月とともに力をつけて自主的に事態を左右するようになり、〝善の拡大〟に尽くすのではなく、権力政治のゼロサム・ゲームに参戦するようになった。この不均衡は「規制」に関連するおなじみのレントシーキングの問題であり、これについてはローマ帝国の軍隊のところですでに論じた。

イェニチェリは何百年もかけてレントシーキングの主体に変わっていった。かつてスルタンの奴隷の軍隊だったイェニチェリ軍団は、最終的には事実上の支配者になり、みずからの特権を守るためにひとつの階級として力を尽くした。早くも十六世紀後半にはスルタンによってイェニチェリの結婚の禁止が解除され、それから百年とたたないうちにイェニチェリの子もイェニチェリ軍団に入ることを認められた。国内の権力バランスはスルタンに奉仕するようにたくみに設定されていたものの、オスマン帝国の政治の大きな弱点は、スルタン位の継承のルールがあいまいなことだった。権力中枢に近い権威ある存在だったイェニチェリは、やがて〝キングメーカー〟の立場に立った。彼らはまもなく宮廷でクーデターを起こし、傀儡的なスルタンを擁立して、場合によっては直接支配権をふるうようになった。

デヴシルメの制度は一六三八年に廃止された。この廃止が人道的な出来事だったのはたしかだが、これは制度的なインセンティブが変化する前触れでもあった。十八世紀になるとイェニチェリの数は十万人あまりに及んだ。その一部は商売や貿易を手がけるようになり、イェニチェリとしての役割や忠誠心はあいまいになっていった。また、十八世紀にはイェニチェリの軍事技術は時代遅れになり、もはや戦闘能力も低下していたが、彼らはみずからの軍事組織の改革や代替的軍事組織の開発などの動きをすべて圧殺した。

一七九八年のナポレオンのエジプト侵攻後、オスマン帝国では自国の相対的な脆弱さが認識され、イェニチェリ改革の機運が高まった。しかし、一八〇七年には崇敬されていたセリム三世がイェニチェリの反乱によってスルタンの位を追われ、捕らえられたのちに殺された。彼の跡を継いでスルタンになった改革派のマフムード二世は、忍耐強くなければならないことをこの反乱から学んだ。その二十年後、マフムード二世はイェニチェリではない自分の直属の軍隊が充分に強化されてから復讐を果たした。まず、イェニチェリに反乱の動きを起こさせ、それを口実に彼らの兵舎を大砲で攻撃して炎上させ、何千人ものイェニチェリを虐殺したのである。

現代から当時を振り返ると、イェニチェリ軍団の制度はオスマン帝国の中央政府における政治的停滞の主因だったことがわかる。彼らの保守性によって、軍事改革だけでなく、帝国を近代化させたかもしれないあらゆる種類の改革が妨げられてしまった。世界の他の国々に変化がなかったら、オスマン帝国ではその国内制度のおかげで、スルタンが安定的に権力を掌握する状況が何千年も続いたかもしれない。しかし、そうした内的な安定は経済のダイナミズムを犠牲にする。パムクが説明しているように、イェニチェリはまさに現状に対する経済的バイアスが拡大したことの象徴だった。「シュンペーターの唱えた創造的破壊に対立するケース・スタディー」と解釈できるこの状況について、パムクはこう述べている。「〔オスマン帝国の〕政府は雇用や生産の旧来のしくみを可能なかぎり維持しようと苦心した。政府は、商人やギルドのメンバーなどの利害関係者による資本の急速な蓄積を、既存の秩序を混乱させかねないものだと考えがちだった」[9]。

こうした保守性はおそらく自然なものだっただろう。フクヤマはそれを詳細に分析し、軍事奴隷の制度は本質的に資本主義の発展を促すものではないという、洞察力ある見解を示した。強制労働は自由市場と対立するものであり、自由市場の発展はどの国でも奴隷制の消滅と相関している。この内的矛盾がオスマン帝国で解決されなかったのは、奴隷が国を運営していたからにほかならない。

タックス・ファーミング

オスマン帝国の政治的停滞の原因は硬直したアスケリの官僚制度だったと考えられるが、同帝国の政府が直面した経済的不均衡と慢性的な財政問題は、衰退する大国に典型的に見られる特徴である。腐敗・膨張したイェニチェリに対する給与支払いのコストが重い負担だったことはたしかだが、オスマン帝国の財政問題は税制面から生じた可能性もある。経済が発展するにともない、中央政府はどうしたら財政を均衡させられるかわからないという、当時としては当然の無知の問題に悩まされるようになった。政府は必要に迫られて独特な性質の国債の発行に踏み切ったが、結局この負債を返済することはできなかった。

イスラム教は高利貸しを禁じているため、イスラム教そのものが金融市場の発展の障壁なのだという誤った通念もいまだにある。だが、旧約聖書や新約聖書でも同様に高利貸しは非難されている。また、プラトン、アリストテレス、仏陀、トマス・アクィナスらも高利貸しを糾弾している。高利貸し禁止のルールがイスラム教だけの特徴だと考えられがちなのは、それが現在まで多くのイスラム国家で存続しているからだが、現代では中東でも各地で金融市場が発展している。さらに重要なのは、十六世紀当時に都市部だった多くの地域から信用貸しの記録が学者によって発掘されたことである。これによって、オスマン帝国の社会ではエリート層や商人だけでなく、あらゆる階級で貸し付けのネットワークが存在していたことが明らかになった。

オスマン帝国の経済的衰退の原因を、スペインによる米大陸の発見やポルトガルによる西インド諸島の探検航海に求める説もある。これらによって、ユーラシアの地理的交差点にあったオスマン帝国が陸上交易を自然に独占する状況に終止符が打たれたからだ。米大陸産の銀が大量に流入したことは、ヨーロッパの各地で物価が上昇する要因にもなった。このような説は衰退の近因を示すものとしては意味がある。一四九八年にはポルトガルの探検家らがアフリカの喜望峰を回るインド航路を発見し、一四九二年にはスペインの探検家らが米大陸を発見した。また、十六世紀を通じてオスマン帝国で穀物価格が四倍に上昇し、銀貨の改悪もおこなわれたことが立証されている。スレイマン一世の治世の最盛期、すなわちオスマン帝国の力がピークに達した時期は、オスマン帝国の交易経済が弱体化し始めた時期でもあった。

しかし、交易だけでは経済の成長や衰退の原因として充分ではない。軍隊の装備にともなうコストの上昇という要因もあり、それはとくに火薬の大きな進化によって顕著になった。オスマン帝国で火薬は同帝国が台頭を始めた早い時期から使われていたが、当時の陸上戦の主力は騎兵だった。しかし、一五〇〇～一六〇〇年代にかけて火薬兵器がどんどん進化すると、騎兵の重要性は低下し、常備軍の歩兵に支払う給与はますます増大していった（スペイン帝国も歩兵関連のコストに悩まされていたことを思い出してほしい）。シパーヒー・ティマール制は、戦争での騎兵の中心的役割が薄れるとともに衰退した。とはいえ、帝国の税収の大半はティマール制による各地域での物納だった。ユーラシア交易から得られる関税の減少分は、経済全体の規模と比較すれば小さな割合だったとしても、貨幣経済の規模と比べれば小さくはなかった。十六世紀になると、中央政府は徴税にあたり、農業関連の税を物納ではない形で直接集めるため、タックス・ファーミングへの移行を余儀なくされた。

現代の多くの読者にとってタックス・ファーミングは奇妙な制度であるため、ここで簡単に説明する。この制度では、中央政府がある地域の徴税権を、一般的にはもっとも高値で入札した人に売却する。通常、この徴税の契約期間は一年だが、十七世紀になるとオスマン帝国ではこの契約期間が五年とされ、その徴税額の大半を前払いすることが求められた。そして徴税請負人は、担当地域での徴税額が前払い分を超えた場合は、その超過分を自分のものにすることが認められた。ちなみに、ローマ帝国でもタックス・ファーミングは存在しており、この制度の濫用は、同帝国の各属州が帝国支配に幻滅する理由のひとつになった。

ティマール制からタックス・ファーミングへの移行は簡単にはいかなかった。多くの騎兵は盗賊団を形成して田舎で略奪をおこない、これは帝国を悩ませる内政問題になった。いっぽう、地方ではタックス・ファーミングの徴税請負人らがますます増え、力を伸ばしていった。一六九五年、スルタンは国税の徴収のために「マーリキャーネ」という新たな制度を導入した。マーリキャーネはタックス・ファーミングの終身契約のことで、スルタンが短期間で多額の資金を集められるようにするものだったが、徴税請負人が地域の人々を経済的に豊かにすることに意欲をもてるようにし、長期的な経済成長を促す目的もあった。マーリキャーネ制は交易や産業の独占主体など、国税徴収の他の対象にも拡大された。しかし、予想に反して、マーリキャーネ制は民間投資のクラウディングアウトを招いた。帝国内では産業・農業の発展への投資よりも、こうした金融商品の購入に資金を費やす傾向が強まったのである。また、農民の役割が用益権の主体にとどまるいっぽうで、彼らの監督者の役割はシパーヒーからタックス・ファーミングの徴税請負人、さらにマーリキャーネの主体へと進化した。

法律によって、マーリキャーネはそれを購入した個人が生涯所有するものとされた。しかし、一七六八年にロシアがオスマン帝国に宣戦布告すると、スルタンは分割されたマーリキャーネを複数の人々が所有する「エシャム」という制度を認可し、年間税収の六〜七倍の価格で売却した。だが、中央政府にとっては不都合なことに、エシャムは当然ながら売買されるようになった。当初エシャムを購入した人は、年をとるにつれて当然それを売却したいと考えるようになるが、売却によってエシャムの所有権が移転すると、徴税できる期間を所有者の死亡までとする制限の有効性が薄れる。こうした金融市場の発展は現代から見れば興味深いものだが、帝国の中央政府にはあまり利益をもたらさなかった。結局、この制度は一八四〇年代にタンジマート（西欧化改革運動）の一環として廃止された。タンジマートは当時の〝ペレストロイカ〟だと考えられるが、時すでに遅く、オスマン帝国は西洋の発展段階からは大きく後れをとってしまった。(10)

あまりに小規模で手遅れだったのか

西欧や北米で発展する各帝国の技術進歩に追いつくために、十九世紀のオスマン帝国が多大な改革をおこなったのはたしかである。一八四七年にはサミュエル・モールスが、スルタンみずから発行した電信の特許を初めてオスマン帝国から取得した。しかし、オスマン帝国に初の鉄道が敷かれたのは一八五六年で、英国で鉄道技術が開発されてから五十年後のことだった。

オスマン帝国はこのゲームで他国に追いつこうとするのが遅すぎたのだろうか。この疑問にはイエスと言いたくなるが、実際はどの国においても、経済成長を志向する改革が手遅れになることはない。明朝中国が内向的になってから五百年後、中国は毛沢東の共産主義によってさらに貧しくなったと言ってよい状況になってしまったが、鄧小平が着手した市場改革は手遅れではなく、この改革をきっかけに世界でもまれな経済成長率が達成された。同様に、衰退するオスマン帝国の晩期にあたる一八七〇〜一九一〇年には、世界の他の国々も同帝国よりはるかに低い出発点から経済改革に乗り出した。一八六八年の日本の明治維新はその好例である。

オスマン帝国にとって痛手になったのは、制度的停滞によってこの国が脆弱になり、しかも他国からの攻撃を受けやすくなったことだった。日本は島国だったために、脆弱ではあったが隔離されていた。これに対し、オスマン帝国は全方面で敵にさらされていた。オスマン帝国と西欧諸国が同盟してロシアと戦った一八五〇年代前半のクリミア戦争では、同帝国がいかに病んでいるかが露呈した。ロシアは一八七七〜七八年にかけてふたたびオスマン帝国に攻撃をしかけ、オスマン側はこんどは単独で戦った。この戦争で同帝国は大敗を喫し、バルカン半島などの東欧で勃興した国家主義運動を受けて、さらに多くの領土を割譲した。過去に何度もおこなってきたように、オスマン帝国は防衛費を捻出するための借り入れを決断したが、このときは外国から資金を調達した。経済史家によると、同帝国政府による初の対外借款は一八五四年のことだったという。それから二十年のうちに加速度的に増えた債務は莫大な額にのぼり、債務返済が国家予算の半分を占めるようになった。オスマン帝国はまもなく破産を宣言し、債務返済も全面的にストップした。[11]

一八七八年、スルタンは設置間もない帝国議会を停止した。一九〇八年の革命によって議会は復活したが、その甲斐もなく帝国は崩壊していった。台頭するヨーロッパの大国に比べて経済・軍事の両面で劣っていたために、もはや国の解体はほぼ不可避だったのだ。オスマン帝国に関して検討に値する出来事が起きたのは、一八二〇年以降の崩壊の百年間ではなく、中央政府が均衡を失ったその前の百年間である。

衰退の概要

大国	オスマン(・トルコ)帝国
転換点	一五五〇〜一六〇〇年
経済的不均衡	財政面、技術面
政治的な原因	政府の中央集権化、神権政治、官僚階級のレントシーキング
行動面での機能不全	ゼロサム型思考の官僚による損失回避、外国のアイデアを敵視するアイデンティティー面でのヒューリスティック、経済成長にとっての技術の重要性に関する限定合理性

第8章　日本の夜明け

よくある考え方のひとつに、日本人は何かを借りたり真似したりしてきた民族にすぎない、というものがあるが、実際はまったく逆である。地理的に隔絶された島国に住んでいたために、日本人は外国から学ぶという意識を身につけ、それによって彼らは各地で成立した同規模の文化のなかでも一、二を争う特徴的な文化をつくり上げた。

――エドウィン・O・ライシャワー『ライシャワーの日本史』より(1)

名人が木盤の上に白い碁石を打つ音は、日本古来の文化における独特の音である。西洋のチェスとよく比較される囲碁は、多くの面で特徴的な、数百年の歴史をもつボードゲームである。チェスの起源は六世紀のインドまでさかのぼるが、現代のような形になったのは十五世紀後半にヨーロッパに広まってからだった。チェスは決まった数の個別の駒を動かし、単純に相手のキングを倒せばよいゲームである。これに対し、囲碁で対局が始まったときには

図17　囲碁

盤上に何もなく、盤には縦横十九本ずつの線によって三百六十一の交点（目）が描かれている。二人の対局者はゆっくりと交互に黒と白の碁石を盤に並べていき、一度打った石は自分では動かせない。そして碁石の数を増やしてつながりを作り、相手の石をなるべく多く取ることと、地の部分を自分の石でできるだけ大きく囲むという、同等のポイントが得られる二つの目的を目指す。序盤の動きは何も書かれていないキャンバスに新しく絵の具を置いていくかのようだ。中盤は文字どおり無数の動きの型から革新的なプレーが生まれ、終盤には最終的なポイントのバランスが確定する。

日本の台頭と衰退の物語は三部に分かれると考えられ、それは囲碁の対局に少し似ている。その第一部は一八六〇〜一九〇五年の驚くほど急速な近代化の時期である。まだ封建社会だった日本の国民は、非ヨーロッパ人として初めて「自由主義的」な制度を導入し、またヨーロッパの大国との戦争にも初めて勝って（一九〇五年に日露戦争に勝利）、世界を震撼させた。囲碁では「布石」と呼ばれる、こうした初期段階の動きから読みとれるのは国家管理型・輸出主導型の資本主義であり、これは二十世紀後半に他のアジア諸国（その多くは日本の競争相手）が模倣し、大きな成功を収めたものだった。第二部は〝収斂〟の二十世紀で、太平洋における日本の過酷な植民地支配の成功と、第二次世界大戦での同様に過酷な敗北の時期である。しかし、二十世紀半ばの戦争期は、日本の長期的な収斂の動きには本質的には無関係だった。日本の所得水準は一九〇〇年には米国の水準の二十九パーセントだったが、一九七〇年には六十五パーセントまで上昇した。この百年間が注目に値するのは、国家管理型の資本主義という制度の成功が裏づけられ、囲碁ならば「手筋」と呼ばれる数々の創造的なプレーがその過程で実現したからだ。第三部は一九九〇年以降の均衡状態であり、これは「失われた年月」（ロスト・ディケイズ）と軽蔑的に称されている。著者らは、この時期に日本型の〝経済スーパーモデル〟は限界に達したと解釈すべきだと考える。この終盤において日本は定型的なパターンに落ち着き、米国の技術的リードに追随する立場に立ったとみられる。囲碁でそうした停滞状況に陥るのは、棋士が「先手を打つ（積極的に局面を主導する）」ことができなくなり、「後手に回る（受け身の対応をする）」ことを余儀なくされた場合である。

この物語の第一部と第二部では日本は世界の天才児的な存在だったが、第三部では経済的な可能性を無駄遣いした浪費家になってしまった。日本人はみずからプレーしたゲームの結果を受け入れなければならない。そのプレーはたくみで、あらゆる国々にとっての経済的ゲームのあり方を変革したが、日本が創始した制度的モデルはその限界に達した。挑戦者たる日本は生産性フロンティアの力の八割ほどの水準にとどまっている。日本が財政的・人口的なトラップにはまりつつある状況から抜け出したいなら、盤上の石を全部取り除いて最初からやり直す必要がある。日本は新たな「布石」を創造しなければならないのだ。

布石――ジョン万次郎と名人

若い米国人の記憶には、一九四一年の真珠湾攻撃以後、太平洋で戦闘が繰り広げられた四年間において憎き敵だった日本の姿はない。そのかわりに、彼らは日本を米国ともっとも緊密な関係にある同盟国のひとつだと考えている。そして、日本の封建社会が近代社会へ変容したことを考えるとき、彼らの頭に思い浮かぶのは二つの映像作品だろう。もっとも近年の作品は、南北戦争を戦った厭世的な米国人将校が、一八六〇年代の日本の傭兵になるというストーリーの映画である。その米国人将校は、天皇を堕落させた強欲な資本主義的官僚制と戦う武士に捕らえられ、やがて名誉を重んじる心を取り戻していく。いっぽう、一九八〇年代に日本のイメージを確立したのは「将軍SHOGUN」というテレビのミニドラマシリーズで、これはジェームズ・クラベルの同名の小説を下敷きにしたものである。このドラマでは西暦一六〇〇年ごろ、一隻のオランダ商船が地球一周に挑む旅の最中に日本の海岸で座礁する。リチャード・チェンバレン演じるこの船の勇敢な航海士は、権威を確立した太閤陣営と天下の覇権を争う大名に信頼され、その助言者になる。どちらの作品も日本文化の美を称賛するものだが、一九八〇年代の作品のほうが特定利益集団の危うくなったインセンティブを率直に表現している。

日本では徳川家による支配が成立していた時期（一六〇〇〜一八六七年）に、社会政治的に独特な形態の封建制が形成された。歴史家によると、それは同時代にヨーロッパで成立していた同様の制度よりも高度なものだったという(2)。傑出した武士だった豊臣秀吉（一五三七〜九八年）は、日本で戦国武士が群雄割拠していた数十年にわたる内戦期を勝ち抜いたが、農民出身だったために征夷大将軍にはなれなかった。秀吉の死後、徳川家康は一六〇〇年十月の関ヶ原の戦いに勝利して、完全な天下統一を成し遂げた（秀吉と家康はともに碁を打ったことがあるとの言い伝えもある）。関ヶ原の戦いをへて日本は太平の世になったが、それは敵方に対する徳川家の寛容がもたらした結果だった。徳川家が安定と平和を確立したのは各地域の大名に自治を認めたことによってであり、これは脆弱さの表れのように見えるが、実際にはうまく機能した。さらに、徳川家は関東平野、江戸、京都、そして「日本の主要な都市、港、鉱山のすべて(3)」を含む国土の四分の一を直接支配した。また、有能な人材による中央官僚制を確立し、農業改革を実施して人々を豊かにした。こうして、改革後の日本には連邦制的な構造ができあがり、もちろん自由な国内交易も実現した。これらによって各大名の領国のあいだには競争と協力の関係が成立した。

都市化の進展、人口の急増、識字率の向上は、十九世紀に入って日本がマルサスの罠から抜け出したことを示す多くのサインの一部にすぎない。日本の人口一人あたりの年間所得は、一八二〇年の六百六十九ドルから一八七〇年には七百三十七ドルに増大した。これに対し、アジアの他の地域の同所得はもっと低い水準で停滞し、中国では実質十パーセント低下していた。江戸時代の政策については国の進歩を妨げたはずのものも数多く指摘できるのは事実である。アセモグルとロビンソンは、厳格な職業統制、中央集権的な独占、農民に対する重税、アウタルキー（国内の経済的自給自足）政策を挙げているが、重要なのは江戸幕府の政策がその時代としては比較的経済成長を促すものであったことだ。

しかし、二百五十年あまりに及んだ江戸時代において、日本の国民すべてが国の進歩や平和に満足していたわけではなく、それはヨーロッパの列強が日本と接触する前の時期でも同じだった。人口の約七パーセントを占めていた武士階級の地位は地方の農業経済を基盤とするものだったが、こうした経済はやがて縮小し、新興の商業文化に脅かされるようになった。商人は形式的にはもっとも低い身分とされていたが、武士が都市部の金融業者に金を借りる傾向は強まるいっぽうだった。武士は日本のハイカルチャーの象徴のように考えられているが、経済面では武士はかなり保守的だった。儀礼という名で覆い隠した暴力によって地位を守ることは、ローマ帝国やオスマン帝国など、あらゆる前近代の帝国に見られる共通のテー

表5 主要な時期における日本と各国の人口1人あたりGDPの比較（1990年の国際ドルベース）(4)

	1820	1870	1900	1913	1938	1950	1960	1970
英国	1,706	3,190	4,492	4,921	6,266	6,939	8,645	10,767
米国	1,257	2,445	4,091	5,301	6,126	9,561	11,328	15,030
日本	669	737	1,180	1,387	2,449	1,921	3,986	9,714
韓国	600	604		862	1,459	770	1,105	1,954
中国	600	530	545	552	562	439	673	783
インド	533	533	599	673	668	619	753	868

マである。それはどこの国でも旧来のエリート層と〝進歩〟との対立を意味するものであり、日本も例外ではなかった。

外圧を受けて、あるいはヨーロッパ列強が中国、インド、インドネシアをどう扱ったかに関する警告的な話を聞いて、多くの大名は、日本は変わらなければ征服されてしまうことにようやく納得した。優れた大砲を備えた先進的な船が到来しただけでは、武士は社会階級におけるみずからの高い地位を手放そうとはしなかったのである（こうした階級制のもとでは、当然ながら商人は武士の前で頭を低く下げなければならなかった）。当時の日本は厳然たる孤立主義の国であり、「あらゆる侵入者を死罪とする」ことが法で定められていた。英国、ロシア、米国の船団が何度もやってきては貿易と港の使用を求めて交渉したが、それらは拒絶された。しかし、奇妙なことに、日本の西洋に対する姿勢を変革した人物は英国の航海士や米国の捕鯨業者、ロシアの商人などではなく、乗っていた船が難破した日本人の漁師だった。

徳川家支配の時代における日本の連邦主義(1600〜1868年)

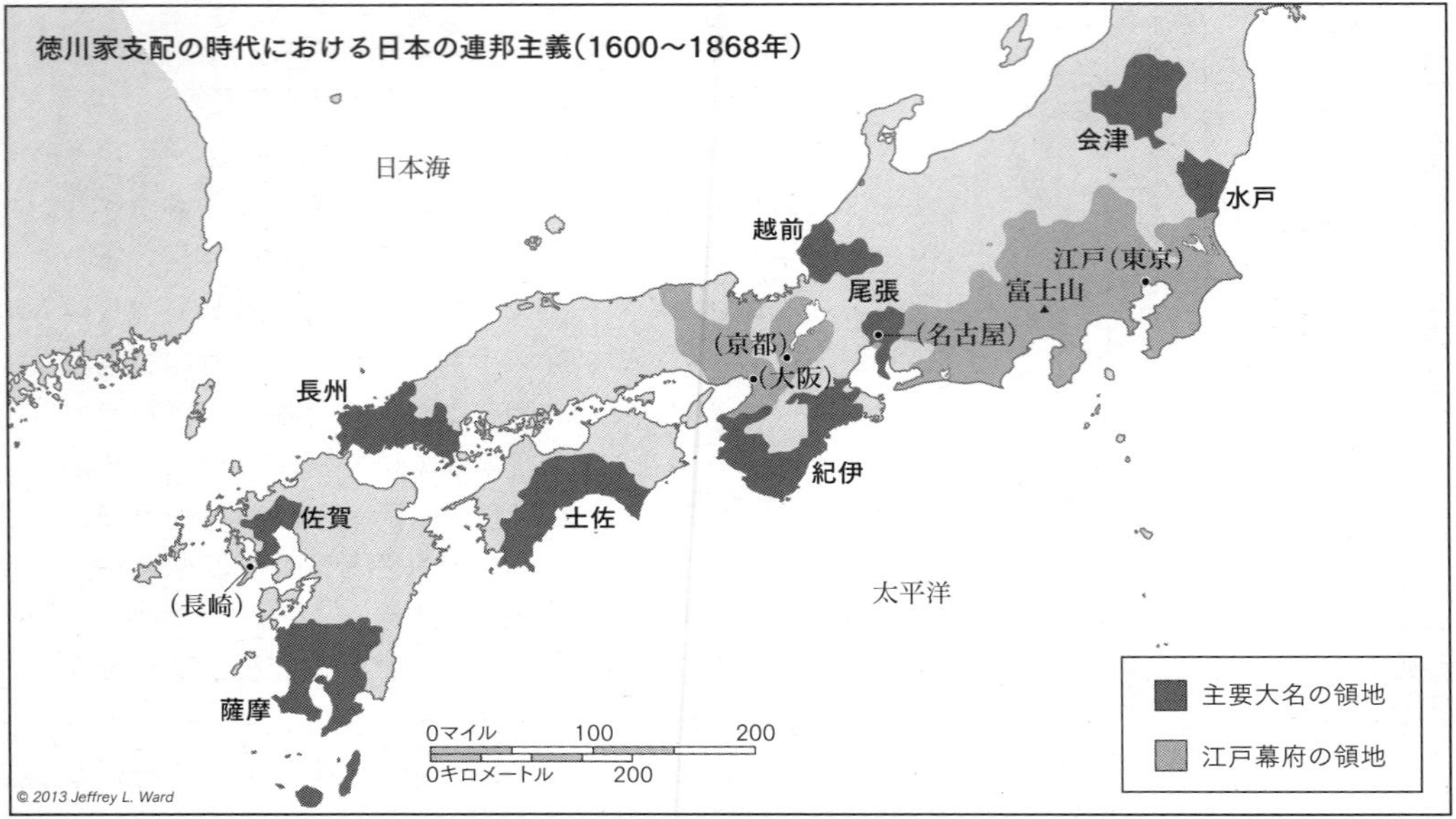

その人物の名は万次郎といい、一八二七年に江戸のはるか南方の土佐で、貧しい漁師の家の二男として生まれた。十四歳になった万次郎は小さな漁船で漁に出たが、嵐に遭遇して船は壊れ、万次郎は何日も泳いで無人島にたどり着いた。そこで半年生きのびた彼と漁師仲間は、近くを通りがかった米国の船に発見された。彼以外の生存者はハワイで降ろされ、そこで余生を過ごしたが、若かった万次郎は船長の養子になり、米国本土に渡って船長の家族とともに暮らすことになった。現在、ジョン万次郎の名で知られる彼は米国で教育を受けた。やがて十年が経過し、万次郎は故郷へ帰ることを望んだが、それは死の危険をともなった。外国人は、たとえ日本からの移民であっても、日本に足を踏み入れることは許されていなかったからである。しかし、万次郎は一八五一年に帰国し、取り調べを受けたのちに幕府の疑いを晴らすと、故郷の村へ帰還した。彼は長年にわたって日本で英語を話せる唯一の人物であり、一八五三年にペリー提督率いる米国の「黒船」が江戸にやってきたときには通訳として活躍した。万次郎が米国の工業化や政治文化を好意的に説明したことが、米国との勝ち目のない対決ではなく、進歩的な改革への道を開いた可能性もある。

天皇は日本の名目的な支配者ではあったが、当時は宗教的・儀礼的な役割を担っていた。実質的な支配者だった将軍は外交においては大君《たいくん》と称したが、これは経済的な支配者であることを強調する意味合いの称号だった。これは数少ない日本語起源の英単語のひとつである「タイクーン（tycoon）」のもとになった言葉でもある。ペリーの黒船の来航によって、江戸幕府は一八五四年に米国船の来航と通商の権利の承認を余儀なくされ、こうした権利はまもなくロシア、英国などの国々にも拡大された。その後の十年間で、幕府は外圧のもとで外国の要求をつぎつぎに受け入れるはめになった。排外的な大衆の反応は、不安を抱いた保守的な武士に扇動されて過激化し、幕府は身動きがとれなくなった。抜け目のない革命派はこの大衆の不安を利用して、天皇の権力を復活させるという名目で幕府を打倒した。当時の天皇は十四歳の少年であり、彼の在位した時代は明治と言われることから、歴史上この反乱は明治維新と呼ばれている。これは旧来の政治への保守的移行とは正反対の動きであり、日本に侵入してきた西洋人に対する反乱でもなかった。米国の駐日大使を務めたエドウィン・O・ライシャワーはこう説明している。

理屈のうえでは、この動きは古代の天皇の支配権を「復活」させたことになるのだろうが、実際にはそれは実現しなかった。天皇には最大限の敬意を払いながらも、若い武士と実際の統制権を握っていた宮廷貴族の一団が合議制の形で支配したのである。これは日本では慣例化していたことであり、彼らは古代日本ではなく、当時の西洋を革新のモデルにしていた。(中略)彼らが成し遂げた真の変革は、徳川家が支配する社会・政府の封建的構造を打破し、西洋の近代的な中央集権支配の制度を部分的に採り入れたことだった。(5)

ある意味で、打倒された幕府は保守的で階級意識の強い特定利益集団の恩恵を受けつつ、みずからの経済改革の力を阻害してきたと言える。一八五三年当時の日本は、マンサー・オルソンの言う〝革命的な事件が起きなければ政治的・経済的な硬直状態を打破できない〟という罠にはまっていた。明治維新の「反逆者」らは階級差別主義者の憤りを利用して、必要な改革を可能にしたのだ。一八六九年、新たな支配者らは封建制を廃止した。政治権力は中央集中化され、県制度のもとで行使された。大名は数年のあいだは儀礼的な役割を与えられたが、その後は国からの多額の恩給と引きかえに冷徹に排除された。いっぽう、個人に広範な財産権が与えられ、士農工商の身分制とともに職業や移住に関する規制も公式に撤廃された。

ジョン万次郎の例にならい、日本の高官らは世界各地を訪れ、友人をつくり、列強のベストプラクティスを学んだ。新たに東京と改名した首都を中心に、経済を産業化し大衆を教育する動きが全国に広まった。アセモグルとロビンソンによると、「一八九〇年までに日本はアジアの国として初めて成文憲法を採用し、選出議会と独立した司法部をもつ立憲君主制を成立させた」という(6)。さらに、日本は英国をモデルに海軍を、ドイツをモデルに陸軍を創設した。こうして、明治維新から三十年後までに日本の人口一人あたりＧＤＰは七十パーセント増大し、一九一三年までには完全に二倍になり（表５参照）、一九三八年までにふたたびほぼ倍増した。一九〇五年に日本が日露戦争に勝利すると、アジアは遅れているという固定観念は正しくないことに世界が気づいた。日本の産業と海軍の力が成長し続けたことは、貧しい国がいかに強国へと急成長するかについての、まったく新しい経験的な〝スーパーモデル〟の基盤になった。

手筋――〝アジアの奇跡〟のおもな特徴

世界銀行は一九九三年に、世界の注目を集めたある現象を詳しく解説した報告書を出版した。この『東アジアの奇跡』というレポートでは、十あまりの国で二桁の経済成長率が事実上〝伝染的に〟広まったことが分析されている。一九六〇～七〇年代にかけて、こうした奇跡的な経済成長率はまるでウィルスのように環太平洋地域に広まったが、その発端をたどると日本で始まった一連の制度・政策に行きつく。日本の過酷な占領政策が終結して半世紀が経過しても、韓国人はいまだに日本人を恨めしいライバルだと考えているが、いっぽうで彼らは日本経済のスーパーモデルには敬意を払っており、おおむねそれを踏襲した。シンガポール、香港、マレーシア、タイ、台湾、さらには共産主義を建前とする中国でも、日本の国家管理型経済の特徴が模倣された。

戦前の最盛期だった一九四〇年に、日本の人口一人あたりの所得水準は米国の四十パーセントの水準まで上昇していた。そして二回の原爆投下など、戦争の影響で国土は徹底的に荒廃したにもかかわらず、日本経済は復活した。一九六〇年には、日本の人口一人あたりの所得水準は一九四〇年と同様の米国の四割まで回復した（絶対水準で見れば、同所得は一九四〇年の水準をはるかに超えていた）。過剰な単純化を避けるために言えば、この回復は「一九六〇年代の日本の『奇跡』とは、第二次世界大戦で受けたダメージを回復させただけのことである」という考え方とは矛盾する。日本の企業や労働者は根本的にもっと強くなったのだ。一九六〇～七〇年までの十年間で、日本と米国の生産性水準の差はさらに半分縮まった。

何十年にもわたって産業化は経済発展の合言葉であり、日本のモデルは東シナ海の向こうの別のモデルよりも優れていることを証明した。一九五七年、毛沢東は十五年以内に中国の産業の生産力は英国のそれを超えると約束し、それによってみずからの大躍進政策を正当化したが、この国家的政策は悲惨なほど的外れなものだった。鋼鉄生産に精力が注がれたことで農民は離農を余儀なくされ、鍋釜などの日用品さえ原料として溶解せざるを得なくなった。最初の一年で五十万人以上の中国人がこの政策に抵抗したために処刑され、大躍進政策が終結する四年後までに千五百万人から四千万人の国民が餓死した。

日本のモデルはこれとは異なり、政府の誘導のもとに民間企業が供給する最終財の自由市場を重視するものだった。欧米に追いつくことは明治維新以降の国家的スローガンであり、どの国も及ばないほどの使命感に満ちた熱意を経済にもたらし続けた。アンガス・マディソンは世界の歴史的データの概要に付した論評で、「高水準の教育を受けた日本のエリート官僚と自由民主党の政治家、大手企業、銀行制度のあいだには連帯主義的で緊密なつながりがあった」と記している(7)。また、日本型の「生産者経済」をアングロ・サクソン型の「消費者経済」と比較し、いわゆる〝日本株式会社〟による独特な支配形式、つまりレスター・サローの言う「共産社会主義的」な支配を称賛する見方もある。サローの称賛の多くは興奮しすぎであるとはいえ、彼は日本政府の徹底した介入主義がその経済政策を差別化したおもな要因だったことは正しく認識していた。日本政府は輸入よりも輸出に有利なように為替レートを操作し、特定の分野の生産活動に補助金や指示を出すという、経済の供給サイドを経由する方法で経済成長を追求した。

文化もひとつの要因だった。一九八〇年代における日本国民の個人貯蓄率の平均は、税引後年間所得の十五パーセントにのぼった。こうした貯蓄は、消費者の消費欲を抑えて国内の設備投資用の資金プールを形成するのに不可欠だった。また、日本には教育水準が高く、勤勉に夜遅くまで働くことや、休暇をあまりとらないことを良しとする規範を叩きこまれた労働者がいた。日本の産業化におけるもうひとつの大きな特徴でありながら、欧米の専門家が見落としてきたのは、農業改革に注力し、労働者を解放したことである。これは社会主義のもとでの強制的な改革とはまったく対照的なものだった。とくに台湾は第二次世界大戦後に厳格な土地改革を制度化して、独占的で過度な集中が起きていた戦後の土地所有の形態を打

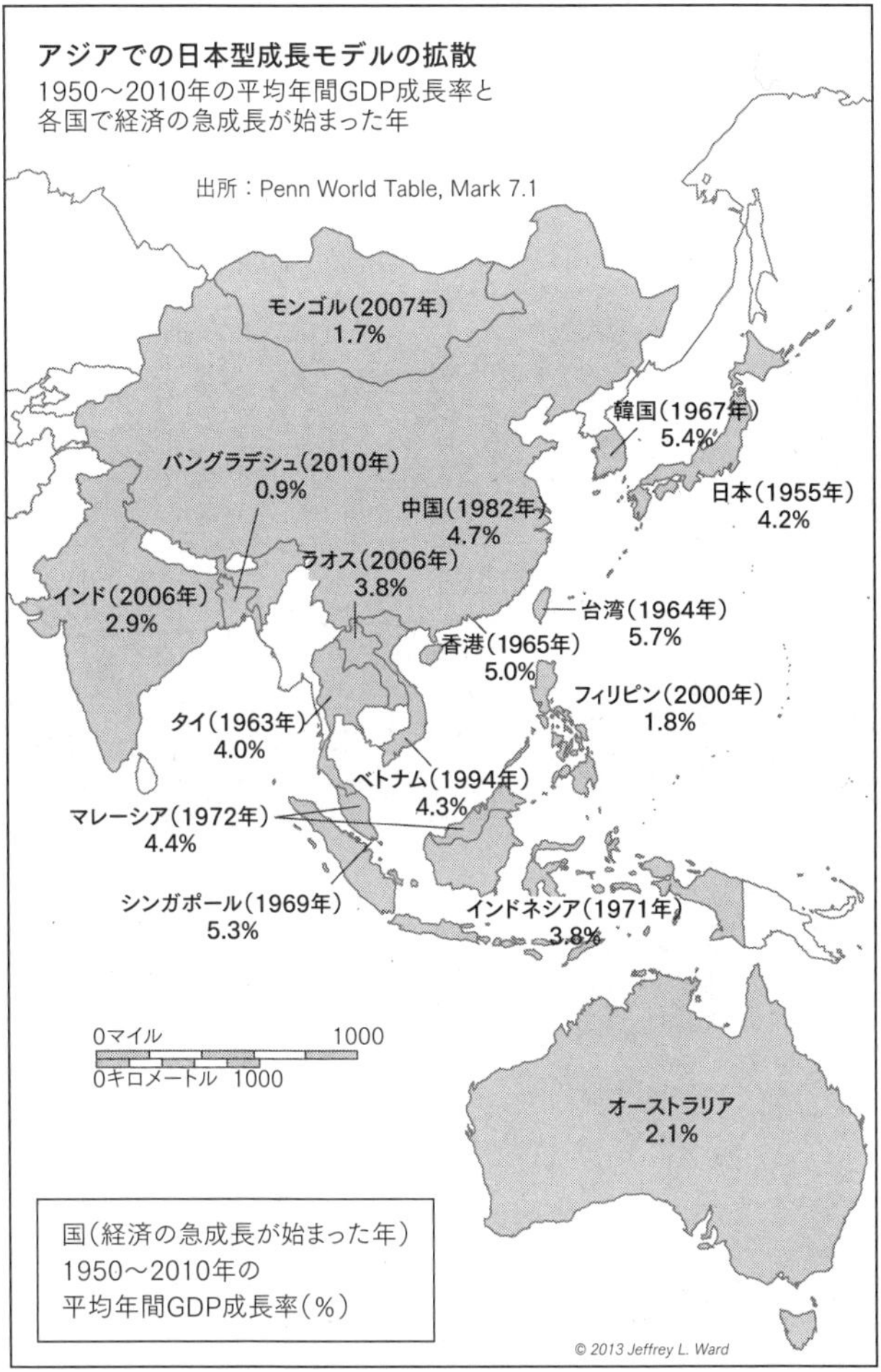
アジアでの日本型成長モデルの拡散
1950〜2010年の平均年間GDP成長率と
各国で経済の急成長が始まった年
出所：Penn World Table, Mark 7.1
モンゴル(2007年)
1.7%
韓国(1967年)
5.4%
バングラデシュ(2010年)
0.9%
日本(1955年)
4.2%
中国(1982年)
4.7%
ラオス(2006年)
3.8%
インド(2006年)
2.9%
台湾(1964年)
5.7%
香港(1965年)
5.0%
フィリピン(2000年)
1.8%
タイ(1963年)
4.0%
ベトナム(1994年)
4.3%
マレーシア(1972年)
4.4%
シンガポール(1969年)
5.3%
インドネシア(1971年)
3.8%
0マイル 1000
0キロメートル 1000
オーストラリア
2.1%
国(経済の急成長が始まった年)
1950〜2010年の
平均年間GDP成長率(%)
© 2013 Jeffrey L. Ward

破したが、これは日本が米国の助言によって実行したのと同様の政策だった。

とはいえ、公的政策の影響はその程度にすぎなかった。著者らの考えでは、日本が米国の人口一人あたりGDPの水準に急速に収斂していったのは、日本における大企業の生産活動の効率性が大きな原動力になったからである。政治学者のフランシス・フクヤマは、「日本の近代的産業構造について最初に気づく点は、それがきわめて大規模な組織につねに支配されてきたことである」と記している。日本の大企業は生産チェーンのなかで垂直・水平に連結されてきた。これは、最初は巨大な家族経営のコングロマリット（財閥）、のちには株式を互いに持ち合う企業ネットワーク（系列）という形をとった。「第二次世界大戦前には、上位十位までの規模の財閥が払込資本総額に占める割合は金融部門では五十三パーセント、重工業部門では四十九パーセント、経済全体では三十五パーセントにのぼっていた(8)」という。こうした財閥は日本経済を支配していた。

こうした大規模組織による支配には長所と欠点があった。長所は、企業が勤勉な国民に確実で安定的な実力主義を提供するいっぽうで、高齢者や生産性が比較的低い労働者には一種のセーフティ・ネットを用意できたことである。終身雇用の保証はすべての日本企業の文化的規範であり、これが日本の生産性の急上昇を説明する文化的なカギのひとつだと考えられていた。サローらは、欧米の資本主義を生き残らせるためにこの制度を導入すべきだと促した。いっぽう、大組織による支配の欠点は起業家精神が育ちにくくなることである。日本にも小さな企業はたくさんあるが、その多くはレストランや老舗の小売業者などで、技術革新を育成・展開するようなベンチャー企業ではない。また、高い貯蓄率も起業家精神を妨げるリスク回避志向を示唆している。米国の「パイオニア的な」革新の特徴は日本のスーパーモデルに概して欠けているものである。ただし、日本の大企業は研究開発を通じての「周辺的な」革新には優れている。さらに、政府が老舗企業を優遇したにもかかわらず、新しいタイプの日本企業という希少な組織が成功を収めた例も少なくないことは指摘しておかねばならない。たとえば、因習を打破した起業家の本田宗一郎（一九〇六～九一年）は、一九六二年に行政指導を無視して自動車を生産する夢を追い、優遇されていたトヨタ、日産、スバルなどの自動車ブランドとの競争に飛びこんだ。現在、ホンダは世界のどの企業よりも多い年間約千四百万台の内燃機関を生産している、世界第七位の自動車メーカーである（米国内での自動車生産台数はクライスラーを上回っている）。

日本は粗悪品ばかり作っていると欧米に何度も一蹴されながらも、日本の輸出主導型の経済は米国の水準に収斂していったが、一九七〇年代前半になると世界的な不況によって日本経済も減速した。一九七三年の第四次中東戦争をきっかけにＯＰＥＣ（石油輸出国機構）が石油禁輸措置をとったことで、日本はどの先進国よりも大きな打撃を受けた。日本の輸入エネルギー源のおよそ八割はペルシャ湾周辺国からの輸入だったからだ。この危機の最中にＯＰＥＣがみずからの力の大きさを悟ると、石油価格は四倍に跳ね上がった。とはいえ、日本

図18　アジア経済の「奇跡」とその限界
（米国の水準と比較した人口1人あたりのGDP）

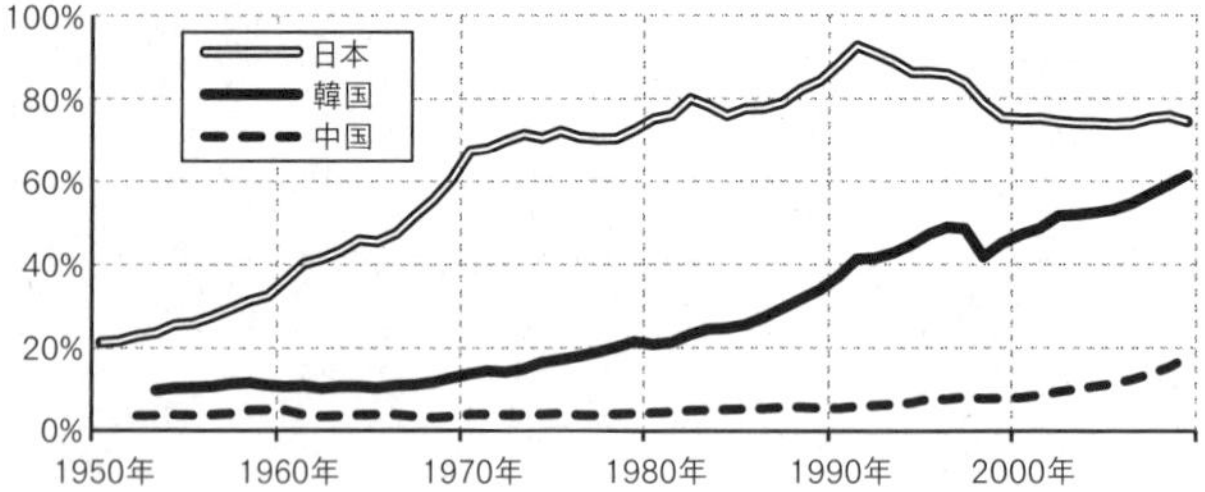

出所：Penn World Table, Mark 7.1

経済の米国の水準への収斂はそうした低成長のなかでも続き、一九七六年の七十六パーセントから一九九〇年には九十パーセントまで上昇した（ペン・ワールド・テーブルのデータによる、図18参照）。その翌年の一九九一年にこの数字は九十四パーセントになり、日本の生産性は相対的にピークに達したが、その後バブルが崩壊した。

倹約と空前の高所得のおかげで個人貯蓄は莫大な額まで増大したが、これは全国規模の資産バブルの発生という予想外のデメリットをともなった。日本は成長が速すぎたというのはおかしな言い方だが、一九八〇年代後半に急に豊かになった日本国民が手にしたお金は、使い切れる水準を超えていた。不動産価格は劇的に上昇し、東京の銀座では一平方フート（約九百平方センチメートル）の土地の価格が二万ドルに及んだ。おそらく世界でもっとも少ない部類に入る土地供給量に対して、需要が過剰になったのだ。東京の中心部にある皇居の当時の地価を、曲線を描く壁や堀に囲まれ、手入れの行き届いたその庭園を含めて概算した金額は、米国のマンハッタン島全体の地価を超えていたという（皇居もマンハッタン島も売りものではないが）。日経株価指数も同様のバブルによって上昇していたが、一九八九年を境に暴落した。現在の日経株価指数はピーク時の四分の一にすぎない。東京の金融機関が保有していた資産の価値は激減し、ピーク時の価値の九十九パーセントが失われた。東京の住宅資産の価値も九十パーセント下落した。全国的にも、中産階級の富の貯蔵形態だった住宅地の地価は三十パーセントあまり下落した。

いわゆるアジア経済の奇跡に限界があることを、もっとも早い時期に指摘したひとりがポール・クルーグマンである。クルーグマンは一九九四年に『フォーリン・アフェアーズ』誌への寄稿で、「東アジアの経済成長の真実が物語っているのは、一般に流布している教訓のいくつかは忘れたほうがよいかもしれないということだ[9]」と述べた。クルーグマンはとくに「産業政策と選択的保護主義」に疑問を投げかけるいっぽうで、大衆がコンシューマリズムと引きかえに国家規模の高い貯蓄率を実現しようとする、「満足感の遅延」という各国共通の単純な特徴は称賛している。このクルーグマンの先見的な論説文が発表されてまもなく、日本の不況と不動産バブルの崩壊は景気循環上の一時的な景気後退にとどまらないことが明白になった。日本では「新たな常態（ニュー・ノーマル）」が形成され、批評家は「日本の政策立案がきわめてお粗末なせいで、丸十年が無駄に失われようとしている」と警告を発するようになった。一九九〇年代の「失われた十年」における日本の全体的な経済成長率は年間一パーセントにとどまり、欧米の水準を下回った。断続的な景気回復期はあったものの、その後の十年もまた失われてしまったと明言されており、日本の生産性はもはや米国の水準への収斂には向かっていないという。しかし、以上のような一般的見解は必ずしも真実ではない。日本のGDP成長率の実際の変動は、西欧のそれと平均的にはほぼ一致している。失われたのは経済成長そのものではなく、本来存在していなかった架空のスーパーモデルによる異例の経済成長だったのだ。

新たな布石——日本は再起できるか

管理型資本主義という日本独自の組み合わせによる政策が、経済の急成長を実現したとしてレスター・サローらに称賛されたのは正当なことだったが、一九八〇年代のアナリストの大半は、キャッチアップ型資本主義と起業家型資本主義の二つを理解・区別していなかった。日本の〝スーパーモデル〟は、どのような貧しい状態からでもフロンティア（現代では米国の人口一人あたりGDPの水準と定義される）の八割まで発展できる道があることを証明した。しかし、このようなキャッチアップ型のモデルは、産業活動に対する強制的で中央集権化された監督体制、輸出操作、インフラへの多大な投資などに依存しており、フロンティアに近づいた経済にとっては、そのどれもがもはや効果的ではなくなる。韓国や中国も今後二十年のうちに、それぞれ早さは異なるとしても、日本が突き当たった天井に同様にぶつかるだろうが、そのことを次のように考えてみよう。全国的な高速道路網を整備することは国内の経済規模の拡大にとって不可欠なステップだが、高速道路の全長を二倍にすることの限界便益は、最初の敷設時に比べるとはるかに少ないのだ。フロンティアに達した経済では最先端部門で非中央集権的な競争が展開されなければならず（これは中央政府が「勝者」を選ぶやり方とは正反対である）、強力な消費者文化が成立していることや政府支出が比較的少ないことも必要になる。

日本が〝失われた十年〟の後半に差しかかった一九九七年には、多数のアナリストが日本は二つあると指摘した。[10]そのひとつは世界のどの国にも劣らないほど生産性が高く、ソニーやトヨタなどの世界的に有名な多国籍企業を擁する日本、もうひとつは進歩が遅れていて、近代化の「奇跡」をまだ経験していない中流国のような日本である。一九九七年の『ビジネスウィーク』誌は特集記事でこう主張した。「日本の株式市場における最近のセルオフをよく分析すれば、五兆ドル規模の日本経済が再編され、二つのグループに分裂していることがわかるだろう。それは競争のない過保護な環境にある国内産業と、競争力の高い多国籍企業の中核部である」[11]。日本で最高のものがつねに披露されている東京圏には、この国の人口の四分の一が集中している。また、東京は金融、娯楽、政府部門の中心地でもある。まさにハリウッド、ニューヨーク、ワシントンDCをひとつにまとめたような都市なのだ。日本の経済成長率が十パーセントだったころには、東京によって生産性の比較的低い地域をカバーできた。それは成長率が四パーセントの時期でも可能だったが、今はもはや無理である。日本の多国籍企業は欧米の競争相手と同様にグローバル化し、海外の消費者の近くで工場の新設や労働者の調達をしているが、この動きによって日本経済の下降傾向はさらに強まった。

著者らの判断では、日本経済は国内の競争を大幅に増やすことが必要である。経済面での根本的な問題は、互いに手を組んで経済の各部門の発展を阻害している利益集団の存在である。小規模な農家や小売業者は、国内経済の効率性を高める大規模な競争相手の参入を認める改革（言いかえれば大店舗をもつ小売業者の登場）を妨害している。さらに悪いことに、日本政府は規制の状況に関して完全な統制権を握っている。各都市や各県のあいだの競争でさまざまな規制や税のあり方が試される、といったことは皆無なのだ。競争がないために、日本経済は世界的な序列のなかではフォロワーの位置に立つパターンが常態化している。このパターンから読みとれるのは衰退ではなく安定ではあるが、日本は一九九〇年以降のみずからの行動から生じた第二の難題にも直面している。

経済の急成長の面では良き手本になったものの、現在の日本が陥っている危機はこの国を悪い見本に変えつつある。日本が資産バブルや失われた十年に対処するにあたって、その不況の原因を見誤ったために、債務バブルというさらに危険性の高いバブルが生じてしまったのだ。日本の債務総額はGDPの二倍にのぼり、さらに増大し続けている。この債務の対GDP比はヨーロッパの大半の国々の二倍にあたる。

日本政府は一九九〇年の景気後退に対し、典型的なケインズ主義的政策を大規模に実施した。財政支出を（とくにインフラ整備に関して）増やし、国債の発行でそれをまかなった。歳出が歳入をはるかに超える状態が続き、年間の財政赤字の対GDP比は一九九五年以降は平均で五パーセント以上、二〇〇九年以降は十パーセント以上に及んでいる。これは国債の金利が驚異的に低くても問題になるのだろうか。日本の十年物国債の金利は一パーセントを下回り、世界最低の水準である。日本の国債の九十五パーセントを国民が保有しているのは事実だが、近い将来に彼らは投資金の回収を望むようになるだろう。

日本人の貯蓄率の高さを覚えているだろうか。日本人の個人貯蓄の豊富なストックは維持されているものの、新たな貯蓄のフローは二〇〇〇年の五パーセントから現在では約二パーセントまで減少している。これは失われた富が補填されたからでもあるが、おもな原因は人口の高齢化である。一九九五年に八千七百万人でピークに達した労働人口は、合計特殊出生率が一・二パーセント（人口を維持できる出生率のおよそ半分）にすぎないため、二〇五〇年には五千二百万人まで減少する。ハーバード大学の経済学者のマーティン・フェルドシュタインは、「家計貯蓄が低水準であり、かつ政府のマイナス貯蓄が多大である場合、一般にその国は他国からの借り入れを余儀なくされる」と警告するが、低金利と高い法人貯蓄率によって日本は今のところはまだ純債権者の立場にある。[12]

フェルドシュタインの警告を真剣に受け止めたのが、カリフォルニア大学の星岳雄と東京大学の伊藤隆敏が二〇一二年に共同発表した学術論文である。彼らは「日本の国債はいつまで高価格を維持できるだろうか」と問いかけている。そして、将来の人口と貯蓄の変動パターンを推測することによって、今後二十年にわたり家計の純貯蓄の対GDP比は二パーセントで安定的に推移し、その後の十年間でマイナス三パーセントまで低下すると予測した。そして、日本の債務の対GDP比は、金利と経済成長率が等しいという楽観的な仮定のもとでも、二〇三四年までに四百パーセントにまで上昇するとした。そうした条件のもとでも日本に投資する意思や能力が、外国の貸し手にあるとは考えられない。

はっきり言うならば、日本は維持できない規模の国家債務を抱えたことで、大国が衰退する一般的な道のりを歩んでいる。財政赤字と通貨操作で経済を刺激する策も、それで稼いだ時間を構造改革に使うのであれば理解できなくはない。しかし、〝スーパーモデル〟となった日本の制度に変化はなく、歴代の首相らは改革を約束しながらも、さまざまな理由でその遂行に失敗している。金融政策も、「低い名目金利によって国内経済を刺激するいっぽう、円安を維持して輸出を刺激する」という矛盾した目標を達成できないままだ。日本はもう何年もデフレに苦しんでいるが、これは「流動性の罠」の表れだとの見方もある。人為的な刺激策がとられなくなったら、構造改革の実施が不可欠になるだろう。実際、低金利のもとで借り入れはしやすくなっているはずなのだが、小規模企業に資金は回っていない。この超低金利などを背景に、日本では銀行に対する貸付要請が一般化しているが、この人為的な金利は政治的影響力のある大企業だけに適用されており、起業家型資本主義に必要な金融制度とは反対のものになってしまっている。

日本のジレンマは、経済的不均衡は政治的停滞に原因があるという著者らの説を裏づけている。日本の有権者は何年も前からあきらめの心境だ。『ニューヨーク・タイムズ』紙のマーティン・ファックラー記者はこう説明する。「〔日本国民の〕現実離れした野心は棚上げされ、疲労感や将来への不安、息苦しいほどの諦念がそれに取って代わった。日本は殻の中に引きこもり、世界の舞台からゆっくりと消えていくのを甘んじて受け入れようとしているようだ」[13]。大企業、大銀行、巨大な官僚組織の三者のレントシーキングによって、政治制度の構造的改革が妨げられている。要するに、日本は百五十年前に直面したのと同じジレンマに今も囚われているようなのだ。既存の政治構造が危機によって刷新されるまで、経済の改革も実現しない。日本は二十一世紀版の明治維新を必要としているのだ。

日本の地方自治制度は政治面では連邦的な構造でないため、経済が必要としている起業家型の飛躍を助長する制度的実験をすることができない。より広い意味の連邦制をつくろうとすれば、皮肉なことに、江戸幕府が日本を統括した手法を「復活」させることになる。県制度のかわりに〝大名〟を復活させるべき時期が来ているのだろうか。過去を振り返ると、日本が先駆けとなったアジアのモデルは、技術的フロンティアに追いつくことを目的とする社会には適切だが、フロンティアを超えようとするときにはあまり役立たないことがわかっている。囲碁に例えるならば、日本は経済を発展させる布石を創造するためにまさに特別なことを実行したのだが、いまや碁盤は石で埋めつくされており、制度のしくみやパターンに変化は見られない。日本が経済を進化させるには、いったん盤上から石を取り除いて新たな布石を打たねばならない。現在の日本の最大の過ちは、中国経済の二桁成長を模倣すべき新たなモデルのように捉えていることだ。かつての自国を重ね合わせているがゆえの過ちだが、一九〇五年や一九六〇年といった輝かしい時期にはもう戻れない。真の経済成長を再開させ、最終的に生じた技術的フロンティアとの二十パーセントの差を埋めていくには、起業家精神や革新を重視し、個人の失敗にきわめて寛容で、資本市場が小規模なベンチャー企業にも開かれている制度を、まったく新しい形で創造しなければならない。

衰退の概要

大国	日本
転換点	一九九四年
経済的不均衡	財政面、構造面
政治的な原因	特定利益集団や中央集権的な官僚制に比べて脆弱な民主制
行動面での機能不全	新重商主義を経済成長策とするヒューリスティック、大規模な銀行や企業による損失回避

第9章　大英帝国の消滅

ブリタニア、その不幸な女性は脚を胴体にくくりつけられて調理を待つ鶏肉のようにつねに私の前にいる。事務用のペンで何か所も串刺しにされ、手足を赤いひも（官僚主義の象徴）でくくられているのだ。

——チャールズ・ディケンズ『デイビッド・コパフィールド』より

ディケンズの小説に出てくるロンドンは、作者が同情的な筆致で明らかにしているように、みじめなほど貧しい街である。『クリスマス・キャロル』や『大いなる遺産』などの小説で、ディケンズは産業革命の初期段階における富のあからさまな不均衡を描き出した。一八〇〇年代半ばに発表した小説を通じて、貧者のために「世の中に大きな一撃を与える」というディケンズの野心は、やはりロンドン在住だったカール・マルクスの理想主義的な著作の精神に似ている。しかし、実際には、この時期には世界中のほぼすべての町がロンドンより悲惨だったし、それ以前のほぼすべての時代はこの時代より貧しかった。

優れた歴史家なら、現代の基準を過去の文明に当てはめることについて真っ先に警鐘を鳴らすだろう。私たちは奴隷制に対して道徳的に嫌悪を感じるが、それほど遠くない昔に世界のあらゆる社会でそれがごく普通に存在していたことはよく理解していない。また、大国の行動に疑問を投げかけるときには、そうした国々においていかに制約が多かったかを忘れていることが多い。ヨーロッパでは一四四〇年にグーテンベルクが印刷機を発明するまで本は存在しておらず、十八世紀の大半を通じて読み書きのできない人々が一般に人口の半分を占めていた。人間の知識の範囲はじつに狭かったのだ。過去を振り返る際のそうした偏見のうち、過去の指導者を評価する著者らの試みにとってさらに危険なのは、国王たちならば知識をもっていたはずだという思いこみである。ブランダイス大学のデービッド・ハケット・フィッシャー歴史学教授は、過去の指導者らも現代人が知っているのと同じ情報にアクセスできたとする誤った見方を、「歴史家の錯誤」と呼んでいる。

たとえば、ポール・ケネディが『大国の興亡』のために作成した一連の表を見ると感銘を受けざるを得ない。それらは一八八五～一九一八年にかけてヨーロッパ諸国の力関係が急激に変化したことを表している。ケネディは、一八九〇～一九三八年の七つの時点における八つの大国の人口を示した。それによると、一八九〇年にはロシアの人口が一億千六百八十万人だったのに対し、米国は六千二百六十万人、英国は三千七百四十万人だった。そして、一九三八年までの人口の増大分はロシアが六千五百万人、米国が七千六百万人だったが、英国は一千万人あまりにとどまった。国の規模の変化を確実に裏づけていると考えられるこの数字は、私たち現代人なら正確に把握できるが、当時の人々にはわからなかったことのひとつである。ケネディは都市部の人口、人口一人あたりの工業化度、鉄や鋼鉄の生産量、エネルギー消費量、製造業のシェア、軍人数、軍艦のトン数などについても同様に時系列で表にまとめている。これらの情報はきわめて貴重なものだが、調査対象となった時代にも、また二十世紀に初期の回顧的歴史書の大半が書かれた時期にも知られていないことだった。

そうした注意点はあるものの、本書でははるか昔に世を去った支配者たちと、彼らの国が下した決定について考察している。近代の大国のなかで英国という国、とくにディケンズの名作が出版されてから五十年後に、英国がとつぜん相対的に衰退したことほど興味深い（あるいは議論を呼ぶ）ものは他にない。英国は一八八〇年には世界の覇権国だったが、第二次世界大戦後の数十年間にその植民地帝国を失った。一九四七年にはインド、一九五〇年代にはマラヤやガーナ、一九六〇年代にはアフリカの旧植民地が独立した。この衰退の世紀を締めくくったのは、一九九七年の中国への香港返還だった。

歴史家のニーアル・ファーガソンは、英国の衰退の原因は、「自由の戦士」による植民地主義の打倒という多くの人々が支持していることではないと主張し、植民地主義対自由という二分法は誤りであるという優れた説を唱えた。十九世紀には、世界の多くの国々にとって英国の植民地になる以外の選択肢とは独立ではなく、ベルギー、フランス、ポルトガル、ドイツといった、英国とはかなり異なる帝国主義国の支配下で苦しむことだった。経済学界では、旧英国植民地の国々は他の宗主国の植民地だった国々よりも、概してずっと経済的に豊かだったことが裏づけられている。英国の制度は他国とは異なっていたのだろうか。ファーガソンの意見ではそうではなく、英国が衰退した真の原因はもっと壮大な出来事、すなわち第一次・第二次世界大戦だったという。「大英帝国を最終的に崩壊させたのは、帝国主義のライバル国との戦いにかかった莫大なコストだった」と彼は記している[1]。

近代史において、「一九一四〜四五年にかけてのヨーロッパの自己破壊ほど大きな出来事は他になかった」という見方に多くの人々は同意するだろう。ポール・ケネディもこの説に同意したうえで、英国は一八〇〇年代後半に領土を拡大しすぎたため、世界各地に展開した海軍の費用をまかなえなくなったのだと付け加えるに違いない。少なくとも、二回の世界大戦によってヨーロッパの相対的な強さが消滅したというのは議論の余地がないように思える。

しかし、著者らはなお疑問を抱いている。英国のGDP、生産性、経済成長率のデータを見れば、英国の衰退という話全体の説得力がなくなってくる。公正のために言うと、ケネディは、英国の衰退とは経済成長が英国に追いついてきた他のヨーロッパ諸国と比較した場合にのみ言えることだと強調している。英国での一日あたりの平均所得は一七〇〇年には三・四〇ドルだったが、一八二〇年には四・七〇ドル、一九〇〇年には十二・三〇ドルまで急増した。英国は第二次世界大戦の初期までこのリードを維持していたが、他のヨーロッパの強

図19　1700〜1938年のヨーロッパ諸国の所得水準
（1日あたりの人口1人あたりGDP、1990年のドルベースによる）

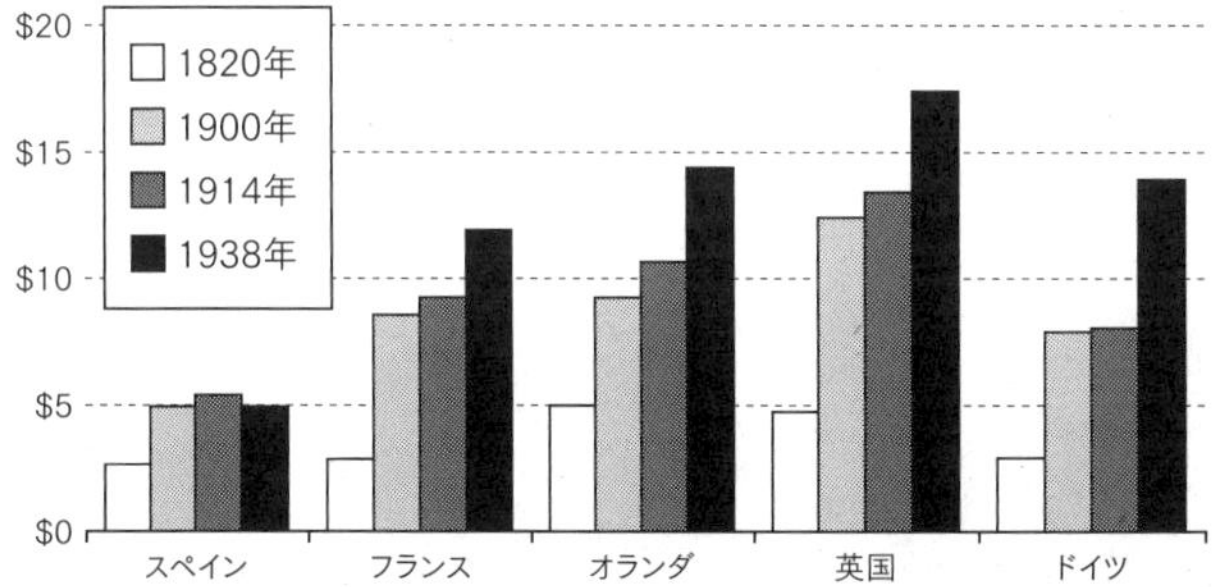

出所：アンガス・マディソン、The World Economy

国も一九三八年には追い上げる動きを見せていた。参考までに書くと、一九三八年の一日あたりの平均所得は英国では十七・二〇ドル、米国では十六・八〇ドルだった。

しかし、重要なのはその点ではない。著者らが疑念をもっているのは相対的な衰退か絶対的な衰退かよりもはるかに大きな問題である。当初、本書には英国に関する章を入れる予定はなかった。われわれから見て、大英帝国の衰退の物語にはどの殺人事件のミステリーにも欠かせないもの、つまり〝死体〟がないからである。とはいえ、大英帝国を無視して大国の衰退を論じるのは不可能だと考えられるため、著者らの見解を示しておこう。第一に、現在はインターネット上で自由に手に入るが、最近までほとんどの歴史家に知られていなかった経済的データを見ると、英国は絶対的な意味では決して衰退していないことがわかる。第二に、英国より人口がはるかに多い国々があり、そうした大国が技術水準のフロンティアに収斂していく可能性が高いシナリオのもとでは、英国の「力」の衰退はおそらく避けられないことだったと考えられる。第三に、英国は、利益集団による損失回避や政治的停滞という定型的なパターンのもとで、みずから経済的・政治的不均衡に陥ったのであり、とくに異例の経緯をたどったわけではないと考えられる。

英国が最終的に不均衡に陥った原因は、その人的資本政策、あるいは市民権の考え方にあった。英国政府は、米大陸やインドなど世界中の植民地の住民を市民ではなく被支配者として扱い、帝国崩壊の種をまいた。英国が七つの海の各所に船の燃料の補給基地をもつ大国だったとしても、人的資源の面で重要だったのは英国の規模の拡大が不充分だったことである。大英帝国がもっと〝英国〟を拡大して帝国主義的な色合いを薄めていたら、いまだに超大国として存続していたかもしれない。

英国はどのように発展したのか

一九〇九年当時の大英帝国の領土は全世界の土地の四分の一に及び、これはフランスの支配下にあった植民地の三倍の規模だった。また、英国は世界人口の四分の一も支配していたが、彼らを英国の市民として扱ったわけではなかった。英国が覇権国として拡大する原動力になったのは、その経済が規模と技術水準の両面で比類のないレベルに達していたことだった。

一七〇〇年にはオランダの人口一人あたりGDPが英国のそれを約四十パーセント上回っていたが、世界的な貿易大国となった英国の所得水準は急上昇した。図19が示すように、十九世紀中に英国はオランダよりも早く産業化し、この国を追い越した。そして、二十世紀前半の重要な時期においても、他のヨーロッパ諸国に対する優位を維持した。これらのデータもその背景とともに捉えなければならない。人口一人あたりGDPの指標は各帝国内の住民すべてではなく、本国の国民しか対象にしていないことに注意しよう。また、英国には帝国としての大規模な貿易のほかにも、他国ときわめて異なる特徴があった。それが産業革命として知られる技術の飛躍的発展である。産業革命は一八二〇年に「起きた」とされることが多いが、経済史家らは産業の起源をそれより百年前に起きた多くの変化に求めている。蒸気機関は一七二〇年代におそらく英国のコーンウォールの炭鉱で初めて実用化され、その五十年ほど後にジェームズ・ワットの改良によって劇的に進歩した。ワットは同じ動力を得るのに必要な石炭の量を三分の一に減少させる、分離冷却のしくみを蒸気機関に採り入れたのである。一七六〇年代には、リチャード・アークライトによる精紡機の発明などの革新のおかげで織物の供給量が増え（そしてその価格が下がり）、産業革命は一般の英国民の目にも明らかになった。アークライトの発明によって、綿花の繊維から糸を生産する作業は小屋から世界初の工場へ移ることになった。初期の工場制度の社会的影響に関するカール・マルクスの解釈とは対照的に、この新たな工場制度は資本から労働をはっきりと切り離すものではなく、低賃金労働者にとっては資本設備を活用し、結果的に生産性（および賃金）が上昇する可能性を大きく高めるものだった。

シカゴのイリノイ大学の経済学者であるディアドラ・マクロスキーは、あらゆるハードウェア関連の革新の周辺で起きた変化のほうがさらに重要であり、それは商人階級を下賤の民ではなく英雄的な人々として受け入れる文化的容認だったと主張する。(2) 著者らはこの文化の話については説得力があると考える。ただし、マクロスキーは経済的制度と文化的要因を区別するという難しい作業をしたようだが、われわれはそれらを区別しない。商人階級が英国の拡大初期の原動力になったのはたしかである。アセモグルとロビンソンによると、一六八六年にはロンドンに「カリブ海の島々へ商品を輸出していた」商人が七百二人、「同地域から商品を輸入していた」商人が千二百八十三人いたという。(3) また、北米との輸出入に携わっていた商人も同じくらいいた。英国の台頭のもっとも基本的な要因が何だったかについて最終的な判断を下そうとするよりも、一八二〇年から百年も前の時期に、統治、財産権、文化、商業、宗教、科学の各分野で、お互いを高め合うような自由化が実現していたことを理解しよう。産業革命は〝多軸の支え〟として英国の台頭をもたらす力になった。

著者らの経済力測定法を使えば、英国の台頭を理解できる。一九〇〇年をベンチマークと

表6　各国の経済力（1900年の英国との比較）

	1600	1700	1820	1900	1914	1938
ドイツ	1%	0%	2%	57%	118%	162%
英国	0%	1%	5%	100%	125%	136%
オランダ	0%	1%	0%	7%	12%	37%
フランス	1%	1%	2%	36%	39%	130%
スペイン	0%	0%	1%	5%	8%	3%

して考えてみよう。この年における英国の人口一人あたりのGDPは（一九九〇年の国際ドルベースで）四千四百九十二ドルだったのに対し、フランスは二千八百二十六ドルだった。また、GDP総額は英国では千八百五十億ドル、フランスでは千百七十億ドルだった。そして、一九〇〇年までの二十年間における年間経済成長率の平均は、英国は二・二パーセント、フランスは一・五パーセントだった。この三つの数字を著者らの計算式に入れると、一九〇〇年における英国の経済力のスコアはフランスの三倍にあたる。ただし、これらは本国のみの経済力であって、植民地を含めたものではない。こうしたスコアは相対的な意味合いのものであり、表6はヨーロッパの五つの大国について著者らが計算したスコアである。ここで驚かされるのは、一九〇〇年に英国が圧倒的な経済大国だったことだけでなく、英国の経済力がたった八十年で二十倍になったことである。

十九世紀におけるドイツの経済力の発展も印象的である。一九〇〇年の英国の水準と比較したドイツの経済力は、一八二〇年には二パーセントだったが、一九〇〇年には五十七パーセントに上昇し、一九〇〇〜一四年にかけてさらに二倍に伸びた。また、ドイツは第一次世界大戦中に人口の五パーセントを失ったものの（英国は人口の二パーセントを失った）、その経済力はすみやかに回復し、一九二〇〜三〇年代には英国を上回った。フランスも二十世紀前半には農業中心の停滞状況から抜け出して産業化を急速に進め、一九三八年には英国の相対的経済力に比肩するようになった。

それは英国が衰退したということなのだろうか。その見方にも一理ある。第一次・第二次世界大戦期における英国の年間経済成長率の平均は〇・八パーセントだったが、フランスは三・六パーセント、ドイツは二・九パーセントだった。じつのところ、英国はその技術面の優位性を二十世紀の最初の数十年で他国に譲ってしまったのだが、その相手は米国ではなく、ヨーロッパのライバル諸国だったのである。しかし、英国は絶対的な意味では衰退しなかった。一九四五年、英国は自国よりはるかに大規模な同盟国の米国やソ連とともに戦争に勝利した。さらに重要なのは、一九五〇年以降も英国経済は健全なペースで成長し続けたことである。英国、米国、日本の人口一人あたりの実質GDPを示した図20を見てみよう。一九六〇年における英国の経済力は（著者らの測定法では）米国の二十分の一にすぎなかったが、それはほとんど人口の違いによるものだった。そして、その後五十年にわたって英国の経済力は成長した。同国の人口一人あたりGDPは一九五〇年には（一九九〇年のドルベースで）

**図20　戦後の英国、米国、日本の生産性の比較
（1990年のドルベースによる人口1人あたりのGDP）**

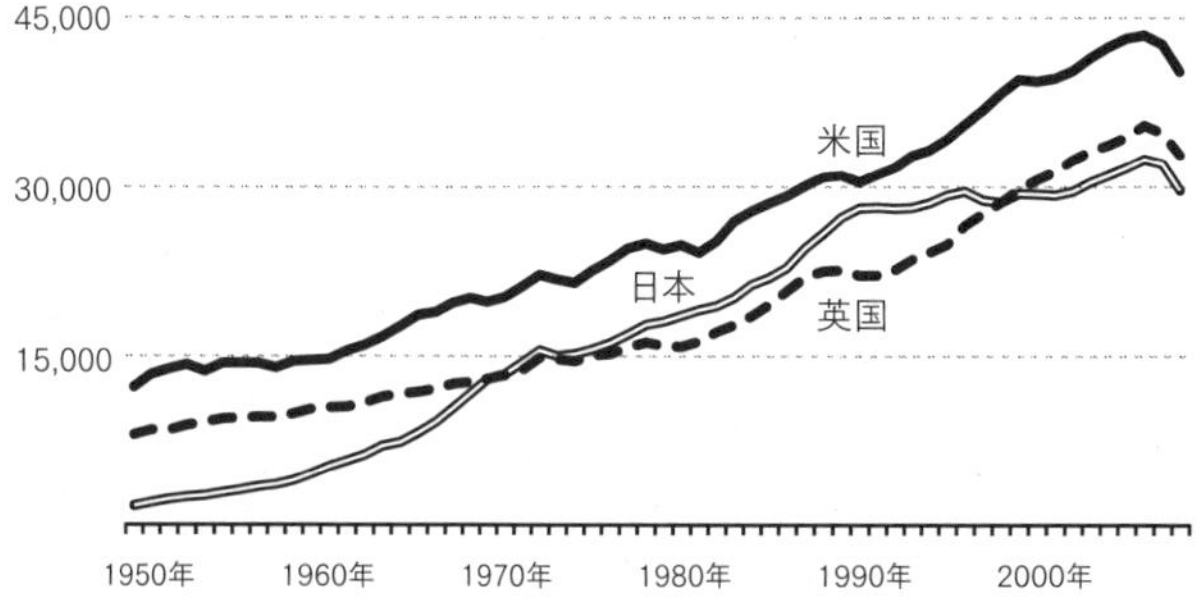

出所：Penn World Table, Mark 7.1

一万ドルだったが、二〇一〇年には三万五千ドルと三・五倍に増大した。先述のたとえを使うならば、二度の世界大戦の前も後も英国は決して〝死体〟にはならず、ただ非凡な存在ではなくなっただけなのだ。問題はそれがなぜなのかである。

一八七〇年代に英国の知識層は自国の経済に驚嘆しながらも、他国が追いついてくることは理解しており、自国のリードをどう維持したらよいのか悩んでいた。自慢の自由貿易に関するコンセンサスが崩れ始めたのはその一端にすぎない。政治学者のアーロン・フリードバーグの著書『繁栄の限界』では、英国が経済、海軍、陸軍、財政の四つの分野で衰退傾向と格闘し、多くの面で成功を収めたものの、完璧にはいかなかったことが説明されている。「十九世紀末、英国の指導者らは『国家の経済力』が重要であるという考えは共有していたが、国の経済力とは具体的に何を意味してい

るのか、またそれをどう測定するのかについての合意はできていなかった」[4]。一九〇〇年当時の英国の首相が、いま存在しているような経済成長の分析的な枠組み、すなわち規模、革新、〝経済発展を実現する人的資本や制度を重視する投資〟などに着目する枠組みを活用できていたらどうなっただろうか。もしかすると彼は相対的な衰退を阻止できたかもしれない。しかし、当時はＧＤＰも生産性も理解されていなかった。彼らがもっていた評価基準は不完全な貿易勘定と、鋼鉄・石炭などの多様な商品に関する生産データの寄せ集めだった。優れた経済の評価基準がなかったために誤った自信が生まれ、発展が妨げられてしまったのだ。もちろん、英国の脆弱さの種が最初にまかれた、一七七六年当時の国王にも同じ理屈が当てはまる。

無益な予言

十九世紀後半から二十世紀前半にかけての英国の政治家の心理や意思決定において、英国のアイデンティティーはきわめて重要な要因である。歴史家のリンダ・コリーは英国人気質に関する論説文で次のように述べている。「それほどに巨大で見るからに異質な帝国を有していたことで、英国人はみずからを他とは違う特別な存在とみなし、他国民より優れていると考えることが多くなった。彼らは、完全に理解しているわけではないが、英国よりずっと後進的だと広く考えられていた社会と比較して、自国の法律や生活水準、女性の地位、政治的安定性、そして何よりも集団としての力を評価した」[5]。こうした国としてのプライドは、自由貿易の経済モデルや、アダム・スミス、ジョン・スチュワート・ミルらの教えにも感じられる。十九世紀の大半を通じて実現した英国の覇権や成功のほとんどは、英国のアイデンティティーの基本である「自由放任」の経済原則から生まれたものだった。

残念ながら、みずからを自由な国民と考えていた英国人の自負は全面的に正しくはなく、彼らの自由の概念は狭いものだった。英国議会は自由な社会に奴隷制があることの偽善性を他の大国よりもずっと早く認識し、それについて行動を起こした。一八〇七年に英国議会で大西洋での奴隷貿易を禁止する法律が成立したことは、大国が短期の経済的利益を顧みずに「善良な」力を発揮した、もっとも輝かしい事例だろう（奴隷制は経済成長を妨げたものの、奴隷貿易の収益性が高かったのはたしかである）。しかし、英国はそれ以外のあまりにも多くの面で、同国の指導者らが思っていたほど自由な国ではなかった。

民主政体や人権意識のパイオニアだった英国は、一日や一世紀のうちに本格的な民主制へ移行したわけではない。じつのところ、英国に代表民主制が初めて成立したころには、制度の運用上、参政権のある「市民」と、もっと数が多く参政権のない「被統治者」が区別されていた。

一七六五年に成立した印紙法や同様の課税法は、英本国の住民でない被統治者に諸権利が

英連邦構想——大ピットの夢？

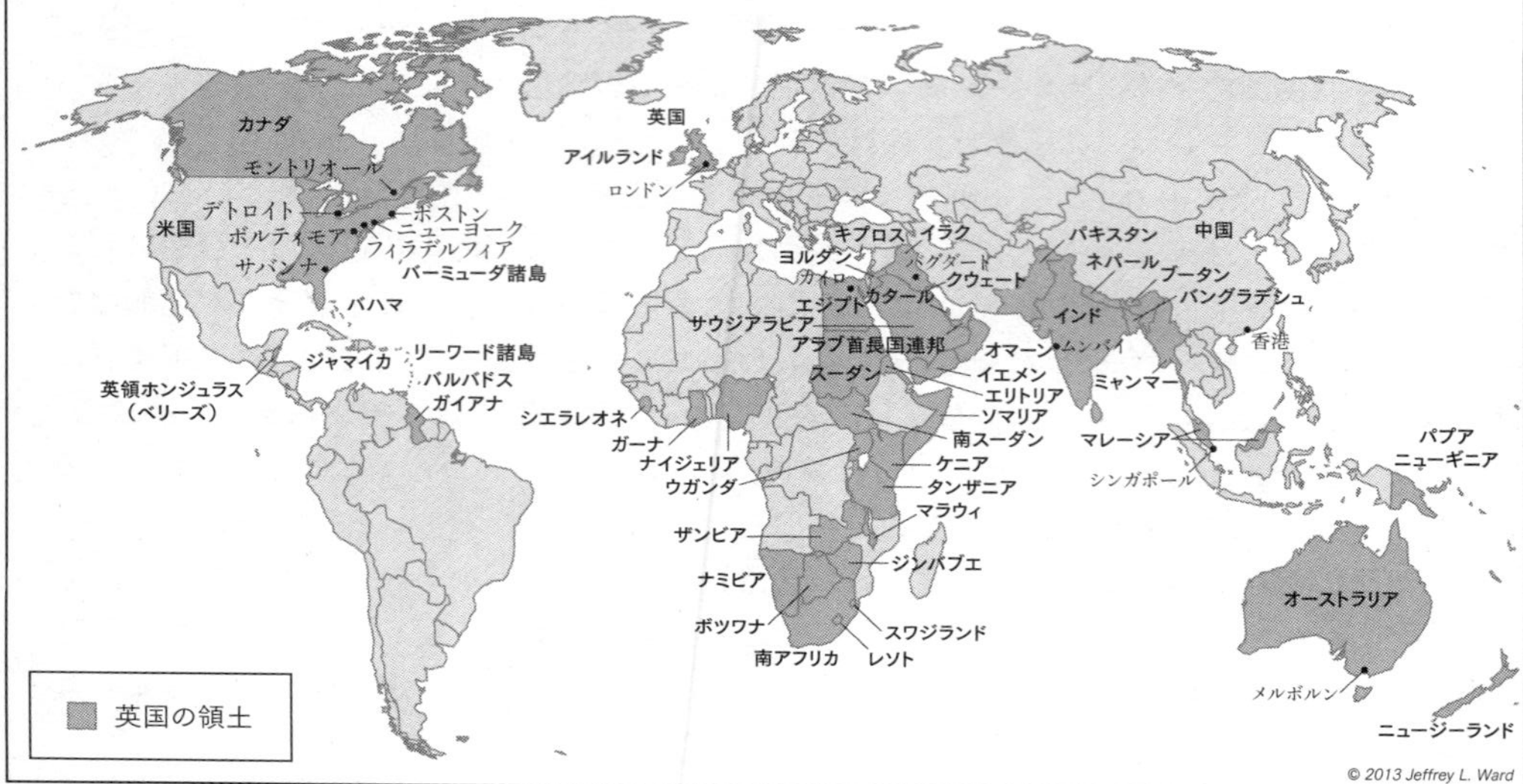

ないことを浮き彫りにした。この印紙法は一見悪意のないものに見える。これは北米での軍隊の駐屯を支える財源のひとつにすることや、フランスとの七年戦争にかかった莫大な費用をまかなうという目的を示したうえで、英国議会が北米の被統治者に課した直接税だったからだ。しかし、ジョージ・グレンビル英首相の短い政権で印紙法が成立する前に、そうした税法はすでに数々の政権下で検討されては廃案になっていた。印紙法の影響はまさに甚大だった。これによって、植民地で使用される公文書用の紙は、すべて課税と認可を示す印紙が貼られたものをロンドンから輸入することが義務づけられた。新聞紙すらそれに含められ、大学の学位や弁護士資格の証明書といった公文書の紙には、ひときわ高い税金がかけられた。これには植民地で専門職階級が増えるのを抑制する明らかな意図があり、税収増大よりも職業統制と中央計画を臭わせるものだった。米植民地の住民は激怒した。英国の法律では議会に課税対象者の代表がいることが課税の最低条件だったが、英国議会に米植民地の代表はいなかったからだ。米植民地では各地で抗議運動が勃発した。これはしばしば暴力的にもなり、印紙を貼られた紙が使用されることは結局なかった。

英国で事実上首相を二度務め、人気の高かったウィリアム・ピット（大ピット）は、印紙法の可決にあきれ返ったという。ピットをはじめとする英国議会議員らは、印紙法は適切ではないと警告した。同法の施行から一か月あまりたった一七六六年一月に、ピットはこう語っている。

彼らはこの王国の被統治者であり、あなた方と同様に人間のあらゆる生来の権利や英国民独自の特権を有する資格をもち、英国の法律に従い、この自由な国を構成する人々である。米大陸の住民は英国の息子であり、非嫡出子ではない！　課税は統治権や立法権の一部ではないのだ。[6]

植民地住民の怒りに英国議会は驚いた。もっとも、植民地に同情的なピットらの人々は、印紙法は英国憲法の核心的な原則を侵害していると警告し、被統治者の同意なしの課税は実施しないことを保証する、一六八八年の権利章典の存在を指摘した。英国議会の議員になれるのは英諸島の土地所有者のごく一部に限定されていたものの、民主主義的な代表の原則は尊重されていた。英国の土地に対する課税権をもっていたのは英国議会だったが、植民地の住民に対する課税権をもっていたのは植民地の代表機関だった。印紙法はその境界線を侵すものだったのである。

周知のように、英国王ジョージ三世とその政府は植民地で起きた暴力行為に立腹し、過剰反応した。これは本国のプライドがかかった問題だった。議会はまず税率を下げようとし、その後印紙法を完全に撤回したが、いっぽうで宣言法を成立させて統治上の絶対主義を主張した。この法律が何を宣言したかというと、英国議会は「いかなる場合においても」植民地に課税できるということだった。それから一年とたたないうちに、英国議会はタウンゼンド諸法と呼ばれる五つの追加的な課税法をつぎつぎに可決した。ロンドンの支配者層は、これらは植民地の輸入品に対する関税という間接税であるため、印紙法ほど反対されないだろうと考えていた。とくに論議を呼んだ法律のひとつは、英本国に輸入される英国東インド会社の茶に対する関税を引き下げて、オランダ産の茶に対する競争力を増大させるいっぽう、植民地が輸入する茶に対する関税を引き上げて減税分を補塡するものだった。これほど露骨に不公平な処遇があるだろうか？

その後、米植民地では英国の茶がボイコットされ、これは本国の怒りを呼んだ。一七六八年、英国はボストンに戒厳令を敷くために軍隊を米植民地に送りこみ、一七七〇年には抗議行動をとった五人の植民地住民を英国の兵士が殺害するボストン虐殺事件が起きた。当時はまだ植民地住民の大半は英本国に忠誠心をもっていたが、本国から過酷な扱いを受けたことで公然と反抗する人々が増えていった。だが、その五年後に武装した反乱者らがレキシントン・グリーンで英軍と初めて公に戦ったときも、それが英軍と米軍の戦いだとは受け止められなかった。ニーアル・ファーガソンが指摘したように、この戦闘に先立ってポール・リビアが有名な伝令の役割を果たしたときに叫んだ言葉は「正規兵が来るぞ！」であり、一般にそう思われているような「英兵が来るぞ！」ではなかった。当然ながらどちらの側も英国人だったからだ。ファーガソンの見解のポイントは、一七七六年の独立宣言は事の本質、つまり〝内戦〟として理解されるべきだということである。

振り返ってみると、一七七五〜八三年の米独立戦争は大英帝国が経済的・政治的不均衡に転落した唯一の時期であり、その状況は二度と回復しなかった。この戦争は英国が勝てるものではなく、大ピットは一七七七年の最後の下院演説でその見解を述べた。「破壊はできても征服はできない。それは不可能だ。米植民地の人々を征服することはできない」(7)。英国の兵士がジョージ・ワシントンを殺害して独立運動を抑圧していたら、自由の精神も抑圧されたままだっただろうか。これについてアダム・スミスや大ピットらは、米植民地の人々は怒りを三十年持ち越して、ふたたび反乱を起こしただろうと主張した。また、大英帝国の大きな領土が失われたことで、産業革命によって経済の世界的な近代化が始まる前の時期でも、大規模な国々が経済的に収斂すれば、縮小した英国の勢いは必然的に衰えることになった。

わからないのは、なぜ英国政府が市民権を拡大し、議会に植民地の代表を入れるようにしなかったのかである。これはたんなる回顧的な空想ではなく、純粋な謎だ。まず、英国議会は米独立戦争の直前と直後にその規模を拡大していることを考えてみよう。一七〇七年、イングランド議会はイングランドとスコットランドの統合によってグレートブリテン議会になった。そして、一八〇〇年には同様の統合によって英国議会と名を改めた議会に、アイルランドの代表が迎えられている。また、大ピットの書類のなかには、議会を拡大して新大陸植民地の代表を含めることを提案した歴史的記録がある。とくに興味深いのは、一七六四〜七四年にかけての日付のない大量の書類のなかに見られるひとつの提案である。この「より適切な統合案」では、バージニアから四人、ペンシルバニアから四人、マサチューセッツから四人、ジャマイカから三人、ニューヨークから三人、カナダから二人、カリブ海諸島の各島から一人ずつといった形で、植民地の代表者を議会に迎えることが提案されていた。(8) この提案は大ピットや彼の盟友らによって広められたものの、支持者が少なすぎて真剣には検討されなかったと考えられる。

アダム・スミスの『国富論』でも、第四巻第七章で同様の提案が詳しく論じられている。スミスは英国領の米植民地が独立すれば、「世界にかつてなかったほど偉大で強力な〔帝国の〕ひとつになるだろうし、実際その可能性はきわめて高いと思われる」と予測している。そして、英国の主権は主張しながらも、「海の向こう側」の自由な人々の尊厳を繰り返し主張し、英国はそうした植民地の「多数の代表者を〔議会に〕受け入れるべきだ」と結論している。彼はさらに、ローマ帝国がその市民権を与える対象を拡大させたことにも何度か言及した。その文章からは、スミスが英国政府のエリート層の現実的な懸念、つまり米植民地出身者の数のほうが多くなるのではないかという不安を気遣い、それを未然に防ぐために収入にもとづいて代表者を選ぶ制度を提案したことが読みとれる。スミスは、代表者を受け入れなければあらゆる植民地は財産というよりも悩みの種になり、反逆も起きるだろうと予想した。しかし、その予言はピットのそれと同様に、議会議員や大西洋貿易を独占していた商人らの損失回避行動を覆すほどの説得力はなかった。

英連邦構想の再生

十三の米植民地を失ったとはいえ、大英帝国の領土が最大化したのはそのあとだった。英国の支配する地域が最大化したのは一九〇九年のことで、英国政府は経済規模拡大の二度目のチャンスを得た。英国は拡大した領土をまとめて統合的な連邦をつくる、つまりオーストラリア、ニュージーランド、インド、アフリカ、カナダの各植民地の住民に市民権を与えるのではなく、盟主としての性格が強い対植民地関係を維持することを選んだ。このように、大英帝国はローマ帝国やオスマン帝国とは正反対の人的資本政策を遂行し続けたのである。

しかし、宗主国と植民地という構造におもに反対したのは拡張主義者ではなく、リベラル派の英国議会議員で一八六八〜九四年にかけて首相を四期務めた、ウィリアム・グラッドストンらの人々だった。英国の指導者の多くは海の向こうの領土を「厄介な金食い虫で不要なもの」だと考えており、もっとも狭義の財政勘定上は間違いなくそうだった。リベラル派の議員だったチャールズ・ディルクの言葉によると、「英連邦」を構想する人はごくわずかだったという。一八八一年、ケンブリッジ大学の教授だったジョン・シーリーは連合体の拡大を求め、英国は蒸気や電気などの、世界を事実上縮小する新技術のおかげで、巨大な領土をうまく統治できる機会を得たと講義で述べた。こうした連合推進の気運にもかかわらず、英国は自己満足の現状に甘んじたままだった。英国の産業革命は世界の羨望の的であり、その海軍力も同様だった。

現在は周知のことであり、当時も一部の人々があえて指摘していたように、英国の勢いは衰えつつあった。一八九〇年代に自由統一党の党首だったジョゼフ・チェンバレンは、英語が話されている植民地の連邦体である「帝国経済連合」の創設をとくに強く主張していた。しかし、その運動は痛ましい結果に終わり、英国の知識層はどちらも誤っている二つの論陣に分かれての論争から抜け出せなくなった。自分の主張はそれとは違うことを明らかにするため、チェンバレンは英国経済が相対的に衰退しているという考えを支持せざるを得なくなり、ヨーロッパ大陸の強国の産業は驚くべき発展を遂げていると警告した。彼の意見に懐疑的な人々は、チェンバレンの衰退論に反論する根拠になる、対外貿易の絶対的拡大を示すデータの存在を指摘した。フリードバーグが著書『繁栄の限界』で詳述しているように、チェンバレンはそれに同意しないという重大な決断を下し、保護貿易主義、あるいは帝国特恵の政策を主張した。これらについては壁に囲まれた庭があり、その壁の内側でおこなわれる取引を優遇する制度だと考えればよい。チェンバレンは英国の勢力圏を大きく強力にすることの利点を強調した点では正しかったが、外部に対する障壁を高くするのではなく、内部の障壁を低くすることを目指すべきだった。チェンバレンに反対する人々が、自由放任主義の政策はもはや古すぎるという辛辣な批判を受けたにもかかわらず、自由貿易という英国の基本原則を擁護したのは正しいことだった。英国の政党のなかで、大英帝国を貿易面だけでなく、もっと深いレベルで統合することを求めるという論理的な行動をとったところはどこもなかった。

いっぽう、英本国の経済は、特定利益集団によるレントシーキングというパターンに陥りつつあった。マンサー・オルソンの古典的理論を明らかに体現しているのが英国のケース・スタディーである。一八一五年にワーテルローの戦いでナポレオンを打ち破って以来、英国は世界各地の植民地だけでなくヨーロッパに対しても覇権国の立場を平和裏に維持してきた。英国海軍の規模は通常、最大のライバル国の二倍に及んでおり、第一次世界大戦の勃発まで九十九年にわたるパクス・ブリタニカ（英国の平和）の時代をつくり上げた。この長期的な平和は特定利益集団の発展にもっとも好都合な環境だったとオルソンは主張し、こう述べている。「要するに、年月とともに英国社会にはきわめて多くの強力な集団や結託関係が成立したため、制度が硬直化して環境や技術の変化への適応が遅れてしまったのである」[9]。

技術面でより革新的な米国経済の後塵を拝するようになった英国は、その最盛期に比べてはるかに進取の精神が薄れた経済構造に移行した。公平のために言うと、英国は多くの偉大な科学者や発明を生み出してきた国だが、二十世紀後半に同国が相対的に停滞していたのはたしかである。英国の広範な国民医療サービス制度はひとつの戒めを示している。この制度は重い税負担をもたらし、その非効率性は有名で、改革が困難なのだ。一九八〇年代にマーガレット・サッチャー首相がこうした大きな政府の流れを押し戻そうとしたのは事実だが、英国の人口一人あたりＧＤＰの対米国比はほとんど変わらず、八十パーセントの水準にとどまった。巨額の金融取引などの一部の部門では、ロンドンはいまだに世界を主導する立場を維持している。また、英国は欧州連合（ＥＵ）との統合を進めるいっぽうで、独自の通貨をたくみに維持している。

では、今後英国はどうなるのだろうか。おそらくは、ヨーロッパ大陸の不安定な仲間に縛られ、また米国などの旧植民地の元宗主国として、これらの国々との特別な関係にも束縛されつつ、何とかお茶を濁しながらやっていくだろう。しかし、英国の将来を決定づけるのはそうした関係ではなく、英国政府が制度におけるパイオニアとしてのアイデンティティーを再発見できるかどうかである。

衰退の概要

大国 英国
転換点 一七七〇～八〇年
経済的不均衡 領土面
政治的な原因 英国の階級的・地理的エリート層による損失回避
行動面での機能不全 英国市民権を与える範囲が狭すぎ、市民と被統治者を区別した

第10章　ヨーロッパ

統一と多様性

私は、ヨーロッパの争いに決して積極的に関与しないことは、米国にとっての基本だとずっと考えてきました。彼らの政治的利益はわれわれとはまったく異なります。彼らの互いへの嫉妬心や力関係、複雑な同盟関係、統治の形態や原則などはみな、われわれとは無縁のもの。ヨーロッパとは永久に戦争をしている国々なのです。

——トーマス・ジェファーソン、一八二三年六月十一日付のジェームズ・モンロー大統領への手紙

レオナルド・ダ・ビンチやルーベンスといったイタリアやフランドルの巨匠の芸術から、カント、パスカル、ロックらの思想にいたるまで、ヨーロッパで生み出されたものは人類最高の偉業であると多くの人々が考えている。ルネサンス期がヨーロッパ大陸の大国の時代だ

ったのはたしかだが、ヨーロッパ全体をひとつの大国と考えるべきなのだろうか。本書のケース・スタディーが終わりに近づくにあたり、著者らの頭を占めているのは昨今のヨーロッパの財政危機である。この危機から教訓を得るのはまだ早すぎるだろうか。あるいは、ユーロ圏が過去から教訓を学ぶのはもう遅すぎるのだろうか。

ヨーロッパ諸国間で繰り広げられる「永久的な戦争」に疑念を抱いていたのはトーマス・ジェファーソンだけではなかった。当時の人々で現在のヨーロッパの連合、さらには統一の状況を見て驚かない人がいるだろうか。じつのところ、ヨーロッパをひとつの主権主体と捉える思想は昔からあり、それが現代になってふたたび現実のものになったのである。ヨーロッパは二世紀にローマ帝国の引力によって初めて統合され、その後九世紀初めにカール大帝によって再統合された。二十世紀半ばにもヒトラー率いるドイツによって統合の一歩手前まで行った。ヨーロッパは競合するそれぞれの政治主体に分裂したことでその総体的な経済力が高まり、比類なき世界のリーダーになったと考えられる。ヨーロッパは科学の世界を切り拓き、戦争の手法で他を圧倒し、外交関係において帝国主義を樹立した。

一五〇〇年以降、ヨーロッパに対抗できる他の文明国はごくわずかになった。そうした国はヨーロッパのいずれかの強国を利用し、それを他の国々と争わせることが多かった。もっとも強力にヨーロッパに立ち向かったのは北米で、南米もまもなく反旗を翻した。アジアやアフリカは怒りを抱えながら時を待った。

二十世紀になるとヨーロッパは一連の悲劇の舞台になった。大虐殺、全面戦争、専制政治などが、先人たちの想像を超えるほど徹底した形で実現したのだ。内向きの引力がふたたび暴力的に働いた。工業化がその引力をさらに強めたと考える人々もいる。ジョージ・オーウェルは小説『一九八四年』で、個人に対する国家の統制や、地域国家が巨大化していく地政学的傾向が、技術によって促される未来を予想した。この小説が出版されたのは第二次世界大戦の終結から数年後のことで、ヨーロッパで悲観主義がもっとも強まっていた時期だった。

幸いにも、オーウェルの予想は外れた。全体主義は北朝鮮、中国、ロシア、東欧の国々に出現したが、技術は個人に力を与え、経済成長を広めるという形でより大きな影響を及ぼした。二十世紀後半には帝国主義的な国家の巨大化に代わって、旧植民地が何十もの独立国家に分裂したが、その多くは不安定で未熟なままの独立だった。旧植民地にとっては困難な解放の半世紀だったが、自由の約束は徐々に経済的繁栄と組み合わさってきている。ヨーロッパにとって、暴力的な統一という考え方はすでに歴史のゴミ箱のなかに捨てられたものだが、平和的な統一という夢まで捨て去られたわけではない。

二つの国の国家統制主義

著者らが本書のアイデアを何人かの同僚に初めて話したとき、その考え方ではナチズムが説明できないという理由で反対された。ヒトラー時代のドイツは大国ではなかったのか？同国が軍事的原因で敗北したことは、いくら贔屓目に見ても著者らの説が不完全であることを裏づけているのではないか？

アドルフ・ヒトラーは帝国主義的な野心をもっており、ドイツの科学者は世界でもっとも優秀な部類に入っていた。メッサーシュミットMe262は世界初の実戦用ジェット戦闘機であり、無人のV2ロケットはロンドンの爆撃に使用された。一九三〇年代後半のナチス・ドイツの経済は世界有数の先進経済だったが、その進歩においてナチの制度が貢献した部分はほとんどなかったことは指摘しておかねばならない。ナチス・ドイツ時代に技術的成果が最高水準に達した背景にはドイツの優れた大学の存在があったが、そうした大学はヒトラーの独裁が始まった一九三四年よりもはるか昔に成立している。また、そうした大学制度は、ユダヤ人だけでなく道義心のあった非ユダヤ人の学者まで追放するという、あからさまな人種差別をおこなったことで衰退した。アルバート・アインシュタインはナチスが権力を握った一九三三年に米国を訪れ、賢明にもドイツへ帰らないことを決意した。〝データになる逸話〟もあるのだ。

ナチズムのメタ制度が示した統治思想は、現在では大半の経済学者が経済成長にとって望ましくないと理解しているものである。ナチ（Nazi）という言葉は国家社会主義（Nationalsozialismus）の短縮形であり、国家（Na）は中央の権威を、社会主義（Zi）は国家が高圧的な役割を果たすことを意味している。ファシスト社会の経済は企業の財産を尊重していたかもしれないが、この経済では国民が最大の責任を負う対象は国家であり、民間の利益、民間の労働者、それらの所有者の自由意思などではないことが明確にされた。そしてナチズムは企業統制を重視し、起業家をほとんど評価しようとしなかった。

ナチス・ドイツやファシズム期のイタリアが平和的に繁栄できたかどうかはわからない（その可能性は低いと思われる）。むしろ、第二次世界大戦勃発までの短い前段階におけるこうした国々の経済成長は、「国家統制主義者」による国の乗っ取りという、本書ですでに見慣れたモデルに当てはまる。政府が干渉主義的な姿勢を強めて自由経済を中央指令型経済に変化させると、かつて独立的だった民間企業の富を一気に吸い上げることで国は繁栄する。しかし、財産税がとつぜん賦課されたときのように、独裁者の権力が強大になると、富を創造しようとする民間部門のインセンティブは減退する。

ナチの経済が存在したのは十二年間だけだった。今となっては、その国家統制主義的なモデルはやがて不振に陥り、崩壊しただろうと推測するしかない。しかし、もっと長く続いた国家統制主義経済で記憶に値するものはたしかに存在した――それはソ連である。一九一七年のロシア革命後に成立したソ連は工業化を進め、第二次世界大戦では連合国の一員としてナチス・ドイツ（そして短期間ながら日本）と戦い、その後は一九四五〜九一年にかけて世界のパワーバランスを二極化させた二つの超大国のひとつに成長した。

ソ連は計画経済の国で、ゴスプランというモスクワの中央集権的な委員会を通じて、商品の多様な供給形態のすべてを統制しようとした。ゴスプランは一九二〇年代に助言機関として創設されたが、その「助言」はやがて命令になった。これは一九二八年に始まった共産党の五年計画に不可欠な統制メカニズムであり、ゴスプランは一九三〇年に中央統計局と統合された。中央政府の官僚は考えられるすべての商品について指令を出したが、その計画は消費財を犠牲にして重工業生産を促進しようとするものだった。この制度では価格は市場均衡を反映するものではなく、優遇された商品によって歪められた会計手段にすぎなかったが、ソ連にはそれ以上に悪い面があった。ソ連の建国者らは奴隷労働のための強制収容所を設置したのだ。その目的は政治的反対者の処罰や、自分たちの考える産業的ユートピアのために価値を搾り取ることだった。一九二〇年代にはこうした強制収容所の労働者の数は最大で七万人にのぼった。しかし、それよりさらに悲惨だったのは、レーニンがその権力を確立した一九二〇～二一年に農民が飢餓状態に追いこまれ、数百万人が餓死したことだった。

レーニンの謎めいた死を受けて、一九二四年にヨシフ・スターリンがソ連の独裁者の地位につくと、強制収容所はさらに拡大された。経済学者のブライアン・カプランはこう説明する。「一九三〇年までに収容者は百万人を数え、一九四〇年には収容所群島に一千万人もの哀れな人々が収容されていた。彼らの死亡率は年間で十～三十パーセントと異様に高かったが、それは収容者が凍える寒さのなかで、最低限の食料や衣服しか与えられないまま、採鉱や木材切断などの重労働を強制されたからである。収容者はＮＫＶＤと呼ばれる秘密警察のエリート層に支配されていた[1]」。

こうした恐ろしい面があったにもかかわらずソ連は劇的に発展し、未来を象徴する国だと多くの人々が考えた。スターリンの軍隊はナチの軍事機構の大半を粉砕しただけでなく、ヨーロッパの東半分も征服した。

ここで、過去にさかのぼるタイムトラベルができたらと考えてみよう。あなたがなぜか一九五三年一月のホワイトハウスにたどりついて、新たに就任したドワイト・Ｄ・アイゼンハワー大統領と三十分話す時間を与えられたらどうするだろうか。そのころアイゼンハワーの肩にのしかかっていた歴史の重圧は、それまでのどの大統領も経験したことのないほど大きかったはずである。当時の状況は次のようなものだった。

朝鮮半島では共産主義の北朝鮮と、韓国内の国連連合軍（ソ連を除く）とのあいだで激しい戦争が勃発していた。戦争は膠着状態に陥っていたが、その四年前に核武装したソ連と米国の敵対的な関係は続いていた。米中央情報局はそれから八年にわたって、「ソ連の軍備はかつてなく強大化しており、それは欧米が太刀打ちできないほど急速に成長している、ソ連の産業経済と同様である」と警告し続けた。いっぽう、ソ連のニキータ・フルシチョフ首相は、ソ連は西側諸国を「葬る」だろうとほくそ笑んだ。米国民は自国の相対的な衰退にうろたえ、そこをジョー・マッカーシー上院議員につけこまれて、「非米国的」な行動に関する下劣な審問がなされた。また、ソ連は宇宙に兵器を送りこむロケットの開発に着手しているとの報告もあった。一九五七年には地球を周回する初の人工衛星スプートニクが打ち上げられ、ソ連が西側諸国と技術的に対等になったどころか、明らかに追い越したことを見せつけた。

では、あなたは自分の知識をもとに、アイゼンハワー大統領に何と言うだろうか。共産主義と資本主義の冷戦に直面した彼にどんなアドバイスをするだろうか。著者らであればこう言うだろう。「大統領、たしかにソ連が体現している共産主義の力は圧倒的に見えますが、それは錯覚です。最終的には、とくに米国民が動揺しなければ、ソ連にとって良い結末にはなりません。共産主義は産業面の短期的便宜のために国民を奴隷化するという不幸な実験ですが、その制度はわずか数十年ほどで自壊します」。この答えは、すでに事の成り行きを知っているからこそではあるが、著者らの説の概要そのものでもある。ソ連の共産主義制度は劣っていたのだ。

今では誰もが共産主義は反対すべきものだと考えているが、当時は多くの評論家が共産主義の制度、すなわち中央計画経済の一党独裁制は、時代遅れの立憲民主制や自由市場経済より優れていると思っていた。米国のジャーナリストでソ連を訪問したリンカーン・ステファンズは、「私が目にしたのは未来であり、それはうまく機能していた」と言い切った。実際、西側諸国では経済学の教科書を著した学者たちのあいだに、ソ連の経済成長率やその持続性に関する過大評価が広まっていた。[2] ノーベル賞を受賞したポール・サミュエルソンの書いた定番の教科書『経済学』は、ソ連と米国の発展可能性に関する議論を促した。一九六一年版の同書には、一九六〇～二〇〇〇年の四十年間にソ連のGNPが米国のGNPを追い越すことを予想する図が掲載された。この版では比較の起点の年は一九六〇年で、同年における米国とソ連のGNPの比率は百対五十だった。その後の版では起点の年は変更されたが、当初のGNP比率は変わらず、一九七〇年版でもこの比率は百対五十だった。しかし、一九八〇年版になるとこの比率は百対五十五に訂正されている。長年にわたって、この比較は多くの学生が初めて目にする経済学の図であり続けた。同書の後の版では、ソ連が米国に追いつかなかったのは「悪天候」が原因だとされたが、一九八〇年版ではこれが「不幸な過去」に改められた。一九八九年版にはこんな一文も入れられている。「ソ連の経済は、多くの懐疑論者がかつて考えていたのとは逆に、社会主義計画経済は機能し、繁栄さえすることの証拠である」。

しかし、現代の私たちにはもっと知識がある。国家統制主義は永遠に魅力的だが、実際の経験から、国家統制主義が約束することは強制の上に成り立つことがわかっている。労働の強制はさまざまに名を変えておこなわれるが、奴隷制は民間部門でも公共部門でも決して効率的ではなく、まして道徳的でもない。ソ連の制度によって同国は急速に工業化が進んだものの、それは自国民や、ウクライナからラトビア、クロアチアにいたる衛星国化した近隣諸国の国民の多大な犠牲と引きかえにしたものだった。現在では、ソ連の「経済成長」の基盤は、その生産性がフロンティアの五割ほどの水準まで上昇したことだったと考えられている。これは制度的インセンティブを犠牲にして、総GDPを短期間で増大させた典型例である。いずれにせよ、ありがたいことにアイゼンハワー大統領は、未来から来た助言者に助けてもらわなくても、国家管理型の経済はうまく機能しないことを理解していた。

理論モデルとヨーロッパのスーパーモデル

ソ連が国家経済を組織化する極端な手法を示したとすると、その対極を表しているのが米国である――こうした考え方は西欧の多くの人々にとって都合のよいものだった。米国のモデルを「カウボーイ資本主義」と呼ぶ声もあったが、ほとんどの人々は米国の「自由放任主義」の自信過剰と不平等性を笑い、米国の都市部のスラム街を見てみよと嘲るばかりだった。フランス、ドイツ、英国の知識層は、自国はこの二つの極端な例のあいだに位置する、「混合経済」という穏健な中道の立場にあると考えようとした。その制度では生産的資産の私的所有が尊重されるいっぽう、そうした資産は国家による規制と課税の対象にもなる。

米国と対比されるこの混合経済は、魅力的だが虚構である。これを虚構と考えるのには二つの理由がある。第一に、米国の資本主義はそれを批判する（あるいは擁護する）人々が考えるほど野放図なものでは決してなかった。近代的な国々の大半がそうであるように、米国にも老齢年金や失業保険、貧困層のための医療制度などの国家的プログラムに加え、労働者、環境、社会的正義を充分に保護する法律があった。これらはみな半世紀前には導入されている。第二に、経済理論を使うと単純に考えすぎるという罠にはまることがある。だからこそ、経済学者は競合する理論を裏づける、またはその誤りを立証する現実世界の証拠をつねに探している。混合経済の場合、現実世界の制度は「無政府状態か国家統制か」という一元的な選択よりもはるかに複雑なものである。

第一章で論じたように、経済学については研究室でおこなえる実験はほとんどなく、そのかわりに歴史やデータに注目する。国家レベルのデータが充実してきたため、現世代の経済学は机上のモデルから現実世界の経験主義に移行している。理論モデルは形式的理論の全盛期（基本的に一九四〇〜八〇年）におけるほどの重要性はなくなったと思われがちだが、世界情勢に即して考えるならば、それぞれの国家を経済的なスーパーモデルとして捉えるのがよいだろう。現在ではEUが成立しているとはいえ、経済学者などの論者がヨーロッパを単一で均質的な社会のように語るのはよくある間違いである。

ヨーロッパには大まかに言って三つのスーパーモデルがあると考えるとわかりやすい（もっとも、ヨーロッパのどの国も何らかの面で独特ではある）。その三つとは中心国、北部諸国、南部諸国である。中心国とは四つの大国、すなわちドイツ、英国、フランス、オランダである。北部諸国はスウェーデン、フィンランド、ノルウェー、デンマーク、アイスランドであり、こうした国々は民族的・文化的には独特だが、その経済政策は概して中心国に似ている。南部諸国、すなわちギリシャ、スペイン、イタリア、ポルトガルは全体的に北部諸国より貧しいが、人口一人あたりGDP（生産性）の対米国比の水準を見ると、一九五〇年年代には二十五パーセントだったが、一九七〇年代には六十パーセントまで上昇した。イタリアは南部の他の国々に比べると成長率が高く、一九九〇年代には中心国のほうに近い状況だったが、生産性の水準は六十七パーセントでスペインやギリシャと同程度だった。この三つのスーパーモデルの経済動向の違いは図22を見れば明らかである。この図からは、過去四十年間は生産性の平均的な水準があまり変わっていないことが読みとれる。

また、四つ目の東欧というグループもあり、ソ連の旧衛星国のエストニア、ウクライナ、ポーランド、バルカン諸国などで構成される。しかし、この地域における一九九一年以降の改革があまりに多様だったため、これらの国々に共通する制度が何かは明確でない。たとえば、ロシアと隣り合うエストニアは、現在はEUのみならずNATOの加盟国でもあり、国の通貨としてユーロを使用している。いっぽう、ベラルーシはロシアよりも計画経済色が強いままである。

こうした相対的な経済成長実績は、国際経済学ではもっとも定型化されたデータのひとつ

図21 2010年のヨーロッパ34か国の経済力(円の面積はGDPを表す)

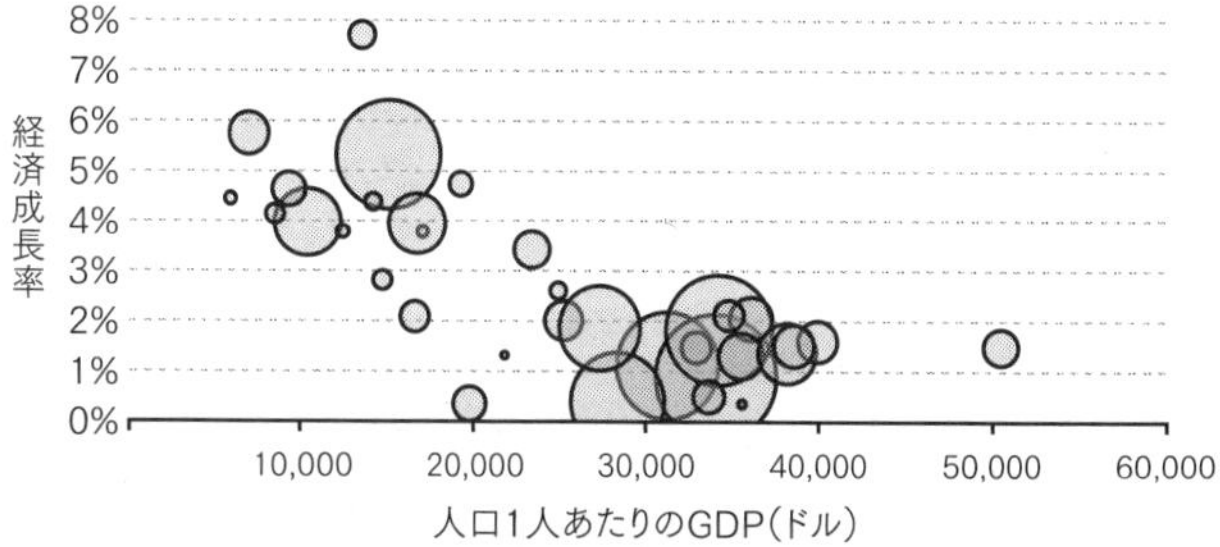

出所：Penn World Table 7.1

図22 米国の水準と比較したヨーロッパ諸国の人口1人あたりのGDP

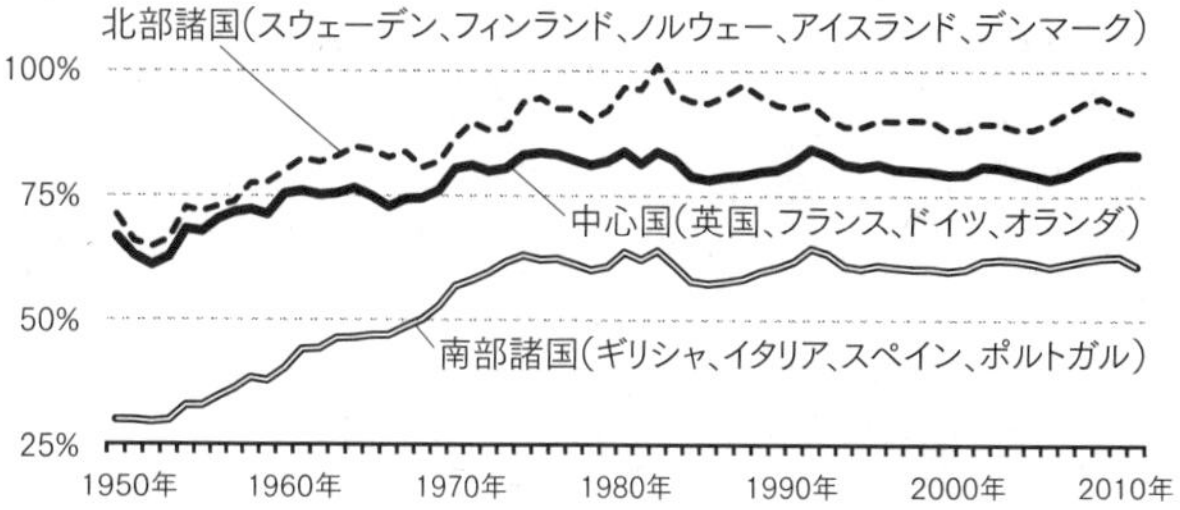

出所：Penn World Table, Mark7.1

だが、政策立案者も学者もこれをあまり評価していない。経済成長は、たとえばイタリアの二パーセントの経済成長率がドイツの同じ成長率と同等に扱われるなど、商品のように解釈されることがあまりにも多い。経済成長を解釈する著者らの枠組みは、「どの国も本来同等ではない」という見方から出発している。各国には多様な制度の組み合わせがあり、それが生産性水準の収斂状況を決定している。経済学者のスティーブン・パレントと、二〇〇四年にノーベル経済学賞を受賞したエドワード・プレスコットは、そうした考え方を「富者への障壁」と表現している。これは、「あらゆる国は同等になる可能性を秘めているが、同等にならないのは政府が民間部門の発展を妨げる最善ではない政策を実施しているからだ」と仮定するものである。パレントとプレスコットによると、相対的な所得水準の違いとは、「その国独自の政策によって、業務が制約されたり、より優れた生産法の工場単位での導入が制限されたりしていることのおもな結果である」[3]という。つまり、そうした障壁さえなければ、人口一人あたりのGDPが平均を下回る国の経済成長率は平均を超えるはずである。したがって、パレントとプレスコットは中国の二桁の経済成長率を奇跡ではなく、想定内の事象とみなしている。異例なのは南アフリカの経済成長率が二パーセントにとどまっていることで、そうした低い成長率は同国にとって悲劇である。いっぽう、南アフリカよりはるかに豊かなイタリアの経済成長率も同じ二パーセントだが、これはイタリアでは適切な水準である。

ユーロ圏に対する賛否両論と金利

残念ながら、ヨーロッパの指導者たちは過去数十年にわたり、「スーパーモデルの多様性を尊重し、生産性フロンティアについて学ぶこと」を重視してこなかった。そのかわりに、おそらく第二次世界大戦の暴力や冷戦時の核の脅威が忘れられなかったからか、ヨーロッパの人々は統一と調和を推進してきた。ヨーロッパと北米のあいだに所得格差があると考えられるときは、その格差について米国の経済規模の優位性を重視する説明がなされてきた。ヨーロッパが米国と同様に財、サービス、労働力、資本の市場をすべて統合できれば、平均所得は米国の水準に追いつき、もしかしたら追い越せる可能性もあった。

一九五七年のローマ条約はヨーロッパ統合の最初の礎になり、調印国間に共通市場がつくられ、貿易や労働力・資本の流れの障壁が減少した。このとき成立したヨーロッパ経済共同体（EEC）の当初の加盟国は、ベルギー、フランス、ドイツ、イタリア、ルクセンブルク、オランダだった。一九七三年にはEECにデンマーク、アイルランド、英国も加入した。ベルリンの壁が崩壊してまもなく、統合を推進する平和的な動きは確固たるものになり、一九九二年にはマーストリヒト条約によって、中央銀行や、限定的な権限をもつ中央議会、「ユーロ」という共通通貨を備えた真の欧州連合の基礎が確立された。ユーロ圏が初めて成立したのは一九九九年で、参加各国は為替レートを固定した。二〇〇二年にはユーロの硬貨や紙幣の流通が始まった。EUの二十七の加盟国（当時）のうちユーロ圏に参加したのは十七か国にとどまった。ノルウェーや英国などの経済力のある国々では、国民投票で独立通貨を維持することが決定されたからである。

ヨーロッパの経済統合を促したのは、多様性が低下すればヨーロッパ諸国間の「永遠の戦争」を永遠に鎮静化させられるという論理だった。二〇一二年のEUに対するノーベル平和賞の授与が適切だったならば、その目標はすでに達成されている。いっぽう、ヨーロッパ統合の経済面での動機は、統合による経済規模拡大によって経済成長が実現することだった。そうしたメリットは予想ほどうまく実現していないが、ユーロ導入後の最初の数年は順調に経過したとみられる。もしかしたら順調すぎたのかもしれない。二〇〇八年の世界的不況以降、失業し不満を抱いた若者たちがヨーロッパ各地で暴動を起こしたことから、統合による平和の代償はあまりに大きかったのではないかとの疑念がくすぶり続けている。

ポール・クルーグマンなどの批評家は、当初から共通通貨のユーロの導入は失敗する運命にあると警告してきた。だが、クルーグマンも共通通貨の原理が魅力的であることは認めており、そのことをマクロ経済学者に対する最近の講演で次のようにまとめている。「共通通貨の利点は、定量化するのは難しいとしても明白である。取引コストが低減され、通貨リスクがなくなり、透明性が高まるのだ。また、価格の比較が容易になるため、競争も促進される可能性がある」(4)。実際、共通通貨の支持者の多くは、第二次世界大戦後の黄金時代のことを指摘する。当時は世界の非共産主義の有力国のあいだで、金本位制にもとづいて為替レートがほぼ固定されていた。固定相場制のもとで貿易摩擦や貿易の不確実性は解消され、国際貿易が飛躍的に発展したが、この「ブレトンウッズ」体制が一九七〇年代前半に破綻すると経済成長率は世界的に低下した。このことから導かれる結論は明らかだと考えられた。

もちろん、変動相場制にもメリットはある。最大の利点は各主権国家の金融政策が独立性を保てることだ。競争で不利な立場にあると自覚した国は、輸出品が安くなるように通貨を調整できる。ドイツのマルクとイタリアのリラの交換比率が一対一から一対二になったとしよう。一千マルクは二千リラと交換できるようになっただけでなく、キャンティ・ワインのボトルも以前の二倍買えるようになる。主権国家別の金融制度には、経済規模の比較的小さい国々が不利になるマイナス面もある。経済小国が自国通貨を操作する、つまり政府債務の支払いのために紙幣を文字どおり増刷する可能性があると、その国は国債を売却することがそもそも困難になる。スペイン帝国の例は、どの国に対する貸し付けもリスクをともなうことを世界に知らしめた。外国の投資家はそのリスクを相殺できるように高い金利を要求する。その結果として、ソブリン債の金利は経済規模の小さい国ほど高くなる傾向が生じる。投資家がその国のインフレ率の上昇を予想している場合はとくにそうだ。政府債に低水準の安全な金利がつくことが、投資家や国家から見たユーロの共通の魅力だった。

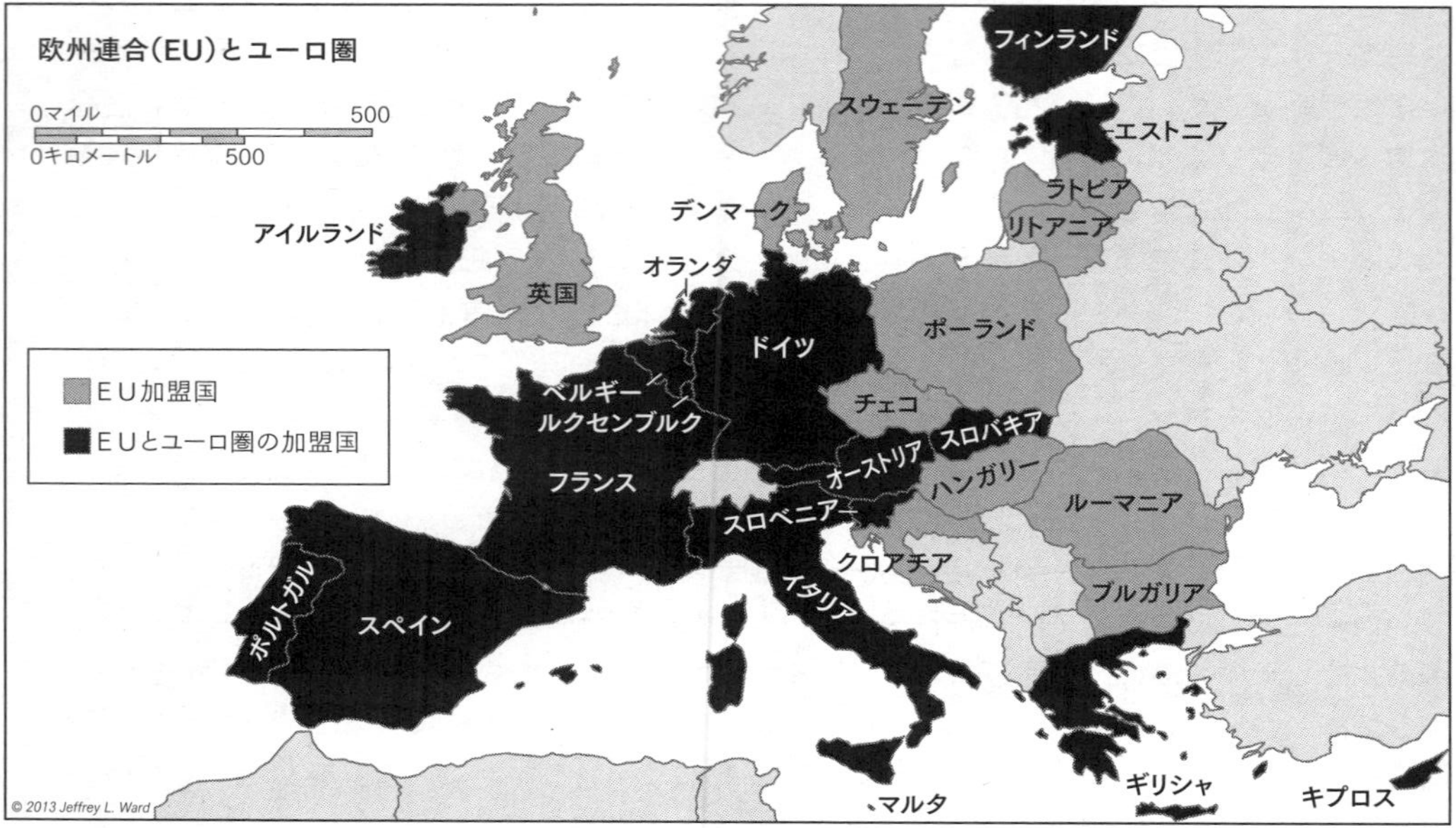
欧州連合(EU)とユーロ圏
0マイル
500
0キロメートル
500
EU加盟国
EUとユーロ圏の加盟国
フィンランド
スウェーデン
エストニア
ラトビア
リトアニア
デンマーク
アイルランド
英国
オランダ
ドイツ
ポーランド
ベルギー
ルクセンブルク
チェコ
スロバキア
オーストリア
ハンガリー
フランス
スロベニア
ルーマニア
クロアチア
ブルガリア
イタリア
ポルトガル
スペイン
マルタ
ギリシャ
キプロス
© 2013 Jeffrey L. Ward

しかし、共通金利に関するそうした仮定は基本的な誤りであり、ユーロ圏が近年危機に陥った原因である。低金利によってユーロ加盟諸国が過剰に資金を借り入れる歪んだインセンティブが生じ、とくに国内のインフレによって実質金利がマイナスになる場合はそれが顕著だった。また、低金利はスペインでの不動産バブルも助長した。したがって、低金利を回復させることは長期的な解決策にはなり得ない。

投資家はイタリアやギリシャの国債を、共通の通貨圏だからといってドイツの国債と同様に安全だとみなすべきではなかったのだが、多くの投資家はそう仮定してしまった。二〇〇二〜〇八年にかけて、ギリシャ、スペイン、イタリア、ポルトガルはドイツやオランダと同等の金利水準を享受した。じつのところ、欧州中央銀行にとってインフレは優先順位の低い問題だったが、同行がソブリン債の質に関してインフレを唯一のリスク要因だと考えたのは大きな間違いだった。図23は、二〇〇八年以前はソブリン債の金利が劇的に収斂していたが、その後同じくらい劇的に分散したことを示している。OECDの経済専門家による最近の研究によると、金利がふたたび分散した最大の原因は「政府債務の増大」[5]だという。二〇一二年前半における十年債の利回りの格差を見ると、スペイン国債の利回りはドイツ国債のそれを五百ベーシスポイント近く上回り、イタリア国債は同様にドイツ国債を四百五十ポイント上回っていた。これを見れば、もう借り入れはやめるべきだと考えるのが常識である。永続的な財政赤字を抱える国々の政府にとってそれはあまりに難しいことだが、古い債務のため

図23　金利格差の消滅と復活(長期ソブリン債の金利〔パーセント〕)

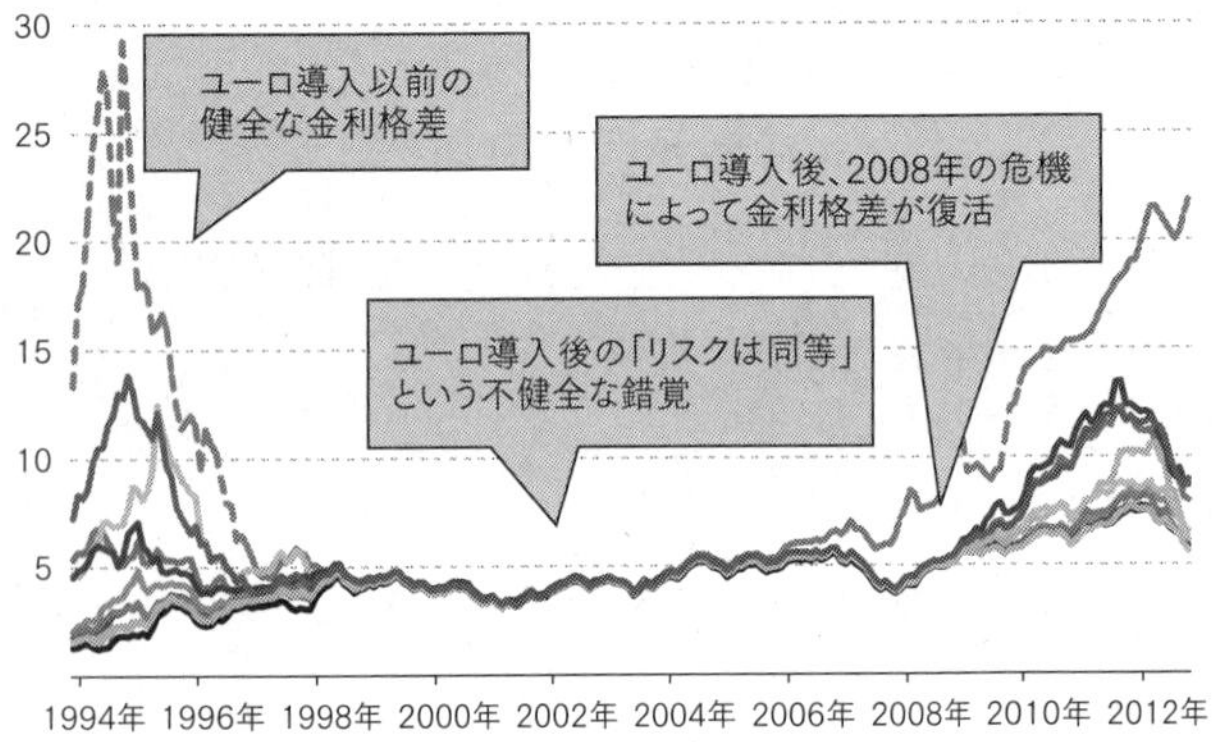

出所：欧州中央銀行（2012年）

に新しい国債を発行して借金を借り換えることになれば、金利の上昇は避けられなくなる。

米国の観点から見ると、ヨーロッパのソブリン債金利の収斂はまったく筋の通らないことだった。米国は五十の独立的な州で構成されており、各州は地方債市場で州債を発行しているが、安心できることに信用格付けや金利は同一ではない。財務状況が芳しくない州はリスク等級が高くなり、その代表例がカリフォルニア州やイリノイ州である。したがって、ヨーロッパ諸国の国債の金利が分散したことは、ユーロ圏の発展において自然で必要なステップだったと著者らは考える。それは起きるべくして起きたが、幸いにも一度かぎりの現象だった。ユーロ圏の蜜月時代は終わったのかもしれないが、それによってユーロ圏が崩壊を余儀なくされるわけではない。

ユーロ圏の危機は通貨ユーロの危機なのか

本書が古臭いものになるおそれはあるが、ここで「グレグジット（Grexit）」と言われている問題に触れておきたい。これは、ギリシャがユーロ圏からいずれ離脱する、またはその可能性があることを指す言葉である。ギリシャでは五年にわたって混乱が続いており、ユーロという通貨が存続できるかどうかも一部から疑問視されている。何が起きるにせよ、この危機の原因をめぐる激しい論争は今後何十年も続いていくだろう。左派・右派どちらのアナリストも、ユーロの存在自体が間違いだという意見で一致しているようだが、著者らはそうした人々の考えは行き過ぎであり、ヨーロッパの金融政策は一部の加盟国の悲惨な財政政策のせいで誤った形で批判されていると考える。

皮肉なことに、忍び寄る不況の発端がギリシャであるのと同様に、危機（crisis）とはギリシャ語（krisis）を語源とする言葉である。米連邦議会向けにまとめられたある調査報告書は次のように説明している。「現在のユーロ圏の危機は、ギリシャの新政府によって前政府が財政赤字を過小報告していたことが暴露された二〇〇九年後半から拡大してきたものである。この危機はその後アイルランドやポルトガルに飛び火するいっぽう、イタリア、スペイン、ヨーロッパの銀行制度や、ユーロ圏内の基本的な不均衡状態に関する懸念を引き起こした」[6]。

マーストリヒト条約はユーロ圏加盟国に健全な財政政策の維持を義務づけており、国家債務の総額はGDPの六十パーセントまで、年間の財政赤字はGDPの三パーセント以下に抑えることを定めている。ギリシャの財政赤字はユーロ圏に加盟して以来、毎年この三パーセントの上限を上回っていただけでなく、その赤字の本当の規模をEUの同盟諸国などの投資主体に対して隠蔽していた。この虚偽の報告が明らかになったのは二〇一〇年前半で、二〇〇九年の財政赤字がGDPの五パーセントから十二・七パーセントという衝撃的な本当の数値に訂正されると、パニックが発生した。さらに、ヨーロッパの統計機関による調査が入ると、この数字はGDPの十五・六パーセントに再訂正された。

二〇一〇年までにギリシャの国債の格付けはジャンク債の水準まで下がっており、個人投資家は実質的にギリシャへの新たな貸し付けは拒否していた。ギリシャにとって唯一の選択肢はより経済力のある主体、すなわち近隣のEU諸国や欧州中央銀行、国際通貨基金などからの緊急援助を受けることだった。ギリシャに対してヨーロッパの主体がすでに多額の投資をしていなかったら、欧州中央銀行からギリシャへの融資はおそらく実現しなかっただろう。既存のギリシャの債務が無秩序な形で不履行になれば（「秩序ある」債務不履行とは、国債価格をゼロを上回る一定の水準まで引き下げる、新たな条件を交渉することを指す）、フランス、ドイツをはじめとする各地の銀行は壊滅的な打撃を受けるだろう。この危機に関する英国放送協会（BBC）の説明によると、ギリシャの負債総額は四千億ドルを超え、フランスがその十分の一を貸し付けているため、[7] ギリシャの債務不履行はパニックの連鎖の引き金になるおそれもあるという。だが、パニックの連鎖が発生する可能性はあるものの、それがどれくらいの確率で起きるかは誰にもわからない。また、二〇〇九年以降の金利格差は、神経質になった投資家がヨーロッパの安全な債券にいずれシフトすることを示しているため、パニックの連鎖にも限界がある。とはいえ、ユーロ圏の強さはもっとも脆弱な加盟国と同等にすぎないという考えもあり、それをアナリストは「システミック・リスク」と呼んでいる。この説がいかに突飛かを実際に検証してみようとする人はほとんどいない。

結果的に、二〇一〇年五月にEUと国際通貨基金は、緊縮財政を目指す一連の改革の実行を条件に、ギリシャに対して債務借り換えのための千百億ユーロを直接融資する緊急援助をおこなった。市場を下回る金利水準によるこの救済資金の提供に対し、アテネでは暴動の発生という謎の反応が起きた。そして、論争、威嚇、会議、さらなる暴動、ギリシャの選挙などが続いた二年間をへて、二〇一二年には千三百億ユーロにのぼる二回目の緊急融資が実施された。この〝秩序ある債務不履行〟によってギリシャはユーロ圏にとどまったのである。ギリシャ国民は公的年金や（世界でもっとも高水準に入る）公務員の給与を削減する緊縮財政政策に立腹した。このため、緊縮財政の公約を反故にすることを約束した政党があやうく選挙に勝ちそうになったが、ギリシャ国民の八割はユーロ圏にとどまることも望んでいた。

ギリシャ国民の腹立ちも理解できる。五年も不況が続き、ＧＤＰが大幅に減少した国というのはすでに限界点に達している。『フィナンシャル・タイムズ』紙のコラムニストのマーティン・ウルフは、ギリシャは「破滅のループ」に囚われているとし、次のように説明した。「失業率は二〇〇八年五月の七パーセントから二〇一二年一月には二十二パーセントまで急上昇し、二十五歳未満の人々の失業率は二十一パーセントから五十一パーセントまで増大した」(8)。向き合うのが辛い問題ではあるが、このループはたんなるバブルの崩壊ではなく、幻想の崩壊である。ヨーロッパの大半の住民が抱いていた幻想とは、ヨーロッパの生産性水準が世界のフロンティアの近くまで上昇したかのように、あるいはフロンティアに近づきつつあるかのように、ヨーロッパ全体が繁栄するというものだった。しかし、実際には南ヨーロッパのスーパーモデルは（図22で示したように）米国のフロンティアを大きく下回っており、中心国のスーパーモデルですらこのフロンティアを二十パーセント下回っている。ＥＵ加盟国のほぼすべてが財政赤字という手段を使って、負担しきれないほどの資金移転や年金、公的雇用策とそうした幻想とのギャップを埋めてきた。この不況はいずれ普通に回復すると考えていたギリシャ国民にとって、幻想崩壊の衝撃に耐えるのは困難であり、もしかしたら不可能なのかもしれない。

ギリシャ国民にはおおいに同情するものの、資金の貸し手の消極的な姿勢に怒りと非難をぶつけるのはフェアではない。二〇一〇年四月二十九日の『エコノミスト』誌の論説は「主犯はドイツだ」と主張した[9]。それ以来、この感情的な主張はうんざりするほど繰り返され、行動に次ぐ行動が要求されたが、この断固たる主張が意味していたのは〝ドイツの納税者からの無限の援助〟だけだった。これはドイツの有権者の代表でもある同国のアンゲラ・メルケル首相に対する非現実的な助言であるだけでなく、理念の面で二つの境界線を越えている。第一に、利己的な財政政策を抑制する義務をどのEU加盟国よりも果たしてきたドイツは、自国民が受け取っているよりも気前のよい外国の年金のために金を払うことを求められるべきではない。第二に、二〇一二年の一連の策を含む緊急援助は、ユーロ圏に対する別の種類のシステミック・リスクを示している。ギリシャは前例を作り、この前例は「モラル・ハザード」を生む。つまり、他のユーロ圏の国々はギリシャへの緊急援助を、起こり得る最悪の結果に対する新たなベンチマークとして考える（つまり、結局は寛大な対応がなされることを想定する）ようになり、さらに世界中の投資家もEU加盟国の負債を部分的にはドイツの負債として捉えるようになる。ソブリン債の金利格差の構図は、明確化される必要があるときにあいまいにされてきてしまったのだ。

制度という手段

ギリシャからスペイン、ポルトガル、アイルランド、イタリアへと広がったヨーロッパのソブリン債危機の原因と解決法に関する白熱した議論は、財政赤字抑制に関する強硬派と穏健派の意見対立というところにしばらく収まった。穏健派が不況期の赤字財政は適切だと主張するいっぽうで、強硬派は赤字財政を原動力とする刺激策は効果がなく、とくに長期的には無意味だと考えている。強硬派の考えでは、財政赤字を継続しても、いつかはGDP増大の景気後退的な減速を阻止できなくなる。GDPを自然な均衡状態に落ち着かせるのではなく、人工的に押し上げているだけだからだ。ハーバード大学の経済学者のアルベルト・アレシナは財政赤字削減の二種類の策をさらに区別し、緊縮財政は財政支出の削減、増税、その二つの組み合わせのいずれかによって達成されるとした。

ギリシャのような弱体化した国は緊縮財政政策を続けるべきなのだろうか。それは緊縮財政の種類による。アレシナは多くの共著者とともに、数十か国の過去数十年間の経済実績について調査をおこなった。それを見ると、財政支出の削減による緊縮財政は経済成長を妨げないが、増税はそれを妨げることが繰り返し裏づけられている。実際、財政支出の削減は民間部門の投資を促進する場合もある。

リベラル派の経済学者らが緊縮財政に関するアレシナの研究を批判すると、アレシナはこのような主張をしたのは自分が初めてではないとコメントした。ポール・クルーグマンは自身のブログで、財政政策は経済が金融的な手段を使い果たし、金利の「ゼロ下限」に直面するまでは無意味であるため、アレシナの研究は的外れだとまで述べている。このような主張は一見自暴自棄的で、不況期の財政刺激策を支持する主流派の経済学者とはまったく相容れないものである。米財務長官を務めたローレンス・サマーズやカリフォルニア大学バークレー校の経済学者のブラッドフォード・デロングは、ブルッキングス研究所の二〇一二年春の会議で発表された学術論文で、「財政支出の増大は実際には自己資金調達になり得る」[10]と主張し、アレシナを暗に批判した。しかし、この論文を読んで、長らく無能な右派の考えとされてきた、「減税のコストは減税効果で自然に補填される」という誇張された見解を思い出した人々もいた。この論文の評者として招かれたカリフォルニア大学サンディエゴ校の経済学者のバレリー・レイミーは、同論文への痛烈な批判を展開し、この論文の理論的部分における「厳密性の欠如」と、内容に経験的な裏づけがまったくないことを指摘した。そして、米国の歴史的データは「アウトプットに対する財政支出の効果が、財政支出が実施されているあいだしか続かないことを示している」と説明した。レイミーはまた、「不況期、および（または）金融政策が緩和的であるときの財政支出はさらに効果的である」との説も一蹴した。ヨーロッパ諸国の財務責任者のあいだでは、緊縮財政についてこのレイミーのような考え方を支持する傾向が強まっている。

EU諸国のあいだで意見が分かれている問題のうち、おそらくもっとも議論を呼んでいるのは、加盟国における財政のジレンマを解決するにあたっての中央銀行（とくに欧州中央銀行）の役割に関するものである。米国議会調査局は次のように報告している。「ドイツの政策担当者や欧州中央銀行（ＥＣＢ）の幹部は、『政治的独立性と、物価の安定性を維持するための限定的な権限をもつ』という、同銀行の基本原則を守ることの重要性を一貫して重視している。いっぽう、フランスの指導者らは昔から、ＥＣＢがもっと積極的に活動し、米国の連邦準備制度のように『最後の貸し手』の役割を果たすことを構想している」[11]。もっとも、フランスの当局者の真意は、金融政策をはるかに超えて加盟国の救済にまでＥＣＢを関与させることである。この考え方は中央銀行の役割を混乱させる。中央銀行の役割とは銀行制度に対する貸し手になることであり、政府を支えることではない。ＥＣＢは流動性に関する懸念はすぐに緩和できても、一部の国々の構造的な財政問題に対処する手段はもっていない。第二次世界大戦後のヨーロッパの再建を米国が支援したマーシャル・プランを思い出してみよう。このプランが重視したのは企業への貸し付けであり、政府への資金援助ではなかった。

以上をふまえて、「ユーロ圏は、加盟国間で資金を移転する財政的な連合体も形成しなければ、金融連合体として成功しない」というよく唱えられる批判を最終的に検討してみよう。現在のＥＵの制度を批判する人々は、米国議会は欧州議会と違って広範な財政的権限をもっていることを指摘する。単一通貨連合の内部における各国間の貿易不均衡を解消するには、それと逆方向の資本の不均衡を実現するしかないが、財政連合体があれば、不況下の国々は経済状態がもっと良い国々から資金の移転を受けるなど、再分配的な資金の移転によって均衡を回復できる、という論理だ。この主張は本質的に中央集権化、規模の拡大、経済成長率の上昇などを促そうとするものであり、これに同意するのは容易である。しかし、この見解は、複雑に組み合わさった米国の制度と中央集権的な超大国の原理の違いを簡単に考えすぎている。たとえば、米国はなぜ大規模な財政上の再分配を実施せずに百五十年間も繁栄してこられたのか、という問題はまだ解明されていない。ちなみに、現在の米国では各州間で大規模な財政上の資金移転がおこなわれているとはいえ、州政府の予算には州ごとに大きな制約がある。また、米国政府が各州間の交易の不均衡を是正するための資金移転を政策として実施したことは一度もない。

ユーロ圏の中核国と周辺国のあいだの貿易不均衡によって持続不可能な力が生じてしまったと言えるが、財政連合体さえ形成すればよいというのは安易すぎる答えだと思わざるを得ない。ヨーロッパ諸国の統合と米国の各州の統合に見られる違いのひとつはずっと基本的なことだが、それはほとんど注目されてこなかった。ここで一歩下がって、連邦的な組織が加盟国を統合するさまざまな方法を、国家への介入度が低いものから高いものまで検討してみよう。

一、**貿易**――共通市場。
二、**金融**――通貨統合。
三、**労働**――加盟国間の移住。国民の移住を統制しない。

四、**規制**──商業、製造業、労働、環境保護に関する規制の整合化。
五、**金融**──個人の資産を連邦体の中央組織が保障し、国家は資産に対して主権を及ぼさない。
六、**財政**──財政問題について国家は補助的な立場に立ち、連邦中央組織の承認のもとに税率や財政支出の決定、国債の発行のみをおこなうことができる。

米国の連邦・州体制での諸政策を考えると、連邦政府がこの六項目をすべてコントロールしているというのは正しくない。たしかに、米国の各州は一から四まではEU諸国と同様に主権をもつ主体（連邦政府）に従っているが、米国の州は財政面の権限の面では連邦政府より下の立場にあるわけではない。むしろ、主要な違いは五つ目の金融の自由である。ミシガン州のランシングに住む人の銀行口座は、ミシガン州政府による資産没収や、州政府の債務不履行などに脅かされることはないが、アテネの住民の銀行口座が同じように保障されているわけではない。おそらく、この金融の自由の面での違いがユーロ圏の活動上の弱連結になっている。EU加盟国は自国民の金融資産を没収する権限を保持しており、その資産を一夜のうちに独立的な通貨に変換する可能性がある。財政不均衡に対処するために私的な資産を国有化するという奥の手があることは、多額の債務を抱えるユーロ加盟国にとって、ユーロ圏からの離脱がともあれ魅力的な選択肢になることの重大な理由だと考えられる。

ヨーロッパ諸国の制度が多様であることは、一五〇〇年以降のヨーロッパの長期的な経済

表7 スーパーモデル諸国の経済的・制度的指標

国	人口1人あたりのGDP(ドル)	経済成長率(10年間の平均)	GDP(10億ドル)	経済力(米国との比較)	2012年の経済的自由度	2013年のビジネス環境の順位
中心国						
フランス	31,299	1.1%	2,027	10.8%	63.2	34
ドイツ	34,089	0.9%	2,783	14.4%	71.0	20
オランダ	38,191	1.4%	641	4.6%	73.3	31
英国	34,268	1.8%	2,137	15.9%	74.1	7
北部諸国						
デンマーク	33,705	0.5%	186	0.7%	76.2	5
フィンランド	32,989	1.5%	173	1.1%	72.3	11
アイスランド	35,612	0.4%	11	0.0%	70.9	14
ノルウェー	50,488	1.5%	236	2.3%	68.8	6
スウェーデン	36,132	2.1%	328	2.7%	71.7	13
南部諸国						
ギリシャ	25,216	2.0%	271	1.6%	55.4	78
イタリア	28,377	0.4%	1,724	4.9%	58.8	73
ポルトガル	19,782	0.4%	212	0.4%	63.0	30
スペイン	27,331	1.9%	1,271	7.6%	69.1	44
米国	41,365	1.4%	12,833	100%	76.3	4

この表はPenn World Table, Mark 7.1、Heritage Foundation's 2012 Index of Economic Freedom、World Bank Doing Business Report for 2013のデータをもとに作成した。

成長を促してきた要因だったと考えられる。EU内でその多様性を維持することは、EU諸国が債務問題を解決するのに必要な実質成長をもたらす最善の方法である。その最初の一歩は、公共支出を削減する真の段階的な緊縮財政によって〝出血〟を止めることである。ギリシャなどの債務国に次に何が起きたとしても、EUのスーパーモデルはいずれ競争力重視、つまり制度的障壁をなくすパレント・プレスコット型の枠組みに回帰するはずだと著者らは確信している。ヨーロッパにとっては幸いなことに、そうした生産性向上を目指す競争にとって今は黄金時代である。

一九九〇年代にはスーパーモデルの新たな評価基準がいくつか開発された。すでに述べたように、ヘリテージ財団は『ウォール・ストリート・ジャーナル』紙と提携して、経済的自由度に関する世界的な指標を公表するようになった。二〇一二年のその指標によると、ヨーロッパでもっとも経済的に自由な国はスイスで、その自由度は八十一パーセントとなっている。これは労働力、税金、貿易、事業規制など、自由度を測る十の指標の平均値である。これに対し、フランスの経済的自由度は六十三パーセントだった。興味深いことに、事業の自由度の面ではフランスのスコアは八十四パーセントで、七十八パーセントだったスイスを若干上回っているが、フランスの労働市場の自由度はスイスのそれよりもずっと低く評価されている。

コロンビア大学の経済学者のジェフリー・サックスをはじめとする一部の批判者は、マクロ的な経済実績の制度的な説明を嫌っており、サックスはベストセラーになった著書『貧困の終焉』でこのヘリテージ財団の指標を批判している。サックスが支持する経済発展の方法論は、「大きな後押し」となる投資や援助を重視するものだが、そうした方法は実質的な経済成長をあまり生み出せず、世界銀行などの国際機関は代替策を探し始めている。すでに説明したように、世界銀行の『ビジネス環境の現状』の報告書では、中小企業にとっての規制面の環境をいくつかの点から評価する指標が示されており、同報告書の最新版では次のように解説されている。「〔この報告書は〕事業を始めるときの規制の量的指標を示すものであり、建設許可、電気の獲得、資産の登録、信用融資の獲得、投資家の保護、税金の支払い、対外貿易、契約の遂行、債務超過の解決などの面を評価した。また、労働者の雇用に関する規制も対象にしている」[12]。こうして世界銀行の権威のもとに、百八十八のスーパーモデルの競争力を誰もが確認できるようになったのである。

「クリスマスの精霊」の訪れを待つ

英国の偉大な作家のチャールズ・ディケンズは、一八四三年に名作『クリスマス・キャロル』を発表した。クリスマスイブの日、利己的な金持ちのエベネーザ・スクルージのところに三人の精霊が現れ、彼の人生についての厳しい現実を彼に見せつける。スクルージをもっとも不安にさせたのは、彼が行いを改めなければ未来がどうなるかを見せた精霊だった。スクルージの目の前に現れたのは墓場で、そこにはティムという無邪気な幼い少年が埋葬されていた。また、誰にも愛されなかった老人の見捨てられた墓もあった。その墓碑に刻まれていたのは、ほかならぬスクルージ自身の名前だった。

「起こり得ることの前兆」を語ったこの寓話は、多額の債務を負ったヨーロッパの国々の運命を、大西洋の向こうから見守る米国人にふさわしい話である。米国は半世紀にわたり、ヨーロッパの例にならって、気前がよくなるいっぽうの福祉国家の特徴を採り入れてきた。しかし、今になって初めて、支えきれなくなった将来の債務をもはや次世代に先送りできなくなる悪循環が生じている。ヨーロッパが瀕している失敗の危機は米国よりさらに深刻なものだ。ヨーロッパも米国ももっと分別をもたねばならない。スクルージが変わったように、世界の偉大な民主国家も変わることができるのだから。

衰退の概要

大国　欧州連合

転換点　二〇一〇年？

経済的不均衡　財政面

政治的な原因　抑制なしの財政赤字と安易な借り入れ、準主権国家のモラル・ハザード

行動面での機能不全　選挙で選ばれた当局者の時間的視野の狭さ、損失回避、文化的優位性のヒューリスティック

第11章　カリフォルニア・ドリーム

「金《きん》なんて価値の死骸だ」と後藤伝吾は言った。（中略）将軍は金なんてどうでもよかった。本当の金はここにあるとわかっていたからだ」。彼は自分の頭を指さす。「人間の知性にね。それからここ」と今度は手を差し出した。「人間が成し遂げたことにも。金を捨てたのは日本で最高の出来事だった。それで日本人は豊かになったんだ」。

――ニール・スティーヴンスン『クリプトノミコン』より

世界で気候が申し分のないところは数えるほどしかない。硬く言えばケッペンの気候区分で「Ｃｓａ」の地域、一般には「地中海性気候」と呼ばれるところである。世界の気候マップを見てみると、この気候区分に入る地域の九割は北アフリカ諸国、スペイン、イタリア、ギリシャ、トルコ、シリア、イスラエルなど、地中海に面する乾燥した温暖な気候の国々であることがわかる。この地域のような海風と乾燥した夏、温暖な冬という組み合わせを楽しめるところは他にわずかしかない。その数少ない地域に入るのがオーストラリアのパースや、南アフリカ共和国ケープ州の一部、チリの海岸地域などだが、地中海周辺以外で地中海性気候の特徴をもつ広大な地域は、米国人が黄金の州と呼ぶカリフォルニア州だけである。

一八五〇年にカリフォルニアが米国の州のひとつになったころ、移住者はこの土地を「米大陸のギリシャ」と好意的に呼んだのではないだろうか。当時のカリフォルニアとギリシャの大きな違いは金《きん》だった。カリフォルニア北部の山々の地中から、金塊が文字どおりごろごろ見つかったことをきっかけに「ゴールドラッシュ」が始まり、この年（一八四九年）にカリフォルニアへ移住した人々は「フォーティーナイナーズ」と呼ばれた。こうした人々が殺到したことは、この土地の魅力の表れだった。

一八四〇年代前半には住民数わずか二百人ほどの寒村だったサンフランシスコの人口は、二年間で三万五千人増大し、カリフォルニアに住む先住民以外の米国人の数は、一八四八年の一万四千人から一八五二年には二十五万人にまで膨れ上がった(1)。しかし、カリフォルニアに住みついたのは成金たちばかりではなかった。移住者らは肥沃なセントラル・バレー地域での農業や、豊かな海の幸を獲得する漁業に従事するようになった。そして、ロサンゼルス、ユリーカ、ソノマ、ラ・ホーヤ、モンテレー、サンディエゴなどの都市や町を新たに築いていった。

一九〇〇年からの十年間には、全米で「五セント劇場」という初期の白黒映画を上映する映画館の人気が高まり、映画産業という新たな種類の産業に対する需要が生じた。映画産業は制作上の理由から、南カリフォルニアの地中海性気候の地域に根づいていった。一九一一年には、カリフォルニア州で初めての映画スタジオがロサンゼルスのサンセット大通り沿いに設立された。世界的に有名な「HOLLYWOOD」のサインが建てられたのは一九二三年のことである。現在、映画産業は何百億ドルもの収益を生み出し、数十万人にのぼる人々がこの業界で働いている。

ファッション・デザイナーやデパートはハリウッドの発展可能性の副産物であり、これらの業界は映画スターによる宣伝を競い合うようになった。まもなく衣類や織物の業界も発展し、二十世紀の終わりにはカリフォルニア州に全米のアパレル産業の労働者の五分の一が集中するようになった(2)。

防衛産業もカリフォルニア州の発展の物語できわめて重要な役割を果たした。地中海性気候のおかげで同州は軍隊の訓練に格好の土地となり、また同州の海岸は太平洋から上陸して襲ってくる敵に対する最初の防衛ラインになった。ハワード・ヒューズなどの航空産業の創始者らは、初期の飛行機工場をこの地で開設した。米国が第二次世界大戦に参戦したことで、防衛産業はさらに急成長を遂げた。カリフォルニア州の州政府支出は一九三〇年には一億九千万ドルだったが、同州で造船所、陸海軍の基地、軍用補給所などの建設が進むと、一九四五年には八十五億ドルまで増大した。実業家のヘンリー・カイザーは七つの造船所を所有し、そのうち四つはサンフランシスコ周辺のベイエリアに集まっていた。防衛産業の集中によって別の幸運な偶然も生まれた。電子産業、とくに半導体やマイクロプロセッサーなどの産業がカリフォルニア州で発展の初期段階に入ったのである。一九三九年にはヒューレット・パッカード社が、スタンフォード大学の近くにあった創業者のひとりの自宅ガレージで産声を上げた。半導体メーカーのインテルは、一九六八年にカリフォルニア州のマウンテンビューで創設された。そしてほぼ誰もが知っているように、アップル社も一九七〇年代後半にカリフォルニア州クパティーノで、スティーブ・ジョブズとスティーブ・ウォズニアックによって設立された。経済学者の言う「集積効果」、つまりひとつの場所に人的資本が自然に集まることによって、シリコンバレーはIT分野の革新の源泉として世界的な競争優位を維持している。

サンディエゴ、オレンジ郡、サンノゼなどで製造業が発展し、その後ハイテク産業もこれらの地域に集中したことで、さらなる移住者の波が押し寄せた。実際、カリフォルニア州の人口が全米でトップレベルだったことは、同州の発展の物語に大きく影響している。本書を執筆している時点で、米国勢調査局は二〇一一年の同州の人口を三千七百六十九万千九百十二人と推計している。一九〇〇年の同州の人口は百四十九万人で、当時のニューヨーク州の人口七百三十万人の五分の一にすぎなかった。ところが、一九二〇年にはどちらの州の人口も一千万人あまりとなり、カリフォルニア州の人口はどの時代でも衝撃的なほどの急増ぶりを見せた。その後、この二つの州の人口は何十年にもわたって同じペースで増え続けたが、一九七〇年代にはニューヨーク州の人口が百万人減少するいっぽう、カリフォルニア州は四百万人増大した。これは国全体の労働力が産業労働者から技術労働者へ、また東部から西部へと移行・移転しただけでなく、金融界のフロンティアも変化したからだった。ウォール街では大銀行に対抗して、ベンチャー・キャピタルという新たなプライベート・エクイティが台頭した。ベンチャー・キャピタルとは、アップルやグーグルなどの企業の立ち上げを初期段階の投資によって支援したような会社を指す。カリフォルニア州の人口は一九九〇年までにさらに六百十万人増え、その後二〇〇〇年までに四百万人増大した。これはウィスコンシン州（人口五百七十万人）のような中西部の中規模州の人口が十年ごとに追加されているのと同じである。

カリフォルニア州に五十三の下院議員選挙区があることも、同州の規模を考えるひとつの方法である。米連邦下院議員の議席の配分は、人口の変動と議席の定数（四百三十五）にもとづいて十年ごとに改定される。現在のカリフォルニア州ほど多数の議席が割り当てられた州は米国史上ほかにない。九人に一人の下院議員がこの州の代表なのだ。こうした人口の多さから、同州は大統領選で五十五の直接選挙票も有している（〝勝者が票を総取りする〟選挙制度上のひとつの選挙区であるため）。この州だけで、大統領候補者が当選するのに必要な総票数の五分の一を有しているのだ。

一八六〇年に共和党所属のエイブラハム・リンカーンが大統領に当選し、同党が国家的な権力団体として躍進して以来、大統領選においてカリフォルニア州では共和党が安定的に支持されたが、一九一六年の大統領選に勝利したウッドロウ・ウィルソンや、四回の大統領選を大差で制したフランクリン・ルーズベルトが例外的に支持されたこともある。また、同州は一九一二年の大統領選で、セオドア・ルーズベルト率いる第三政党の進歩党を支持した数少ない州のひとつでもあった。一九六〇年の大統領選ではケネディではなくカリフォルニア州出身のニクソンを、また一九七六年にはカーターではなくフォードを支持したことで、同州の保守的傾向が確立した。

カリフォルニア州の政治に構造的転換が起きたのは一九九二年だった。この年の大統領選で、同州の有権者らはジョージ・H・W・ブッシュではなくビル・クリントンを選んだ。同州はスイング・ステート（浮動州）とみなされたが、州民の基本層は左傾していった。それ以降、彼らは二十年にわたって共和党の大統領候補者に投票しておらず、近い将来にその傾向が変わると予測する人は誰もいない。いまや同州では、無所属以外の登録有権者のうち民主党員の割合は四十三パーセントで、共和党員の三十パーセントを上回っている。(3) 全米ではこの割合は三十一パーセント対二十七パーセントである。カリフォルニア州の民主党支持者がどれだけ多くなったかを理解するため、民主党員と共和党員の割合が逆になっている州を考えてみよう。ジョージア州は三十二パーセント対四十四パーセント、サウスカロライナ州は三十三パーセント対四十四パーセント、カンザス州は二十七パーセント対四十四パーセントである。共和党のシンボルカラーは赤であるため、政治評論家はこうした州が過去も未来もずっと共和党支持であるかのように、これらを永遠の「赤い」州として片づけているが、この結論は奇妙である。南部の各州は一九七〇～八〇年代にかけて、断固たる民主党支持から断固たる共和党支持に転じたからだ。これはちょうどカリフォルニア州が逆の方向に動いた時期である。では、なぜカリフォルニア州の変化のほうが極端だとされているのだろうか。その違いは、南部各州は選ぶ党派に関係なく一貫して保守的だったが、カリフォルニア州はもっと深い変化を経験したことである。カリフォルニア州では表面的な支持政党の変化の裏で、保守派からリベラル派への「イデオロギーの変化」が起きていた。有権者の気質がどんどんリベラルになったわけだが、これは有権者の文化的性向の変化や、有権者の移住などを反映していた。他の国や州からカリフォルニア州に新たに移住してきた人々はリベラル色が強い傾向にあり、いっぽうで保守派の人々が近隣の州へ出ていく動きもあった。

イデオロギー面で急に優位に立ったカリフォルニア州議会の民主党員は、きわめて累進的な課税、全米で最高レベルの最低賃金水準、非常に手厚い福祉政策、複雑きわまりない規制制度など、他の地域が先鞭をつけた政策にもとづいてリベラルな経済的制度を導入し、失った時間を埋め合わせた。(4) この制度がもたらした結果は、良く言っても善悪入り混じったものだったが、近年の「大不況」でカリフォルニア州の経済が他州より大きなダメージを受けたことはたしかである。本書の執筆時点で同州の失業率は九・八パーセントを超え、州の未払い債務の総額は一千億ドル以上にのぼっている。しかも、これは公式の負債額のみの数字である。『ガバニング』誌によると、帳簿外の負債、たとえば政府職員に対する将来の年金支給額などの総額は六千百二十億ドル、人口一人あたりではおよそ一万八千ドルにのぼるという。[5] 政治評論家がカリフォルニア州を「米国のギリシャ」と言うならば、それはもはや褒め言葉ではない。

自由の帝国、州の連合

カリフォルニア州は〝大国〟なのだろうか。著者らはいくつかの理由からそうだと考えている。第一に、もしカリフォルニア州が国だったら、同州は粗GDPの面で世界の十位までに入る存在である。同州には世界を主導する産業（ハリウッドの映画産業やシリコンバレーの先端技術産業など）があり、強大な軍事力もある。サンディエゴ郡の軍事基地（ミラマー、コロナド、ペンドルトン）だけでも、大半の国々に匹敵する軍事力を有しているのだ。第二に、米国の「州」の権限の位置づけには、ひとつの国というよりも国家連合体に近い米国の本質が表れている。

州制度は本書の大きなテーマにとっても興味深い論点である。米国の連邦制は経済成長にとって制度的に優れたものである。連邦制は二つの形で五十の州のあいだの競争を促すからだ。まず、各州の政策立案者らが、どの政策がもっとも効果的かを競って見きわめようとするようになる。一部の人々はこうした競争を「頂上へのレース」とみなしており、オバマ大統領もそのひとりである。また、指導者らがそうしたことに無関心だったり、政策の正しい評価基準を用いていなかったりする場合には、一般市民は税金の低さと公共財の豊富さの最適の組み合わせを探して、他の州に移住できる。

規模の面を見ると、たとえば日本の面積が約三十七万八千平方キロメートルであるのに対し、カリフォルニア州の面積は約四十二万四千平方キロメートルである。また、同州の人口は約三千八百万人にのぼり、国連に加盟しているほとんどの主権国家の人口よりも多い。

カリフォルニア州は、もし国であれば、そのGDPの大きさはイタリアの次でブラジルをわずかに上回る、世界第十位である。米国経済分析局（公式のGDP値を算定する商務省の部局）の報告では、二〇一一年の同州のGDPは二〇〇五年のドルベースで一兆七千億ドル（インフレ調整後）となっている。[6]これを次のように考えてみよう。米国と韓国は過去最大規模の自由貿易協定を協議し、二〇〇七年にジョージ・W・ブッシュ政権のもとで合意に至り、二〇一一年にオバマ政権下の上院で最終的に承認された。これはたしかに大規模な取引だったが、韓国の経済規模の順位はカリフォルニア州の三つ下である。同じ理屈はカナダ、メキシコ、米国のあいだのNAFTA（北米自由貿易協定）にも当てはまる。カナダやメキ

表8　2010年のGDPランキング
（2005年のドルベース〔10億ドル〕による
GDPと、世界の総GDPに占める割合）

米国	12,833	16.5%
中国	10,303	13.2%
インド	4,079	5.2%
日本	3,988	5.1%
ドイツ	2,783	3.6%
英国	2,137	2.7%
ロシア	2,100	2.7%
フランス	2,027	2.6%
イタリア	1,724	2.2%
カリフォルニア州	1,702	2.2%
ブラジル	1,674	2.2%
メキシコ	1,343	1.7%
韓国	1,294	1.7%
スペイン	1,271	1.6%
カナダ	1,253	1.6%
インドネシア	964	1.2%
オーストラリア	885	1.1%
トルコ	812	1.0%

この表はPenn World Table, Mark 7.1と米国商務省経済分析局のデータをもとに作成した。

シコのGDPはそれぞれ一兆三千億ドル程度だからだ。カリフォルニア州以外の四十九の州にとっては、こうした国々と比較的自由な貿易ができることも有益ではあるが、カリフォルニア州との自由な交易のほうがはるかにメリットは大きいのである。

経済力とはGDP、生産性、経済成長率の組み合わせだとすでに定義したが、この経済力の面で見るとカリフォルニア州は米国、中国に次いで三位であり、ヨーロッパのあらゆる主権国家を上回っている。さまざまな問題を抱えているにもかかわらず、二十一世紀初頭の同州の年間経済成長率は平均三・七パーセントに及び、人口一人あたりのGDPは米国が決定する「フロンティア」を五千ドル上回っている（表9を参照）。また、図24でも経済力の三つの構成要素を改めて示し、米国と比較した各国のGDPの大きさを各円の面積で表している。これらの図表で、経済成長率が低く所得水準が〝中の上〟の領域にヨーロッパ諸国や日本が集まっていることに注目してほしい。カリフォルニア州はこうした国々とは異なっているように見えるが、じつはそれは錯覚である。

歴史上の一時期に、ひとつの地域にこれだけ革新の力が集中しているのは他に例を見ないことだが、このことは同時に、カリフォルニア州の財政面での脆弱さを多くの人々の目から隠してきた。この百年間、つねに進歩し豊かさを享受してきたことで同州は自信過剰になり、それとともに同州政府の規模はかつてなく巨大化した。じつのところ、カリフォルニア州は何十年にもわたって崩壊を続けている。たしかに同州は世界第十位の経済規模を誇っている

表9　2010年の経済力ランキング(2005年のドルベース)

	人口1人あたりGDP	経済成長率	GDP(10億ドル)	経済力
米国	41,365	1.4%	12,833	100%
中国	7,746	9.9%	10,303	40%
カリフォルニア州	45,946	3.7%	1,700	24%
英国	34,268	1.8%	2,137	16%
日本	31,447	0.5%	3,988	15%
ドイツ	34,089	0.9%	2,783	14%
ロシア	15,068	5.3%	2,100	12%
韓国	26,609	4.0%	1,294	11%
フランス	31,299	1.1%	2,027	11%
スペイン	27,331	1.9%	1,271	8%

この表はPenn World Table, Mark 7.1と米国商務省経済分析局のデータをもとに作成した。

図24　2010年のカリフォルニア州の世界的な経済力(円の面積はGDPを表す)

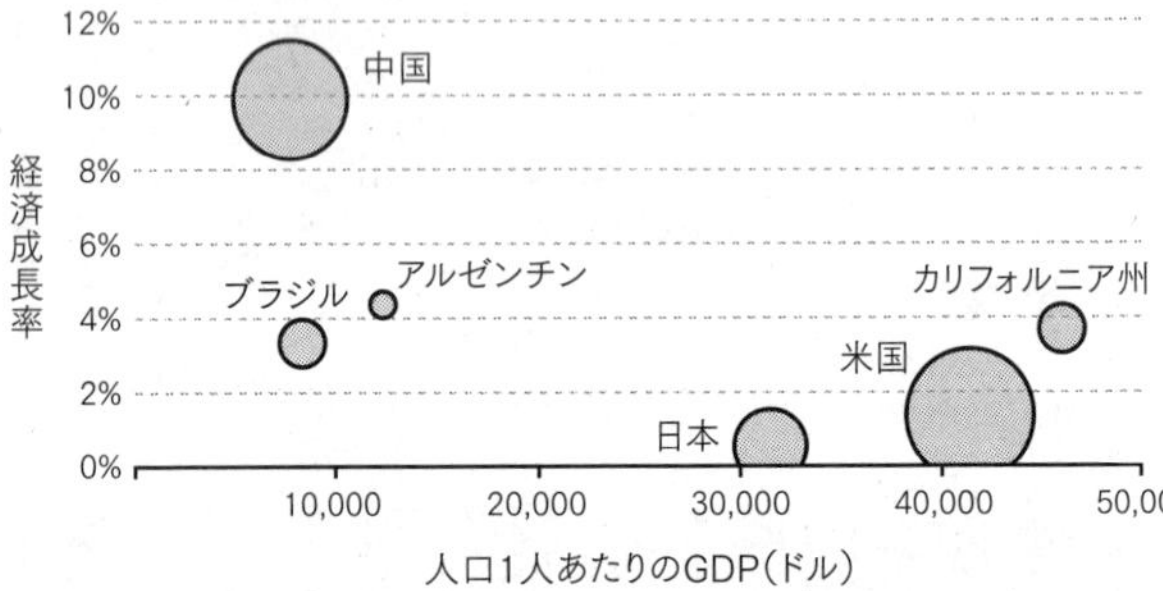

出所：Penn World Table, Mark 7.1

が、ほんの数年前にはその順位は五位だったのだ。

カリフォルニア州の衰退は、能力の高い人々を失った結果にすぎない可能性もある。経済学者のチャールズ・ティブーは一九五六年に発表した画期的な学術論文で、国民は好ましい政策や税制の組み合わせを求めて「足による投票」をするという考え方を示した。政策については何も知らないような若者でも、より良い仕事を探して移住する。ある意味で、ティブーの仮説は移住が基本的人権であることを明確化したが、それよりも重要だったのは各州間の競争の原動力を説明したことだった。各州は、ある軍隊が他の軍隊を打倒するときや、バスケットボールの試合でコロンビア大学がフォーダム大学を下すときのように、ゼロサムの意味で「勝つ」ことを目指しているわけではない。実際、経済学者の大半は、国際的な貿易や投資については「各国が競争する」という一般的な見方を軽視する傾向にある。

国際貿易の場では勝つ国も負ける国もない。これはポール・クルーグマンからディアドラ・マクロスキーにいたるまで、あらゆる政治的立場の経済学者の意見がほぼ一致する点である。とはいえ、貿易赤字を反射的に悪弊だと考える新世代のビジネス・ジャーナリストらに対して、比較優位を説明しようとしても無駄である。安価な外国からの輸入品が国内の消費者に与えるメリットは、国内の生産者に与えるデメリットよりもはるかに大きい。米国に対する日本の巨額で継続的な貿易黒字に関する事実や、日本の通貨操作、またこの操作が日本の利益や米国の損害につながった証拠はないことなどを論じてもよいのだが、ここではそのかわりに、貿易に対して開放的な国ほど経済成長が速く、最貧層の国民を豊かにできるという、単純ながら奥の深い経験的事実を指摘しておこう。不公正な貿易という例外的な問題もあるが、それは輸出入や関税、輸出入割当などではなく、知的財産の盗用に関する問題である。国内企業に外国企業の設計や特許技術の盗用を認めている国は、知的財産の侵害者に安全な隠れ家を提供している。残念ながら、そうしたことから生じる最大のコストは知的財産権を侵害された企業の損失ではなく、他の企業にとって将来イノベーションを実行する意欲が低下することである。グローバル化した世界経済が知的財産権を保護できなければ、技術フロンティアの上昇は維持できない。

政府間競争の正しい考え方は、政府を公共財の提供者とみなすことである。納税者はそうした公共財の消費者である。自由に移動する納税者・消費者・労働者、そしてもちろん自由に移動する資本をめぐって競い合うことで、各政府は制度の新たな組み合わせを発見するための自然な競争をするようになる。「足による投票」に関するティブーの見解は、古い思想に新たな側面を付け加えたのである。

政府に対する束縛（地方債や年金）

カリフォルニア州に生じた最初のひび割れが公になったのは一九九四年のことである。この年、ロサンゼルス南方の美しい地域であるオレンジ郡が破産を宣言した。選挙で六回の再選を果たし、同郡の財務官を長年務めていたロバート・L・シトロンという人物が、リスクの高い投資に手を出して十六億四千万ドルの損失を出したことが明らかになったのだ。シトロンは同郡の投資額を増やそうとしてレバレッジを使いすぎたのである。それは同郡の債務の金利が低水準にあるかぎりは利益の出るギャンブルだったが、一九九四年に金利が上昇すると同郡は負債の借り換えができなくなり、破産を宣言する以外に道はなくなってしまった。シトロンは六つの罪を認めたが、結局収監されることはなかった（彼は二〇一三年に死去した）。しかし、同郡では何千人もの公務員が解雇され、公的サービスも削減された。

それでもオレンジ郡はくじけず、一九九六年には損失補塡の一環として八億八千万ドルの債券を売却し、一九九六年六月には破産から立ち直った。同郡の信用格付けは最低から最高の水準まで上昇し、翌年二月にはフィッチ・レーティングスが同郡の投資プールに最高ランクのトリプルAの評価を与えた。多くの人々に失敗したとみなされた郡ではあったが、全体的には迅速な立ち直りをみせた。

しかし、その十年後に著述家のマイク・アントンが指摘したように、公的サービスの削減は深刻なものだった[7]。日常の清掃や予防的な営繕作業が減らされたため、役所や公園は汚くなり、公益事業設備が壊れるとその修理に多額の費用がかかった。道路の再舗装は五年に一度から七年に一度になり、ロサンゼルスやサンディエゴの廃棄物処理を引き受けたために、オレンジ郡の廃棄物処理場は満杯になった。

オレンジ郡だけの特異な事態だと思われたことは、やがて一般的な教訓になった。カリフォルニア州のあちこちに財政がコントロール不能になった町があったのだ。二〇〇八年五月には、シリコンバレーのすぐ北にあるバレーホ（人口十一万六千人）という町が破産を宣言し、その四年後にはストックトン（人口三十万人）やサンバーナディーノ（人口二十万人）もそれに続いた。さらに、シリコンバレーの中心にあるサンノゼ（人口百万人）までもが、それらの町に続いて〝財政の崖〟から落ちようとしていた。

現代世界のなかで、シリコンバレーとその周辺の各都市ほど豊かな地域はほかにないと思われているかもしれない。「大不況」に見舞われた時期にも、この地域のハイテク企業は順調だった。この近隣にグーグルの本社があり、さらにフェイスブック、オラクル、ヤフー、シスコ、ネットフリックス、ツイッター、ユーチューブの本社もある。世界一評価の高い企業を目指す激戦のさなかにあるアップルは、クパティーノにつくる新たな本社として、約二十六万平方メートルに及ぶ驚くべき建物の建設を予定し、「米国でもっとも印象的な本部組織の建物」の座をペンタゴンから奪い取ろうとしている。新事業を興して成功したこれらの企業の存在が物語っている皮肉な事実は、他国と同様に米国の他の州も「次のシリコンバレー」をつくろうとしたものの、その試みはどれも成功していないことだ。ボストンはライバルと言ってよい都市だが、フェイスブックの創始者であるマーク・ザッカーバーグはその会社ごとハーバードからシリコンバレーに移った。これは一般的な風潮である。カリフォルニア州がテクノロジー企業を引き寄せる中心地であるかぎり、コンピューター分野の有能な人材は同州に集まり続けるだろうが、そうしたカリフォルニア州の地位を永遠のものだと考えるのは誤りである。ジャーナリストのマイケル・ルイスが『バニティー・フェア』誌の記事で報告したバレーホの町について考えてみよう。

誰もいなくなった会社を雑草が取り囲み、信号はすべて永久に点滅するように設定されているが、こうした信号は形式的なものにすぎない。街頭を見回る警察官はもはやひとりもいないからだ。バレーホはサンフランシスコのベイエリアのなかで、交通警官がいないため、どこに車を止めても駐車違反の切符を切られる心配のない唯一の町である。（中略）市役所のロビーには人影ひとつなかった。受付のデスクはあったが人はおらず、かわりにこんな掲示が出ていた。「抵当流れの競売人・入札者の皆様　市役所のロビーで取引はしないでください」。（中略）この町の予算の八割の行き先であり、この町を破産に追いやった支払い請求の最大の項目は、公安職員に対する給与や給付金だった。(8)

二〇〇八年のバレーホの破産に続いて大不況が起こり、バレーホの件は基本的な問題の氷山の一角だったことがわかった。二〇〇〇年代初めには借入金利が低かったために住宅価格が高騰し、この住宅ブームによって不動産税の税収は大幅に増えた。これによってバレーホの根深い経済問題がうまく隠蔽され、公務員や市職員の持続不可能な昇給やボーナスも実現した。「公務員は一年間勤務すると、自分と家族の生涯にわたる健康保険を得ることができた」とAP通信のハンナ・ドライアは報告している。(9) 二〇〇五年からバレーホの歳出は歳入を三百万〜四百万ドル上回るようになった。これは景気の良かった時期の話である。

住宅バブルが崩壊すると、カリフォルニア州各地の都市で財政の脆弱さがあらわになった。二十年前のオレンジ郡の事件とは異なり、こうしたモラルなき財政運営は犯罪ではなかった。多額の負債を抱えていることは同州内では政治上の新たな常態になっていた。スタンフォード大学フーバー研究所の経済学者ジョン・コーガンのような批評家たちは、何年も前からこうした負債に対する警告を発してきた。彼らが正しかったことは、遠い未来の問題だったことが二〇〇九年に目の前の問題になったことで裏づけられた。

少し後戻りして、政府が破産するとはどういうことかを考えてみよう。破産とは人や企業だけでなく、都市もするものなのだろうか。市は税金や手数料を収入源とし、そうして集めた資金を道路、学校、緊急事態対応などに支出している。もちろん、政府職員への給与支払いも大きな支出項目である。これらが政府の仕事のすべてであれば、破産しても意味はない。収入が足りないなら、支出を払える範囲まで減らせばよい話である。

しかし、事はそう単純ではない。政府は往々にして、高速道路や空港など、一年間の収入だけではカバーできないほど高価な公共財への投資を余儀なくされる。その場合の当然の手段は資金を借りること、つまり十〜三十年ほどで償還可能な債券を発行することである。ウォール街は三兆ドル規模の活発な地方債市場でもあり、大半の都市は必要に応じて増税する能力を充分にもっているため、トリプルAの信用格付けを得ている。そして、地方債、つまり州、郡、市町村などが発行する債券を購入する投資家は、内国歳入庁から税制上の優遇措置を受けられる。地方債への投資による所得は、企業や他の種類の債券への投資による所得とは異なり、課税対象にならない。

二〇一〇年十二月、退屈ではあっても比較的安全だと考えられていた地方債市場に衝撃が走った。クリスマス休暇を控えたある日曜日の夜、CBSのテレビ番組「60ミニッツ」で、ウォール街のアナリストであるメレディス・ホイットニーへのインタビューが放映された。彼女は地方債の専門家ではなかったが、二〇〇七年に明るみに出た大銀行のサブプライム・ローンについて、的確な反対論を展開したことで信用を得ていた。ホイットニーはインタビューでこう語った。「私の考えでは、地方債の債務不履行がいずれ急増するのは間違いない」。この言葉を追及された彼女はこう予想した。「かなり大規模な債務不履行が五十件から百件、あるいはそれ以上起きるだろう。そうなると不履行の規模は数千億ドルにのぼる」[10]。

誇張された内容だったとはいえ、このインタビューの影響で翌日には地方債市場で小規模なパニックが起きたが、ホイットニーの疑念の核心は債券とはほとんど無関係のことだった。

彼女は米国の連邦制の歪みを感じ取っていたのだ。彼女はずっと頭を悩ませてきたある素朴な疑問をきっかけに、地方債市場を分析するようになった。二〇一一年のインタビューで彼女はマイケル・ルイスにこう問いかけている。「好況期には米国全体の水準を上回る経済実績をあげていた諸州が、いまや米国全体の水準を下回る数字しか出しておらず、しかもそれらの州が米国の経済規模の二十二パーセントを占めているのに、なぜGDPの推計値はこれほど高くなるのだろうか(11)」。

緊張の緩和

全米の州や都市では支出と課税のあいだにつねに財政的な緊張関係がある。一部の経済学者は、政治家は政府支出を増大させたがるものだと考えている。支出増大によって政治家はみずからの力を強め、自分の選挙活動を支援してくれる利益団体にメリットをもたらし、有権者を喜ばせることができるからだ。いっぽう、政治家は増税は好まない。有権者は政治家以上に増税を嫌うからである。財政面の緊張は、民主制が機能しなくなっていくという自然な傾向の核心にある問題である。政治家は課税可能額を上回る支出をしようとするからだ。

支出を促す圧力は政府のレベルごとに異なる。昔から市は公共の安全、とくに警察と消防を担当し、州は収監や高等教育、(とくにメディケイドのもとでは)保健医療などを担当することが多い。初等教育や道路については両者が責任を分担している。どのような種類の政府も、将来の収入を人件費にあてることで支出と課税の緊張関係の問題を解決している。この将来の収入とは、すなわち地方債の売却である。

市が直面する財政赤字の最大の原因は人件費であると考えられ、人件費の大きな項目は年金である。こうした定年退職プログラムは最初の導入時には現金支出をともなわないが、退職者の数が増えるにつれてそのコストはどんどん増大していく。サンディエゴ市の年金支払い額は、二〇一〇年には二億二千九百万ドルだったが、二〇一五年には三億千八百万ドル、二〇二五年までには五億千二百万ドルまで増えると推定されている。[12] このサンディエゴの例はとくに珍しくはないが、啓発的ではある。一九九〇年代半ばに、同市の年金委員会は市議会の承認のもとに市職員への給付額を増やすいっぽうで、その原資の調達額は引き下げたのだ。この事実はのちに内部告発によって明らかになった。いずれにせよ、サンディエゴ市は二〇〇四年に新たに発行した債券に買い手がつかず、市の行政機関全体が財政危機に陥った。それ以来、この問題は同市の政治にずっと影を落とし、二〇一〇年にジェリー・サンダース同市長は将来雇用する職員には年金を支給しないことを提案した。

年金算定方式のいくつかの改定事例は想像力を刺激する。二〇〇一年にオレンジ郡の郡政執行官（全員共和党員）によって承認されたある改定案は、郡保安官代理の年金算定額を遡及的に五十パーセント増大させるものだった。その数年後には、さらに気前のよい年金制度の対象者が郡全体の一万四千人の公務員に拡大された。こうした年金支給額の引き上げが遡及的に適用されたのはなぜだろうか。その答えはおそらく「それが可能だったから」だろう。合理的な基本政策など何もなく、露骨な利権政治があるだけだったからだ。

カリフォルニア州全体を見ると、年金債務は莫大な額にのぼっている。ある研究によると、同州（市ではない）の未積立年金債務の総額は五千億ドルに及び、同州の年間総生産額の三割にあたるという。だが、この数字も確実なものではない。州政府は、「積立分をきわめてうまく運用すれば将来の年金支給額をカバーできる」と見せかけられるからだ。よく使われる手口は、非現実的な割引率を使うことである。幼稚園から高校までの教職員を対象とする、カリフォルニア州教職員退職年金基金は割引率を八パーセントとしているが、より現実的な割引率は三・八パーセントであることから考えると、未積立年金の額は先述の数字の六倍になる。[13] 公的年金が巨額にのぼっているのは、これが確定給付金であり、毎月一定の大きな額を退職者が死亡するまで払い続けるしくみになっているからだ。政府は退職者らに莫大な額を支払わねばならないため、現在の職員を雇い続ける財政的余裕がほとんどなくなっている。サンノゼのチャック・リード市長は市の職員数を七千四百五十人から五千四百人に削減し、さらに千六百人まで減らす可能性もあると示唆している。「わが市の警察官や消防士の収入は、現役時代よりも定年後のほうが多くなる」と同市長は嘆いている。[14]

年金制度が財政上の問題であることは明らかだが、この制度を変えるのは不可能だと思われる。これは時間選好と極端な損失回避という、行動面の機能不全の典型例である。このジレンマから次のような疑問が生じる――なぜ地方自治体はそもそも年金制度を導入したのだろうか。百年前には被雇用者に支払われるのは給与だけであり、雇用者が長期にわたって被雇用者の面倒を見ることを約束する契約を結ぶのは、ごく少数の幸運な人々に対してだけだった。健康保険や退職後資金積立制度のような福利厚生制度は、第二次世界大戦前にはまれか、まったく存在していなかった。ところが、現代人は雇用者が提供する健康保険を付随的な手当ではなく、新たな種類のエンタイトルメントだと考えている。給与を増やすのではなく、給付金という報酬を大幅に増やすのは筋の通らないことだが、米国労働省が発表している各種報酬総額の月次指数によると、給与はこの総額の七割にすぎない[15]。残りの三割は福利厚生費の合計なのだ。米国民がどれだけの所得を失っているかを自分で理解しているとは考えにくい。給与を五割増しにしてやると言われて、それよりも福利厚生の維持のほうを取る人がどれだけいるだろうか。

企業がこのような形で報酬を提供するようになった理由は税法である。米国の内国歳入庁は給付金を課税対象所得とはみなしていない。これも歴史のめぐりあわせから生じた政策の変遷である。雇用者は第二次世界大戦中の賃金・物価統制策の抜け道として、給付金の強化を始めた。その是非を問われた内国歳入庁は、給付金は課税対象所得ではないと判断し、これによってその後数十年にわたり給付金の増加が促された。年金も非課税の報酬を提供する手段のひとつだったが、政府は用心深く民間企業を規制し、財源不足を回避させた。ところが、いっぽうの公共部門ではそうした予防策はとられなかった。見張り番を見張る者はいなかったのである。

公共部門の福利厚生の拡大は、いま振り返れば容易に予想できたことである。米国では歴史的に、公務員が労働組合をつくる権利は法的に認められてこなかった。フランクリン・ルーズベルト大統領は公務員が労組を結成するのは不合理だと主張し、一九五五年には労組指導者のジョージ・ミーニーも「政府と団体交渉するのは不可能だ」と明言した。ところが、一九五九年になるとウィスコンシン州が州政府職員の団体交渉権を認めた。カリフォルニア州などの大半の州もこの圧力に屈したが、そうならなかった州もあった。たとえば、テキサス州は公共部門の労働組合を認めておらず、財政危機も生じていない。

今後、カリフォルニア州が法律で定められたとおり、財政を均衡させられるかどうかはまだわからない。二〇一三年の短期的な財政状況は改善されたようだが、深刻な長期的問題はまだ残っている。同州の都市の多くは破産法を唯一の頼みにしているが、それはつまり負債を再構成するということだ。労働組合は当然ながら、市が退職した労働者に対する年金債務から逃れるのを困難にする法律を望んでいるが、多くの事例ではそれを払える主体はもはやひとつも残っていない。また、有権者にも言い分があり、公共部門の労働者との取引に多くの納税者はうんざりしているが、カリフォルニア州は破産の危機にある諸都市を救済できる状況にない。ここで見えてくる問題は、カリフォルニア州が支出・負債と収入の水準を一致させられないとわかった場合、連邦政府は同州を救済すべきかどうかである。オハイオ州の納税者は、カリフォルニア州の財政不均衡の責任を負うべきなのだろうか。

カリフォルニア州の暗部（税金、財政赤字、鉄道事業）

二〇一二年五月、カリフォルニア州知事は驚くべき事実を発表した。ユーチューブに掲載された動画で、ジェリー・ブラウン知事は、同州の財政赤字はその四か月前の推算値である九十二億ドルではなく、実際は百六十億ドルにのぼっていると説明した。州の歳入は予想額を三十五億ドル下回ったが、そのおもな原因は四月の所得税収が期待されたほど伸びなかったことだった。そして、歳出のほうは予算を二十一億ドル上回った。[16] このギャップをどう埋めたらいいのだろうか。将来の宝くじ収入を当てにして借り入れることはもうできない。会計上の小細工を長年続けてきたために、同州にはふたたび債券を発行する以外の手段をとる能力がなくなってしまった。同州の財政赤字は二〇〇九年の四百二十億ドルがピークだったが、年金や医療費の増大にともなって今後また増えるおそれがある。

超党派団体の合衆国センターが発表した、カリフォルニア州の財政の健全性に関する二〇〇九年の報告書には、「カリフォルニア州の財政問題は飛び抜けて深刻である」と書かれている。[17] この報告書では、カリフォルニア州を基準（三十を最大とするスケールの三十）として、他の州の財政問題の深刻さが評価されている。また、カリフォルニア州の将来にとってさらに不幸なことに、同州では、経済学者のエドワード・プレスコットとスティーブン・パレントの言う「経済成長に対する障壁」となる制度が導入されている。太平洋研究所が二〇〇八年に発表した調査結果によると、経済的自由度の面でカリフォルニア州は米国の五十の州のなかで四十七位だった。別の超党派の研究機関であるワシントンのタックス・ファウンデーションは、二〇一二年版の州別事業税環境指数でカリフォルニア州を五十州中四十八位、個人所得税制に関しては五十州中五十位に位置づけている。その理由は、同州では創業や雇用に懲罰的な税が課されることだ。[18]

カリフォルニア州の財政問題の唯一の原因は、税収が非合理的に制限されていることだと嘆く人は多い。彼らが指摘するのは、住宅所有者が支払う固定資産税の増大を制限する「提案十三号」の存在である。しかし、提案十三号の成立は一九七八年にさかのぼり、この規定は長年多くの支持を得てきた。二〇一二年十一月には住民投票によって所得税の増税が認められたが、「州の立法機関が増税を決定できるのは、州の上下両院で、三分の二以上の議員による超多数（スーパーマジョリティー）の賛成票によって可決された場合のみ」だと批判する声もある。ジョー・マシューズとマーク・ポールは最近出版された共著書『カリフォルニアの崩壊（*California Crackup*）』で、超多数の賛成を必要とするのは「独自の非民主的」

な考えだと説明している。それは「超少数（スーパーマイノリティー）」である共和党に事実上力を与え、彼らはいかなる増税案も拒否できるようになるというのだ。マシューズとポールはいくつか適切な提案もしているが、この増税問題についての彼らの猛烈な批判は的外れである。財政支出は超多数の承認がなくても増やせるが、税金はそうはいかず、この明確な不均衡が実際に赤字を招いているのはたしかである。しかし、それは州与党である民主党の言い訳にはならない。彼らは財源がないことを百も承知で州の支出を増やしたのだ。そうした支出の責任は民主党のみにある。また、カリフォルニア州には「三分の二以上の賛成票を必要とするルール」は何らかの形で一九三五年から存在したが、同州の財政が不健全化したのはここ数十年のことだ。

カリフォルニア州の所得税が他の州のそれと異なっている点は、その規模ではなく形態である。著者らの知るかぎり、同州は百万ドル超の所得がある人々に特別な税率区分を適用している唯一の州である。こうした百万長者は年間所得の十三・三パーセントという最高税率で州に納税している。これは理論的には米国でもっとも累進的な税だと言ってよい。こうした累進性の高い税をかけると、州の税収が急激に増減するサイクルが生じる。好況期には年収が多くなる人が増え、所得税収も増大する。すると、州はひねくれたことに、そうした税収の水準を通常とみなすようになる。しかし、景気が下降局面に入ると、百万長者の区分の人々はその所得もろとも減少し、累進的な税率制度のもとで税収はさらに大幅に減少する。

好況期にすでに生じていたカリフォルニア州の財政赤字は、不況期に入るともはや支えきれないものになった。

奇妙なことに、同州のブラウン知事は税金と支出の両方を増やそうとしている。彼の方針のもとで二〇一三年に個人所得税の最高税率は三パーセント引き上げられ、十三・三パーセントになった。これは向こう七年間の時限増税である。支出面では、州議会は二〇一二年春にブラウン知事が勧告した内容を否決した。同年夏に同知事は公務員労働組合との五パーセントの減給交渉を華々しく宣伝したが、スタンフォード大学の経済学者であるマイケル・ボスキンの指摘によると、これは労働時間の五パーセント削減と抱き合わせであり、結局はわずか一・六パーセントの減給効果しかないという[19]。また、ブラウン知事は年金問題への本格的な取り組みを明言するのはずっと避けてきたが、本書の執筆時点ではブラウンが降参して表面的な変革をすることでけりがついている。

残念なことに、この経済危機は財政赤字だけにとどまらず、経済的不均衡の政治的基盤もあらわになっている。公務員は議員に対してきわめて強い影響力をもっており、寛大な労働条件を州議会や市議会に決定させることができる。ジャーナリストのホルマン・ジェンキンスは二〇一二年に『ウォール・ストリート・ジャーナル』紙のコラムで、「三十年前に比べると、当時の二倍の数の消防士が当時の半数の火事を消している」と解説した。オレンジ郡の消防隊が出動するケースのうち、「火事関連の対応は二パーセントにすぎない」という[20]。

こうした公共サービスに対しては人為的な需要が規制によって創出されているため、サービス提供者である消防労働組合にとっては特別にうまみのある商売になっている。これは「公共の安全」という看板の陰に隠れて、ある特定利益集団が公共の利益を損ねている典型例である。全米防火協会の強い主張によって、一部の都市では出動要請の内容にかかわらず、消防車一台あたり五人の消防士の出動が義務づけられている。

公務員の無用な増員はどこでも横行している。ジェンキンスの指摘によると、カリフォルニア大学では一九九三年以降、バークレー校からマーセド校にいたる全十校の上級管理職員の数が教職員数の四倍の速さで増えており、その比率はいまや一対一だという。いっぽう、カリフォルニア州内の刑務所は、設計上の収容可能人員数が合計八万人であるのに対し、収監者数がその二倍にのぼっているとして、二〇一一年に連邦最高裁判所から非人道的であるとの宣告を受けた。同州は過剰な収監者のうち三万人を郡の刑務所へ移すことを計画している。しかし、アナリストのジェフ・タイラーはラジオ番組の「マーケットプレイス」でこうコメントした。「この十年間でカリフォルニア州の刑務所関連の財政支出は、州の一般会計予算の五パーセントから約十一パーセントへと急増した」[21]。どうしてこんなことになったのだろうか。それは、看守の労組と州知事のあいだで交わされる労働契約の内容がどんどん寛大になり、看守の人件費がつり上がったからだ。支出急増時の知事だったグレイ・デービスは、「二〇〇三〜〇八年にかけて看守の給与を三十四パーセント増大させる契約に合意した」

という。[22] デービスがこの契約を成立させたのは、二〇〇三年の彼の解任にともなう後継知事選挙の数日前だった（デービス自身もこの選挙に出馬した）。

大きな財政問題を抱えているにもかかわらず、カリフォルニア州は現実離れした高コストのプロジェクトを推進し続けている。なかでも注目されるのが、サンフランシスコのベイエリアとロサンゼルスを結ぶ高速鉄道事業だが、この計画は有権者からほとんど支持されていない。有権者は、この事業の推定費用が当初の倍の一千億ドルに及んだことで、一般道路や高速道路に対する他のインフラ整備支出がクラウドアウトされると感じているのだ。リベラル派のコラムニストのケビン・ドラムですら、この事業の正当化に使われたあるコンサルティング調査を冷やかし、『マザー・ジョーンズ』誌上で、定員千人の列車が年に三百六十五日、一日に十九時間、五分おきに南北両方向に走るという同調査の想定に言及した。[23] この調査はさらに、列車の乗車率は平均七十パーセントにのぼると試算している。ブラウン知事はなぜこのような鉄道計画をきわめて独善的に支持しているのだろうか。彼が建設労働者の労組から政治的支援を受けているから、というのが論理的な説明だ。公共部門の労組が州政府を支配していることを理解すれば、これは政治的にまったく不合理な話ではない。

新たな〝近衛隊〟の出現

カリフォルニア州の解決しがたい財政危機は、経済的には現代のギリシャに似ているかもしれないが、政治的には何千年も前のローマ帝国のほうに似ている。紀元三世紀のローマ帝国の軍隊は、帝位継承を不当にコントロールしていた。歴史家のチャールズ・ヴァン・ドーレンは、「皇帝はギャングによって選ばれ、その前帝の暗殺者にとって都合がよい間だけ帝位にとどまることができた」と説明する。[24] ローマ帝国の元老院に帝位継承への影響力はなく、皇帝自身にもなかった。ローマ帝国が政治的危機にあった時期には、すべての権力を利己的な近衛隊が握っていたのだ。カリフォルニア州政府をとりまく利益集団は、〝現代の近衛隊〟になり得るのだろうか。

同州の公共部門における最大・最強の労働組合はカリフォルニア教員組合（CTA）である。同州の幼稚園から高校までの教育関連支出は一般会計の四割を占めている。三十万人の組合員がCTAに百七十ドルの年会費を払っており、CTAは五千万ドルにのぼるこの年間収入の大半を影響力のある政治家に費やしている。CTAは教員の報酬を事実上決定しているだけでなく、きわめて不道徳な立場にある組合員を守ることで連帯感を強めている。『ウォール・ストリート・ジャーナル』紙は、民主党の元カリフォルニア州上院議員のグロリア・

ロメロにインタビューし、こう報じている。「〔CTAは〕生徒にわいせつ行為をした教員を各地区が解雇しやすくする（アレックス・パディーヤ上院議員提出の）法案を廃案に追いこんだ。生徒と性的関係をもった教師から年金受給権を剝奪する法案に対しても同様だった」[25]。二〇〇一〜〇八年の八年にわたって州上院の民主党院内総務を務め、労働者寄りの姿勢を示していたロメロは、CTAがカリフォルニア州を「支配」していることを理解した。彼女は今、CTAが組合員の同意なしに会費を政治目的で使用することを禁じられた結果として、選挙結果を歪めるCTAの影響力が弱まったことを確認したいと思っている。「彼らは弱体化するだろうし、そうならなければならない」と彼女は語った。これは力強い言葉だが、残念なことにロメロはもう州議会議員ではない。だが、それは彼女が立ち向かったCTAによって落選させられたからではなく、二〇一〇年で任期満了を迎えたことによる退任だった。

任期制限と時間選好

「感応性の高い政治のためのセンター（The Center for Responsive Politics）」によると、米国連邦議会の下院議員で一九八六年に再選を目指して選挙に立候補した五十人のうち、四十九人が再選されたという[26]。つまり再選率は九十八パーセントである。一九八八年の再選率も同じだったが、一九九〇年には九十六パーセントに下がった。そのいっぽうで、大衆の下院に対する評価は低い。現状に対する失望が全国的に広がったことから、多くの州で議員の任期を制限する動きが起きている。

ここで次のような自然な疑問が生じる。任期制限が大統領にとって適切な規定であるならば、州議会や連邦議会の議員にもそれを設ければよいのではないだろうか。米国憲法は大統領の任期は二期までと定めている。これはジョージ・ワシントンが唱えた規範で、フランクリン・ルーズベルトが四期目の途中で死去したあと法定化された。これは、ある役職に永久に（軽蔑的な言葉で言えば）居座っている政治家は、その権限を濫用する可能性が高いという理屈による。一九八〇年代、大衆が責任感のなさそうな政治家たちに苛立ちを募らせ、メディアもこの問題に注目して不満がいっそう高まると、〝ルール改正〟の動きが生じた。これは本書で言う政治的な「ゲームのルール」の核心に対する市民の関与である。だが、残念ながら、任期制限は崩壊した政治制度の立て直しにはまったく効果のない手段であり、スムーズに走らない車からエンジンを取り出して新しいエンジンに替えるようなことにすぎない。

それにもかかわらず、任期制限という考え方に対する支持率はいまだに高い。世論調査家のスコット・ラスムッセンが二〇一一年におこなった電話調査によると、米国の投票予定の有権者のうち、下院の全議員に任期制限を設けることに賛成の人は七十一パーセントにのぼり、反対は十四パーセントにとどまった。[27]一九四〇〜七〇年代には任期制限の法定化について米国の世論は割れていたが、ギャラップ世論調査では一九八一年に法定化支持が一気に高まり、その後十年のあいだに支持率はピークに達した。その後もこの支持率はずっと高いままである。一九九〇年以降、任期制限の是非は二十四の州で票決にかけられ、八つの州で法定化された。下院の共和党員も一九九四年の「米国との契約」でこの考え方を支持したが、連邦最高裁判所は連邦議会の議員に対して州が制約を設けるのは違憲であるとの判断を下した。ただし、州議会の議員に対する制約には問題はないとされた。

現在、フロリダ州、オハイオ州、ミシガン州、カリフォルニア州などの十五の州が州議会議員の任期を制限しており、そのうち大半の州が上院・下院のそれぞれで任期を最長八年間としている。だが、ルイジアナ州では任期制限は十二年であり、カリフォルニア州ではもっとも短い六年である。六年間で議会運営をマスターし、提携関係をつくり、法律を提案し、その成立を目指さなければならないのだ。これほど任期を短く制限している州は、カリフォルニア州以外にはアーカンソー州とミシガン州の二つしかない[28]。

任期制限という考えは経済的な観点からは不合理なものである。そうした制限は「時間選好」という経済的な原理と対立するからだ。公共部門、とくに政治的主導機関における個人の行動やインセンティブは、民間部門のそれと何ら変わらないと考えるべきである。政治家も商業や農業に携わる人々と同様に利己的なのだ。ただし、政治家が最大化しようとするものは利益ではなく権力である。ある農業従事者が一定の期間、たとえば六年間だけ農地で働くことになったとしよう。この土地の維持に関する彼のインセンティブはどう変わるだろうか。

一般に、働く期間を制限された農業従事者は、短期間で土地を酷使して収穫を最大化しようとする。その土地の所有権がないのであれば、長期的な土の健全性を心配する必要はなく、土地の改良に投資することもない。土地に関与する期間が決まっていることで心配すべき問題の範囲が狭まると、農業従事者による投資は必然的に過少になり、土地はやせていく。その結果は彼らに跳ね返ってこないからだ。任期が制限されている議員も、自分の行動の影響を短期的な視野でしか考えない面では同様である。

一九九八年には、ミシガン州の州議会議員百十人のうち、任期制限によって再選に立候補できなかった人は六十四人にのぼった。このことからどんなシグナルが読みとれるだろうか。次の会期で六十四人の新しい議員が誕生することはたしかだが、彼らは自分の任期が決まっていることを承知しており、州政府の他の人々もみなそうである。長期間いるわけではない議員らによって管理される州政府の官僚に、どれだけの責任感が生じるだろうか。また、将来の議員候補者にはどんなシグナルが送られるだろうか。一時的な仕事でもいいからやるという人もいるだろうが、議員が一生の仕事ではなくなったために立候補をとりやめた人はもっと多いはずだ。この問題を次のように考えてみよう。もし教師が学校で教えられる期間が八年間に法律で制限されていたら、教師になろうと考える大学生はどれだけいるだろうか。任期制限によって、最終的には「当選した議員の行動が歪む」という影響が生じる。それは彼らが長期的なことを考えなくなるからではなく、議会での活動期間が制限されることで、彼らが長期的に考えることの中心が政策よりも次の役職（または求職活動）になってしまうからである。

経済的に推論すると、議員の質や潜在的能力は任期制限によって低下する。アイダホ州やユタ州はこうした理由で任期制限を撤廃した。実際の状況を見ても、任期制限によって政府が改善されたわけではない。その理由のひとつは、州政府の事務方の権限まで弱まることはなかったからである。任期制限という新たなルールの意図は、議員の力を制限することである。議員は少なくとも大衆に説明責任を負っているが、任期制限によってその責任がよく果たされるようになるわけではない。そして結局は、選挙で選ばれていない州政府職員やロビイスト、官僚の力が増大するという結果がおもに生じた。州政府職員の長は数年ごとに職員を異動させなければならないとしても、自身は州政府内に残り、州政府の運営法も承知している。議員の任期制限導入後には、恒久的な職業である政府職員の価値が新人議員に対して相対的に上昇したのである。

カリフォルニア州の住民は、誰も名前を聞いたことのないような議員たちによる政府運営の失敗が十年続いたことを受けて——いったい下院議長はどこの誰だっただろうか？——当初の任期制限があまりに短すぎたことを認めた。二〇一二年六月、任期制限関連の法律を改正する提案が賛成の圧倒的多数（賛成二、反対一の比率）で可決された[29]。これによって上下両院の議員の任期はそれぞれ十二年まで延長される。これは著者らが推奨する期間よりも短いが、〝次世代のグロリア・ロメロ〟らがみずから成し遂げた改革の継続を見届けるのには充分な時間である。

選挙区改定による分極化

カリフォルニア州の抱えるさらに大きな問題は、有権者には関係のないことである。同州の人口が多く、また変化し続けているために、十年ごとの国勢調査のたびに選挙区を大幅に改定しなければならないのだ。国勢調査と議席の再配分は〇のつく年（一九八〇年、一九九〇年、二〇〇〇年、二〇一〇年）にあるため、選挙区の改定は二のつく年（一九八二年、一九九二年、二〇〇二年、二〇一二年）の選挙時におこなわれる。一九九〇年にカリフォルニア州は連邦議会下院の議席を新たに七つ割り当てられ、合計で五十二議席になった。では、新たな選挙区をどう設定したらよいのだろうか。選挙区改定に関して何らかの決まった手順があるわけではないが、連邦最高裁判所は公正性を高めるためにさまざまな判断を昔から示してきた。

米国史の初期に最高裁が定めた原則のひとつは、「ゲリマンダー」は憲法に反するということである。ゲリマンダーとは、ある集団が他よりも有利になるように選挙区の区割りをした結果、歪んだ形の区割り図ができあがることである。たとえば、まったく同じ数の保守党員と自由党員がいる、ある小さな州があったとしよう。そして、与党の自由党は五つの選挙区の区割りにあたり、四つの区はそれぞれ自由党にやや有利に、つまり自由党の登録党員が全有権者の五十五パーセントになるように設定し、残りのひとつは保守党の登録党員が全有権者の九十パーセントを超える、保守党員だらけの区になるように設定したとする。こうなると、保守党員はこの州の有権者の半分を占めているにもかかわらず、州議会の五つの議席のうちひとつしか取れないことになる。

ゲリマンダーは政治の方法論にとどまらない、昔ながらの問題である。一七八八年には反連邦主義者だったパトリック・ヘンリーが、連邦主義者のジェームズ・マディソンをバージニア州議会の下院議員に当選させないような選挙区の区割りを企んだ。一九六五年に投票権法が成立すると、連邦政府は人種差別的なゲリマンダーの有無を精査した。それ自体は称賛に値することだったが、連邦議会議員の民族的多様性を確保するという理屈のもとに、結局は少数民族を優遇するゲリマンダーが認められる皮肉な結果になってしまった。たしかに議員の民族的多様性は実現したが、年月がたつにつれて、これは党派的なゲリマンダーに変化した。これによって二大政党は「確実な」議席を獲得しつつ、米国の政治において少数民族に差別的待遇をしてきたと言える。ゲリマンダーによって登録有権者に偏りがあるという利点のおかげで、結果的に現職議員の大半は自党の予備選でその地位を脅かされることがなくなり、本選挙でも落選の心配はなくなった。安全な議席とは、たとえば、ある党の登録有権者の比率が他党のそれを十ポイント上回っている、つまり有権者に占めるある党の党員の割合が五十五パーセントで、他の党の党員が四十五パーセントを超えない場合である。こうした党派的アドバンテージが二十ポイント、さらには三十ポイントにのぼっている議席も多い。

カリフォルニア州の二〇〇二年の選挙区改定では、過去に例のないほど巧妙な区割りがなされた。一九九二年には五十二の連邦下院議員選挙区があり、競争的な議席と各党の安全議席がうまく混在していた。これは州知事が共和党のピート・ウィルソンで、州議会では民主党が多数派だったころに設定されたものだった。しかし、二〇〇二年の選挙区改定の時期には、州政府は民主党に完全に支配されていた。州政府は五十三議席の新たな選挙区を設定したが、この制度のもとで三十二人の現職民主党議員が再選されただけでなく、二十人の現職共和党議員も全員再選された。『ロサンゼルス・タイムズ』紙の記述を引用すると、この新たな選挙区の設定によって、「二〇〇〇年の選挙でカリフォルニア州が主要な戦場になった要因のひとつである、少数の中道的で『浮動的』な選挙区が消滅した」のだ。[30]さらに悪いことに、現職の民主党員はみなコンサルタントに金を払って、彼らに確実な議席を保証する選挙区の区割り作成を依頼していた。新聞各紙は、民主制がひっくり返されたと冷やかした。もはや有権者が代表者を選ぶのではなく、代表者が自分に投票してくれる有権者を選ぶようになったのだ。中道的な議席が消滅したことで、中道を支持する票もなくなった。現職議員らは本選挙で無事に当選を果たしたが、党の予備選における落選の不安をなくすために、思想的に極端な方向へシフトした。同じことが州の上下両院の選挙区についても起きている。こうした分極化はその後の十年間で悪影響をもたらすようになった。

破産のインセンティブ

いま振り返れば、カリフォルニア州にみられるギリシャの悲劇の要素が、数十年前にどんな形で生じていたかがわかる。ゲリマンダーによる選挙区の設定によって分極化した政治が根づいた。議員の任期制限によって近視眼的な時間選好も根づいた。増税よりも可決されやすい支出増大が支持されたことで、財政赤字も慢性的なものになった。これらの要因が一九九〇年代に勢ぞろいして、この十年間悪影響を及ぼしてきたのだ。

幸いにも、カリフォルニア州の住民は構造的な改革をスタートさせている。多くの解決策が実行に移されたのは勤勉な市民のおかげであり、また当時のアーノルド・シュワルツェネッガー知事の断固たる努力に負うところも少なくない。同知事は選挙区改定法の改正を提案二十号として州全体の議案とし、その成立を目指して戦った。この提案は二〇一〇年十一月に六十一パーセントの賛成票によって可決され、二〇一二年の選挙のための新たな区割りを決める十年ごとの選挙区改定の前に成立した。また、同州の選挙では他の意外な結果も生じた。州議会で民主党員が超多数を占めるようになり、民主党が最善と考える方法で課税と支出を均衡させようとするのを、共和党はもはや阻止できなくなったのだ。この結果は民主党にとっては痛しかゆしである。彼らはすでに存在しなくなった〝強硬な反対意見〟の存在を言い訳にできなくなったからだ。

二〇一三年一月、ジェリー・ブラウン知事は、その半年前の深刻な状況とはまったく異なる財政状況を発表するという、予想外の行動に出た。彼が提出した二〇一三年の予算案は均衡していると明言したのだ。権威ある独立系アナリストのマック・テイラーは、ブラウンの予算均衡発言はある程度正しいと述べ、その大きな要因は二〇一二年十一月に五十億ドル規模の増税が有権者によって承認されたことと、知事が財政支出削減を強く主張していることだとした。そのいっぽうで、テイラーはこの〝均衡〟は予算外の年金債務を無視していると警告している。[31]この増税が計画どおりの結果になるかどうか、またそうなった場合に、この重税のモデルによってカリフォルニア州がその地位を維持するのに必要な経済成長が実現するのか、あるいは有能な納税者が他の州へ移住することになるのか――これらは時がたてば明らかになるだろう。

この構造改革はカリフォルニア州に少なくともチャンスを与えたが、問題は真の指導者がこの機会を生かせるかどうかである。ブラウンの声高なアピールにもかかわらず、カリフォルニア州の信用格付けは全州のなかで最低水準にある。同州が債券市場で資金を調達しようとすれば、他の州よりも高い金利を払わなければならない。それはちょうどギリシャがユーロ圏の他の国々よりも高い利払いを余儀なくされているのと同じである。また、もし債券に買い手がつかなくなったらどうなるのだろうか。厳密には、州は市と違って破産を宣言することはできない。大不況の時期に、連邦議会は地方自治体が債務超過による「連邦破産法第九章」の適用を申請することを認めたが、州はその対象外である。ただし、州は破産宣言をしなくてもその債務を不履行にすることはできる。そうしたことは米国では一八四〇年代以降起きていないが、一部の専門家は、二〇〇八年の住宅バブル崩壊と財政危機の影響で、そうした債務不履行がまた起きるおそれがあると考えた。

二〇〇九年、カリフォルニア州財務監督局は所得税申告時の還付金に関して、企業のみならず地方自治体や個人納税者に対しても、現金を還付するかわりに借用証を発行した。[32]現金ではなく借用証を渡すといった事態がふたたび起きて信用市場が麻痺したら、連邦政府は介入して州への貸し付けを保証すべきなのだろうか。もしそうなったら、米国の連邦制の根幹が崩れてしまうだろう。取り返しがつかないわけではなくても、権威の中央集中へまた一歩近づいたというシグナルになり、財政支出をコントロールしようとする州の意欲は薄れる。そうした州の財政に比べれば、証券市場の「大きすぎて破綻させられない」企業の問題など大ごとには思えなくなるだろう。こうした悪質な行動はモラル・ハザードの表れである。ある経済学者はこのような皮肉を述べている。「失敗のない資本主義とは罪のない宗教のようなもので、その役目を果たすことができない」[33]。

ある事態がつぎつぎに波及していく危機的状況が生じると、一部の政策立案者は救済策をとろうとする。カリフォルニア州の負債によって信用市場が麻痺したら、それは他の州の地方債市場にも波及するのだろうか。そして、あらゆる地方債の金利が急上昇するのだろうか。そうした可能性はシステミック・リスクと呼ばれているが、このリスクには他の側面もある。もし連邦政府がカリフォルニア州を実際に支援すれば、カリフォルニア州の債券に関する不安はすべて米国財務省への不安に変わる。投資家は、州の財政に対する最大の歯止めがなくなったと理解するだろう。彼らは連邦政府の関与をどう評価するだろうか。現在、全州の負債額の合計は四兆ドルあまりと推定され、これは連邦政府の負債の四分の一にあたる。州を救済すれば、連邦政府の負債額ははるかに急速に増大するだろう。そうした場合には、連邦政府はその意思を明確化したほうが賢明である。

連邦制は重要な制度である。それが機能するためには、政府が実験をすること、さらには失敗することが許されなければならない。結局のところ、失敗を経験しなければ試行錯誤の成果は得られないのだ。とはいえ、連邦政府は地方債に連邦税上の優遇措置を与えたことで、悪いインセンティブを生み出すのに手を貸してしまったことを忘れてはならない。この優遇措置によって他の投資商品への需要を上回る、過大な地方債需要が生まれた。これは理論上、正当化は困難だと考えられる。税制上の優遇措置をなくせば、不公平な損失や無用な金融的ショックも生じるだろうが、連邦議会はそうした優遇措置には何らかの改革を条件にすることを検討すべきである。

とくに、地方債は将来、課税面では状況に応じて連邦政府から異なる取り扱いを受けるようにしたほうがよい。賢明な改革の一案は、地方自治体の財政面や規制面での能力に応じて、新規発行債に税制上の優遇措置を与えるようにすることである。いくつかの条件を設定し、そのすべてを満たす州や市の債券は完全に非課税とし、条件を満たさない州の債券は非課税にしない。そうした条件には負債の対GDP比の上限や、年金資金の積立額の下限などが考えられる。そして混乱を防ぐため、このルールが適用されるのは新規発行債のみとする。債券の発行主体は財務省に非課税の認可を申し込まなければならない。そうなると、連邦政府にとっては補助金のばらまきを可能なかぎりやめることが合理的な行動になる。まずは、年金資金の積み立てが少なすぎる州や市の年金債務から始めるのがよいだろう。

カリフォルニア州の例は、政治的制度の構造が拙劣だと、経済管理の失敗というアリ地獄にはまりかねないことを示している。同州は、常識的な妥協が必要だった時期に、政治的な分極化に悩まされてきた。この分極化の根本には制度関連の二つの決定がある。そのひとつは州議会議員の任期制限が五十の州のなかで最短であること、もうひとつは二〇〇〇年の国勢調査後の選挙区改定で極端なゲリマンダーがおこなわれたことである。任期制限があると、どの議員も長期的な影響を懸念しなくなり、それを考える動機さえ失ってしまう。また、ゲリマンダーによって、議員が再選を逃すのは「中道や無党派的な立場を示した現職議員が、予備選で対立候補に敗れる」というパターンだけになる。こうした政治的制度が長期的な財政問題に責任をもって対応するのは困難なのだ。

衰退の概要

大国	カリフォルニア州
転換点	一九九二年〜現在
経済的不均衡	財政面
政治的な原因	ゲリマンダーと任期制限による党派的分極化、極端に累進的な税率と強力な公共部門の労働組合
行動面での機能不全	議会議員らの時間的視野の狭さ、特定利益集団の集団行動の問題

第12章　米国に必要な長期的視野

すべてがばらばらになり、中心も崩れていく。
混乱だけが世界を覆いつくし、
血でくすんだ潮が流れこみ、いたるところで
無邪気な祭典が水に呑まれる。
最良の人々があらゆる信念をなくし、最悪の者たちが
燃えるような熱意に満ちている。

——ウィリアム・バトラー・イェーツ「再臨」（一九一九年）より

過去の大国の衰退にみられる共通のパターンを検討し終わったところで、私たちはこの問題に直面する——はたして米国は生き残れるのだろうか。この国も歴史的な衰退のサイクル、つまり権威の中央集中化、個人の自由の後退、創造的破壊を妨げるレントシーキング集団の強大化などを繰り返す運命にあるのだろうか。米国の相対的な、または（さらに悪いことに）

絶対的な経済成長の速さが低下するにつれて、経済力も同様に弱まるのだろうか。財政支出の多い政府は民間市場をクラウドアウトし、納税者の労働力や資本をさらに吸い上げるようになるのだろうか。グローバル化は人々の〝足による投票〟と米国離れを促すのだろうか。

著者らは、あまりに頻繁に鳴らされすぎてきた衰退主義者の警鐘を分析することで、この問題の全体像を捉えようとしてきた。ただし、著者らが考える問題はまた別のものである（そう思いたい）。われわれはこの研究の流れのなかで出てきた魔物のような挑戦者（ロシア、日本、中国）について警告しているのではない。米国が直面している難題はこの国の内部から発生しているのだ。そのことについては、冷静な人々が何十年も議論してきた厄介な兆候もある。もっとも明白な兆候は財政的なもの、つまり連邦政府による増税を上回るペースで一九七〇年代以降に増大してきた財政赤字である。将来の義務的な財政支出を計算すると、その額は政策立案者の時間的視野の内にある想定を超える。ほかに何もしなければ、米国はいずれ数兆ドル規模の財政赤字を抱えることになるだろう。残念なことに、米国は政治制度が行動的機能不全に陥っており、それがこの赤字問題を簡単なものに見せてしまっている。二〇一一年末に、ブルームバーグのコラムニストのクリーブ・クルックは次のような一般的な分析を示した。

明らかな原因を、それが自明だからという理由で拒否しないようにしよう。米国の政治の分極化は少なくとも〔持続的な財政問題の〕近因である。（中略）最近では連邦議会のイデオロギー面の求心力が弱まり、各党間の距離が広がっている。妥協は降伏だとみなされるようになり、米国政府は機能を停止したも同然である。[1]

本章では、米国の経済・政治制度にみられる危険な傾向を分析する。連邦政府予算は、財源のない将来のエンタイトルメントから生じる莫大な長期的債務に直面しており、これは連邦政府の支出が今後年々増えていくことを事実上確実にしている。そうした道を歩み続けるのは不可能だ。政治面において、二大政党の分極化はこの数十年でさらに悪化しているが、それは大半の報道で指摘されているような形ではない。意外に思われるだろうが、ここでは政治的停滞の状況が好転しつつあることを説明する。米国が〝大国の呪い〟を回避できると考えられる理由は充分にあるのだ。

中心は崩れない

今から百年前、詩人のW・B・イェーツは終末論的な社会の崩壊を「すべてがばらばらになり、中心も崩れていく」と表現し、この言葉はあちこちで引用されてきた。これは歴史的観点から見れば皮肉な言葉である。混乱の前触れが〝中心の崩壊〟であったことはほとんどなく、むしろ中心は厳然と存在し続けてきた。共和制は専制に、専制は圧制に取って代わられるものだ。

米国の建国の父たちはこの危険を理解しており、だからこそ国民による民主的なルールを維持できるように細心の注意を払って憲法を起草し、国家権力による侵害に対抗しようとした。一七八七年の憲法制定会議で、バージニア州のエドマンド・ランドルフ知事は「たんなる連邦」にすぎない体制に軽蔑を表し、国家的な体制を求めたが、それに対しては「完全かつ険悪な」沈黙しか返ってこなかった。(2) そのかわりに、憲法立案者らは注意深くバランスをとった社会契約を示した。これは天賦の人権を守るための、政府権力に対する否定制約だったとよく説明される。米国憲法には「国家」(nation)という言葉は出てこない。立法、行政、司法の三権の役割と権限は整然と区別された。また、完成した憲法草案が各州に提示されても、「権利宣言」と呼ばれる憲法修正第一〜十条が追加されるまで、多くの州はその承認を拒否した。この権利宣言は、連邦政府の権威の拡大に対抗する個人と州の自由を保障するものだった。

この十条のうちもっとも重要なのは第一条で、これは宗教の自由、言論の自由、集会の自由という三つの自由が絶対的であり、いかなるときも連邦政府の権限より明らかに上位におかれることを宣言している。米国憲法は採択後、数百年にわたって何度も修正されてきたが、これらの核心的な自由が修正されたことは皆無である。修正第一条が不動のものになっているのは、政府がこの三つの自由を何らかの形で創造したり保障したりしているからではない。これらの自由は積極的な「権利」であると誤って位置づけられることが多いが、憲法立案者らは権利を与える権限が政府にあるとは考えていなかった。そうした自由は天賦のものなのだ。むしろ、彼らは政府とはひっきりなしに自由を抑制しようとするものだと認識しており、連邦政府の権限を厳しく制限する次のような条文が書かれたのはそのためである。「合衆国議会は、国教を制定する法律、(中略)言論の自由、(中略)人民が平穏に集会して政府に請願する権利を侵害する法律を制定してはならない」。言論の自由を政府が統制することを禁止するこの条項は、建国初期の政治的指導者がこれに悩まされることがあっても、数百年にわたって堅持されてきた。トーマス・ジェファーソンは二期目の大統領就任時に、「報道陣からの砲撃にさらされており、彼らが勝手に推測したりけしかけたりすることすべてについて非難されている」と嘆き、州政府や地方自治体に対して、報道を制限するために自分ができないことをすべきだと促した。

連邦政府自体は中央集権に対してはっきりと敵対的な構造になっていた。州は主権をもつ主体であり、たんなる行政上の一地方ではなかった。州知事は大統領による任命ではなく各州で選出されるものとし、各州は市民軍をもつことを認められた。さらに、何らかの提案が発想として生まれてから法律として具体化するまでの過程は、二つの議院での審議、行政部の拒否権、司法部による審理など、その妨害を意図したチェック・アンド・バランス(牽制)

の制度を加えて設計された。修正第十条では、米国政府に明らかに委任されていない権限は、すべて州または人民に留保されると定められている。州が禁じられているのは、各州間の取引に関税をかけることと、州政府が共和制の形態を放棄することだけである。

連邦政府への権力集中に対するもう一つの制限は課税権である。「予算権限」を憲法上与えられ、課税法案を最初に審議できるのは、もっとも民主的な機関である下院だけと定められた。さらに、連邦政府の税収の種類も関税や消費税などに限定され、それらは「合衆国全体で同一でなければならない」とされた。

本書（原書）の出版年は二〇一三年であり、米国で連邦所得税が創設されてから百年目の節目にあたる。一九一二年には、そうした税金は違憲だった。当時は「中央政府」の各州に対する縛りは緩やかなものだったのである。所得税のかわりに、米国財務省はおもに国際貿易に対する関税、消費税、各州に対する間接税（人口の大きさに比例する）によって税収を得ていた。しかし、一九一三年に米国は憲法修正第十六条を採択した。これは連邦政府の「直接」の課税を認めるもので、連邦議会は所得税をすみやかに可決した。これによって、千百万ドルを超える所得には最高税率の七パーセントが課され、四十五万ドル未満の所得は非課税とされた（これらの数字は二〇一一年のドルベースによる）[3]。二〇一三年の時点で最高税率は四十パーセント近くまで上昇しており、これは医療保険制度改革法における所得税付加税は含まない数字である。現在、米国財務省はほかにも法人所得や給与、財産などに対して数々の税を課している。

国家権力の大きさとその統制力は増している。米国の現代の政治的風土では、政府の規模に関するあらゆる論争を、（税率百パーセントの）重税による絶対的国家主義か、あるいは無税の自由放任主義かという形で捉えがちである。しかし、そうした対比は戯画的だ。リベラル派の大半は国家ではなく民間部門の活力こそが繁栄の基盤であることを認識しているし、保守派の大半は米国経済における連邦政府の現代の役割、すなわち中央銀行の権威、貧困との戦いにおける連邦レベルの政策、国家安全保障、さらには社会保障などの面で連邦政府が果たしている役割は正当なものだと考えている。保守派が失望を感じているのはそうした施策の設計がお粗末なことであり、とくに労働、貯蓄、投資のインセンティブを念頭に置いていないことである。現在の政府規模が経済成長に対して「言われているほど」有害だと考える根拠はほとんどない。たとえば、二〇一二年の共和党の大統領候補者で、著者らがその選挙活動に協力したミット・ロムニーと副大統領候補だったポール・ライアンが作成した予算案は、連邦政府の歳出をGDPの五分の一にすることを構想していた。この歳出の水準は、オバマ政権におけるGDPの四分の一という水準とそれほど大きく離れてはいない。

この百年間で連邦政府の守備範囲が広がったことは誰も否定できないだろう。税金はその税率も複雑さも増してきた。連邦議会の「予算権限」は〝帝王的大統領制〟とも言われるものに脅かされ、連邦制は徐々に崩壊している（かつて連邦最高裁判事のサンドラ・デイ・オコナーは、修正第十条は事実上無効になっていると法廷で嘆いた）。今後数十年のうちに政府自体の〝成長率〟が低下することはあり得るのだろうか。そして、もっと細かく言えば、国家権力の本質は社会的エンタイトルメントの保障という性格を強めるいっぽうで、個人の自由や財産の保護からは離れていくのだろうか。

イェーツの警告をもっと現状に当てはめて読むと、崩れそうな中心とは政府の権力ではなく、政府の節度だということになる。政治的な中心はもはやぼろぼろになってしまった。「最良の人々があらゆる信念をなくし、最悪の者たちが／燃えるような熱意に満ちている」のだ。分極化の進展はクルックが指摘した要点でもあり、米国の政治が崩壊したことの謎めいた究極の原因を探るにあたって、これを近因と考えるべきであることに著者らも同意する。

分極化の第一の検討

ほとんどの米国民と同様に、著者らも政治的指導者がみずからの民族や政党、またジェームズ・マディソンが「派閥」と呼ぶものなどの小さな集団を超えて決定を下してくれることを夢見ている。米国憲法は政党に言及していないが、それはまさに党派心によって連合体が圧倒されないことをおもに意図して憲法が構成されているからである。

ジョージ・ワシントンは政党に属さない最初で最後の大統領だった。彼の大統領二期目の四年間が終盤に入ると、次の大統領職をめぐって連邦党候補者のジョン・アダムズと、民主共和党候補者のトーマス・ジェファーソンとのあいだで党派的な争いが全面的に展開され、両者に口汚い批判が浴びせられた（そのひとつが、ジェファーソンは所有していた奴隷のひとりに子どもを生ませたという、囁かれ続けてはいるが異論のある噂である）[4]。どんな政治家も、とくに大統領候補者ならなおさら、選挙活動中に醜い非難や中傷から逃れることはできなかった。エイブラハム・リンカーンですら、その容姿やマナー、言葉の訛りを容赦なく嘲笑されたのである。

失望を禁じ得ない新たな事実は、米国の政治の中心がもはや融解してしまったことである。私たちの時代に分極化ははっきりと進展したが、この趨勢の始まりは一九七〇年代までさかのぼる。同時に、大衆による連邦議会の支持率は記録的な低下を重ね、もはや〇パーセントに近い水準まで下がっている。

一九六〇年代には極右や極左に属する議員はまれで、大多数は中道と言ってよかった。ドワイト・D・アイゼンハワー将軍は共和党と民主党の両党から大統領候補指名を受けたが、これは今の政治ではほとんど考えられないことだ。一九六〇年代の連邦議会での票決パターンを分析すると、民主党所属議員のうち、票決時に典型的な同党議員よりも保守的な判断をした人が高い割合にのぼり、共和党所属議員のなかでリベラルな判断をした人の割合も高かった。現在では政治の中心が右方向へ動いたとみられるいっぽうで、票決のパターンは連邦議会で中道の立場をとる議員がほとんどいなくなる形にシフトした。

こうしたパターンを詳しく論じたのが、トーマス・マンとノーマン・オーンスタインの最近の共著書で『事態は見かけより悪化している』という適切な題名の本である（この本についてはすでに論じた）。彼らはワシントンDCのシンクタンク（マンはブルッキングス研究所、オーンスタインはアメリカン・エンタープライズ研究所）に所属する権威ある政治学者であり、この本で現代政治の病巣は共和党だと批判している。

彼らは各議員の相対的な党派的議決パターンを表す「DW-NOMINATE」という手法を使って、一九七〇年代半ばに各党の過激主義が急激に高まったことを示した。だが、そこで用いられた一連のデータを作成したのはマンとオーンスタインではない。このきわめて有用な学術調査は、一九八〇年代前半に政治学者のキース・T・プールとハワード・ローゼンタールが初めておこなったものである。じつのところ、DW-NOMINATEのスコアは、連邦議会が初めて開かれた一七八九年までさかのぼって出すことができる。その後数百年のあいだに、保守派とリベラル派の思想が劇的に移り変わったのは明らかである。たとえば、一八六〇年代には共和党は奴隷制に反対を唱えており、一九六〇年代には少数民族に完全な参政権を与えることを支持する共和党員の数は、それを支持する民主党員より多かった。しかし、DW-NOMINATEのような相対的な評価システムは、党派心の思想的な内容を区別するものではない。重要なポイントは、DW-NOMINATEは党派心や党の団結の相対的な評価手法であり、思想面でどの党がどれだけ過激かを示すことはできない点である。

このデータからわかるのは、穏健はもはや政治的な美徳ではなくなったことである。キース・プールは「VoteView」というウェブサイトとブログで、このデータの最新版を表にまとめて掲載している。[5] 連邦議会での票決において各党間で重なり合う部分がなくなったことから、分極化は明らかである。図25は、一九七一～七二年の第九十二議会から二〇一一～一二年の第百十二議会までの党派的票決行動の変遷を示したものである。[6] 党員の左派的・右派的な投票パターンのグラフは釣鐘型を示し、当然ながら民主党の釣鐘は全体の左側のほうに表れている。一九六〇年代の図の重要な特徴は、二つの党のグラフが重なり合っている部分がきわめて多く、極端な意見を示す図中心側のグラフのテール（端）が他党の中心を超えているほどで、オーバーラップの範囲は全体のおよそ二十五パーセントに及ぶ。しかし、一九八〇年代になるとテールのオーバーラップはごくわずかになって全体の十パーセントとなり、二〇〇七年にはほとんどなくなっている。『ナショナル・ジャーナル』誌は投票記録にもとづく同様の議員の評価データを用いて、上下両院の議員を三十年以上にわたって追跡調査している。[7] それによると、二〇一一年には初めてオーバーラップがなくなった。つまり、連邦議会ではもっともリベラルな共和党員よりも保守的な民主党員はひとりもいなかったということである。

党派的な分断の度合いについては、こうしたグラフを「肉眼」で評価するよりもさらに正

図25　米国の政治における思想の分極化

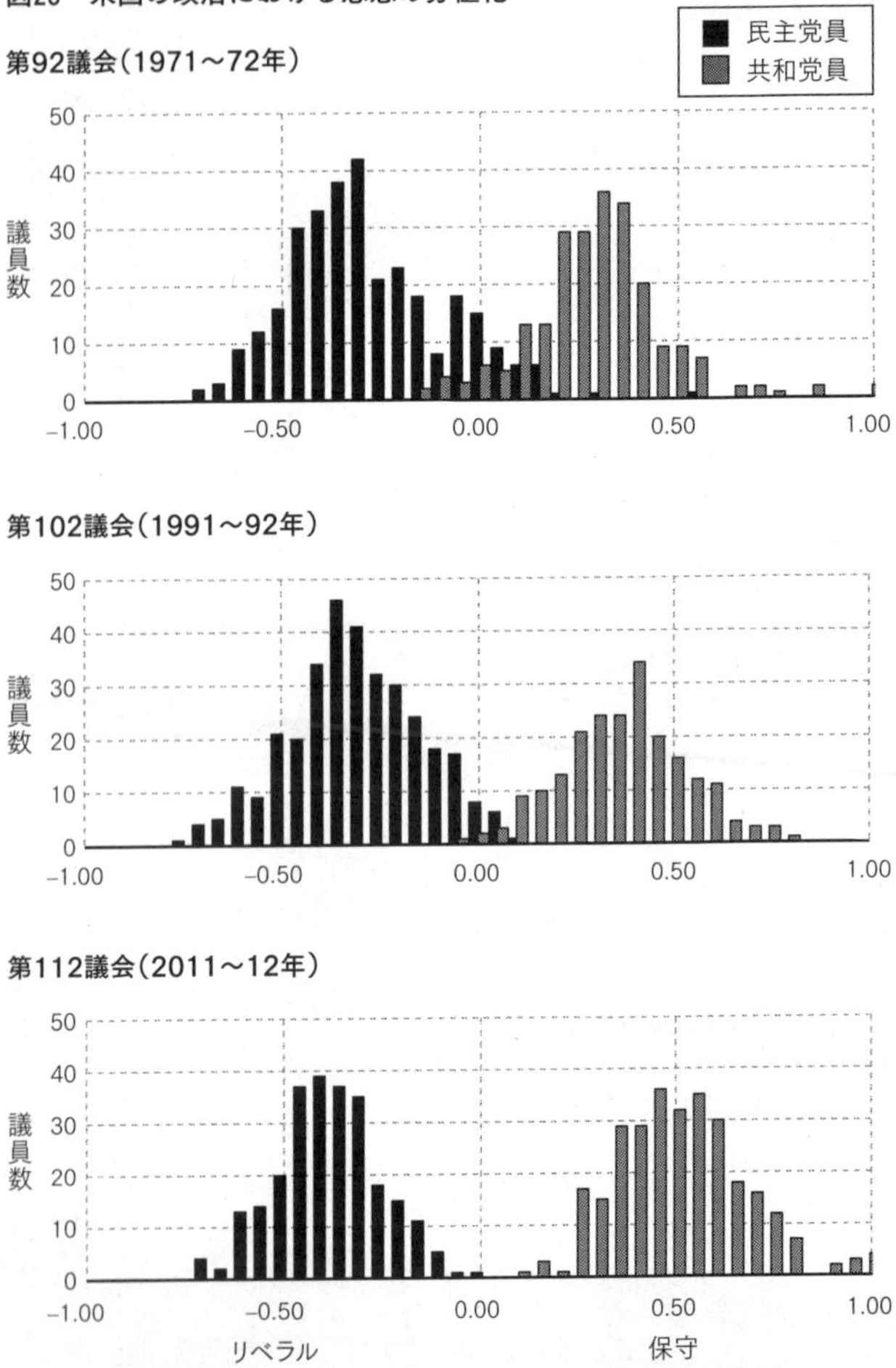

出所：ルイス、プール、ローゼンタール、http://www.voteview.com（2013年）

確に判断できる学術的な計算法がある。DW-NOMINATEのスケールはマイナス一・〇からプラス一・〇までの範囲で、各党の平均スコアのあいだの距離が党派心の公正な評価となる。一九三〇年から半世紀ほどのあいだは、下院におけるこの距離は〇・五程度だったが、一九七〇年代後半からこの数字は大幅に上昇し、一九九五年には〇・八を超えて、その後も調査ごとに増大している。この上院・下院における党派間の距離を示したのが図26である。どちらの議院でも二十世紀初頭から三十年以上にわたって党派心が強い状況が続いたが、こんにちほど強烈ではない。

ジョージ・W・ブッシュ政権時に過度に党派的な政府運営が確立して、連邦政府に傷を残し、それが彼の所属する共和党も歪めたというのが現在の一般通念である。だが、それは議会における超党派的連携が何十年も前から崩れていることを公正に示していない。それは、ブッシュの前のビル・クリントン政権で起きた同大統領とニュート・ギングリッチ下院議長の不和を見れば明らかである。大半の大統領とは異なり、ブッシュが大統領に当選した選挙では、一般有権者の投票結果と選挙人団の投票結果のあいだに乖離が生じるというまれな事態が発生し、浮動的なフロリダ州の開票結果をめぐってとくに醜悪な法廷闘争が繰り広げられた。

これがマンとオーンスタインの主張の出発点であり、彼らは膠着状態の責任を共和党に求めている。「反乱的な外れ値、つまり思想的な過激主義、継承されてきた社会的・経済的な

図26　米国連邦議会における政党の分極化（1901〜2011年）

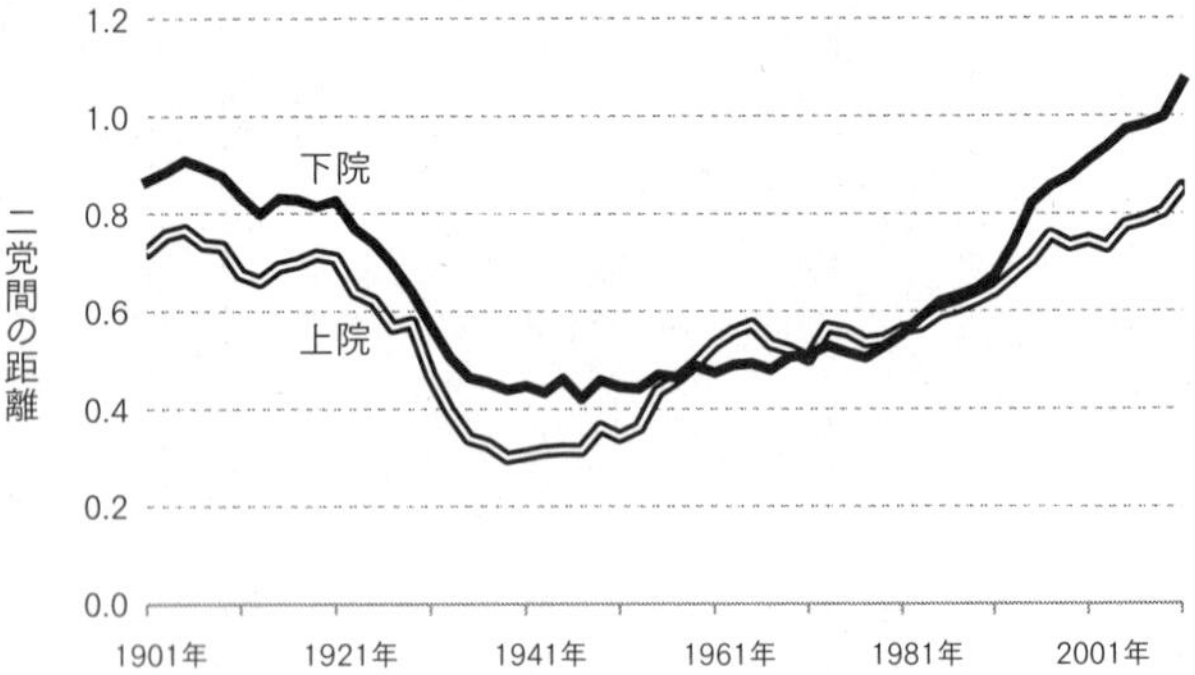

出所：ルイス、プール、ローゼンタール、http://www.voteview.com（2013年）

政策形態の蔑視、妥協の軽視、事実や証拠、科学の従来的な解釈への不服従、政治的反対者の正当性の否定」が見られるというのだ。

それが誰の責任かを考えるのはさらに複雑な作業だと言ってよいだろう。たとえば、権威ある経済学者のビル・ガルストンは、有権者が変化していることと、無党派の有権者が直感に反して増大していることを指摘する。[8]政治情報サイト「リアルクリアーポリティクス・コム（RealClearPolitics.com）」のアナリストのショーン・トレンドは、マンとオーンスタインの主張をDW-NOMINATEの「誤用」だと評している。マンらはDW-NOMINATEにはわずかに触れる程度で、図26のような時系列データをまったく示していない。こうしたスケールはその時期の連邦議会で票決された議題に応じて決まるものである。したがって、「D

W-NOMINATEのスコアは何か決まった意味は与えられずに作られるため、共和党は一八八〇年代以降もっとも保守的になっているとは言えない[9]」のだ。共和党員の保守性は強まっているのかもしれないが、それは「保守性」が何を意味するかによる。過激なリバタリアンの保守派のなかには、ドラッグの合法化を望んでいる人々もいる。それは保守的だろうか。残念ながら、そうした多面性にマンとオーンスタインは関心を寄せていない。『エコノミスト』誌は彼らの本についてこうまとめている。「彼らは、みずから非難している罪をまさに犯している。すなわち、たまたま自分が賛同できない政党の正当性に疑問を投げかけているのだ[10]」。

分極化に関する二つ目の主張は、政治家の分極化は米国民の分極化の表れだというものである。「過激な」ティーパーティー運動や「過激な」占拠運動はその説に説得力を与えているが、調査データを見るとそうではなくなる。ピュー研究所は二〇一二年半ばに、政党の方向性とともに米国の大衆も分極化が進んでいると主張する研究を発表したが、その根幹になっているのは「誰を分極化しているとカウントするか」についての流動的な定義である。この研究の基盤になるデータの信頼性はかなり低いと考えられる。同研究の概要部分だけを検討してみよう。

米国の価値観や基本的な信条は、党派主義の傾向とともに、過去二十五年間のどの時点よりも分極化している。いまや〝政党〟は米国社会における唯一最大の亀裂であり、共和党員と民主党員のあいだの価値観のギャップは、男女やそれぞれの年齢層、人種、階級のあいだに見られる隔たりよりも大きい。また、各政党はこの二十五年間を通じてその規模が縮小し、思想面では政党内の均質化が進んだ。

ピュー研究所は、政党と結びついた国民のあいだで亀裂が広がっているとしたが、実際に「政党と結びついている」国民の割合は減少している。性別や年齢、人種と違って政党との関係は自主的なものであるため、思想をみずから宣言した集団の規模が縮小するなかで、そうした集団間のギャップが広がっていると言うのは堂々巡りである。だが、この大きな問題はいったん横へおいて、ピュー研究所の研究には次のような貴重な洞察も含まれていることを評価したい。

1 米国では支持政党のない人々が増えている。無党派層の割合は一九九〇年の二十九パーセントから二〇一二年には三十八パーセントに増大した。民主党支持者の割合は、一九九〇年は三十三パーセント、二〇一二年は三十二パーセントとほぼ一定であり、共和党支持者は三十一パーセントから二十四パーセントに減少した。興味深いことに、無党派層へのシフトを引き起こしているのはもっぱら男性であり、男性有権者の四パーセントが共和党支持を、同じく六パーセントが民主党支持をそれぞれとりやめた。

2　米国民はその思想を問わず、中央集権化した政府を信頼していない。憲法修正第十条をふまえた連邦政府の権限の制限は、実際には放棄されて久しいものの、一九八七年には調査対象となった人々の七十五パーセントがこれを支持し、現在でも六十九パーセントが支持している。党派別に見ると、無党派層の見解に変化はなく、共和党支持者は連邦政府権限の制限を支持する姿勢を強めているが（支持率は八十四パーセントに上昇）、民主党支持者の姿勢の変化のほうが大きく、中央集権体制を信頼しない人の割合は過半数をわずかに超える五十四パーセントにとどまった。

3　米国民は妥協を支持し続けている。共和党支持の有権者は減少し、同党はイデオロギー的集団の性格を強めているものの、この研究のおもな主張とは逆に、妥協を支持する共和党支持者の割合は一九八七年も二〇一二年も約七十パーセントと変わっていない。いっぽう、民主党支持者で妥協を支持する人の割合は七十七パーセントから九十パーセントに増大した。米国民の十人に八人は、「任務を果たすためには妥協をいとわない政治的指導者に好感をもつ」という意見に同意しているのだ。

ティーパーティー運動が発展したのは、米国民が変化したというよりも、選挙運動のルールの変更によってこの集団の観点を抑圧する力に歯止めがかかったからである。二〇一一年夏に、共和党下院議員総会でティーパーティー派の新人議員が債務限度額の引き上げの承認を拒否すると、旧来のいわゆる穏健派勢力は激怒した。過大な政府支出に対する抑制力のひとつは、下院の「予算権限」である。下院は存在しないお金を使おうとする行政府の力を制限できるからだ。こうした公的負債額の制限については、親が子どものクレジットカードの利用額を制限するようなものだと考えてみよう。「支持する策が妨害されたときに人質を取る」ことは、全米の高校生に対する「チェック・アンド・バランス」のシステムとして静かに称賛されているのだ！

ここで、最近の大統領たちの過激主義について検討してみよう。ジョージ・W・ブッシュ政権時に成立した法律（とくに点呼投票によるもの）をオバマ政権のそれと比較してみると、その違いは驚くべきものである。教育政策では二〇〇一年に「落ちこぼれゼロ法（NCLB）」が上下両院を通過したが、このとき民主党員の賛成票は上院では四十六票、下院では百九十七票にのぼった。オバマ政権の一期目の記録を見ると、超党派的な支持を示すデータははるかに少ない。

表10はこの比較をジョージ・W・ブッシュ政権とバラク・オバマ政権のもとで成立した五つずつの法律に当てはめたもので、これらの法律には二〇〇一年のブッシュ減税法案（正式名称はEGGTRA）、イラクに対する武力行使決議、愛国者法、落ちこぼれゼロ法、二〇〇三年のメディケア改革法などが含まれる。上院の共和党員の多くはブッシュの教育改革案

表10 ジョージ・W・ブッシュ政権1期目とバラク・オバマ政権1期目で成立した主要な法律に対する党派的な投票パターン

法律名	反対―大統領の所属党（上院）	賛成―野党（上院）	反対―大統領の所属党（下院）	賛成―野党（下院）
減税法（EGGTRA、2001年）	2	12	0	28
落ちこぼれゼロ法（2001年）	6	46	34	197
愛国者法（2001年）	0	47	3	145
対イラク武力行使決議（2002年）	1	29	6	82
メディケア改革法（2003年）	8	11	25	16
公正賃金法（2009年）	0	4	5	3
米国再生・再投資法（2009年）	0	2	11	0
患者保護および医療費負担適正化法（2009年）	0	0	33	0
ドッド・フランク法（2010年）	1	2	19	3
DADT法廃止法（2010年）	0	6	15	15
ブッシュ	17	145	68	468
オバマ	1	14	83	21

出所：著者らによる連邦議会記録の分析

である落ちこぼれゼロ法に反対票を投じたが、四十六人の民主党員はそれに賛成した。ブッシュ政権時の法律をオバマ政権時の公正賃金法、米国再生・再投資法、患者保護および医療費負担適正化法、ドッド・フランク法、DADT法廃止法などの法律と比較してみよう。オバマ政権時のこの五つの法律に対する野党からの賛成票の合計は、上院ではわずか十四票、下院では二十一票である。これに対し、ブッシュ政権時の法律に対する野党賛成票の合計は、上院で百四十五票、下院で四百六十八票だった。ブッシュの減税法に対する民主党下院議員の賛成票のほうが、オバマ政権時の五つの法律に対する共和党下院議員の賛成票の合計よりも多いのだ。この傾向がオバマ大統領の二期目に変わるかどうかはまだわからない。

もちろん、ブッシュ、オバマの各政権の立法記録にみられる超党派的行動の違いは、二〇〇八年の大統領選後に連邦議会で瀬戸際戦術が活発化したからだとも解釈できるが、いずれにせよこれらの論点よりもっと大きなポイントがある。それは、非難合戦から一歩下がって、そもそも政治家がこのような形でゲームをするという、歪んだインセンティブをもたらしている基本的な制度について、もう少し注意深く検討したほうがはるかに賢明だということだ。

また、党派的な分極化とイデオロギー的な盛り上がりを混同しないように注意しなければならない。著者らの解釈では、党派主義とは基本原則よりも自分の政党のほうを大事にする考え方で、〝善の拡大〟にとっては非生産的なものである。イデオロギー面での過激主義者（スティーブン・スピルバーグ監督の映画『リンカーン』に出てくる、奴隷制廃止を唱える共和党員を思い出してほしい）は、公の議論にとっては有害な人々かもしれないが、適切な政策をむしばむ存在だとは限らない。米国の建国の父たちも同様に過激主義者であり、原理原則のためにその命や財産を危険にさらした人々だった。現代の米国の政治で誤っていると思われるのは、むしろ空疎な党派主義によってイデオロギー的な原則が希薄化していることである。

ジャーナリストのヘインズ・ジョンソンとデービッド・ブローダーの共著書『システム（*The System*）』は、ジョージ・W・ブッシュやバラク・オバマが政治の表舞台に登場する数年前の一九九六年に出版された。この本では先述の状況が次のように記述されている。「民主党にとっては、本質的な政策を支持者のために実施することよりも、政治的な仕事の獲得や維持のほうがはるかに大きな原動力になっている。そして、民主党の活動費を提供している献金者は、同党がその政策目的として主張していることの実現よりも、自分の友人を政権内にとどめることのほうをずっと重視している」[11]。この評価は同書が出版された一九九六年当時は辛辣なものだった（ちなみにこの著者らは、民主党も共和党も等しく辛辣に批判している）。それ以降、制度的な圧力はさらに強まっている。現代の政党の自己中心的な傾向は、困難な選択を避ける政治をもたらしている。それをもっとも警戒すべき形で示しているのが、社会保障制度やメディケアにともなう医療費・エンタイトルメント支出の危機的状況に対処しない姿勢である。

政府債務の歴史と将来

経済学者らは五十年近くにわたり、連邦政府のエンタイトルメント支出がどんどん気前よく増えて、長期的な財政不均衡が生じることに警鐘を鳴らしてきた。この警告は数えきれないほどの財政再建策とともに無視され続け、そのいっぽうで財政赤字は膨れ上がった。押し寄せる新たな赤字の波は、どれも前回の波に比べて驚くほど大きなものになっていったが、大衆はこうした出来事や警告に鈍感になっている。二〇一一年、公共が所有する米国政府の負債の総額は史上初めて十兆ドルの大台に乗った。議会予算局の「代替的な（つまり現実的な）」シナリオでは、国家債務の対GDP比は第二次世界大戦期の百九パーセントという従来のピークを超えると予想されており、それは二〇二五年ごろに実現しそうだという。[12] 議会予算局の言う「連邦政府債務が爆発的に増大する道筋」のもとで、国家債務は今後十年にわたり毎年GDPの三パーセントずつ増え続け、その後の十年では毎年GDPの四〜五パーセントずつ増えていくという。[13]

歴史的な視点から見ると、一部の人々にとってこの財政赤字の趨勢はそれほどの脅威ではない。図27はもともと議会予算局が発表したグラフだが、連邦政府はその二百三十五年の歴史のなかで大きな債務問題を六回にわたって解決してきた。それなのに、なぜ今回は心配し

図27　公共が所有する連邦政府の負債の対GDP比（1930～2035年）

出所：米議会予算局（2012年）

なければならないのだろうか[14]。それは、過去に切り抜けた五回の債務危機は、米国が現在直面しているものとは質が異なるからである。過去の大規模な負債増大は、どれも戦争が引き金になっていた。それらは独立戦争（建国にあたって一七八九年に負債が増大した）、米英戦争（一八一二年）、南北戦争（一八六一～六五年）、第一次世界大戦（一九一四～一八年）、第二次世界大戦（一九四一～四五年）である。唯一注意すべきなのは、第二次世界大戦時の負債急増に先立つ大恐慌である。この五つのケースのすべてにおいて、戦争が終結すれば負債の対ＧＤＰ比の上昇も止まった。これに対し、こんにちの国家債務は何十年も増え続けている。それを何か異例の事件のせいにすることはできないし、もちろん戦争の影響でもないことはたしかである。

　現在の財政赤字の原因を軍事費の増大に求めるのはよくあることだが、これはじつのところさして根拠のない見解である。米議会調査局の最近の報告によると、アルカイダによる最悪のテロ攻撃があった二〇〇一年からの十年間で、米国の軍事支出は累計で一兆三千億ドルだったという。これには中東での軍事作戦の経費だけでなく、「外交作戦の費用や、イラクやアフガニスタンでの戦争に従事した退役軍人に対する医療費」[15]も含まれる。退役軍人の医療費や年金によって、今後の数十年でその数字は倍増する可能性があるが、それでも合計額は現在のGDPの二割にすぎない。これに対し、南北戦争時はほんの数年で国家債務はおよそ三十五パーセント増大し、第一次世界大戦では約三十パーセント、第二次世界大戦では七十五パーセント増大した。戦争のコストの規模をつかむために、現代のエンタイトルメント支出はその五〜十倍であることを考えてみよう。たとえば、過去十年間におけるイラクでの戦争活動のコストは年間一千億ドルだったが、これは社会保障の身体障害保険の年間費用とほぼ同じである。

国防費の全体像を見ると、国防費の対GDP比は一九七〇年当時の半分まで低下している。表11を見ると、さまざまなカテゴリーで支出が大きく変化したことがわかる。一九五〇年代には、国防費はGDPの十パーセントだったのに対し、社会保障費はその十分の一だった。一九六〇年代には、連邦政府の比較的小規模な二つの医療関連エンタイトルメントとして、メディケアとメディケイドが導入された。一九七〇年代になると、これら三つのエンタイトルメントに関する支出は国防費にほぼ並び、一九九〇年代以降は逆転してエンタイトル

表11　カテゴリー別に見た連邦政府支出の対GDP比

	国防	社会保障	メディケア	医療扶助（メディケイド、CHIP、交換助成金）
1940年代	17.0	0.1	–	0.1
1950年代	10.4	1.1	–	0.1
1960年代	8.7	2.6	0.4	0.3
1970年代	5.9	3.8	0.9	0.4
1980年代	5.8	4.5	1.6	0.6
1990年代	4.1	4.4	2.2	1.1
2000年代	3.8	4.3	2.7	1.4

行政管理予算局の1941～70年のデータと、議会予算局の1971～2010年のデータから作成。行政管理予算局のデータはメディケアの対GDP比を最大0.5パーセント低く見積もり、エンタイトルメント支出を低めに推算している。

メント支出と国防費の比率は二対一になった。実質面では、ボトムラインベースでの政府支出全体の規模は比較的一定に見えるが、その安定性は錯覚である。経済規模に比べて国防費の割合はつねに縮小されていき、その削減分は義務的な福祉政策に回されてきた。国防費の削減によって財政支出をまかなおうとすれば、国防費をGDPの四パーセントという現在の水準からずっと下げてゼロにしてしまうしかないだろう。

「エンタイトルメント」の第一歩

一九三五年、フランクリン・ルーズベルト政権のもとで法制化されたころの社会保障は、高齢者の貧困と戦うためのささやかな制度だった。比較的小規模だったこの所得補塡（月々の支給は、一九四〇年一月三十一日におけるアイーダ・フラーへの二十三ドルの支給が最初だった）は大規模な老齢年金に発展し、月々の平均支給額は千百ドルにのぼっている。そして、人口動態によってこの制度は破綻に近づいている。そのおもな原因は米国民の平均余命が一九三五年には六十二年だったのが、一九九〇年には七十五・四年まで延びたことである。こんにちの平均余命は七十八・七歳だ。二十世紀に平均的な米国民の平均余命が三十年延びたことは、生きている人々と経済にとっては素晴らしいことだった（ある学術的な推算によると、これによって一人あたりの人生の価値が百二十万ドル増え、また一九七〇年以降の平均余命の延びによってGDPは年間三兆二千億ドルずつ増えたという）。しかし、これによってエンタイトルメント制度は大きく圧迫された。[16] この制度は平均余命が延び続ければ維持できない。国際通貨基金の二〇一二年の報告書は、欧米諸国の政府の保険数理士は国民の寿命の延びを三年少なく見積もっており、二〇五〇年時点の国民の寿命が予想より三年長ければ、公的・私的年金のコストは莫大なものになるだろうと警告している。[17]

現在では、米国の人口の六分の一にあたる五千万人の人々が社会保障による年金給付を受けている。労働人口と比較したこの年金受給者の数は、この制度の立案者の想定よりもはるかに多く、寿命の延びによって、支持率の高いこの年金制度の財政的な〝終末の日〟が近づいている。二〇一二年に年金制度受託者らは、いわゆる信託資金（支出を上回る税収の会計上の累積金額）は二〇三三年に枯渇すると報告した。これは二〇一一年に予想された時期よりも三年も早い。ここで「いわゆる」信託資金と書いたのは、連邦議会は形式上剰余金を貯めることはなく、使い切ってきたからだ。信託資金は財務省から資金を借りている形になる。この年金受給者のおよそ五分の一は定年退職者ですらない。彼らは身体障害保険制度の対象者であり、その数は職場での実際の身体障害者数の推移よりもはるかに急激に増大してきた。

社会保障制度は、その主要な目的の達成にあたってうまく機能してきた。今では路上でホームレス生活を送る高齢者はもはや見かけない。ビル・クリントン元大統領がよく口にするように、この制度は廃止するのではなく、修正すべきなのだ。社会保障制度を効果的にしている大きな特徴のひとつは、給付金の決定にあたっていわゆる「家計調査」をしないことである。これは通常とはまったく逆である。所得の高い労働者ほどこの制度に払いこむ金額も多くなる、つまり個人の努力が反映されるようになっているのだ（たんなる所得の再分配ではない）。そうした労働者は給付が始まればより多くの金額を受け取れる。この受給開始は一般に六十五歳を超えてからである。いっぽう、家計調査による給付制度では、資産や所得の多い個人への給付は否定されるか、大幅に減額される。経済的な理屈からすれば、社会保障制度が家計調査によるものだったら、高齢者は定年前に貯蓄をすべて使い切ろうとするか、さらに悪いことに国外の銀行口座に隠したり、現金化しようとしたりするだろう。有意義な社会保障制度改革になりそうなアイデアとして、あらゆる高齢者に対する給付を均等化し、どの高齢者も毎月同じ額を受け取るようにする案がある。ある投資会社のロバート・ポーゼンという幹部によってそのひとつの形が提案されたこの同額給付は、皮肉にも一部の改革支持者には過激な考えだと受け止められているが、このような家計調査方式は穏当なものだ。

社会保障は数字の面に限れば難しい問題ではない。これは単純な所得移転の制度で、支持率は高く、過去に改革されたこともある。そして、効率的な年金制度をいかに構築するかについての常識的なアウトラインは、民間部門で検証・精緻化されている。読者の大半はおそらく、私的年金が確定給付型から401kのような確定拠出型に大きくシフトしたことをご存じだろう。二十一世紀のバイオテクノロジーによって人間の寿命が延びる（と予想される）時代に、連邦政府が何らかの妥協をしないとは考えにくい。

年月の経過とともに、エンタイトルメントの義務が、この制度の創設者の想定を超えて拡大している傾向が明らかになった。これをバブルと言ってもよいだろう。寿命の延びがそのひとつだが、社会保障のもうひとつのバブルはインフレーション、それもオーバーインフレーションである。インフレーションは債務者にとってはたいてい恩恵だが、社会保障給付はインフレに連動して増大するようになっている。さらに、新たに退職した人々はその時点での賃金率に連動した年金額を支給されるが、この賃金率は物価上昇よりも速く上昇する。そうしたしくみになっていることで、ある時期に退職した人々はその前の時期に退職した人々よりも高い年金を受け取れるようになるが、そのいっぽうで将来の世代はより多くの税金を払うことになり、見返りに何も得られない可能性が高い。

一九六五年に連邦議会がメディケア・メディケイドを導入したことで、難題の種がまかれた。連邦議会は政治的影響に関する時間的視野の限界を超えて、長期的な将来にわたって拘束力のある支出の約束をしたのだ。社会保障も同様にそうした限界を超える拘束的な公約をしているが、その支出項目は増大が比較的遅く、基本的に単純である。医療関連のエンタイトルメントは、医療保険の「空白を生める」ことを無邪気にも意図したものだったが、むしろこれによって医療保険とは何か、また米国の医療市場がどう機能しているかの概念が歪み、亀裂がますます広がって何千万人もの人々が無保険状態になっている。〝未来〟はすでに現実になっているのだ。

メディケアはおよそ五千万人の米国民に医療保険を提供しており、その大半は六十五歳以上の国民だが、条件を満たした身体障害者も含まれる。その姉妹制度であるメディケイドは同様の保険を低所得者に提供する連邦政府のプログラムで、毎年最大五千万人（ほとんどは貧しい子どもたち）に適用されている。どちらの制度も民間保険に取って代わったものである。社会保障とは異なり、これらの制度は一般的な需要関数から消費行動を切り離したことで、拡大した医療市場に歪んだインセンティブをもたらしており、これは第三者支払い機関問題と呼ばれている。メディケアの加入者はかなり多くの医療行為を、その料金の大半を直接支払うことなく要求できるが、これは過剰診療と医療費の高騰を招いている。この点で、メディケア・メディケイドは民間保険に内在する問題を増幅させているのである。

米国が不均衡に陥る転換点になったと著者らが考える一九七五年には、メディケア支出は百四十一億ドルだったが、二〇一〇年には五千二百四億ドルにのぼっている。第三者支払い機関による歪みはこのコスト急増の一因だが、二〇〇一年に故ミルトン・フリードマンが説明したように、医療配給制では医療従事者よりも官僚が優位になるため、この歪みは患者にも害を及ぼしている。一九六〇年代、七〇年代、八〇年代、そして二〇〇〇年代前半にメディケア・メディケイドが拡大すると、将来の給付を段階的に増大させる約束は明らかな政治的報酬をもたらした。[18]しかし、いまや財政という名の列車は崖へ向かっており、もはや止められない様相を呈している。議会予算局によるエンタイトルメント支出増大の最善の予測値を用いた、先掲の連邦政府支出の表を著者らが追加的に修正すると次のようになる（表12）。

エンタイトルメント支出の対GDP比は二〇〇〇年代の八・七パーセントから、二〇四〇年代には倍の十七・九パーセントまで増えるとみられる。残念ながら、米国の過去の経験を振り返ってみても解決策は見つからない。国家債務が急増した過去の五回の事例では、負債の対GDP比は次の二つの基本政策の組み合わせによって、ほぼゼロにまで徐々に減少した。その一つ目は、連邦議会が赤字財政を中断したおかげで、分子にあたる負債額が一定化されたこと、二つ目は分母のGDPが急増したことである。では、現代では高い経済成長率のおかげで米国は厳しい選択をせずにすむかというと、そうはいかない。たとえ年間の経済成長率が二〜三パーセントになっても、自動的に生じる「生活コスト」であるエンタイトルメン

表12　カテゴリー別に見た連邦政府支出の対GDP比（年間平均、＊は予想値）

	国防	社会保障	メディケア	医療扶助（メディケイド、CHIP、交換助成金）
1940年代	17.0	0.1	–	0.1
1950年代	10.4	1.1	–	0.1
1960年代	8.7	2.6	0.4	0.3
1970年代	5.9	3.8	0.9	0.4
1980年代	5.8	4.5	1.6	0.6
1990年代	4.1	4.4	2.2	1.1
2000年代	3.8	4.3	2.7	1.4
2010年代*	–	5.1	3.8	2.3
2020年代*	–	5.7	4.8	3.1
2030年代*	–	6.1	6.3	3.6
2040年代*	–	6.1	7.6	4.0

行政管理予算局の1941～70年のデータと、議会予算局の1971～2010年のデータから作成。

ト支出、人口の高齢化（大人一人あたりの子どもの数の減少）、長寿化、医療費の増大などのペースのほうが速い。おそらく既存の負債に対する利払いの増大もそうだろう。

現代の財政赤字はその規模だけでなく、本質の面でも前例のないものである。財政支出はGDPや税収の増大を上回るペースで増えている。それは、米国の政治制度と現在の支出カテゴリーがなかなか整合しないからだ。この観点から見ると、「政治ゲームの現在のルールのもとで」連邦政府予算を「統制下におく」のは不可能であることがわかりやすくなり、また過去三回の予算年度におけるオバマ政権の典型的な姿勢も明らかになる。それは経済が「通常の軌道に戻る」まで財政赤字への対処を先送りするというものだ。その論理は、大不況が最悪の時期に入っていた二〇〇九年や二〇一〇年であればもっともだったかもしれないが、連邦議会上院でひとつの予算も可決されないまま三年が過ぎた現在では、米国の政治制度はただ脆弱になっただけなのか、それとも実際は完全に崩壊しているのかと人々は疑念を抱いている。

政治的な「囚人のジレンマ」の打破

現代でもっとも権威ある政治評論家のひとりであるジョナサン・ローチは、「なぜ米国政府は機能停止したのか」を分析した。この問題は一九九九年の彼の著書『政府の終焉(*Government's End*)』の副題にもなっている。経済学者のマンサー・オルソンに師事したローチは、その慧眼によって、お粗末な指導部、冷笑的な大衆、政治資金、分裂した党による統治、企業のロビー活動など、政治を崩壊させる一般的な要因をこの問題の原因としては退けた。この著書でローチはこれらの答えを順番に否定し、そうした一般的要因はみな米国の建国当初からあったものだと述べている。ローチは「この問題は制度の内部にいる人々には明確に見えない種類のものに違いない」と考えている。この点で彼の考えは著者らと一致する。それは、より大きな行動経済学的な力が、長期的にはその力の作用が望ましくないときでも、それを作動させる要因を制度内に形成するという見解である。

「囚人のジレンマ」とはゲーム理論で学ぶ有名な概念である。これは、互いに隔離されている二人の犯罪者が自白を考えるのはどのような場合かを示すものであり、一九五〇年代にランド研究所の学者らの研究によって考え出された。「囚人のジレンマ」という名前は、ある犯罪で警察に捕まった二人の容疑者が問題に直面したという仮定に由来する。他に犯罪の証拠を握っていない警察は、この二人を互いに隔離し、犯罪を自白してもうひとりに不利な証言をすれば刑期を減らしてやるとそれぞれに言い渡す。互いに引き離された囚人たちはどうすべきだろうか。どちらの囚人にとっても自白するのは不合理に思えるが、個人のインセンティブを利得行列（ペイオフ・マトリクス）で考えてみるとそうではなくなる。片方の囚人がどんな選択をするかにかかわらず、もう片方は自白したほうが有利なのだ（図28を参照）。このことから、自滅的な行動をともなう静的均衡が生じることがわかる。どちらの囚人も合理的に自白し、懲役三か月に処せられるのである。

現在の米国は、二つの政党が誤ったインセンティブをもっている状況のもとで、こうしたジレンマに陥っている。リベラル派が支出増大を唱えるいっぽうで、保守派が減税をますます強く支持するのは不合理に思えるかもしれないが、選挙面でのインセンティブによって、国が公約したエンタイトルメント支出の問題に対する財政的解決策から議員らは遠ざかり、

図28　囚人のジレンマ

		囚人Aの選択	
		黙秘する	自白してもう1人を裏切る
囚人Bの選択	黙秘する	それぞれが懲役1か月	囚人Aは釈放 囚人Bは懲役1年
	自白してもう1人を裏切る	囚人Aは懲役1年 囚人Bは釈放	それぞれが懲役3か月

国は経済的不均衡に向かっているのだ。図29のマトリクスを考えてみよう。ここでは連邦議会の共和党員にも民主党員にも二つの政治的選択肢がある。共和党員はつねに減税を約束するため、彼らの選択肢は財政支出について支出を削減するか、高い支出水準を維持するかになる。これに対し、民主党員は一般に高い支出水準を維持したがるため、彼らの選択肢は税制面で増税するか、それとも低い税率を維持するかになる。

図29のマトリクスをよく見ると、共和党にとっては民主党の財政面に関する行動には関係なく、高水準の財政支出を維持することが政治的に合理的であることがわかる。共和党が支出削減を法制化すれば、反対者から攻撃を受け、議席を失う可能性が高まる。これは民主党にとって有利な状況である。同様に、共和党が支出水準を下げるにせよ維持するにせよ、民主党は低税率を維持したほうが政治的には

図29　政治的な囚人のジレンマ

		民主党の選択	
		増税	低税率の維持
共和党の選択	財政支出の削減	妥協 財政均衡	民主党の政治的優位 財政不均衡
	高い支出水準の維持	共和党の政治的優位 財政不均衡	政治の膠着状態 財政不均衡

有利である。このことは、オバマ大統領が富裕層に対する増税と財政赤字の半減をいかに高らかに唱えても、民主党が連邦議会の上下両院の多数派だった二〇〇九〜一〇年には、同大統領をはじめとする民主党員がその実行を躊躇した理由である。

どちらの党の政治家も財政を均衡させる（彼らの観点から見て）適切な経済的選択をあれこれ論じているのはたしかだが、重要なのは彼らの実際の行動である。ジョージ・W・ブッシュ大統領のもとではエンタイトルメントに加え、国防、教育など他の裁量的な政策に関しても支出が増大した。経済学者のタイラー・コーエンは最近、「米国の有権者は大規模な増税や財政支出削減に対する防御を固めている」と説明した。[19] 政治家は長期的に何が最善なのかを承知しているのかもしれないが、現代の分極化した政治状況のもとでは、彼らの行動を変える選択肢は実在しないのだ。道をそれて財政均衡に向かおうとする党には、政治的な罰という報いが待っている。

財政不均衡は制度的な失敗である。米国の歴史の大半において予算というゲームのルールはうまく機能してきたのだが、今はそうではない。米国はローマ帝国やオスマン帝国の財政的なレントシーキングを踏襲する形で不均衡に陥りつつある。だが、幸いにも、米国には均衡を取り戻すためにこの問題に集中し、新たなルールを設定するだけの時間はまだ残されている。

分極化の第二の検討

本書で解説した数多くの大国とは異なり、米国は民主主義国家である。米国で実践されている民主主義は過去に例を見ないほど透明性が高く公正であることに、多くの人は同意するだろう。一七七六年に建国の父らによって開始された米国の実験は、一七八九年における憲法の事実上の採択によって抜本的に改められ、成功を収めた。しかし、完璧に近づいたこの米国という連邦制のもとでも、特定利益集団やレントシーキングの主体からの圧力は、過去の帝国の独裁制下で生じた圧力と何ら変わりはない。レントシーキングのこのような役割は驚くべきものではなく、とくに普遍的な人間の本能を具現したのが「ホモ・エコノミクス（経済人）」だと考えるならばそうである。

民主制とは通常、イデオロギーを掲げる政党制を中心に成立する。米国以外の国々では、民主的選挙は一般に個人の候補者ではなく政党に投票する形をとり、こうした形式は「比例代表制」と呼ばれる。たとえば、カナダでは三大政党の保守党、自由党、新民主党にそれぞれ票が分かれるのが常である。ドイツでは現在のところキリスト教民主同盟、社会民主党、自由民主党、左翼党、同盟90・緑の党、キリスト教社会同盟など、六〜七の主要政党がある。このうちひとつの党が過半数の票を獲得することはめったにないため、連立政権の成立が一般的である。もっとも多数の票を得た政党を中心に複数政党が連携し、議会の多数派として内閣を形成して、それらの党の党員から行政府の長である首相が選ばれる。いっぽう、米国の議員は思想ではなく地理的な区分ごとに選出される。米国での大統領の選出法も、大半の非米国人にとっては奇妙なものである。それは議会の多数派とはまったく関連せず、五十の州の選挙人団にもとづいている。思想的に一枚岩の強力な政府を信頼する人々は米国の制度を嫌うが、そうでない人々は、米国の非イデオロギー的な制度はジェームズ・マディソンの最大の偉業として存続していると考えている。

マディソンは、一七八〇年代後半に流布して各州の憲法採択を促した論文、「ザ・フェデラリスト」を著した三人の匿名の人物のひとりである。この論文で、マディソンはイデオロギー的な政治的党派を「あらゆるところで人民による政府を崩壊させてきた不治の病」であるとし、それを打破し統制できるのは、適切に構成され決して消滅しない連邦体であると説明した。マディソンは党派をこう定義している。「全体の多数派であれ少数派であれ、数多くの市民が何らかの共通の衝動または利益によって団結し、動機づけられている集団で、他の市民の権利や、その共同体の恒久的・総体的な利益に敵対的であるもの」。これは「特定利益集団」の現代の経済的定義と一致し、そうした団体のレントシーキング的な行動を予言した説明である。しかし、マディソンは賢明にも、党派とは自然なものだと警告していた。その成立は集会の自由の表れなのである。

マディソンによる米国の民主制の構想は、政党がなぜ実際に成立したような形で現れたかを説明するものである。憲法のもとで、連邦議会議員の候補者らは地理的な選挙区ごとに競争し、そこで勝利した人は地元の有権者の利益を代表する。さらに、選挙では勝者がその選挙区の選挙人などを総取りする形をとり、これによって計算上安定的な均衡が二つの政党のみについて成立する。第三政党は全国的な支持率が五パーセントや十五パーセント程度では、連邦議会で議席を得られない可能性が高い。また、この「二党」の均衡にはきわめて多様な分派も含まれているため、両党ともに思想的には穏健化する傾向がある。米国史の大半において、二大政党は分極化してはいなかったのだ。一九七〇年代という現在に近い時期でも共和党には「リベラル」派がいて、彼らはネルソン・ロックフェラー副大統領の名にちなんで「ロックフェラー共和党員」と呼ばれていた。同様に民主党にも、南部の民主党離反派だった「ディキシークラット」をはじめ、保守的な党員が多数いた。ワシントン州出身の民主党員で国防政策推進派の連邦議会議員だったヘンリー（通称スクープ）・ジャクソンは、手本として模倣はされなかったとしても、広く尊敬されていた。

米国の政治をきわめて刺激的にしているのは、選挙前に連携関係が非公式に形成されることである。ヨーロッパ式の比例代表制では、連携関係は選挙後に公式につくられる。米国の二大政党制は、一七九〇年代の連邦党と民主共和党の対決に端を発するもので、それぞれの党は民族的、地域的、宗教的、経済的、イデオロギー的な派閥の非公式な連携集団という性格が強い。ひとつの政党が米西部の住民、労働者、カトリック教徒、アジアからの移民、退役軍人などからの混然たる支持によって成立していることもあるのだ。

二百年にわたって、党派は憲法制度のなかでうまく統制されてきた。各党派は自由に発展しつつ、互いにバランスを取り合ってきたのである。いっぽう、現在「特定利益集団」とみなされている外部の派閥集団が、大衆が支持したいと思う主体になることは一度もなかった。選挙運動で繰り返し出てくるテーマは特定利益集団に対する批判だが、これは何十年たっても何も変わっていないようだ。ハリー・トルーマン大統領は一九四八年の民主党全国大会での情熱的な演説で、「資金力のある特定利益集団」を非難した。ドワイト・アイゼンハワー大統領も一九六一年の退任演説で「軍産複合体」への警告を発した。ビル・クリントン大統領は一九九二年の大統領選で勝利した夜に、「政治制度を改革し、特定利益集団の影響力を削減する」ことを厳粛に約束した。それなのに、なぜ実際には何も変わっていないのだろうか。

じつのところ、一九七四年にはある大きな変化が起きている。それをきっかけにDW-NOMINATEのスコアに党派間のギャップが生じ、この傾向はその後四十年にわたって強まっていった。党派的分極化の進行の発端は、皮肉なことに、政治改革を意図した選挙資金関連の制度改革だった。

一九七〇年代の政治評論家が危惧していたのは、共和党も民主党も弱くなりすぎて、規制を受けていない野放図な多数の派閥集団に対抗できなくなっていたことだった。若き日のデービッド・ブローダーは、一九七二年三月発行の『アトランティック』誌に掲載された影響力ある論説文で政治の無能ぶりを嘆いた[20]。彼はそこで、米国の政党制度の無力さを警告した米国政治学会の一九五一年の報告を引用している。ヨーロッパやアジアの他の国々では、政党制が思想的に明確にされ、政府の機能が統合された結果、意義ある方向性が定まっていた。ブローダーなどの知識層は、党派主義が強まれば、つまり二大政党の役割が強化されてそのイデオロギーがより明確化されれば、非公式な団体の分極化した主張は減少するだろうと考えた。ブローダーの一九七二年の記述を慎重に検討してみよう。

私たちの相違点を解決し、共通の問題への取り組みを進めるより良い方法はないのだろうか。私はあると確信する。私たちに使える手段は責任能力をもつ政党政治である。町の住民が政策をつくるもうひとつの方法は投票に行くことだが、これが月並みな提案以上のものになるためには、選挙時に真の選択肢が示される必要がある。つまり、「誠実そうなことを言う、写真写りのよい、どこかの選挙コンサルタント主催の政治・演劇講座の二人の修了生」以外の選択肢も存在しなければならない。

（前略）私が国内政治を取材してきたこの十六年間、米国では責任能力のある政党政治が首都で実現しておらず、大半の州や都市でも成立していない。かわりに存在しているのは政党抜きの分裂した無責任な政治であり、私たちは恐ろしいほどの代償を払っている。（前略）党派主義の傾向は、いったん消滅してしまったら復活はきわめて困難だろう。（中略）連邦議会議員に当選する小規模政党や無所属の候補者が増えれば、連邦議会での従来の政党制が弱体化する可能性がある。[21]

ブローダーは一九七〇年代の混乱状態について長く胸に迫る議論を展開し、さらに大統領の直接選挙などの十二の改革案を示した。これらはみな二大政党の強化を目的とするもので、なかでも目を引くのが次の段落である。

あらゆる構造改革のなかでもっとも重要なこととして、政治資金の用途を規正する連邦議会の最近の取り組みを完遂させなければならない。そのための手段は、選挙資金の現実的な上限を設定する、個人や組織からの贈与を制限し公開する、個々の候補者の金庫ではなく、各党の委員会にもっと多くの資金（私の考えでは、一般的な選挙資金のすべてを含む）を回すようにする、などである[22]（傍点は著者らによる）。

ブローダーはこの論文の締めくくりで、分割投票をする、つまり異なる政党の候補者（上院には保守派のジョン、下院にはリベラル派のジム）を当選させるような大衆を批判している。「私たちの国、州、地域社会の政府の責任を各党にばらばらに分担させることで何を達成したいのかを、分割投票をする前に問いかけるべきだと思われる。私たちはそれぞれの党に違いなどないと考えているのだろうか」。現在では、こうした主張は衝撃的なほど無邪気なものに思われる。ブローダーは、創造力やエネルギーは進取の精神をもつ個人ではなく、大規模な組織に宿ると思っていた。一九七四年には、ブローダーら改革論者の希望をまさに実行に移す形で選挙資金制度改革がおこなわれたが、彼らはそれを振り返り、共和党と民主党に政治資金に関する独占的権限を与えたことが裏目に出た事実を受け止めてくれたのだろうか。

ウォーターゲート事件を受けて、連邦議会は一九七一年連邦選挙運動法を改正し、選挙資金の調達に対して厳しい制限を新たに課した。一九七四年のこの改正によって、個人や集団の言論の自由が制限され、憲法修正第一条は部分的に否定されることになった。また、個人が政治運動に寄付できる金額の上限が定められたことで、間接的な言論も制限された。さらに、選挙に関連して個人が本を出版したり、テレビで広告を出したりすることも違法とされた。

この改正法はすぐに異議を唱えられ、論争を巻き起こした一九七六年の「バックレー対バレオ」の裁判における最高裁判決によって、この法律のもっとも悪名高い部分は後退した。最高裁は、個人の独立支出（特定の候補者の当選または落選を主張する者による支出で、その候補者の協力や要請などによらずにおこなわれるもの）に対するいかなる制限も言論の自由の侵害であるとしたが、二大政党が選挙資金を事実上独占できる権限を新たに得たことは否定しなかった。個人の独立支出を得て議員候補者が選挙運動をすることが禁じられたため、そうした支出は基本的に消滅した。新設された連邦選挙委員会は、この難解な法律に反する発言や集会をおこなった市民は罰されると脅した。同法は、腐敗した資金の流れの統制という名目でその後何度も修正されたが、新たな修正のたびに選挙資金の流れに対する政党の統制はより強まった。候補者による直接の資金調達は制限されるいっぽうで、全国的な政党の事務所に寄付される「ソフトマネー」は規制を受けなかった。

一九七〇年代の選挙資金制度改革の結果として分極化はさらに進展し、その後数十年のあいだに政党はイデオロギー面でより厳格になった。その結果、行動志向型の責任ある政府が成立するどころか、大衆は膠着状態のさらなる悪化に直面した。不満を募らせた大衆が声高に変化を求めると、改革論者らは選挙資金に対する規制をいっそう複雑化させた。[23] さらに、彼らは連邦議会議員によるマケイン・ファインゴールド法の起草を支援し、この法律は二〇〇二年に成立した。この新法はいわゆる「争点主張（イシュー・アドボカシー）」、すなわち教育的な主張を装うことで選挙運動関連の規制を逃れるという抜け穴に対処するものだった（争点主張の架空の例を挙げると、「妊娠第三期での中絶は殺人ですが、ところでスミス上院議員はその時期の中絶を支持しています」といったものである）。マケイン・ファインゴールド法のもとで連邦選挙委員会も改革されたが、同委員会は、禁止されている形で選挙運動に参加しようとした法人や連合組織には罰を与えるように指示された。この法人の言論の禁止によって、非営利団体の大半が規制を受けることになった。たとえば、全米ライフル協会、米自由人権協会、各地域の配管工労働組合、米国の環境保護団体のシエラ・クラブ、コロンビア大学、全米黒人地位向上協会などは大きな影響を受けたが、最大の利益を得た二つの組織、つまり民主党と共和党は例外だった。この両党はいつでもどこでも、望むままに資金を使うことを認められていた。

この不公平な処遇は、二〇一〇年の「市民連合対連邦選挙委員会」の裁判における最高裁の画期的な判決につながった。二〇〇七～〇八年の民主党予備選の期間中、市民連合という非営利団体が、当時大統領候補者だったヒラリー・クリントンに関するドキュメンタリー映画を制作したものの、それをケーブルテレビで放映することを禁止され、視聴料金を支払って見るペイ・パー・ビュー方式の放映も認められなかったのである。この裁判の最高裁審理は二〇〇九年三月二十四日に始まったが、その審問は的確なものだった。[24]

最高裁のジョン・ロバーツ長官は、当時の政府の司法次官代理だったマルコム・スチュワートに、次のような仮説的な問いかけをした。「五百ページの本があり、その最後に『というわけでXに投票してください』と書いてあったとする。政府はそれを禁止できるだろうか」。

スチュワートは「その本の出版を禁止できる」と認めたものの、予防線として、それはある団体の政治的部門ではなく全体の財源から出された資金で出版された本だけに当てはまる規制で、その出版規制は選挙前の六十日間だけ適用されるとした。しかし、明らかに何かを主張するために存在している非営利団体の自由な言論を、そうした形で規制するのは困難である。スチュワートはさらに、政府はある連合組織が政治的な本を執筆する著述家を雇うのも禁止できると主張した。そして、政府の検閲的な仕事の対象は映画やテレビのコマーシャルはもちろん、書籍にも及ぶと述べると、驚いたサミュエル・アリート判事は「それはちょっと信じられない」と発言した。

最高裁の当初の判決はあまりにも狭量だとみなされた。とくに、政府の検閲権の拡大と、それが（独立支出などの）合法的な言論にも及ぼす抑制的影響が本質的に衝突する面から見ればそうだった。ロバーツ長官は二〇〇九年九月九日という覚えやすい日に再審理を要求した。そして、最高裁は最終判決で、政治的言論のためのあらゆる独立支出に対する規制を無効とした。アンソニー・ケネディ判事が執筆した多数意見の記録には次のような記述がある。「憲法修正第一条に何らかの効力があるならば、同条項によって、連邦議会は政治的言論をおこなったという理由だけで、市民や市民の団体に罰金や懲役を科すことを禁じられている」。

残念ながら、この判決を批判する人々の一部はこの結果を誤解して、献金額の上限や候補者の選挙運動の公表義務がなくなり、外国の企業が米国の選挙に自由に献金できるようになったと主張している（このどちらの解釈も間違いである）。そうした批判者らは、営利法人からの莫大な献金によって共和制が乗っ取られるだろうとも警告している。そしてマスコミも、「実業家のシェルドン・アデルソンや投資家のジョージ・ソロスなどの大口献金者に政治を支配する権限が新たに与えられた」という主張を機械的に繰り返している。しかし、個人が独立支出をする権利は一九七〇年代から守られているのだ。二〇一〇年に変わったのは、個人が政治活動のための調整組織をつくるという、歴史的に集会の自由と言われてきた権利をふたたび認められたことである。

競争的な政治的言論に対する規制をなくすことは、先述の分極化と戦ううえで重要である。分極化によって、「囚人のジレンマ」の最悪の象限である財政赤字が確定的になり、議員は長期的視点による妥協ではなく、短期的な争いに集中するようになってしまった。要するに、分極化も行動の影響を考えるときの時間的視野を制限するものなのだ。良い政府にはできるだけ長期的な視野で影響を考えられる政治家が必要である。

適切な理解を得た市民連合は、無党派的な政治的見解の発表に対する抑圧を四十年ぶりにとりやめる。どんな市場でも独占（あるいは二つの主体による複占）の権利を与えられた主体は、ほぼ例外なく悲惨な結果を迎える。それは、一部の評論家がモラルの優れた市場だと考えているところでもそうである。党派主義が激化した過去四十年間の苦い経験から、選挙資金制度の改革は政治の分極化を後退させられなかったことが判明した。むしろ、それによって分極化はずっと進んでしまったのである。米国に真の自由選挙による政府が成立すれば、新たな政治的連携によって、行動の影響を短期的視野で考えるようになったために生じた財政危機は改善されると著者らは考える。われわれは、一八六〇年代の奴隷制度廃止論者のような、何か過激なものを支持する第三政党や第四、第五の政党、そして何より重要な〝真に独立した議員〟が登場することを期待している。

衰退の概要

大国　米国

転換点　一九七五年

経済的不均衡　財政面

政治的な原因　党派的な分極化

行動面での機能不全　進取的な政策立案者を犠牲にする、政党による損失回避、特定利益集団の集団行動の問題

第13章　米国を改革する

神聖なる自由の火をともし続けられるかどうかや、共和制による統治という規範の命運は、米国民の手にゆだねられた実験の成否に深く関連し、またそれによって最終的に決定されるだろうと正しく考えられている。

――ジョージ・ワシントン、一七九八年の最初の就任演説より

古いジョークで言われているように、経済学とは自明であることを痛々しいほど複雑化したものである。では、世界（の歴史）における経済的な悲劇や帝国の失敗をひととおり見てきたところで、米国が〝大国の呪い〟に囚われないように何をすべきか、学びとれただろうか。ギリシャ文字のパラメーターや計量経済学の難解な記号を用いた方程式による説明もできるが、常識で考えるだけでも同じ結論にたどりつく。大国の呪いを回避することについては、米国民の常識がまさに的を射ている。国家債務の急増はこの国の未来を破壊するものなのだ。

著者らが経済学者としておこなうべきことが、米国が直面している経済的な問題について、誰もが賛成する改革案を示すことだけならばありがたいと思う。多くの優れた本はそうしたものだ。だが残念ながら、著者らは本書の執筆にとりかかったときに、そうした取り組みでは不充分であることを悟った。それは次のような古いジョークが物語っている、古典的な過ちを犯すことになるからだ。

物理学者、化学者、経済学者がある島に取り残されたが、何も食べるものがない。そこへ一個のスープ缶が岸に流れ着いてきた。物理学者は「石で缶を叩き割ろう」と言った。化学者は「火を起こして缶を温め、破裂させよう」と言う。そうしたやり方では中身が飛び散ると考えた経済学者はこう言い出した。「缶切りがあると想定しよう（後略）」。

米国の経済的混乱を正すには、まず「良い政府を想定する」のは不可能であることを認識しなければならない。歴史から学べる第一の教訓は、「政府を形成する人々とは、人間らしさを超越した汚れなき精神の指導者たちではない」ということだ。私たちはジョナサン・ローチが「民主主義硬化症」と呼んだ政治的パラドックスに対し、一連の経済的手段で対処していかねばならない。資本設備の価値が年月とともに低下するように、国家も堕落に向かう自然な傾向がある。人間の本性の基本的な傾向に逆らうようなルールを作ると、人間の本性はそうしたルールを覆す方法を見つけ出す。それが現実になるのを私たちは目の当たりにしてきた。米国では、政治的言論はいかなる政府の統制からも自由であることが固く保障されているはずだったが、二十世紀後半にはなぜか「政府が監督する、二つの主体による政治的言論の巧妙な複占状態」が生じてしまった。そして、最高裁が「市民連合」の裁判の判決によってそうした自由の一部の回復に動いたにもかかわらず、国家の力は中央集権的な統制の回復をすでに推進している。

この最後の章では、大国の歴史から読みとれるおもな教訓の一部を概説する。また、米国を経済成長の軌道に戻し、豊かさを広めるための経済改革を――〝缶切り〟を想定しながら――検討する。そして最後に民主制を経済面から守る方法を示し、推奨される米国の政治制度改革をいくつか提案して締めくくりとする。論理的に言えば、著者らの提案は〝大国の呪い〟から永久に国を守る手段にはならない。人間はいつの世も完全にはなれないものだ。学ぶべき真の教訓とは、経済的繁栄はつねに政治改革に左右されるということである。トーマス・ジェファーソンが語ったように、「自由の代償は永遠の警戒」なのだ。

大国の歴史の教訓

米国の政治形態はモーセの叡智に始まり、古代ギリシャの民主制、ローマ帝国の法律、ヨーロッパの王国、そしてとくにフランスや英国の知識層による王国への反逆に由来するものだが、なかでもギリシャ式の合理性に深く根ざしている。

したがって、米国の国会議事堂やワシントンの記念建造物はギリシャの建築様式にもとづいているものの、この国がギリシャの哲学者らの言葉を否定していることは、決して些細な皮肉ではない。米国の生活様式に懐疑的な人々は、プラトンやアリストテレスの言葉を引用する。彼らは古代ギリシャの哲学者で、民主制はいずれ崩壊し、群衆の暴力や無政府状態に取って代わられる運命にあると考えていた。米国という実験は二百年以上にわたって、プラトンやアリストテレスが間違っていたことを証明してきた。米国は、最初は奴隷の解放によって、次は男女平等を認めることで、そして高貴な血筋という虚構よりも市民一人ひとりの実力を重視することで、自由を拡大してきた。これによってあらゆる米国民が自由市場で成功を収められるようになったのである。合理的に考えれば、民主制は必ずしも破綻しないと結論できる。政府は過去から学ぶことができ、実際にそうしているからだ。諸大国の歴史をひととおり検討し終えたところで、学ぶべき教訓は次の七つである。

1 何事も必然ではない。

どの時代においても、成功や失敗を運命づけられた大国はない。ローマ帝国やオスマン帝国のような長く続いた国は、自国の終焉という現実をよく認識できなかったわけだが、米国の終焉も必然のものだと想定すべきではない。英国の衰退時にはそれを思い悩む人が大勢いた。大国には繁栄と衰退の長いサイクルがあり、そのあいだには決定的な瞬間が何百回と生じるものだ。

米国は経済だけでなく制度の本質を改革して、うまく自己改造してきた国々からヒントを得るべきである。現代ではスウェーデンが傑出している。米国駐在のスウェーデン大使は、自国はもはや社会主義国ではないと言っても米国では誰も信じてくれないと冗談を口にした。いまだにリベラル派はスウェーデンを手本だと考え、対する保守派は教訓にすべき国だと捉えているが、どちらも適切ではない。故ジョニー・マンクハマーはスウェーデンの国会議員を務め、悲しいことに若くしてガンで亡くなった人物だが、彼は二〇一一年にこう記している。「社会主義ではなく断固たる経済の自由化こそが、過去十五年にわたるスウェーデンの成功の基礎を築いた。（中略）スウェーデンの税収総額の対GDP比は、十年前には五十六パーセントだったが、現在では四十五パーセントに下がっている」[1]。

2　人はみな同じ人間である。

「ユダヤ人の物理学」のようなものが存在したためしはなく、二十世紀前半のドイツにいた多数の国粋主義者が、当時ドイツ国民だったアルバート・アインシュタインの研究にそういうレッテルを貼ったにすぎない。同じ意味で、著者らは〝民族的経済学という考え方を拒否する経済学者〞の典型である。供給・需要曲線は、北京でも、ミュンヘンでも、ボストンでも、ムンバイでも同じように作用する。商業活動、起業家精神、技術的変革のインセンティブを生む優れた制度を確立した国であれば、どこでも経済成長は加速するだろう。

大国の歴史的記録はこの教訓を裏づけており、そこには同様の一貫した傾向が見られる。たとえば、帝政中国では「中国の孤立主義」という固定観念が現実だったのは一時期のみである。もっと深い真実を探ってみると、明朝だけでもその政権の方針はさまざまだった。ある皇帝のもとでは孤立主義だったが、次の皇帝の時代には開放主義になり、その次の皇帝でまた孤立に戻り、その次にまた開放され、その次で孤立主義が定まったのだ。中国人は生来孤立主義者であるとか、国家主義的な性格が強いなどと考えるのは誤りである。

大国はその文化的な長所を賢く利用するが、さらに賢明なことに、後進性を強いる文化的な短所によって長所が拘束されないようにもする。その例として著者らが注目するのは、オスマン帝国後期のスルタンらがイスラム社会の保守的な要素を排除しようとした知恵である。イェニチェリ軍団がそうだったように、宗教的な命令はたいてい経済的なレントシーキングの口実である。

3　脅威は内部に存在する。

どのケース・スタディーでも、大国は外部の脅威によって倒される何百年も前から内的に衰退していた。ローマ帝国の衰退は経済的なものであり、三世紀の激しいインフレと過重な税負担の時期から、ディオクレティアヌス帝の中央計画経済の悲劇にいたるまでの過程がそれを示している。

経済的不均衡は貿易、革新、金融をはじめとする多くの分野に生じるものだが、著者らのケース・スタディーでは財政不均衡が問題の中心になる事例がつぎつぎに出てきた。その最新の事例はカリフォルニア州であり、同州は増大する財政支出を、消滅しつつある税基盤と釣り合わせることができないでいる。同州の危機の原因は何ら外部的なものではない。その州境を越えて野蛮人が攻めこんできたわけではなく、技術産業の起業家らがより良い経済的環境を求めて続々と同州を離れているだけである。

4 無知は究極の限定である。

大国の賢明で勇敢な支配者が自国の経済についてきわめて重要なことを知らなかったために、その国が衰退したという例は枚挙にいとまがない。しかし、本書を通じて述べてきたように、その時代に生きていた他の誰もがやはりそれを知らなかったのだ。ローマ帝国の住民は金融経済については何も知らなかったため、インフレと戦う準備はできていなかった。当時提案された対応策は過酷でありながら効果がなかった。その代表例が労働市場の柔軟性の排除である。中国では貿易、とくに輸入の重要性が認識されておらず、スペイン帝国では生られ、人的資本という概念は見当もつかないものだった。スペインでは国富とは流動的な富にすぎないと考えられ、人的資本という概念は見当もつかないものだった。

現代世界ははるかに豊かな経済的知識のストックで強化され、これによって豊かさが実現し、指導者がショックや突然の衰退を回避できるようにもなっている。だが、私たちの思考にも限界があるため、現代経済も新たな過ちを犯すであろうことは間違いない。この災禍は国家レベルでの限定合理性のひとつである。今後、今は見えていないどんな危機が生じ得るのだろうか。著者らの分析では三つの危機が際立っているが、ともあれ限定合理性について考えることから得られる真の教訓は、自己の限界を謙虚に認め、つねに警戒を怠らないことだと言える。

もっとも、いくつかの弱点は今後の長期的展望をすでに脅かしていると考えられる。明らかな盲点のひとつは、破滅的な財政政策をカバーするために金融政策に頼りすぎていることだ。この数十年間、景気対策としての金融政策を実施するために連邦準備制度は積極的に対応し、金利の引き下げによって総需要を刺激しようとしてきた。この行動自体に異論の余地はないが、金利はあまりにも低い水準に、あまりにも長く維持されてきたのではないかという疑念はある。そうした低金利は二〇〇〇年代半ばの不動産バブルや、一九九〇年代後半の技術関連株の市場価格バブルを生み出した潜在的要因である。経済を刺激する面で、連邦準備制度の力は、本来の構造的限界に直面している連邦議会の力よりも、ある意味でずっと純粋である。景気循環に対抗できるように財政支出をタイムリーに微調整するのは困難だし、また周知のように、景気刺激策としての財政支出が「一時的」なものにとどまることはめったにない。

もうひとつの盲点は、数学的な正確さと定量化できる要素を重視する現代の経済モデルだろう。たとえば、ノーベル賞を受賞したロバート・ソローの独創的な業績[2]など、初期の経済成長モデルは人的資本や制度の質などの無形の要素は考慮していなかった。このため、政策分野では、議員らが無形の制度の基本的重要性をよく理解していないという事態も生じた。ここで思い出されるのが法の支配の原則である。二〇〇九年にゼネラル・モーターズ社が倒産したとき、政策立案者が全米自動車労働組合に味方して社債所有者の権利を踏みにじったことは、法の支配に対する投資家の信頼を大きく損なった。しかし、この損害を直接計測することは困難である。あとに残ったのは、ギアを切り替えた末に不確実性が増大し、信頼性が低下したとみられる経済だけだった。

人口に占める被雇用者の割合（これは労働力活用の指標としては公式の失業率より的確だと言ってよい）が低下し、二〇〇九年以降も低水準にとどまっていることに多くの経済学者は驚いた。この比率は二〇〇七年からの不況期の前は六十三パーセントを超えていたが、この不況期に四パーセント以上下落し、その後もそれより低い水準に三年以上もしつこくとどまり続けている。タイラー・コーエンは彼のブログ「マージナルレボリューション・コム」

でこう書いている。「もうひとつのきわめて現実的な意味において、そうしたギャップが景気浮揚策によって短期のうちに埋められることはあり得ない。ここでも信頼の再構築が必要になる。信頼は回復するよりも崩れるほうが簡単だ」(3)。

5 政府はもっとも危険な「派閥」である。

どの国の国民も多様だが、国外の評論家はこの事実を見逃すことが多く、一般化をしがちである。日本やイスラエル、ナイジェリアのような均質な国民国家と言われる国でも、実際には内部に明確な区分がある。政治面で統一性を押しつけたり、多様性を排除したりするのは不可能である。少数派の利益を守ろうとする派閥ができるのは自然なことだ。それは政府の運営に影響力を及ぼすに値する集団であり、その力をもつことをみずから望んでいる。

民主制をうまく実現させるには、表現の自由にも支えられて必然的に結成された、それぞれの派閥の利益をバランスさせなければならない。しかし、民主制を不安定化させる脅威をもたらしているある派閥は、他に比べてはるかに危険である。その派閥とは政府そのものだ。政府の行動を操作する力のある人々が納税者を犠牲にしてみずからを豊かにすることが可能な場合、またそのような中央集権的なレントシーキングが抑制されていない場合には、状況は財政破綻に向かって悪化するおそれがある。

6　損失回避は革新を脅かす。

帝国が衰退した事例の大半では、政府をコントロールし、現状維持を強く要求する何らかの派閥が存在していた。そうした派閥、たとえばイェニチェリ軍団などがみずからを経済の一部に組みこむと、経済的な革新はまったく容認されなくなった。

行動経済学、とくにプロスペクト理論によると、人々は経済的な利得よりも損失のほうにずっと敏感であり、なかでも差し迫った損失にもっとも敏感であるという。通常、革新は従来の生産法（および利益）を脅かすため、経済的革新への抵抗は成長中のあらゆる経済で起きるものである。その例が、職人の労働に替えて機械を導入することに抵抗した十九世紀のラッダイト運動や、現代の会社員の一部が彼らの仕事を奪う情報技術に抵抗していることなどである。こうした保護主義的な本能は近視眼的で、経済の理解が浅いために生じるものだが、富や繁栄にとって活力や生産性が重要であることを理解すれば、異なる見方ができるようになる。

7　小さくなりすぎることは大きくなりすぎることよりも脅威である。

最後に、ポール・ケネディの『大国の興亡』と、「帝国が拡大しすぎたこと」がその衰退につながったという彼の主張を再検討すると、大国の経済面での歴史がその説に反しているのは明らかだと考えられる。すでに述べたように、一九八〇年代後半に同書を批判していた人々は、「軍事支出が増えれば生活関連支出が減る」という二者択一的な見方に反対していた。その後四半世紀のあいだに収集・整理されたデータによっても、その見方とは逆の事実の裏づけが進んでいる。

ローマ帝国ではたしかに軍事費の増大によって財政が破綻したが、財政の健全性が失われたことは、帝国の過剰な拡大よりもレントシーキングによる不正な利得の影響によるものだった。ローマ帝国の領土は、西暦一一七年以降は過小だったのだ。また、中国の場合は、鄭和の遠征の逸話をよく調べてみると、国の財政が破綻したというよりも、国内の政治的対立によって貿易の急発展が無に帰したという複雑な事情が見えてくる。永楽帝のとった拡張的な外交政策が本当に破滅的だったのならば、なぜ明の官僚は鄭和の航海の公式記録を燃やす必要性を感じたのだろうか。いずれにせよ、その後の中国の孤立主義と衰退という事実自体がケース・スタディーである。ひとたび内向きになった中国では革新も起きなくなり、世界は中国を素通りするようになった。英国の例も、国の規模がたまたま過小になった場合の教訓を示している。大英帝国の衰退を批判する人々は、その衰退は開放的な自由貿易をおこない、世界中に海軍を過大に配備し、コストの高い給炭港を設けて、薄く広く帝国を拡大したことの典型的な帰結だと言う。しかし、彼らは英国がもっと重要な面では閉鎖的だった事実を見落としている。英国は植民地化の野心のもとに、北米やインドに他国とは比べものにならないほど広大な領土を獲得したが、現地の人々に英国の市民権は与えなかった。英国は実際に衰退したことは一度もなく、その成長が止まっただけだったのだ。

米国にとっての教訓は、規模の過小化はその逆の過大化を警告する声があるときでも起こり得ることである。変化の激しいグローバル化の時代においては、「大きく開かれた米国の資本主義」というヒューリスティックは架空なのか、それとも現実なのかが問われるべきである。経済的自由に関する国際的な指標を見ると、米国は自由市場の面で誇ってきた主導的立場を徐々に失っているようである。その一例として、米国の自由貿易協定のネットワークを見てみよう。

第二次世界大戦後、米国はヨーロッパの同盟国とともに、貿易障壁の削減という理想を進展させてきた。関税の低減は優先事項であり、それは多国間協定、のちには二国間協定によって確認された。一九九三年という近年にも、ビル・クリントン大統領がメキシコ、カナダとの北米自由貿易協定（NAFTA）の批准を後押しして、貿易に関する超党派的な合意を確認した。だが、中国が世界貿易機関（WTO）に加盟すると同時に、貿易関連の多国間協定はほとんど結ばれなくなり、二国間協定が新たに締結される例も減っている。そもそも自由貿易という呼び方にはやや語弊がある。労働基準や植物衛生（これは造語ではなく、植物の健全性を指す言葉である）の基準などの条件的制約はますます増えており、自由貿易もそれに従わなければならないからだ。米国の開放度は、経済成長にとって必要な水準に本当に達しているのだろうか。

以上の七つの教訓は、米国が今後バランスを取り戻そうとするにあたり、信頼できる道しるべになるはずである。

経済のバランス

二百年前、米国がヨーロッパの大国よりもはるかに脆弱な国民国家だったころ、ジョージ・ワシントンは退任演説として知られる大統領としての最後の演説で、「恒久的な同盟関係」に対する警告を発した。ワシントンは非同盟・不干渉の信条にもとづいて、自由を妨げるあらゆる軍事的混乱や、それよりさらに悪い軍事的従属から米国を守ろうとしたのである。ヨーロッパのパワーバランスという名の刻々と様相が変わる外交ゲームは、ワシントンが賢明にも国の舵を明確に取っていなかったら、新世界に生まれたこの共和国を呑みこんでいたかもしれない。この退任演説で比較的知られていないのは、経済に関して語った次の部分である。「あらゆる国々との調和や自由な交流は、政策、人道性、利益によって推奨される」。この利益とは自己利益のことである。ワシントンは通商面での開放性が将来の経済成長を保証すると考えていたのだ。

十九世紀後半に米国が製造業の分野で強大になると、大衆は外交関係でどこかに従属するおそれはほとんどなくなったことを理解した。米国が自由の理念に傾倒したことで、どの国でも民主主義や自由を支持することが利益になったが、この理想主義によって米国は二十世紀前半にヨーロッパで勃発した世界大戦に巻きこまれることになった。一九四五年以降、米国は共産主義勢力と対峙する主要国になったことを自覚し、米国とソ連のあいだで分裂したこの世界のことを二極化の世界と呼ぶ声もあった。

著者らの考えでは、任意の時点における世界の主導的な国々のあいだの「パワーバランス」（おもに手持ちの軍事力で決まる）によって、もっと影響力のある「経済力のバランス」が覆い隠されてしまう。従来の理解によるパワーバランスは、動的な世界ではなく静的な世界でしか意味をもたない。つまり、苦難に見舞われたヨーロッパに空から「眠れる巨人」が落ちてきたわけではないのだ。ヨーロッパは成長したのである。そして、第二次大戦期の働く女性の象徴だった「リベット打ちのロージー」の絵が『サタデー・イブニング・ポスト』誌の表紙を飾ってから六十年がたち、米国の軍事費の対GDP比は十年ごとに二〜四パーセント減少してきたとはいえ、その軍事力は絶対的な意味では増大してきた。

では、今後百年間の世界を想像するにあたり、経済力のバランスがどうなるかを考えてみよう。中国は日本などのアジアの「虎」が先駆けとなった堅固なアジアの成長モデルに従い、急速に成長している。ブラジル、インド、チリ、インドネシアをはじめとする他の国々も、目を見張るほど速いペースで成長・発展している。多くの経済新興国における経済成長の見通しは、（少なくとも世界銀行の専門家の評価によれば）明るいものである。

第二章で示した経済力の測定法を思い出してみよう。表13と図30は二〇一〇年における六つの経済主体（米国、ヨーロッパ十七か国、中国、日本、インド、南米三か国）のGDP、人口一人あたりのGDP、経済成長率を改めて示したものである。

表14と図31は、あらゆる国々が生産性フロンティアへ向かって収斂するという仮定にもとづいて、二〇三〇年の状況を予測する二つのシナリオを示している。収斂するということは、当初の生産性水準が比較的低かった国々は、経済成長率がそれに応じて高くなるということである。[4] このモデルにおける米国の人口一人あたりGDPの成長率は一・八パーセントである。他の国々の人口一人あたりGDPの成長率は、中国が五・三パーセント、日本が二・三パーセント、インドが六・九パーセント、ヨーロッパ諸国の加重平均が二・四パーセントである。米国の人口増加率を年間一・一パーセントとすると、GDPの純成長率は年間二・九パーセントになる。また、米国の人口一人あたりのGDP成長率が三パーセント、GDP成長率が四パーセントだった場合のシナリオも示した（表14、図31で＊をつけたもの）。

図30と図31を対比すると、相対的な経済力がいかに大きく変化しているかがわかる。ヨーロッパや米国など、GDPが相対的に大きい経済主体は一九七〇年や一九八〇年の同様の図では圧倒的優位にあり、いっぽうで日本が著しい成長を見せた。現在では、日本は第五位の大きさの円になろうとしており、その上には経済力の四つの主体であるインド、中国、ヨーロッパ、米国が位置している。著者らの収斂のシナリオでは、これら四つの主体のGDPは

表13 2010年の経済力(米国との比較)[(5)]

	人口1人あたりのGDP(ドル)	経済成長率	GDP(10億ドル)	経済力
米国	41,365	1.4%	12,833	100%
ヨーロッパ	32,004	1.2%	12,875	73%
中国	7,746	9.9%	10,303	40%
日本	31,447	0.5%	3,988	15%
南米	9,236	3.6%	2,394	7%
インド	3,477	7.7%	4,079	6%

図30 2010年の経済力(米国との比較)(円の面積はGDPを表す)

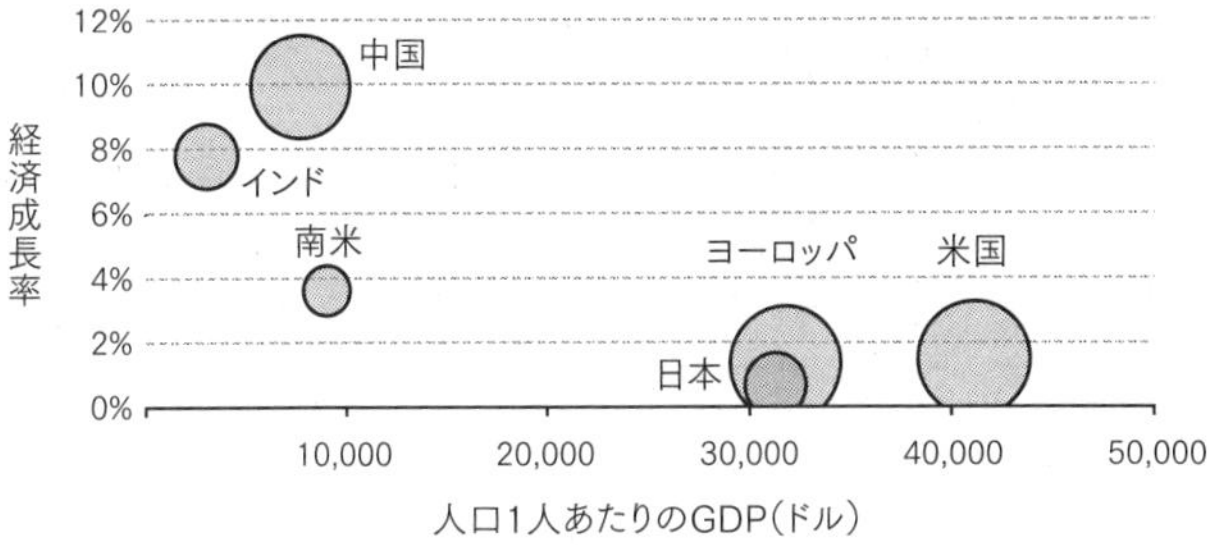

出所：Penn World Table 7.1

表14　2030年の経済力（米国との比較）

	人口1人あたりのGDP（ドル）	経済成長率	GDP（10億ドル）	経済力
米国	60,570	3.0%	23,894	100%
ヨーロッパ	52,080	2.8%	23,042	80%
中国	22,384	6.0%	35,025	77%
日本	51,544	2.5%	6,727	22%
南米	24,877	6.3%	8,721	22%
インド	13,802	8.7%	23,479	38%
米国*	76,462	4.0%	29,440	154%

図31　2030年の経済力、2つのシナリオを想定

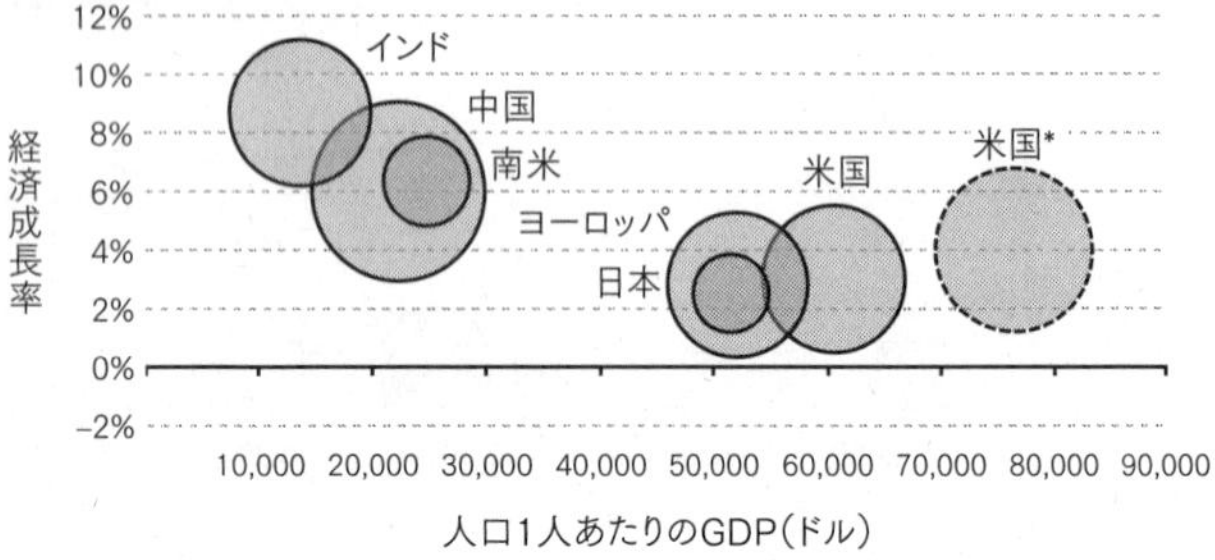

出所：グレン・ハバードとティム・ケインによる計算。データはPenn World Table 7.1より。

それぞれ実質ドルで二十五兆ドルの規模になると予測する（現在の米国のGDPは約十六兆ドルである）。

もうひとつのシナリオもかなり真剣に検討する価値がある。米国の生産性の成長率が現在の基本モデルの一・八三パーセントから上昇すれば（この数字は偶然にも過去四十年間の生産性成長率の平均と同じである）、米国の経済力ははるかに大きくなる。では、どれくらい大きくなるのだろうか。生産性成長率が一パーセントあまり上昇して三パーセントになれば、二〇三〇年までに米国の経済力は六十一パーセント上昇し、二〇三〇年のGDPは六兆ドル以上増大、人口一人あたりの年間所得は一万六千ドル増大するだろう。同様の意味で、一部の経済学者が恐れているように、生産性成長率が低下すれば米国の経済力や生活水準も低下する。

経済面での最善の未来

「バランス（均衡）」という言葉は連邦政府の政策立案者のあいだで、〝ソロモンの裁き〟に関する旧約聖書の記述を思い出させるような形で現代的な意味をもつようになった。ソロモンの裁きとは次のような話である。イスラエルでひとつ屋根の下に暮らしていた二人の義理の姉妹がソロモン王のもとに出向き、ある子どもの母親は自分であり、もうひとりの女が嘘をついているとそれぞれが言い張った。ソロモン王は「剣をここへ」と言うと、「この子どもを二つに切り裂いて、その片方をひとりの女に、片方をもうひとりに与えよ」と命じた。激しい言い争いのなかで恨みや敵意をあらわにしていた片方の女は、子どもを切り裂くことに同意した。もうひとりの女は悲鳴を上げてソロモン王に子どもを殺さないように頼み、それならもうひとりの女に子どもを生きたまま渡すと言った。ソロモン王の策略によって真実が明らかになり、王はわが子を本当に愛していた女のほうに子どもを渡した。

現在、米国政府は同様のジレンマに直面しており、子どものかわりに不調の経済をめぐって争っている。対立する二人の義理の姉妹にあたるのが二つの政党と、一兆ドル規模の財政赤字に対する二つの対処法だ。一部の政治指導者が、妥協して中間をとる形の、財政改革への「バランスのとれたアプローチ」を求めているのは驚くべきことではない。しかし、ソロモン王なら理解するだろうが、こうしたバランスの概念は間違っている。

もっと賢明な財政面でのバランスとは、インプットではなく結果、つまり雇用の増大、経済成長率の上昇、貧困の減少などを優先するものである。適切な財政政策は歳入と歳出を等しくすることよりも、長期的な豊かさを最大化する財政支出のあり方のほうを目的として重視する。では、単純に「良い政府を仮定する」ならば、その政府は経済成長率を高めるためにどんな〝バランスのとれた政策〟をとるだろうか。「過剰な財政支出と過大な政府債務という組み合わせは危険な方向性である」という著者らの意見はすでに述べた。しかし、財政を均衡させるにはいくつかの方法があり、多くの財政支出と高い税率を組み合わせる策もあれば、少ない支出と低税率を組み合わせる策もある。最適な政策とは、財政赤字をなくすこと自体を目的とするものではなく、経済成長を最大限に実現させるものだ。

経済成長には革新によるもの、投資によるもの、経済規模によるものという三つの異なるタイプがあることを思い出そう。二十世紀にはこの三つのタイプすべてが米国の強みだったが、発展途上国と以前からの経済先進国を急速に結びつけている世界経済のグローバル化は諸刃の剣である。グローバル化は前例を見ないほどの経済規模拡大の機会をもたらしているが、グローバル化によって米国は混乱を生みかねない競争に巻きこまれている。グローバル化を無邪気に受け入れれば、米国は自国の知的財産を外国に盗用され、革新面での優位性が弱まるおそれがある。いっぽう、もし米国で孤立主義が台頭すれば、米国は世界規模の通商の機会を失い、相対的な衰退の危険を冒すことになる。その場合におもに懸念されるのは損失回避の傾向である、特定利益集団は――どの大国の集団もそうだが――みずからの仕事や従来の取り組みを守る動きを後押しするからだ。

二十一世紀において米国の成長を各面で加速させる戦略は三つあると考えられる。そのなかには昔ながらの、いつの時代も正しい策もあれば、この時期独自の策もある。

第一に、米国は税法を改正して、投資主導型の経済成長と革新を促すことが切実に求められている。現在の税法は抜け穴が多く、複雑で当惑せざるを得ないものであるだけでなく、この法によって米国の製造業者や起業家などの雇用者側の競争力が低下している。アメリカン・エンタープライズ研究所の経済学者のケビン・ハセットはこう述べている。「基本的な税制改革に関するある文献は、適切に計画された改革を実施すれば、今後十年間で年間経済成長率が一パーセント上昇する可能性があると提言している」[6]。諸外国はグローバル化によって資本が従来以上に流動化することを受け入れており、ヨーロッパ諸国が法人所得に対する税率を事実上競って低減しているのはそのためである。数年前の米国の法人税は三十五パーセントと最高水準にあり、二〇一二年でもこの税率はどの主要貿易相手国よりも高い。いっぽう、他の先進諸国の法人税の平均水準は二〇〇五年の二十二・二パーセントから二〇一二年には十九・四パーセントに下がっている[7]。

第二に、米国はその経済規模の拡大に努めなければならない。一般に、経済規模が大きいということは、経済が外部へ拡大していることや開放性が高いことを意味しているが、米国の経済規模は五十の州のあいだの交易やアイデアの流れに対する障壁を削減することでも高められる。健康保険市場における各州間の競争がその一例で、これによって医療行為の質が高まり、医療費の高騰が抑制される可能性がある。世界各国間で貿易協定がすでに成立しているため、経済規模の外部への拡大はほぼ限界に達していると考える評論家は多い。米国は世界貿易機関などの多国間制度に加盟しているのに加え、十九の二国間貿易協定を結んでいる。だが、現実には貿易だけにとどまらない、まだ手つかずの大きなチャンスも残っている。

財だけでなくアイデア、資本、労働などの流れも拡大しており、これらはグローバル化が進んでいる四つの分野である。米国は先手を打ち、この四つの分野すべてを含む「提携協定」の締結を促進すべきだと著者らは考える。国境を越えた労働力の柔軟な移動に対する規制を削減し、土地や事業に対する直接の証券投資の自由化を促すような関係を、米国ときわめて緊密な同盟関係にある国々（おそらく英国、日本、カナダなど）と構築することを積極的に考えるべきである。

第三に、米国は、進取的な起業や新設企業による雇用創出の減少傾向に歯止めをかけることを重視しなければならない。各企業の創設からの年数を示す新しい公式データを見ると、新設企業は実質で約三百万人分の新たな雇用を毎年創出しているが、それよりはるかに多い非新設企業では実質百万人分の雇用が毎年失われている。人口一人あたりで見ると、新設企業と新設企業が創出する雇用の割合は数十年前から減少している。一九九八〜二〇〇八年の時期には、新設企業に就職する人の割合（年間）は人口の一・一パーセントの水準で安定していたが、その後この割合は〇・八パーセントまで減少し、それに先立つ景気下降のペースを上回った。

経済理論が示唆しているのは、現代経済が起業にとって素晴らしい環境を提供していることである。第一に、探究すべき技術のフロンティアが拡大している。第二に、比較的豊かになった社会では、ただ生き延びるために働くのではなく、そうしたフロンティアを探究できる人が増えている。第三に、経済活動がサービス業へシフトしたことで、製造業や農業よりも少ない資本で創業できるようになった。したがって、起業率の低下傾向は何十年も前に反転してよかったはずである。オランダの経済学者のサンデル・ヴェネカーズとその同僚らによると、自営と経済発展のあいだには経験的にU字型の関係性があり、これは米国で起業率が上昇傾向にあることを示しているはずだという(8)。

著者らが起業の減少の潜在的原因だと考えているのは、事業活動に対する政府規制の増大である。内国歳入庁は二〇〇九年の秋に、フルタイムの雇用者と同様の諸手当を支給せずに米国人のパートタイム労働者を雇った企業の取り締まりを始めた。二〇一〇年の医療保険制度改革法の成立は、雇用者による労働者の雇い方を変化させる規制強化であり、その変化が理解されるまでにはもう少し時間がかかるだろう。米国の平均的な労働者に支払われているお金の約三分の一はもはや給与・賃金ではなく、諸手当（とくに雇用者が提供している健康保険）なのだ。米国の政策のジレンマは、米国の起業家が外国に住んでいるコンサルタントや請負業者を雇えば、課税や規制の負担を免れられることだ。同じ起業家が米国に本拠をおく請負業者を雇えば、事務手続きや税金に悩まされ、下手をすると内国歳入庁の嫌がらせも受けるはめになる。そして最後に指摘したいのは、地方政治のレベルでも起業に対する障壁が必ず設けられてきたことである。ブリンク・リンゼイは著書『人的資本（*Human Capital*）』で、免許制の職業が増えていることは米国の中・低所得者層が起業する機会を奪っていると評した。ジャーナリストのマット・イグレシアスは二〇一二年に自分のブログでかなり馬鹿げた事例を指摘している。「たとえば、ネバダ州やルイジアナ州、フロリダ州、ワシントンDCでは、インテリア・デザイナーの卵たちに対して、実際に仕事につく前に二千百九十時間の訓練と実習をおこない、さらに試験に合格することを義務づけている。いっぽう、他の四十七の州では訓練を受ける法的義務はいっさいない」(9)。

以上のような「新たな規準」は労働者をその職に縛りつけ、労働力の柔軟性を低下させるものだが、起業家にとってもダブルパンチである。まず、これによって被雇用者はいま勤めている会社を思い切ってやめようとはしなくなる。また、起業家側は義務づけられている高い諸手当をすべて支払ってまで米国人の労働者を雇おうとしなくなる。米国にはもっと良いやり方があるはずだ。世界の労働市場が開放されつつあるなかで、米国は偏狭な労働規制の再検討を余儀なくされるだろう。

民主制を守る

民主制に疑問をもつのは今に始まったことではなく、その始まりは古代の哲学者までさかのぼるが、現代の民主制懐疑論者は驚くほど主流的な立場にあり、歯に衣着せぬ発言をする傾向が強まっている。『タイム』誌のジョエル・クラインは、この「時代遅れの国」は「あまりに愚かで繁栄できない」と述べた。トーマス・フリードマンは『ニューヨーク・タイムズ』紙で、二十一世紀の効率的な政策決定モデルとして中国の権威主義に繰り返し言及している。こうした評論家の多くは、米国の民主制は財政赤字という不均衡に対処するにあたって、危険なほど「職務放棄」してきたという点では著者らと意見が一致するだろうが、われわれは中央集権化の推進や民主制への大衆の参加を制限するといった対応策には懐疑的である。

著者らは民主制と国家債務について、米国の民主制の重大な失敗は行動上のものだと分析する。無秩序な債務は代表民主制の最悪の傾向の表れである。それは、再選を目指す政治家が歪んだインセンティブをもち、長期的な財政的制約を考える必要のない有権者が限定合理性をもつことだ。

さらに警戒すべきことは、行動的な機能不全が極限に達すると何が起きるかである。二〇一一年、ギリシャのアテネでは年金受給者や若者、労働組合員らが政府の緊縮財政に暴力的に抗議した。ヨーロッパ諸国はギリシャに金を貸す義務はないなかで条件つきの緊急支援をおこない、ギリシャの大衆は外国の横暴だとこれに腹を立てた。二〇一二年二月にギリシャ政府が欧州連合からの救済融資を受け入れ、財政支出をさらに削減すると、同国では暴動が再発した。少なくとも八万人が抗議行動をおこない、そのなかの過激派は百五十軒以上の店舗を破壊し、四十五軒の建物を燃やして修復不可能にした。[10] まさに民主主義が誕生したその地で、民主政体がその集積した欲求を自己統制できなくなっている状況を私たちは目の当たりにしているのだ。同様の暴動はスペインやイタリアでも発生し、イタリアでは公共部門の労働組合のデモによって、ローマのコロッセオが閉鎖を余儀なくされた。こうした動きは、民主制が自己修正するのは可能なのだろうかという疑問を呼び起こす。

古代ギリシャの哲学者だったプラトンやアリストテレスは、現在の民主制の危機にも驚かないだろう。こんにちではこうした知的な懐疑論を支持する人々がいる。経済学者のブライアン・カプランは著書『選挙の経済学』で、基本的な経済原則に対して個人が根深い偏見をもっていることを、大衆の投票行動から明らかにした。彼は対外貿易、生産性、市場一般に対する大衆の偏見を指摘し、民主制のルールは経済的にはつじつまが合わないものが多いと結論した。

米国の政治家の行動、とくに与党が大規模な改革の法案を提出・成立させた際に野党が与党を悪魔呼ばわりする傾向は、カプランの民主制懐疑論を裏づけていると考えられる。共和党所属のポール・ライアン下院議員が唱えた、プレミアム・サポートというしくみを導入するメディケア改革法案は、二〇一三年四月中旬に下院で賛成二百三十五票、反対百九十三票で可決されたが、民主党の賛成票はゼロだった。この提案は民主党から激しく非難された。ある活動団体が制作した、車いすに乗ったおばあさんが崖から突き落とされる動画はよく知られているが、民主党全国大会の議長がこの改革案を「死の罠」と呼んだのはさらに有名である。いっぽう、二〇一〇年に成立した民主党提案の医療改革法では、メディケアのコストを管理する独立支払諮問機関（IPAB）の設置が定められており、この機関は「死の委員会」を制度化するものだとして多くの共和党員から批判された。

メディケアの費用と利益を均衡させられないことは、経済学者の言う「財政錯覚」の好例であり、財政錯覚は財政が機能不全に陥っていることの根本的な原因のひとつである。著者らが財政錯覚という概念を学んだのは大衆の選択に関する研究からであり、おもにノーベル賞を受賞した故ジェームズ・ブキャナンの業績を参考にした。財政錯覚は公的に供給されている財のコストをあいまいにする。国民は自分が所有している債券や約束されたエンタイトルメントには、実際の富の裏づけがあると考えているからだ。国民は、国家債務の返済やエンタイトルメントの給付のために将来税金を支払っても、自分の豊かさは損なわれないことを考えようとしない。

ブキャナンとリチャード・ワグナーは大きな影響を及ぼした一九七七年出版の共著書でこう説明している。「国債による資金調達によって、公的に供給される財・サービスは安く感じられるようになる。これに応じて、納税者である国民はそうした財・サービスの需要を増大させる」。国民は、ある財の供給コストを政府が調達すれば、そのコストを税金でまかなうよりも安上がりであると錯覚しているのだ。この錯覚の原因としては、国債による資金調達によって支払いの時期が遅れることや、税法が複雑で誰が何の支払いをしているのかがあいまいであること、課税と財政支出が概して切り離されていることなどが挙げられる。この最後の点について、経済専門家の故ウィリアム・ニスカネンは、「野獣を飢えさせる」、つまり減税がもたらす公共部門の資金不足によって支出削減を強制するという保守派の戦略は逆効果であることを明らかにした。税率低減は実際には歳出の増大率の上昇と相関しているからだ。ニスカネンは二〇〇六年にこう記している。「歳出とは、そこから財政赤字分を割り引いた価格で行政サービスが購入されることを表しており、そのコストは将来のどこかの時点で誰かが支払わねばならないものだと説明したほうがよい」。

財政錯覚に関する実証研究は、最近までさまざまな結果をもたらしてきた。ニスカネンのこの二〇〇六年の論文は、発表当時は保守派内での爆弾発言だった（彼はリバタリアニズムを奉じるケイトー研究所で長年シニア・エコノミストの立場にあった）。さらに最近では、クリスティーナ・ローマーとデービッド・ローマーが、二〇〇九年に発表した論文で減税に「野獣を飢えさせる」効果があることは裏づけられないと主張した。税金反対の姿勢を固持する共和党は、もはや小さな政府を守るのではなく、負債の増大を横目に低税率の維持を主張するしかなくなっている。

しかし、民主制懐疑論者のこうした考え方には誤りがあると考えられる。有権者の思考にはバイアスがかかっているかもしれないが、その考えはきわめて重要であり、とくに有権者自身にとってそうである。最終的に有権者は政治理論ではなく、現実世界で生じた結果にもとづいて投票するからだ。それをよく示す例が一九九六年のビル・クリントン大統領の再選である。彼は不人気だった北米自由貿易協定を支持したにもかかわらず（この協定は経済学者以外の人々のあいだではいまだに不人気である）、経済の急成長や失業率の低下が実現したことで、大勝に近い結果で再選された。

これらの〝点〟をどう結びつければよいのだろうか。ビル・クリントンの反ポピュリズム的で成長志向の経済政策は、民主制の弱点自体が錯覚であることを示しているのだろうか。そうではない。有権者が実績に報酬を与えることが政策決定を歪めるのはたしかだが、カプランの単純な解釈が示しているような形ではない。議員らが向き合っている、選挙を区切りとするインセンティブは、長期的な経済成長や支払い能力を犠牲にして短期的な経済実績を優先するものである。したがって、民主制の弱点とは有権者の不合理性ではなく、現職議員の合理性だということになる。財政上の厳しい制約がないかぎり、政治家に財政赤字を抑制するインセンティブはない。このように、米国やヨーロッパの経験は財政錯覚という災いの種を確実に、また規模の面でも大々的に実証している。州の過大な財政支出に直面した政治が麻痺状態に陥っているのを私たちは目撃しているが、現在の財政のルールはまさにこうした結果をもたらすように作られているのだ。

目下の課題は、短期的政策と長期的政策のトレードオフ関係に内在する政治的分断をなくすことである。言いかえれば、米国は「選挙による注意欠陥障害」を抑制する新しいルールを必要としている。

改革のオデュッセイア

「制約」という言葉は経済学用語のひとつである。消費者均衡の初歩的なミクロ経済モデルでは、個人が家計所得を二つの財（たとえば食料と衣服）に割り当て、個人所得のすべてをそのどちらかに費やすか、その二つの選択を両端とする直線上のいずれかの点で、適切な比率で所得をこの二つの財に配分すると仮定する。可能な財の組み合わせを示すこの線は「予算制約」と呼ばれる。

大半の家計の予算を拘束しているのと同じくらい強力な予算制約を連邦議会も受けていたら、望ましい状況になっていたのではないだろうか。世界のどこでも、親は毎月の所得を暖房費や子どもの服、老後の蓄えなどにどう割り当てるか、頭を悩ませながら実際にお金を割り振っている。連邦議会になぜそれができないのだろうか。

その問いに対する単純な答えは、「連邦議会はそうする必要がないから」である。誤ったことをしてしまう連邦議会の衝動に制約はないのだ。

古代ギリシャの人々はこの基本的な人間の本能についてももちろん理解し、衝動と制約に関する言い伝えを残した。ホメロスの叙事詩『オデュッセイア』では、岩だらけの島に棲むセイレーンという魔物の話が語られている。美しいセイレーンは船乗りたちに歌いかけ、その魅惑的な歌で海へ引きずりこむという。伝説では、英雄オデュッセウスがトロイ戦争からギリシャへ帰る船旅の途中、安全に船を進められるように家来たちに蜜蠟で耳栓をするように命じ、また自分の体を船のマストにロープで縛りつけさせたという。自分はセイレーンの歌を聞くが、それでも海に飛びこまないようにしたのだ。

現在でも、「セイレーンの歌」という言葉は、ほとんど抵抗できない破滅的な誘惑という意味に解釈されており、「マストに縛りつけられる」という表現は誘惑への抵抗を強いられることの比喩になっている。ジョージ・メイソン大学の経済学者のロビン・ハンソンは「プリコミットメント」という概念を繰り返し検討しており、オデュッセウスとセイレーンの物語はこの概念を体現していると語る。ハンソンは彼のブログ「オーバーカミングバイアス・コム（overcomingbias.com）」のヘッダーに、ジョン・ウィリアム・ウォーターハウスが描いたこの物語の絵を使っている。意思決定の制約を表すこの比喩を経済問題に持ちこんだのは、著者らが初めてではない。二〇一一年十二月に発表された、予算改革に関するピーターソン・ピュー委員会の報告書のタイトルは「マストに縛りつけられて」だった。

ピーターソン・ピュー委員会は二十人以上の専門家の委員らと協働し、現在までに三つの主要な報告書を発表した。これらの報告書は四つの基本的な種類の財政ルール、すなわち均衡予算、負債や財政赤字の目標値の設定、歳出の制限、歳入の制限を説明している。

二〇一一～一二年にかけて、連邦議会はこれらすべての面で目を見張るような活動ぶりを見せた。議会調査局は五つの具体的な法案を提出し、そのうち三つは下院をすでに通過している。[11]下院予算委員会は、みずからをマストに縛りつけるための十の法案を示した。第一の法案は実際の予算案を大統領の拒否権行使の対象にするものである。同委員会は大統領に個別条項拒否権を与える法案も提出している。これは行政側が予算案の特定の箇所を削除して、現在のオール・オア・ナッシングの予算割り当て制度で生じるポークバレル（特定の選挙区や議員だけを利する助成金）の一部を規制できるようにするものである。他の法案はあらゆる種類の支出、つまり社会保障上の義務的な「エンタイトルメント」やメディケア、さらには裁量的支出をも年間の制約に従う平等な位置に置き、インフレの推定値にもとづいて予算が自動的に上方修正されないようにすることなどを定めている。ヘリテージ財団の財政専門家のアリソン・フレーザーが語ったように、「三大エンタイトルメント・プログラムは（中略）〝自動操縦〟による拡大を認められている[12]」のだ。まるでギリシャ神話のイカロスの物語を思い出させるような話である。

予算編成プロセスの改革の詳細を詰めるのは冗漫なやっつけ仕事になりがちだが、じつのところその冗漫さは特定利益集団の大衆に対する武器になっている。大衆に熱意をもたせるには、連邦政府予算の編成についてもっと率直で透明性の高い会計報告が不可欠である。連邦予算局（ＣＢＯ）が予算の数字を公開しているのは評価できることであり、近年ではＣＢ

Oのウェブサイトに同局長のブログを加えることまでしている。CBOのもうひとつの功績は、一九九六年から「長期予算展望」を発表していることである。これはいまや毎年恒例の行事としてメディアに注目され、その内容は政治的な情報操作を免れている。しかし、CBOや連邦議会が実行すべきでありながら、それを怠っている重要な会計関連の作業がある。

まず、CBOや連邦議会は政策変更の動的な影響を考えるべきである。財政的変化に関して、政府は一般に「静的スコアリング」をおこなう。これは、たとえば税率を五十パーセント引き上げれば、税収も五十パーセント増大すると想定するものである。しかし、増税の結果として生じる経済活動の変化によって、税収の増大率は五十パーセントに届かないと予想するほうがはるかに理にかなっており、こうした予想は動的スコアリングと呼ばれている。学界の経済学者らがつねに用いるのは、主体の行動的変化を織りこんだ動的モデルである。供給、需要、税の楔（タックス・ウェッジ）に関するごく単純で初歩的なミクロ経済モデルでもそうだ。CBOが（少なくとも静的モデルの補完として）動的スコアリングをおこなうべきであることに異論はないはずである。

もうひとつの会計上の問題は、連邦政府が発生主義会計ではなく現金主義会計を使用し続けていることだ。発生主義会計とは、新たに決定された長期的な債務負担行為の費用を、それが実際に支払われる遠い未来の年ではなく、その施策が決定された年に計上するものである。とくにエンタイトルメント・プログラムの見越し債務の変化は、毎年の予算に計上すべきだ。これは簡単な修正のように思えるが、政府による財政赤字の説明に政治的ショックを与えるものである。社会保障上の財源のない債務は約六兆五千億ドルであり、これは本書の執筆時点でおよそ十六兆ドルにのぼる予算上の負債に加えて、納税者が負うことになる債務である。社会保障で毎年新たに生じる負債額は、予算上に表れない財政赤字がいかに大きいかを示しており、これは意外な落とし穴である。

社会保障信託基金理事会の年次報告書では、「前回報告からの数理計算上の残高変化の理由」に丸一節を割いている。二〇一一年には、その後七十五年間の支払給与税の予定税収と、それを上回る給付金の予定支出との数理計算上の差額は、課税給与総額（GDPの三分の一にあたる約五兆五千億ドル）に対する比率で見ると、二〇一〇年よりも〇・三パーセント増大した。この差額は二〇一二年にはまた変化して〇・四四パーセント縮小したが、全体的には同比率はマイナス二・六七パーセントとなり、二〇一二年の同理事会報告書では信託基金の総額は二〇三三年にゼロになるとされた。これは二〇一一年の同報告書の予想よりも三年早まっている。

これらのルール変更はどれも、連邦政府予算の編成における不均衡なプロセスを是正できるはずだが、それでもある疑問が残る。予算を制約するにはどんなルール（つまり縛るためのロープ）を用いるべきなのだろうか。これまでに挙げた案は決議事項や法律を変更するものだが、連邦準備制度理事会のベン・バーナンキ前議長は近年こう語った。「財政のルールが結果としての財政状況の改善を保証しないのは明らかである。結局のところ、立法機関が定めたルールは、同じ立法機関によって無効にされたり抜け道を見つけられたりするものだ」[13]。連邦議会はかつて予算編成過程の内部改革に取り組んだことがあり、それは当時は効果的だと思われたが、状況が厳しくなると破綻した。一九八五年、連邦議会は財政赤字に対する毎年の制約になるグラム・ラドマン・ホリングス法を成立させた。これは財政赤字が目標値を超えた場合には大統領が歳出を削減することを義務づけ、歳出増大の承認には議会での超多数の賛成を必要としたものである。連邦議会は一九九〇年にこの法律を廃止し、財政赤字ではなく歳出をコントロールすることを目指す予算執行法を制定した。この法律では事実上の〝現金払い方式（PAYGO）〟も導入され、あらゆる支出増大は他の支出項目の削減によってまかなわれるものとされた。こうしたルールは二〇〇二年まで施行されたが、皮肉なことに、一九九〇年代後半に予算が黒字化すると、連邦議会はこれらのルールを大幅に緩和した。

財政のルールに関する三十年間の経験から、私たちは何が効果的で何がそうでないかを学んだ。一つ目の教訓は、ルールはイデオロギー色を排除しなければならないことである。イデオロギー的なルールは大衆の支持を得られず、投票で否決される可能性が高い。そうしたルールは真の改革というよりも、党派の政治的シグナルとして提示されるものである。各種のルール制定の経験から読みとれるのは、制約する対象として最適の変数は負債や財政赤字、歳入などではなく、歳出であるということだ。財政ルールに関する国際レベルや州レベルの経験からは、あいまいな会計、とくに一部のプログラムが「予算外」での処理を認められていることに用心すべきであることもわかる。また、たとえ十年以上の比較的長い期間にわたるプロセスであっても、均衡へ向かう経路を確立することは、マクロ経済に対する打撃を和らげるために必要な措置であることも学んだ。決議や法律は圧力や時間の経過によって変質してしまうものだからだ。これらの教訓は、効果的な真の改革をおこなうための明確な課題を概説している。

憲法修正第二十八条？

米国にとってもっとも有望な財政ルールは、ひとつ、または複数の憲法修正条項という形をとることになるだろう。米国の歴史ではこれまでに二十七の憲法修正条項が認められてきた。これは平均しておよそ八年に一度のペースだが、最後の修正が承認されたのは一九九二年である。じつのところ、財政に関する憲法修正の提案は二百年前からずっと唱えられている。トーマス・ジェファーソンは一七九八年に書いた友人への手紙で、「連邦政府から借り入れの権限を剝奪する」憲法修正条項をひとつ追加したいと述べている。[14] その十年前の手紙を見るとはっきりわかるように、彼は他の時期には国が自衛目的で信用資金を調達できることの重要性を認めていたものの、それ以外の負債には反対を唱えていた。ジェファーソンは一世代（彼はこれを十九年としていた）のうちに返済できる額を超える負債をつくるのは不道徳であり、国の存続を脅かす危険があることだと考えていた。連邦議会の規範は、一九七〇年代まではジェファーソンの好んだ考え方、つまり戦時以外はつねに財政は均衡すべきであるという意見を本質的に尊重していた。こうした経緯は、一九七五年の各州による憲法会議の請求を皮切りに、財政に関する憲法修正への関心が再燃した理由だろう。最近の世論調査によると、財政均衡のための憲法修正という考え方を支持する米国民は、全体の六十五〜七十パーセントにのぼるという。

そうした修正を実現させる方法は、憲法の第五章で定められているように二つある。この章は深い内容ながらも簡潔で、わずか百四十三語の文章である。そもそも憲法全体が第七章までしかなく、新たな連邦政府の機能をごく限られた言葉で説明している。次に示す第五章には、議員や裁判官、行政官の解釈ではなく、また民衆の解釈でもなく、文章の明確な修正によって彼らの社会契約を「生きた文書」にしたいという、憲法立案者らの願望が表れている。

連邦議会は、両院の三分の二が必要と認めるときは、この憲法に対する修正を発議し、または、三分の二の州の立法部が請求するときは、修正を発議するための憲法会議を招集しなければならない。いずれの場合においても、修正は、四分の三の州の立法部または四分の三の州における憲法会議によって承認されたときは、あらゆる意味において、この憲法の一部として効力を有する。いずれの承認方法を採るかは連邦議会が定める。ただし、一八〇八年より前におこなわれるいかなる修正も、第一章第九条一項および四項の規定に変更を加えてはならない。いかなる州も、その同意なしに、上院における平等の投票権を奪われることはない。

これまでに承認された二十七の修正はすべて第一の方法（連邦議会の両院で三分の二の賛成を得、その後四分の三の州の立法部で可決される）によるものであり、第二の方法（州が憲法会議を請求する）は使われていない。連邦議会がその財政面での権力を修正しようとする動きに抵抗してきたのは驚くべきことではない。そうした修正はみずからをマストに縛りつけようとすることと同じだからだ。一九八二年、一九九五年、そして二〇一一年には何らかの財政均衡憲法修正案が連邦議会の上院または下院を通過したが、両院を通過して州議会に送られることはなかった。一九八二年の修正案は上院で三分の二を超える六十九の賛成票を得たが、下院での賛成票は三分の二にわずかに届かなかった。また、一九九五年の修正案は三分の二の賛成票を得て下院を通過したものの、上院では一票差で三分の二に届かなかった。

しかし、二つ目の方法も有効であり、多くの人々が考えているよりも実現に近いものである。一九七五年以降、この問題に関して連邦議会に憲法会議を請求した州は三十二にのぼる。[15]その請求をずっと有効にしているのは十七の州だけだが、あと二つの州議会がこの問題に関して請求すれば、憲法史に新たな一ページが加わる。必要とされている三分の二の州（五十州のうち三十四州）の立法部による請求という条件が満たされれば、連邦議会は一七八七年以来の憲法会議を招集しなければならなくなる。その会議で憲法修正条項（第二十八条）の草案が作成され、五十の州すべてがそれを検討し、そのうち三十八の州が同案を承認すれば、それは法律として成立する。

財政均衡憲法修正案を批判する人は多く、著者らもそうした批判の要点の多くには同意する。経済学者のブルース・バートレットは二〇一〇年後半にそうした修正案を「偽の解決策」だと述べた。[16]彼は共和党の動機を批評し、同党の財政均衡憲法修正案への支持は政治的なポーズにすぎないと考え、こう主張した。「共和党は、大半の米国民は重要な財政支出の削減や財政赤字解消のための増税には反対していることも承知しているため、実際に財政を均衡させる意義ある政策をあえて示そうとはしないのだ」。[17]財政均衡憲法修正案への支持が得られるとして皮肉なシグナルであることには著者らも同意するが、この修正案が実際の行動の代わりだという見方には反対である。そのような批判をする人々は、米国の制度は堅固であって、そのメンバーが脆弱なだけだと考えているが、それは現代政治の「囚人のジレンマ」について無知であることを露呈している。

バートレットらの経済学者は、提示された財政均衡憲法修正の草案に対して二つのもっともな反対を唱えている。第一に、この修正案は戦争などの緊急時における例外を認めているが、連邦議会は「テロとの戦い」や「貧困との戦い」といったあいまいな〝戦争状態〟の永続を宣言することで、その抜け穴を容易に利用して赤字支出を正当化できる。第二に、この法案は施行が困難である。法的な懸念の多くは技術的なことだが（裁判所が歳出や歳入の定義を明確化しなければならないのはたしかである）、それ以外にタイミングの問題もある。「法的な問題として、財政が実際には不均衡でも、われわれはその会計年度が終わるまでそれを知る術がない。国民にすでに支払われた連邦政府の資金を返金させることは、連邦裁判所でもできない」とバートレットは述べ、したがって「共和党が提示しているような種類の修正案は事実上施行できない」と主張した（傍点は著者らによる）。

一九九七年、連邦均衡予算法（ＢＢＡ）が連邦議会の上下両院で採決に入ると、予算・優先政策センターはこの問題に関する一連の論説文を発表した[18]。そして検討中のＢＢＡへの徹底的な反対論を展開し、毎年の財政均衡の必要条件を、景気循環の波を増幅させるものだとして批判した。一年という枠内での財政均衡に関する毎年の厳しい要件は、この法律にともなう景気後退リスクを全体的に押し上げる。税収は景気循環とともに増減し、年によって十パーセント、さらには二十パーセント変動することも珍しくない。そうした規模で連邦政府の支出額が変動したら悲惨なことになるという批判は正しい。均衡予算法については銀行制度のリスク、とくに預金保険の支払いという景気後退期の必要性にもとづく同様の反対意見もある。その根底にあるのも、やはり年度内の均衡達成という制約の設定である。

残念なことに、二〇一一年三月下旬に上院の共和党員が提出し、合意を得た均衡予算法案は以前よりもかなり制限的な内容になっている。これは成立しなかったが、改革重視の姿勢は変わっていないようだ。この法案の骨子は、大統領が毎年均衡予算を提出し、さらにその歳出がGDPの十八パーセントを超えないことの義務化である。どの年においても赤字財政の実施には総議員数の三分の二の超多数（上院では六十七票）の賛成を必要とするが、戦争が宣言された時期には単純な過半数の賛成が求められる。この二〇一一年均衡予算法案には、連邦議会の決定による財政支出をGDPの十八パーセントまでに制限する条項が追加され、同様の過半数や超多数のルールも導入された。また、課税や債務上限の引き上げを制限する同様の性格の条項も加えられ、裁判所が財政均衡策として増税を決定できないようにした。

だが、こうしたアプローチは適切ではない。イデオロギー的に純粋であるのはたしかだが、民主主義に反している。財政均衡のための憲法修正を支持するジェームズ・ブキャナンは、こうした「指令的な」アプローチに対する警告を発した。彼は指令的でないルールによって国民の意思が表明されるようになることを推奨しており、著者らもそれに同意する。

憲法修正案は財政赤字による機能不全を是正する唯一の財政ルールになると言ってよいが、

その文言が政治的に中立でなければ可決されない。その中立的な文言によって、連邦議会が適切とみなした税収と支出の組み合わせによる予算の均衡を義務づけ、また有権者に対する信頼を具体化して、有権者の意思が認知されるようにする。こうした道筋は『ウォール・ストリート・ジャーナル』紙の社説で言われているような、増税のための口実ではない。国民は真の選択肢を与えられれば、低税率と少ない支出の組み合わせを選ぶはずだと著者らは確信している。

財政均衡憲法修正案に対する他の真剣な反対論は、それが一年ごとの制約になるのを当然視しているが、それは適切ではない。毎年の財政均衡を求める修正案は景気循環の波を増幅させるため、著者らを含むほぼすべての経済学者に反対されている。経済学者は他の誰よりも、「五年以上にわたる連邦政府の歳入の移動平均を見ることによって、景気循環を悪い方向へ導くことなく、効果的に支出を抑制できる」ことを主張すべきである。共和党に所属するミシガン州選出のジャスティン・アマシュ下院議員は二〇一一年にまさにそうした憲法修正案を提議したが、これまでのところその案はほとんど支持されていない。

一部の法学者らは従来の財政均衡憲法修正案に対し、歳出と歳入を一致させるのはリアルタイムでは不可能であり、司法部が予算全体を決定しなければならなくなるとの理由から反対している。司法部がそうした行動をとるのは非現実的か違憲、あるいはその両方であるというのだ。著者らもその意見に賛成であり、だからこそ実際は財政赤字ではなく歳出に対して憲法上の制約を課すことを推奨している。ジョージ・メイソン大学の経済学者のアレックス・タバロクはこの手法を支持し、財政「不均衡」憲法修正案と呼んでいる。たとえば、一九九四〜二〇〇〇年までの七年間で税収は一兆二千六百億ドル（ＧＤＰの十八パーセント）から二兆三百億ドル（ＧＤＰの二十・六パーセント）まで徐々に増大した。その移動平均値を歳出の上限とした場合、二〇〇一年の歳出上限はＧＤＰの十九・三パーセントとなり、実際の二〇〇一年の歳出はＧＤＰの十八・二パーセントだった。一九九〇年代後半の好景気とともに税収は急増したため、歳出削減による景気後退への備えはすでにできている状況だった。移動平均のルールが導入されていれば回避されていたとみられるのは、二〇〇一〜〇三年の景気対策としての財政支出ではなく、二〇〇五〜〇七年の「景気拡大促進のための」財政支出拡大である（当時の歳出は最大でＧＤＰの二十パーセント以上に及んだ）。

連邦議会、または次の憲法会議は、党派色のない財政均衡憲法修正案を再検討すべきである。憲法修正に消極的だった過去の姿勢を見直しているのは著者らだけではない。ハーバード大学の経済学者のエドワード・グレイザーは、ブルームバーグの寄稿記事で財政均衡憲法修正案を支持する立場に転向したことを説明している。「国が〝収入の範囲内でやっていく〟ようにするにあたり、ただ連邦議会に任せればよいのであればどんなにいいかと思うが、過去十年間の財政面での経験によって、そのような楽観主義は成り立たなくなっている」(19)。次に示す四つの変更案は、従来の憲法修正案の内容を改善して、法律として成立する確率を高めるものであり、これによって来《きた》るべき財政危機を回避できる可能性もある。

1　歳出の毎年の上限額は、その年の歳入ではなく、その年の直前の七年間におけるインフレ調整後の歳入の中央値とすべきである。その年の歳入は未知であり、さらに悪いことに、景気循環によって変動する。保守派は財政支出が景気対策である場合はその調整に消極的になる傾向があるが、そのような場合に加え、支出が景気循環の波を増幅させるときも、彼らはそうした支出に反対すべきである。

2　どのような憲法修正案も、財政均衡のみに焦点を当てた簡潔なものでなければならない。そうした均衡は財政支出だけでなく、エンタイトルメント・プログラムの見越し債務も計算に入れたものとする。憲法修正のプロセスはイデオロギー的ではなく、中立的なものでなければならない。政府規模の制限は、有権者を信頼するならば、財政均衡の過程の自然な帰結として実現するが、それを手段として強要するとリベラル派の反対を必ず招くだろう。

3　新たなルールや財政均衡憲法修正案では、一般的な例外期間の設定には「段階的に増大する超多数」の賛成を必要とするものとする。「段階的に増大する」とは、連邦議会がある年の歳出の増大を超多数で認めた場合、その後の年には同じ承認を得るのに必要な〝超多数〟の割合が増大するということである。たとえば、例外期間の最初の年に必要な両院の賛成票を全体の五分の三とすると、次の年には六分の四、その次の年は七分の五の賛成票が求められる、というものだ。また「一般的な例外期間」の一般的とは、そうした例外期間は戦争時、景気後退時、自然災害発生時などのように前もって規定されないということである。ここでも、特定の結果を〝指令〟するのではなく、未来の連邦議会を信頼してその時期に何が最善なのかを判断させることで、この憲法修正案の承認や国民の保護を促すことができる。

4 財政均衡憲法修正案は、国家債務の対GDP比を低下させる経路を示さねばならない。たとえば、制定日後は、それ以前の十年間の財政ギャップの平均値を七年間かけて一年に七分の一ずつ縮小していくものとする。そうすれば、景気後退を招くという批判を生みかねない突然のショックを回避できる。これは適切な政策であるだけでなく、財政均衡に対して安易な聞きかじりで実際に反対する人々の不満を緩和する。

憲法修正に反対する声は多いものの、大衆は違った見方をしている。時代が変われば、あるいはもっと具体的に言うと、選挙で選ばれた指導者の行動が年月とともに悪いほうへ変われば、国はそのルールを変えなければならない。ルールの改善や財政均衡憲法修正は、まさにそれを実行することなのだ。

米国の再生

一七八七年九月中旬に憲法会議が終了すると、ベンジャミン・フランクリンは仲間の州議会議員らに、「自分は、会議の山場で議論が白熱した際にジョージ・ワシントンが座った椅子のことを気まぐれに考えていた」と打ち明けた。この会議が成功するかどうかは不透明だった。フランクリンはその椅子の背面の木材に太陽の絵が刻まれているのに気づいた。それは生まれたばかりの米国という国を暗示するもののように思えた。とくに、連合規約と呼ばれた当初の社会契約のもとで、不安定で脆弱な政府が十年続いたあとではそうだった。連邦政府に関する規約が改善されない状況のなかで、建国の父たちの大半は米国の実験が失敗に終わることを危惧していた。だからこそ、フランクリンはその彫刻された太陽が「昇りゆくものか沈みつつあるものか」を考えたのである。そして彼はこう述べた。「だが、今ようやくそれが昇る太陽であり、沈んでいるのではないことがわかって幸せだ」。

本書では衰退の危機について論じてきたが、著者らは米国が衰退に向かっている国だとは考えていない。〝必然性〟と〝失敗〟を抜きにして衰退主義は語れないが、米国やその経済は必然の結果でもなければ失敗でもない。経済学者にとって衰退主義とは、使うことがあったとしても、米国以外の国が（普通は人口一人あたりの所得かGDPの面で）一般的な水準に収斂しつつあるかどうかの議論で用いる言葉にすぎない。また、著者らは、米国では革新によって潜在的な経済成長が導かれ、驚くべき生産性が維持されてきたと確信している。経済学の言葉で言えば、米国は世界でも前例を見ないほど優れた経済制度のおかげで、生産性フロンティアを超えて進化し続けているのである。

しかし、いっぽうで歴史に嵐をもたらしてきた黒雲も見えている。米国の政治的停滞と強力な経済制度（憲法上の権利、適切に規制された市場、起業家精神など）がひそかに蝕まれていることは懸念される。西暦元年から現在にいたるまでの大国の衰退の歴史はさまざまな教訓を示しているが、そのなかでもっとも警戒すべきものは、繁栄の趨勢がいかに変わりやすいかである。歴史上の転換点は実在したものであり、国が倒れるまで党派主義や財政不均衡を可能なかぎり長く続けようとするのは、米国にとって賢明なことではない。

米国は憲法の原則に立ち戻ることによって、まずはその政治を正すべきだ。憲法の原則とは、連邦主義、制限された中央政府、言論・集会の無条件の自由である。均衡へ向かうその次の大きなステップは誠実な予算編成である。将来のあらゆる債務負担を誠実に計上し、財政支出の公約に厳しい制約を課すことで、連邦議会は難題の山を未来へ先送りするかわりに、難しい選択をせざるを得なくなる。そうすれば、世界に関与し、革新の先駆けとなり、充分な就職口のある比類なき経済大国に米国を導くような経済成長を再現する準備が整うだろう。歴史は永遠に続くものはないことを物語っているが、米国の歴史から読みとれるのは、この国の民主主義にはどんな懐疑論者や皮肉屋の懸念をも覆す力があると実証されてきたことである。

米国は今でも昇りゆく太陽なのだ。

付録

超党派的な財政均衡憲法修正条項の文案

第一項　年間の歳出総額はその直前の七年間における歳入の中央値を超えてはならない。歳出総額は負債の支払いを除く合衆国のすべての支出を含むものとし、歳入は借り入れから生じるものを除く合衆国のすべての収入を含むものとする。

第二項　連邦議会の両議院において、点呼投票による賛成が総議員数の五分の三の超多数に及んだ場合は、一年間の緊急免除期間を宣言し、法律によって第一項の定める限度額を超える特定の支出をおこなうことができる。免除期間の延長は、二年目は総議員数の六分の四、三年目は七分の五等、両議院における賛成票の段階的増大によって承認される。

第三項 歳出を超過する歳入の全額は合衆国の負債の削減に使用されなければならない。

第四項 連邦議会は本条項を適切な法律によって施行する権限を有する。

第五項 本条項は承認から七年目の年に施行される。それまでの移行期間において、歳出総額は毎年一定の比率で削減されるものとし、その結果として、この施行前の七年間における歳出の中央値と歳入の中央値の差額である財政赤字は、毎年その七分の一ずつ削減されなければならない。

decorate, accessed January 7, 2013.

(10) Niki Kitsantonis and Rachel Donadio, "Athens Shaken by Riots after vote for Austerity," *New York Times*, February 13, 2012, http://www.nytimes.com/2012/02/14/world/europe/athens-shaken-by-riots-after-vote-for-greek-austerity-plan.html.

(11) Megan Suzanne Lynch, *Budget Process Reform: Proposals and Legislative Actions in 2012*, Congressional Research Service, R42383, March 2, 2012.

(12) Alison Acosta Fraser, "The Broken Budget Process: Legislative Proposals," Testimony before the Committee on the Budget, United States House of Representatives, May 31, 2012.

(13) 本来は次の文献で引用されている。Peterson-Pew report *Tied to the Mast*, p. 16, quoting Ben S. Bernanke, Remarks at the Annual Meeting of the Rhode Island Public Expenditure Council, Providence, R. I., October 4, 2010.

(14) Letter to John Taylor, 1789, in *The Writings of Thomas Jefferson*, Memorial Edition (Lipscomb and Bergh, editors), 20 vols. (Washington, D. C., 1903-04), vol. 10, p. 78.

(15) Scott Rogers. "Active Article V BBA Applications," Balanced Budget Amendment Task Force. January 11, 2013, http://bba4usa.org/uploads/Active_Article_V_ BBA_Applications_as_of_01112013.pdf, accessed February 10, 2013.

(16) Bruce Bartlett, "Balanced Budget Amendment a 'Phony' Deficit Solution," *Fiscal Times*, August 27, 2010, http://www.thefiscaltimes.com/Columns/2010/08/27/Balanced-Budget-Amendment-a-Bad-Approach.aspx.

(17) Bruce Bartlett, "A Balanced Budget Amendment," *Fiscal Times*, August 27, 2010, http://www.thefiscaltimes.com/Blogs/Bartletts-Notations/2010/08/27/Bartletts-Notations-A-Balanced-Budget-Amendment.aspx.

(18) 次に掲載されている同センターの「特別レポート（Special Report)」を参照。http://www.cbpp.org/archiveSite/bba.htm.

(19) Edward Glaeser, "Balanced Budget Suddenly Looks More Appealing," Bloomberg, August 1, 2011, http://www.bloomberg.com/news/2011-08-02/balanced-budget-suddenly-looks-more-appealing-edward-glaeser.html.

accessed June 4, 2012.

第13章　米国を改革する

(1) 次を参照。Johnny Munkhammar, "The Swedish Model: It's the Free-Market Reforms, Stupid," *Wall Street Journal*, January 26, 2011, http://online.wsj.com/article/SB10001424052748704698004576104023432243468.html.

(2) Robert Solow, "Technical Change and the Aggregate Production Function," *Review of Economic and Statistics* 39 (August 1957): 312-20.

(3) 次を参照。Tyler Cowen, http://marginalrevolution.com/marginalrevolution/2012/10/multiple-equilibria.html.

(4) 収斂時の人口1人あたりGDPの成長率は、基本の成長率である年間2パーセントに、「ある国の人口1人あたりGDPに対する米国の同GDPの比率の2.5倍」の自然対数を乗じたものと仮定した。この予測のもうひとつの要素は人口増加率で、それは過去50年間の人口増加率が予想よりもはるかに急速に低下したからである。ここでは各国について2030年まで現在の人口増加率を適用した。

(5) 「南米」にはアルゼンチン、ブラジル、チリが含まれる。また、「ヨーロッパ」にはベルギー、デンマーク、フィンランド、フランス、ドイツ、ギリシャ、アイスランド、アイルランド、イタリア、ルクセンブルク、オランダ、ノルウェー、ポルトガル、スペイン、スウェーデン、スイス、英国の17か国が含まれる。

(6) 次に掲載されている、2011年1月20日の下院歳入委員会におけるケビン・ハセットの証言を参照。http://waysandmeans.house.gov/uploadedfiles/hassett.pdf.

(7) 次を参照。Duanjie Chen and Jack Mintz, "Corporate Tax Competitiveness Rankings for 2012," Cato Institute, September 2012, http://www.cato.org/pubs/tbb/tbb_65.pdf.

(8) Sander Wennekers, André van Stel, Martin Carree, and Roy Thurik, "The Relationship Between Entrepreneurship and Economic Development: Is it U-shaped?" *SCALES*, vo1. 6, no. 3, July 2009 (Hanover: Now Publishers, 2010). http://www.ices-study.org/WhatIsEnterpreneurship/Research/(knowledge%20web)%20the%20relationship%20between%20enteprenurship%20and%20economic%20development.pdf, accessed February 10, 2013.

(9) Matt Yglesias, "Licensed to Decorate," Slate.com, May 20, 2012, http://hive.slate.com/hive/10-rules-starting-small-business/article/licensed-to-

May 11, 2012, http://www.realclearpolitics.com/articles/2012/05/11/what_has_made_congress_more_polarized-3.html.

(10) 次を参照。"Are the Republicans Mad?," *Economist*, April 28, 2012, http://www.economist.com/node/21553449.

(11) David Broder and Haynes Johnson, *The System: The American Way of Politics at the Breaking Point* (New York: Little, Brown,1996), p.623.

(12) 議会予算局の2012年長期予算概要（Long-Term Budget Outlook）図表A-3の補足データ表を参照。次に掲載されている。 http://www.cbo.gov/publication/43288.

(13) Ibid.

(14) 次を参照。Congressional Budget Office, *Federal Debt and the Risk of a Fiscal Crisis*, July 27, 2010, http://www.cbo.gov/publication/21625.

(15) 次を参照。Amy Belasco, *The Cost of Iraq, Afghanistan, and Other Global War on Terror Operations Since 9/11*, Congressional Research Service, RL33110, March 29, 2011.

(16) 次を参照。Kevin Murphy and Robert Topel, "The Value of Health and Longevity," *Journal of Political Economy* 114, no. 5 (October 2006), http://www.dartmouth.edu/~jskinner/documents/MurphyTopelJPE.pdf.

(17) 次を参照。http://www.imf.org/external/pubs/ft/gfsr/2012/01/pdf/c4.pdf.

(18) 次を参照。John F. Cogan, R. Glenn Hubbard, and Daniel P. Kessler, *Healthy, Wealthy, and Wise: Five Steps to a Better Health Care System*, 2nd ed. (Stanford, Calif.: Hoover Institution Press, 2011).

(19) コーエンはこの言葉を2012年1月23日にマーカタス・センターのシンポジウムの開会時に述べた。次を参照。http://mercatus.org/publication/us-sovereign-debt-crisis-tipping-point-scenarios-and-crash-dynamics/introduction.

(20) David Broder, "The Party's Over," *Atlantic*, March 1972, http://www.theatlantic.com/past/politics/policamp/partysov.htm.

(21) Ibid.

(22) Ibid.

(23) たとえば次を参照。Norman Ornstein and Thomas Mann, "Myths and Realities About the Bipartisan Campaign Reform Act of 2002," Brookings Institution, May7, 2002, http://www.brookings.edu/research/articles/2002/05/07campaignfinancereform-mann.

(24) Case No. 08-205. *Citizens United v. Federal Election Commission*. Alderson Reporting Company (Supreme Court of the U.S.A., 2009), http://www.supremecourt.gov/oral_arguments/argument_transcripts/08-205.pdf,

U's," *New York Times*, July 2, 2009, http://www.nytimes.com/2009/07/03/us/03calif.html?pagewanted=all.

(33) カーネギーメロン大学のアラン・メルツァー経済学教授は、2008年前半のサブプライムローン危機を説明する論説文でこの言葉を述べている。次を参照。http://american.com/archive/2008/february-02-08/why-the-Crisis, accessed September 16, 2012.

第12章 米国に必要な長期的視野

(1) 次を参照。Clive Crook, "Paralysis in Congress Better Than Self-Destruction," Bloomberg.com, November 22, 2011, http://www.bloomberg.com/news/2011-11-23/paralyzed-congress-better-than-self-destruction-commentary-by-clive-crook.html.

(2) Catherine Drinker Bowen, *Miracle at Philadelphia* (Boston: Little, Brown, 1986), p. 41.

(3) 次を参照。Tax Foundation, http://taxfoundation.org/article/us-federal-individual-income-tax-rates-history-1913-2011-nominal-and-inflation-adjusted-brackets.

(4) トーマス・ジェファーソン・ヘリテージ・ソサエティーは12人の学者に、トーマス・ジェファーソンと彼の奴隷のひとりだったサリー・ヘミングスのあいだに1人または複数の子どもがいたという主張を慎重に調査するよう依頼した。この学者らの委員会は2001年前半に詳細な報告書を発表し、2011年にも新たな事実を付け加えた。同委員会のメンバーは1人を除いて全員がこの主張に対する疑義を表明し、数人は「ほぼ確実に誤り」であると断言した。次の文献を参照。Robert E Turner, *The Jefferson-Hemings Controversy: Report of the Scholars Commission* (Durham, N. C.: Carolina Academic Press, 2011)

(5) 次を参照。http://voteview.com/political_polarization.asp, accessed October 3, 2012.

(6) Royce Carroll, Jeff Lewis, James Lo, Nolan McCarty, Keith Poole, and Howard Rosenthal, "Who Is More Liberal, Senator Obama or Senator Clinton?" working paper, http://voteview.com/Clinton_and_Obama.htm, April 18, 2008.

(7) 次を参照。http://www.theatlanticwire.com/national/2012/03/us-senate-now-completely-polarized/49641/.

(8) 次を参照。http://www.tnr.com/article/the-vital-center/103394/polarization-norm-ornstein-republicans-democrats#.

(9) 次を参照。Sean Trende, "What Has Made Congress More Polarized?,"

(18) Tax Foundation, 2012, http://taxfoundation.org/sites/taxfoundation.org/files/docs/2012_tax_foundation_index_bp62.pdf.

(19) Michael J. Boskin, "California Bad Dreaming," July 25, 2012, http://www.project-syndicate.org/commentary/california-bad-dreaming.

(20) Holman Jenkins, "Our Big Fat Greek Habits," *Wall Street Journal*, August 7, 2012, http://online.wsj.com/article/SB10000872396390443659204577575002944563574.html.

(21) Jeff Tyler, "California Prison Costs Prompt Reform," *Marketplace*, American Public Media, June 6, 2011, http://www.marketplace.org/topics/life/california-prison-costs-prompt-reform.

(22) Don Thompson, "Gov's Deal Lifts Vacation Cap for CA Prison Guards," *Bloomberg Businessweek*, April 19, 2011, http://www.businessweek.com/ap/financialnews/D9MMU7S00.htm.

(23) Kevin Drum, "California's Ridiculous High Speed Rail Plan," Mother Jones.com, January 17, 2012, http://www.motherjones.com/kevin-drum/2012/01/california-hsr-now-even-more-ridiculous.

(24) Charles Van Doren, *A History of Knowledge* (New York: Birch Lane Press, 1991), p. 85.

(25) Allysia Finley, "The Trials of a Democratic Reformer," *Wall Street Journal*, September 1-2, 2012, p. A11.

(26) 次を参照。http://www.opensecrets.org/bigpicture/reelect.php, accessed September 18, 2012.

(27) 次を参照。http://www.rasmussenreports.com/public_content/politics/general_politics/september_2011/71_favor_term_limits_for_congress.

(28) 全米州議会議員連盟が任期制限に関する優れた資料を次で提供している。http://www.ncsl.org/legislatures-elections/legisdata/legislative-term-limits-overview.aspx, accessed September 7, 2012.

(29) 次を参照。Marisa Lagos, "Term Limits Measure--Prop. 28-Wins Big," *San Francisco Chronicle*, June 6, 2012 http://www.sfgate.com/politics/article/Term-limits-measure-Prop-28-wins-big-3612146.php.

(30) 次を参照。Jean Merl, "State's Redrawn Congressional Districts Protect Incumbents," *Los Angeles Times*, February 9, 2002, http://articles.latimes.com/2002/feb/09/local/me-Cong9.

(31) Judy Lin, "Analyst Agrees Brown's Calif. Budget In Balance," Associated Press, http://www.bigstory.ap.org/article/analyst-agrees-browns-calif-budget-balance, accessed February 12, 2013.

(32) 次を参照。Jennifer Steinhauer, "Coffers Empty, California Pays with I. O.

低賃金に関しては、カリフォルニア州は1988年以降、全国的な水準を上回る州の最低賃金率を設定している。

(5) http://www.governing.com/gov-data/economy-finance/state-debt-per-capita-figures.html.

(6) http://www.bea.gov/newsreleases/regional/gdp_state/2012/pdf/gsp0612.pdf.

(7) Mike Anton, "O. C. Bounces Back, Frayed at the Edges," *Los Angeles Times*, December 5, 2004, http://articles.latimes.com/2004/dec/05/local/me-ocbust5, accessed July 26, 2012.

(8) Michael Lewis, "California *and* Bust," *Vanity Fair*, November 2011, http://www.vanityfair.com/business/features/2011/11/michael-lewis-201111.

(9) Hannah Dreier, "Vallejo Bankruptcy: California City Emerges From Financial Disaster," *Huffington Post*, July 22, 2012, http://www.huffingtonpost.com/2012/07/23/vallejo-bankruptcy_n_1693863.html, accessed July 27, 2012.

(10) CBS transcript at http://www.cbsnews.com/stories/2010/12/19/60minutes/main7166220.shtml?tag=currentvideoInfo;segmentTitle.

(11) Lewis, "California *and* Bust,"

(12) John Seiler, "Special Series: Local Governments Face Bankruptcy Quandary," Cal Watchdog, March 16, 2012, http://www.calwatchdog.com/2012/03/16/special-series-local-governments-face-bankruptcy-quandary/, accessed July 27, 2012.

(13) Autumn Brewington, "Making Sense of the Mathematics of California's Pension Liability," Hoover Institution, August 21, 2012, http://www.advancingafreesociety.org/eureka/making-sense-of-the-mathematics-of-californias-pension-liability/.

(14) 本来は次の文献で引用されている。John Seiler, March 16, 2012, Calwatchdog.com Special Series: Local Governments Face Bankruptcy Quandary, http://www.calwatchdog.com/2012/03/16/special-series-local-governments-face-bankruptcy-quandary/.

(15) 次に掲載されている雇用コスト指数を参照。http://www.bls.gov/news.release/pdf/eci.pdf, accessed August 30, 2012.

(16) Chris Megerian and Anthony York, "State Deficit Estimate Hits $16 Billion," *Los Angeles Times*, May 13, 2012, http://articles.latimes.com/2012/may/13/local/la-me-0513-state-deficit-20120513.

(17) "Beyond California: States in Fiscal Peril," Pew Center on the States, November 11, 2009, http://www.pewstates.org/uploadedFiles/PCS_Assets/2009/BeyondCalifornia.pdf.

(5) 次を参照。David Turner and Francesca Spinelli, "Explaining the Interest-Rate-Growth Differential Underlying Government Debt Dynamics, "Organisation for Economic Co-operation and Development Economics Department, Working Papers No. 919, p. 6, http://www.oecd-ilibrary.org/docserver/download/fulltext/5kg0k706v2f3.pdf?expires=1351521417&id=id&accname=guest&checksum=3069930AEBA5851BEB90BC2C1E5591E1, accessed October 23, 2012.
(6) 次を参照。Paul Belkin, Martin A. Weiss, Rebecca M. Nelson, and Derek E. Mix, "The Eurozone Crisis: Overview and Issues for Congress," Congressional Research Service Report R42377, February 29, 2012.
(7) BBC, "Eurozone Crisis Explained," November 27, 2012, http://www.bbc.co.uk/news/business-13798000, accessed December 15, 2012.
(8) Martin Wolf, "A Permanent Precedent," *Financial Times*, May 17, 2012. http://www.ft.com/intl/cms/s/0/614df5de-9ffe-11e1-94ba-00144feabdc0.html#axzz2Kd2oCnAj.
(9) 次を参照。"Acropolis Now," *Economist*, April 29, 2010, http://www.economist.com/node/16009099.
(10) J. Bradford DeLong and Lawrence H. Summers, "Fiscal Policy in a Depressed Economy," *Brookings Papers on Economic Activity* (2012).
(11) Rebecca M. Nelson, Paul Belkin, Derek E. Mix, Martin A. Weiss, "The Eurozone Crisis: Overview and Issues for Congress," Congressional Research Service, R42377, August 29, 2012.
(12) 次を参照。http://www.doingbusiness.org/~/media/GIAWB/Doing%20Business/Documents/Annual-Reports/English/DB13-Chapters/About-Doing-Business.pdf, p. 16.

第11章　カリフォルニア・ドリーム

(1) Benjamin H. Johnson, "Gold Rush, California," *Dictionary of American History*, ed. Stanley I. Kutler, 3rd ed., vol. 4 (New York: Charles Scribner's Sons, 2003), pp. 12-14, *Gale Virtual Reference Library*, August 2012.
(2) http://www.dof.ca.gov/html/fs_data/historycaeconomy/20th_century_1900.htm, accessed August 14, 2012, and http://eh.net/encyclopedia/article/bakker.film, accessed August 14, 2012.
(3) 次を参照。Adam Nagourney, "Republican Party in California Is Caught in Cycle of Decline," *New York Times*, July 22, 2012, http://www.nytimes.com/2012/07/23/us/politics/california-republicans-seek-a-turnaround.html.
(4) 詳しくは太平洋研究所の経済的自由度に関する報告書を参照。最

第9章 大英帝国の消滅

(1) Niall Ferguson, *Empire: The Rise and Demise of the British World Order and the Lessons for Global Power* (London: Allen Lane, 2002), p. 248.
(2) Deirdre McCloskey, *Bourgeois Dignity: Why Economics Can't Explain the Modern World* (Chicago: University of Chicago Press, 2011).
(3) Daron Acemoglu and James Robinson, *Why Nations Fail: The Origins of Power, Prosperity, and Poverty* (New York: Crown Business, 2012), p. 210.
(4) Aaron Friedberg, *The Weary Titan: Britain and the Experience of Relative Decline, 1895-1905* (Princeton: Princeton University Press, 1988), p. 79.
(5) Linda Colley, "Britishness and Otherness: An Argument," *Journal of British Studies* 31 (1992): 324.
(6) William Pitt, "On an Address to the Throne, in Which the Right of Taxing America is Discussed" (speech, House of Commons, London, England, January 14, 1766), Classic Persuasion, http://www.classicpersuasion.org/cbo/chatham/chat08.htm.
(7) William Pitt, *Correspondence of William Pitt, Earl of Chatham* (London: John Murray, 1838), p. 433.
(8) Basil Williams, "Chatham and the Representation of the Colonies in the Imperial Parliament," *English Historical Review* 22 (1907): 756-58.
(9) Mancur Olson, *The Rise and Decline of Nations: Economic Growth, Stagflation, and Social Rigidities* (New Haven: Yale University Press, 1982), p. 78.

第10章 ヨーロッパ

(1) 次のオンライン資料を参照。Bryan Caplan, "Museum of Communism," http://econfaculty.gmu.edu/bcaplan/museum/musframe.htm, accessed September 7, 2012.
(2) この分析はすべて次の文献に詳述されている。David M. Levy and Sandra J. Peart, "Soviet Growth and American Textbooks," *Journal of Economic Behavior and Organization* 78 (April 2011): 110-25, http://papers.ssrn.com/sol3/papers.cfm?abstract_id=1517983.
(3) Stephen Parente and Edward Prescott, *Barriers to Riches* (Cambridge, Mass.: MIT Press, 2000), p. 2.
(4) 次を参照。Paul Krugman's remarks at the 2012 National Bureau of Economic Research Macroeconomics annual conference, April 20-21, 2012, http://krugman.blogs.nytimes.com/2012/06/24/revenge-of-the-optimum-currency-area/, accessed October 5, 2012.

Russia, Austro-Hungary, and the Ottoman Empire Following World War One," *Explorations in Economic History* 42 (2005): 237-58.

第8章　日本の夜明け

(1) Edwin O. Reischauer, *Japan: The Story of a Nation* (Tokyo: Tuttle, 1995), p. 7.
(2) Ibid., pp. 74-86.
(3) Ibid., p. 79.
(4) Angus Maddison, *The World Economy: A Millennial Perspective* (Paris: Organisation for Economic Co-operation and Development, 2001), p. 140.
(5) Edwin O. Reischauer, *Japan: The Story of a Nation* (Tokyo: Tuttle, 1995), p. 118.
(6) Daron Acemoglu and James Robinson, *Why Nations Fail: The Origins of Power, Prosperity, and Poverty* (New York: Crown Business, 2012), p. 297.
(7) Angus Maddison, *The World Economy: A Millennial Perspective* (Paris: Organisation for Economic Co-operation and Development, 2001), p. 140.
(8) 次を参照。Francis Fukuyama, *Trust: The Social Virtues and the Creation of Prosperity* (New York: Free Press, 1995), p. 162. ここではデータを次の文献から引用している。Masaru Yoshimori, "Sources of Japanese Competitiveness, Part I," *Management Japan* 25 (1992): 18-23.
(9) 次を参照。Paul Krugman "The Myth of Asia's Miracle," *Foreign Affairs* (November/December 1994), http://www.foreignaffairs.com/articles/50550/paul-krugman/the-myth-of-asias-miracle.
(10) Michael Hirsh and E. Keith Henry, "The unraveling of Japan Inc.: Multinationals as Agents of Change," *Foreign Affairs*, March 1, 1997, http://www.foreignaffairs.com/articles/52857/michael-hirsh-and-e-keith-henry/the-unraveling-of-japan-inc-multinationals-as-agents-of-change, accessed November 10, 2012.
(11) Brian Bremner, William Glasgall, and Peter Galuszka, "Two Japans," *Business Week*, January 27, 1997, http://www.businessweek.com/1997/04/970127.htm.
(12) Martin Feldstein, "Japan's Saving Crisis," *Project Syndicate*, September 24, 2010, http://www.project-syndicate.org/commentary/japan-s-Savings-crisis.
(13) Martin Fackler, "Japan Goes from Dynamic to Disheartened," *New York Times*, October 16, 2010, p. A1.

of Economic History 42 (1982): 139.
(6) Carmen Reinhart and Kenneth Rogoff, *This Time Is Different* (Princeton: Princeton University Press, 2009), Table 12.1, p. 183.
(7) Daron Acemoglu and James Robinson, *Why Nations Fail: The Origins of Power, Prosperity, and Poverty* (New York: Crown Business, 2012), p. 219.
(8) Hamilton, "Revisions in Economic History: Viii-The Decline of Spain."
(9) Ibid., pp178-79.
(10) Robin M. Grier, "Colonial Legacies and Economic Growth," *Public Choice* 98 (1999): 317-35.
(11) ダグラス・ノースは次の文献でこのことを論じている。*Structure and Change in Economic History* (New York: Norton, 1981), pp. 148-54.
(12) Ibid., p. 151.
(13) Richard Lachmann, "Elite Self-Interest and Economic Decline in Early Modern Europe," *American Sociological Review* 68, no. 3 (2003):350.
(14) Francis Fukuyama, *The Origins of Political Order* (New York: Farrar, Straus & Giroux, 2011), p. 358.

第7章　奴隷による支配

(1) Charles Van Doren, *A History of Knowledge* (New York: Birch Lane Press, 1991), p.4.
(2) Paul Kennedy, *The Rise and Fall of the Great Powers* (New York: Vintage Books, 1987), p. 11.
(3) Sevket Pamuk, "Institutional Change and the Longevity of the Ottoman Empire, 1500-1800," *Journal of Interdisciplinary History* 35, no. 2 (2004): 225-47.
(4) Amy Chua, *Day of Empire: How Hyperpowers Rise to Global Dominance—and Why They Fall* (New York: Doubleday, 2007), pp. 170-71.
(5) Ibid., p. 715.
(6) Francis Fukuyama, *The Origins of Political Order* (New York: Farrar, Straus & Giroux, 2011), p. 227.
(7) Niccolò Machiavelli, *The Prince*, chapter 4. この節は次の文献で引用されている。Fukuyama, *The Origins of Political Order*, p. 234.
(8) Sevket Pamuk, *Institutional Change*, p. 234.
(9) Ibid.
(10) この段落はセブケト・パムクが発表した研究論文をおおいに参考にした。
(11) L. Moore and J. Kaluzny, "Regime Change and Debt Default: The Case of

Press, 1992), p. 236.
(3) "Confucius", *Stanford Encyclopedia of Philosophy*, http://plato.stanford.edu/entries/confucius/.
(4) William Baumol, *The Free-Market Innovation Machine* (Princeton: Princeton University Press, 2002), pp. 255-56.
(5) Ibid., p. 254.
(6) "Confucius," *Stanford Encyclopedia of Philosophy*, http://plato.stanford.edu/entries/confucius/.
(7) "Battle for Mongolia's Soul," *Economist*, December 19, 2006, http://www.economist.com/node/8401179.
(8) "Genghis Khan: Law and Order," *Los Angeles Times*, December 29, 2006, http://www.latimes.com/news/la-oe-weather29dec29,0,7853812.story.
(9) Joel Mokyr, *Lever of Riches*, p. 231.
(10) Ibid., pp. 209-10.
(11) Ibid.
(12) Louise Levathes, *When China Ruled the Seas: The Treasure Fleet of the Dragon Throne, 1405-1433* (Oxford: Oxford University Press, 1997), p. 43.
(13) Ibid., p. 49.
(14) Ibid., p. 88.
(15) Matt Ridley, p. 183.
(16) Levathes, p. 163.
(17) Ibid., p. 175.
(18) David Landes, *The Wealth and Poverty of Nations: Why Some Are So Rich and Some So Poor* (W. W. Norton & Company, 1998), p. 341.
(19) Joel Mokyr, *Lever of Riches*, p. 234.
(20) Francis Fukuyama, *The Origins of Political Order* (New York: Farrar, Straus & Giroux, 2011), p. 315.

第6章　スペインの落日

(1) Henry Kamen, "The Decline of Spain: A Historical Myth?" *Past and Present* 81 (1978): 41.
(2) Paul Kennedy, *The Rise and Fall of the Great Powers* (New York: Vintage Books, 1987), pp.31, 45-48, 53-56.
(3) Earl J. Hamilton, "Revisions in Economic History: Viii-The Decline of Spain," *Economic History Review* 8 (1938): 168-79, at 171.
(4) Kennedy, *The Rise and Fall of the Great Powers*, p. 41.
(5) Dennis O. Flynn, "Fiscal Crisis and the Decline of Spain (Castile)," *Journal*

2007. http://www.nytimes.com/2007/05/13/books/review/Isaacson-t.html?_r=0.

(13) Sungmin Hong, Jean-Pierre Candelone, Clair C. Patterson, and Claude F. Boutron, "Greenland Ice Evidence of Hemispheric Lead Pollution Two Millennia Ago by Greek and Roman Civilizations," *Science*, 265, no. 5180 (1994): 1841-43.

(14) Bryan Ward-Perkins, *The Fall of Rome and the End of Civilization* (Oxford: Oxford University Press), 2005. p. 124.

(15) Bruce Bartlett, "How Excessive Government Killed Ancient Rome," *Cato Journal* 14 (1994), http://www.cato.org/pubs/journal/cjv14n2-7.html.

(16) 次を参照。Murphy, *Are We Rome?*, pp. 78-83.

(17) Mike Duncan, History of Rome podcast number 82.

(18) Mikhail Rostovtzeff, 1957. *The Social and Economic History of the Roman Empire* (Oxford: Clarendon Press), p. 54.

(19) Edward Gibbon, J. B. Bury, and Giovanni Battista Piranesi, *The History of the Decline and Fall of the Roman Empire* (New York: Heritage Press, 1946), chapter 5, part II.

(20) Alan Pense, "The Decline and Fall of Roman Denarius," *Materials Characterization*, 1992, p. 213-222.

(21) 次を参照。A. H. M. Jones, "Ancient Empires and the Economy: Rome," *Third International Conference of Economic History*, 1965 (The Hague: Mouton, 1970), pp.81-104, reprinted in A. H. M. Jones, *The Roman Economy: Studies in Ancient Economic and Administrative History* (Totowa, N.J.: Rowman & Littlefield, 1974), pp. 114-39.

(22) Will Durant and Ariel Durant, *The Lessons of History* (New York: Simon & Shuster, 1968), p. 60.

(23) マイク・ダンカンの次のポッドキャストでディオクレティアヌス帝期の経済が適切に要約されている。*The History of Rome* podcast #127, "Commanding the Economy."

(24) Murphy, *Are We Rome?*, p. 47.

(25) Garnsey and Saller, *The Roman Empire*, p. 21.

第5章　中国の宝

(1) Paul Kennedy, *The Rise and Fall of the Great Powers* (New York: Vintage Books, 1987), p. 7.

(2) 本来は次の文献で引用されている。Joel Mokyr, *The Lever of Riches: Technological Creativity and Economic Progress* (Oxford: Oxford University

July 23, 2012.
(18) Hobson, *Scientific Basketball*, p. 121.
(19) Douglass C. North, *Structure and Change in Economic History* (New York: Norton, 1981), p. 201.
(20) Raghuram Rajan and Luigi Zingales, "The Persistence of Underdevelopment: Institutions, Human Capital, or Constituencies?" National Bureau of Economic Research, Working Paper No. 12093, March 2006.
(21) Anne O. Krueger, "The Political Economy of the Rent-Seeking Society," *American Economic Review*, 64, no. 3 (June, 1974): 291-303.
(22) 次を参照。R. Glenn Hubbard and William Duggan, *The Aid Trap* (New York: Columbia University Press, 2009).

第4章　ローマ帝国の没落

(1) Joel Mokyr, *The Lever of Riches: Technological Creativity and Economic Progress* (Oxford: Oxford University Press, 1992), p. 20.
(2) Angus Maddison, *Contours of the World Economy, 1-2030 AD: Essays in Macro-Economic History* (Oxford: Oxford University Press, 2007), pp. 43-47, 50, table 1.10; 54, table 1.12.
(3) 次を参照。Section 5 of Walter Scheidel, "Roman Population Size: The Logic of the Debate," version 2.0, July 2007, http://www.princeton.edu/~pswpc/pdfs/scheidel/070706.pdf, accessed August 10, 2012.
(4) Cullen Murphy, *Are We Rome? The Fall of an Empire and the Fate of America* (Boston: Houghton Mifflin Harcourt, 2007), citing Cassius Dio, *Roman History*, 56. 18-24, trans. H. B. Foster.
(5) Josephus, *A History of the Jewish War* 3.71-97, 104, 105, 107, 108, quoted in *As the Romans Did: A Sourcebook in Roman Social History*, ed. Jo-Ann Shelton, 2nd ed. (New York: Oxford University Press, 1998), p. 253.
(6) Peter Garnsey and Richard Saller, *The Roman Empire: Economy, Society and Culture* (Berkeley: University of California Press, 1987), p. 26.
(7) Murphy, *Are We Rome?*, p. 99.
(8) Gregory Clark, *A Farewell to Alms* (Princeton: Princeton University Press, 2007), p. 305.
(9) Murphy, *Are We Rome?*, p. 16.
(10) Cicero, *An Essay About Duties* 1.42, 2.25, quoted in Shelton, ed., *As the Romans Did*, pp. 125-26.
(11) Mokyr, *Lever of Riches*, p. 29.
(12) Walter Isaacson, "The Empire in the Mirror," *New York Times*, May 13,

第3章 経済的行動と制度

(1) Gerd Gigerenzer and Reinhard Selten, *Bounded Rationality: The Adaptive Toolbox* (Cambridge, Mass.: MIT Press, 2002), p. 37.
(2) "Prisoner's Dilemma," *Stanford Encyclopedia of Philosophy*, last modified October 22, 2007, http://plato.stanford.edu/entries/prisoner-dilemma/.
(3) "All Prizes in Economic Sciences," Nobelprize.org, accessed July 23, 2012, http://www.nobelprize.org/nobel_prizes/economics/laureates/.
(4) R. Glenn Hubbard and Anthony O'Brien, *Economics*, 4th ed., (Boston: Pearson, 2013), p. 327.
(5) Gordon Tullock, Arthur Seldon, and Gordon L. Brady, *Government Failure: A Primer in Public Choice* (Washington, D. C.: Cato Institute, 2002), pp. 6-7.
(6) Patrick West, "The New Ireland Kicks Ass," *New Statesman*, June 17, 2002, http://www.newstatesman.com/node/143189, accessed July 17, 2012.
(7) George Akerlof and Rachel Kranton, *Identity Economics* (Princeton: Princeton University Press, 2010), p. 6.
(8) "Why Pay Taxes?" Identity Economics, http://identityeconomics.org/research/why-pay-taxes/, accessed July 23, 2012.
(9) Francis Fukuyama, *The Origins of Political Order* (New York: Farrar, Straus & Giroux, 2011), p. 440.
(10) Walter Mischel, Yuichi Shoda, and Philip K. Peake, "The Nature of Adolescent Competencies Predicted by Preschool Delay of Gratification," *Journal of Personality and Social Psychology* 54 (1988): 687-96.
(11) Daniel Kahneman, *Thinking, Fast and Slow* (New York: Farrar, Straus & Giroux, 2011), p. 5.
(12) Ibid., pp. 286-87.
(13) "Keynesian Economics," Library of Economics and Liberty, http://www.econlib.org/library/Enc/KeynesianEconomics.html, accessed July 23, 2012.
(14) Howard Hobson, *Scientific Basketball* (New York: Prentice-Hall, 1949), pp. 104-105.
(15) George Sullivan, *All About Basketball* (New York: G. P. Putnam's Sons, 1991), p. 41.
(16) "Michael Jordan," *The Official NBA Encyclopedia*, ed. Jan Hubbard, 3rd ed. (New York: Doubleday, 2000), p. 100.
(17) Justin Kubatko, "Keeping Score: The Story Arc of the 3-Point Shot," *New York Times*, February 10, 2011, http://offthedribble.blogs.nytimes.com/2011/02/10/keeping-score-the-story-arc-of-the-3-point-shot/, accessed

(28) 次を参照。Jared Diamond, "What Makes Countries Rich or Poor?" *New York Review of Books*, June7, 2012, http://www.nybooks.com/articles/archives/2012/jun/07/what-makes-countries-rich-or-poor/?pagination=false.

(29) Charles A. Kupchan, "Empire, Military Power, and Economic Decline," review of *The Rise and Fall of the Great Powers*, by Paul Kennedy, *International Security* 13, (Spring 1989): 36-53.

(30) W. W. Rostow, "Beware of Historians Bearing False Analogies," review of *The Rise and Fall of the Great Powers*, by Paul Kennedy, *Foreign Affairs* 66 (spring 1988): 863-68.

(31) Kennedy, *The Rise and Fall of Great Powers*, p.433.

(32) Alan Ingham, review of *The Rise and Fall of the Great Powers*, by Paul Kennedy, *Economic Journal*, 99 (December 1989): 1221-22.

(33) Anthony Giddens, Michael Mann, and Immanuel Wallerstein, review of *The Rise and Fall of the Great Powers*, by Paul Kennedy, *British Journal of Sociology* 40 (June 1989): 328-40.

(34) Brink Lindsey, "Paul Krugman and the Unbearable Lameness of Partisanship," October 31, 2007, http://www.brinklindsey.com/?P=136.

(35) Niall Ferguson, "Gloating China, Hidden Problems," *Real Clear Politics*, January 9, 2012, http://mag.newsweek.com/2011/08/14/china-faces-its-own-fiscal-problems.html.

(36) Robert Samuelson, "Is China No. 1?" *Washington Post*, March 8, 2012, http://articles.washingtonpost.com/2012-03-07/opinions/35450320_1_chinese-gdp-capita-income-arvind-subramanian, accessed July 28, 2012.

(37) Thomas L. Friedman, "Is China the Next Enron?" *New York Times*, January 13, 2010, http://www.nytimes.com/2010/01/13/opinion/13friedman.html.

(38) Paul Krugman, "China Goes to Nixon," *New York Times*, January 20, 2011, http://www.nytimes.com/2011/01/21/opinion/21krugman.html?_r=0.

(39) この変化のひとつはドイツがいきなり含まれたことである。PWTは東西ドイツを総合したドイツのデータは、ドイツ再統一前は記録していない。

(40) この等式では、GDP成長率が4パーセントの場合は0.04ではなく4に変換する。また、GDP成長率の項は最小値を0.2とし、GDP成長率＝max（GDP成長率、0.2）となる。

(41) Gregg Easterbrook, *The Progress Paradox: How Life Gets Better While People Feel Worse* (New York: Random House, 2004), p.82.

(42) Matt Ridley, *The Rational Optimist* (New York: HarperCollins, 2010), p.311.

Co-operation and Development, 2006).
(16) この表はMaddison, Table 2-30, 114から引用した。この本来の表では英国について表題では「Britain」、左の列では「United Kingdom」と表記されていた。国際ドルは米ドルと同義であり、あらゆる国の財の価格を購買力平価によって換算した値で示すものである。
(17) Daniel Gross, "Myth of Decline: U.S. Is Stronger and Faster than Anywhere Else," *Newsweek*, May 7, 2012, http://www.thedailybeast.com/newsweek/2012/04/29/myth-of-decline-u-s-is-stronger-and-faster-than-anywhere-else.html, accessed June 25, 2012.
(18) Thomas Friedman, *That Used to Be Us: How America Fell Behind the World It Invented and How We Can Come Back* (New York: Farrar, Straus & Giroux, 2011).
(19) Patrick Buchanan, *Suicide of a Superpower: Will America Survive to 2025?* (New York: St. Martin's Press, 2011).
(20) Science Advisory Committee, *Deterrence and Survival in the Nuclear Age* (Washington, D.C.: U.S. Government Printing Office, 1957), http://www.gwu.edu/~nsarchiv/NSAEBB/NSAEBB139/nitze02.pdf, accessed June 28, 2012.
(21) George Kennan, "The Sources of Soviet Conflict," *Foreign Affairs* 25 (1947): 566-82.
(22) Steven Rosefielde, "The Riddle of Post-War Russian Economic Growth: Statistics Lied and Were Misconstrued," *Europe-Asia Studies* 55 (2003): 469-81, http://www.jstor.org.library.lausys.georgetown.edu/stable/3594609, accessed June 28, 2012.
(23) Lester Thurow, *Head to Head: The Coming Economic Battle Among Japan, Europe, and America* (New York: William Morrow, 1992), pp.115-16.
(24) James Fallows, "Looking at the Sun," *Atlantic*, November 1, 1993.
(25) Ibid., p. 441.
(26) Matt Yglesias, "Nobody Knows Where Economic Growth Comes From," *Slate*, August 6, 2012, http://www.slate.com/blogs/moneybox/2012/08/06/nobody_knows_where_economic_growth_comes_from.html.
(27) *Quarterly Journal of Economics*誌の第111号269-73ページに掲載された、Magnus Blomstrom、Robert E. Lipsey、Mario Zejanによる1996年の計量経済学的研究は、グレンジャー因果性検定という手法を用いて、どの変数が他の変数を導いているかを測定している。この重要な結果によって、現実世界では無形の政策のほうが有形の要因よりも優位であることが確認された。

Books, 1987), p. xxii.

(4) Murray Rothbard, *Economic Thought Before Adam Smith: An Austrian Perspective on the History of Economic Thought*, Vol. 1 (Mises Institute, 2006), http://mises.org/daily/4694, accessed June 13, 2012.

(5) William Petty, *Political Arithmetik* (Nottingham: Whitehall, 1690), preface.

(6) 次を参照。Madisson's Prologue to *The World Economy*, vol. 2, *Historical Statistics* (Paris: Organisation for Economic Co-operation and Development, 2003).

(7) Simon Kuznets, *National Income*, 1929-1932 (Cambridge, MA: National Bureau of Economic Research, 1934), pp.1-12.

(8) "GDP: One of the Great Inventions of the 20th Century," Bureau of Economic Analysis, http://www.bea.gov/scb/account_articles/general/0100od/maintext.htm, accessed June 11, 2012. 次も参照。"On the Difference Between GDP and GNP," A (Budding) Sociologist's Commonplace Book (blog), http://asociologist.com/2012/04/30/on-the-difference-between-gnp-and-gdp/, accessed June 13, 2012.

(9) "The Bretton Woods Conference, 1944," U.S. Department of State, Office of the Historian, http://history.state.gov/milestones/1937-1945/BrettonWoods, accessed June 11, 2012.

(10) Richard A. Easterlin, review of *Modern Economic Growth: Rate, Structure, and Spread*, by Simon Kuznets, last modified October 28, 2001, http://eh.net/book_reviews/modern-economic-growth-rate-structure-and-spread, accessed June 11, 2013.

(11) 国民所得が経済活動を測定する際の要素になることについては、次を参照。R. Glenn Hubbard and Anthony P. O'Brien, *Economics*, 4th ed. (Boston: Pearson, 2013).

(12) Edward Glaeser, "Pick a President to Save the U.S. From Greece's Fate," Bloomberg.com, July 25, 2012, http://www.bloomberg.com/news/2012-07-25/pick-a-president-to-save-the-u-s-from-greece-s-fate.html, accessed July 26, 2012.

(13) "The International Comparison of Prices Program (ICP)," Center for International Comparisons, http://www.econ.upenn.edu/icp.html, accessed February 5, 2013.

(14) Penn World Table 7.0は「rgdpch」というデータを示している。これは「2005年基準の購買力平価で評価した人口1人あたりのGDP（連鎖方式）」を指す。

(15) Angus Maddison, *The World Economy* (Paris: Organisation for Economic

原　注

第1章　序論

(1) Angus Maddison, *The World Economy* (Paris: Organization for Economic Co-operation and Development, 2006).
(2) Paul Kennedy, *The Rise and Fall of Great Powers* (New York: Vintage Books, 1987).
(3) Francis Fukuyama, *The End of History and the Last Man* (New York: Free Press, 1992).
(4) Carmen Reinhart and Kenneth Rogoff, *This Time Is Different* (Princeton: Princeton University Press, 2009).
(5) 次を参照。NFL.com History, http://statistic.nn.com/static/content/public/image/history/pdfs/History/Chronology-2011.pdf.
(6) Daron Acemoglu and James Robinson, *Why Nations Fail: The Origins of Power, Prosperity, and Poverty* (New York: Crown Business, 2012).
(7) Congressional Budget Office, *The 2012 Long-term Budget Outlook* (Washington, D.C.: Government Printing Office, June 5, 2012), p. 19.
(8) 次を参照。Dagmar Hartwig Lojsch, Marta Rodríguez-Vives, and Michal Slavík, "The Size and Composition of Debt in the Euro Area," European Central Bank, Occasional Paper Series, October 2011, http://www.ecb.europa.eu/pub/pdf/scpops/ecbocp132.pdf.
(9) "CBO's 2011 Long-Term Budget Outlook," http://cbo.gov/doc.cfm?index=12212.
(10) Ibid.
(11) Jim Morrison, "The Early History of Football's Forward Pass," http://www.smithsonianmag.com/history-archaeology/The-Early-History-of-Footballs-Forward-Pass.html (December 8, 2011).
(12) Fox News poll, June 30, 2011 (72-20 percent favoring); Mason-Dixon poll, May 2011 (65-25 percent favoring).

第2章　大国の経済学

(1) Lester Thurow, "Money Wars: Why Europe Will 'Own' the 21st Century," *Washington Post*, April 19, 1992.
(2) Robert Kagan, *The World America Made* (New York: Knopf, 2012).
(3) Paul Kennedy, *The Rise and Fall of the Great Powers* (New York: Vintage

Van Doren, Charles. *A History of Knowledge*. New York: Birch Lane Press, 1991.

Volcker, Paul, and Richard Ravitch, Report of the State Budget Crisis Task Force, July 17, 2012. http://www.statebudgetcrisis.org/wpcms/wp-content/images/Report-of-the-State-Budget-Crisis-Task-Force-Full.pdf, accessed October 11, 2012.

VoteView. "The Polarization of the Congressional Parties." Last modified May 10, 2012. http://voteview.com/political_polarization.asp, accessed October 3, 2012.

Ward-Perkins, Bryan. *The Fall of Rome and the End of Civilization*. Oxford: Oxford University Press, 2005.

Wennekers, Sander, André van Stel, Martin Carree, and Roy Thurik. *The Relationship Between Entrepreneurship and Economic Development: Is it U-Shaped?* Hanover MA: Now, 2010.

West, Patrick. "The New Ireland Kicks Ass." *New Statesman*, June 17, 2002. http://www.newstatesman.com/node/143189, accessed July 17, 2012.

"Why Pay Taxes?" Identity Economics. http://identityeconomics.org/research/why-pay-taxes/, accessed July 23, 2012.w

World Bank. *The East Asian Miracle: Economic Growth and Public Policy*. New York: Oxford University Press, 1993.

Yglesias, Matt. "Licensed to Decorate," *Slate.com*. May 21, 2012. http://www.slate.com/blogs/moneybox/2012/05/21/licensed_to_decorate.html.

——. "Nobody Knows Where Economic Growth Comes From," *Slate.com*. August 6, 2012. http://www.slate.com/blogs/moneybox/2012/08/06/nobody_knows_where_economic _growth_comes_from.html.

Zakaria, Fareed. *The Post-American World: And The Rise Of The Rest*. New York: Norton, 2008.

and Fall of the Great Powers, by Paul Kennedy. *Foreign Affairs* 66 (Spring 1988): 863-68.

Saha, Brigadier Subrata. "China's Grand Strategy: From Confucius to Contemporary." Strategy Research Project, U.S. Army War College, http://www.dtic.mil/cgi-bin/GetTRDoc?AD=ADA518303. accessed August 5, 2012.

Saxonhouse, Gary, and Robert Stern, eds. *Japan's Lost Decade: Origins, Consequences and Prospects for Recovery*, World Economy Special Issues. Oxford: Blackwell, 2004.

Shelton, Jo-Ann. *As the Romans Did: A Sourcebook in Roman Social History*. New York: Oxford University Press, 1998.

Shigenori Shiratsuka. "Asset Price Bubble in Japan in the 1980s: Lessons for Financial and Macroeconomic Stability," Institute for Monetary and Economic Studies, Bank of Japan, Discussion Paper No. 2003-E-15, December 2003. http://www.imes.boj.or.jp/english/publication/edps/2003/03-E-15.pdf, accessed July 20, 2012.

Siegel, Fred, and Joel Kotkin. "The New Authoritarianism." *City Journal* 31(Autumn 2011).

Siegel, Fred, and Joel Kotkin. 2011, "The New Authoritarianism." City Journal 31(Autumn 2011).

Simmons, Bill. *The Book of Basketball: The NBA According to the Sports Guy*. New York: Ballantine Books. 2009.

Sullivan, George. *All About Basketball*. New York: G.P. Putnam's Sons, 1991.

Tax Foundation. U.S. Federal Individual Income Tax Rates History, 1913-2011 (Nominal and Inflation-Adjusted Brackets). Washington, D.C., September 9, 2011. http://taxfoundation.org/article/us-federal-individual-income-tax-rates-history-1913-2011-nominal-and-inflation-adjusted-brackets, accessed October 11, 2012.

Thurow, Lester C. *Head to Head: the Coming Economic Battle Among Japan, Europe, and America*. New York: Morrow, 1992.

Trende, Sean. "What Has Made Congress More Polarized?" Real Clear Politics, May 11, 2012. http://www.realclearpolitics.com/articles/2012/05/11/what_has_made_congress_more_polarized-3.html, accessed October 11, 2012.

Tullock, Gordon, Arthur Seldon, and Gordon L. Brady. *Government Failure: A Primer in Public Choice*. Washington, D.C.: Cato Institute, 2002.

U.S. Bureau of the Census. Population Division. "California: Population of the Counties by Decennial Census: 1900 to 1990." http://www.census.gov/population/cencounts/ca190090.txt.

Bipartisan Campaign Reform Act of 2002." Brookings Institution, May 7, 2002. http://www.brookings.edu/research/articles/2002/05/07campaignfinance reform-mann, accessed October 11, 2012.

Ornstein, Norman, and Thomas Mann. *It's Even Worse Than It Looks*. New York: Basic Books, 2012.

Pamuk, Sevket. "The Evolution of Financial Institutions in the Ottoman Empire, 1600-1914." *Financial History Review* 11, no.1(2004): 7-32.

——. "Institutional Change and the Longevity of the Ottoman Empire, 1500–1800." *Journal of Interdisciplinary History* 35, no.2 (2004): 225-47.

Pense, Alan W. "The Decline and Fall of the Roman Denarius," *Materials Characterization*, 29 (September 1992): 213-22.

Peterson-Pew Commission on Budget Reform. "Tied to the Mast: Fiscal Rules and Their Uses." Washington, D.C., December 13, 2011. http://budgetreform.org/document/tied-mast-fiscal-rules-and-their-uses, accessed October 15, 2012.

Pomeranz, Kenneth. *The Great Divergence: China, Europe, and the Making of the Modern World Economy*. Princeton: Princeton University Press. 2000.

Pozen, Robert C. "Japan Can Rebuild on New Economic Foundations." Brookings Institution, March 21, 2011. http://www.brookings.edu/research/opinions/2011/03/21-japan-rebuild-pozen.

"Prisoner's Dilemma." *Stanford Encyclopedia of Philosophy*. Last modified October 22, 2007. http://plato.stanford.edu/entries/prisonner-dilemma/.

Rajan, Raghuram and Luigi Zingales. "The Persistence of Underdevelopment: Institutions, Human Capital, or Constituencies?" National Bureau of Economic Research, Working Paper No. 12093, March 2006.

Rauch, Jonathan. *Government's End: Why Washington Stopped Working*. New York: Public Affairs, 1999.

Reinhart, Carmen M. and Kenneth Rogoff. *This Time is Different*. Princeton: Princeton University Press, 2009.

Reischauer, Edwin O. *Japan: the Story of a Nation*. New York: Alfred A. Knopf, 1970.

Ridley, Matt. *The Rational Optimist*. New York: HarperCollins, 2010.

Romer, Christina D., and David H. Romer. "Do Tax Cuts Starve the Beast? The Effect of Tax Changes on Government Spending." Brookings Papers on Economic Activity (2009):139-214.

Rostovtzeff, Mikhail. *The Social and Economic History of the Roman Empire*. Oxford: Clarendon Press, 1957.

Rostow, W.W. "Beware of Historians Bearing False Analogies." Review of *The Rise*

Research Institute, 2008.

Miller, Terry, Kim R. Holmes, and Edwin J. Feulner. 2012 Index of Economic Freedom. Washington, D.C.: Heritage Foundation, 2012.

Mischel, Walter, Yuichi Shoda, and Philip K. Peake. "The Nature of Adolescent Competencies Predicted by Preschool Delay of Gratification." *Journal of Personality and Social Psychology* 54 (1988): 687-96.

Mokyr, Joel. *The Lever of Riches: Technological Creativity and Economic Progress.* Oxford: Oxford University Press. 1992.

Munkhammer, Johnny. "The Swedish Model: It's the Free-Market Reforms, Stupid." *Wall Street Journal*, January 26, 2011. http://online.wsj.com/article/SB10001424052748704698004576104023432243468.html, accessed February 10, 2011.

Murphy, Cullen. *Are We Rome? The Fall of an Empire and the Fate of America.* Boston: Houghton Mifflin Harcourt, 2007.

Murphy, Kevin and Robert Topel. "The Value of Health and Longevity." *Journal of Political Economy* 114 (2006): 871-904. http://www.dartmouth.edu/~jskinner/documents/MurphyTopelJPE.pdf, accessed October 11, 2012.

"New World Order?: A Review of *On China*, by Henry Kissinger." Claremont Institute. http://www.claremont.org/publications/crb/id.1884/article_detail.asp, accessed November 5, 2012.

Niskanen, William. "Limiting Government: The Failure Of 'Starve The Beast.'" *Cato Journal* 26 (2006): 553-58.

North, Douglass C. *Understanding the Process of Economic Change*. Princeton: Princeton University Press, 2010.

——. *Structure and Change in Economic History*. New York: Norton, 1981.

Oertel, Friedrich. "The Economic Life of the Empire." In S.A. Cook, et. al., eds., *The Imperial Crisis and Recovery*, 232-81. Vol. 12 of *The Cambridge Ancient History*. London: Cambridge University Press, 1939.

——. "The Economic Unification of the Mediterranean Region: Industry, Trade, and Commerce." In S.A. Cook, F.E. Adcock and M. P. Charlesworth, eds., *The Augustan Empire, 44 B.C –A.D.70*, 382-424. Vol. 10 of *The Cambridge Ancient History*. London: Cambridge University Press, 1934.

The Official NBA Encyclopedia, Ed. Jan Hubbard. 3rd ed. New York: Doubleday, 2000.

Olson, Mancur. *The Rise and Decline of Nations: Economic Growth, Stagflation and Social Rigidities*. New Haven: Yale University Press, 1982.

Ornstein, Norman, and Thomas Mann. "Myths and Realities About the

Austerity." *New York Times*, February 13, 2012. http://www.nytimes.com/2012/02/14/world/europe/athens-shaken-by-riots-after-vote-for-greek-austerity-plan.html, accessed August 22, 2012.

Krugman, Paul. "The Myth of Asia's Miracle," *Foreign Affairs* (November-December, 1994). http://www.foreignaffairs.com/articles/50550/paul-krugman/the-myth-of -asias-miracle.

Kupchan, Charles A. "Empire, Military Power, and Economic Decline." Review of T*he Rise and Fall of the Great Powers*, by Paul Kennedy. *International Security*, 13, (Spring 1989): 36-53.

Lachmann, Richard. "Elite Self-Interest and Economic Decline in Early Modern Europe." *American Sociological Review* 68, no.3 (2003): 346-72.

Landes, David. *The Wealth and Poverty of Nations: Why Some Are So Rich and Some So Poor*. New York: W.W. Norton & Company, 1998.

Levathes, Louise. *When China Ruled the Seas: The Treasure Fleet of the Dragon Throne, 1405-1433*. Oxford: Oxford University Press, 1997.

Library of Economics and Liberty. "Keynesian Economics." http://www.econlib.org/library/Enc/KeynesianEconomics.html, accessed July 23, 2012.

Lin. Judy. "Analyst Agrees Brown's Calif. Budget In Balance." Associated Press, http://bigstory.ap.org/article/analyst-agrees-browns-calif-budget-balance, accessed February 12, 2013.

Lipscomb, Andrew A. and Albert Bergh, eds. *The Writings of Thomas Jefferson*. Memorial Edition. Washington, D.C.: The Thomas Jefferson Memorial Association of the United States, 1903.

Luttwak, Edward. *The Guard Strategy of the Roman Empire from the First Century A.D. to the Third*. Baltimore: Johns Hopkins University Press, 1976.

Lynch, Megan Suzanne. "Budget Process Reform: Proposals and Legislative Actions in 2012." Washington, D.C.: Congressional Research Service, R42383, March 2, 2012.

Maddison, Angus, *The World Economy*. Paris: Organisation for Economic Co-operation and Development, 2006.

McCloskey, Deirdre. *Bourgeois Dignity: Why Economics Can't Explain the Modern World*. Chicago: University of Chicago Press, 2011.

McGraw Hill. "S&P/Case-Shiller Home Price Indices." http://www.standardandpoors.com/indices/sp-case-shiller-home-price-indices/en/us/?indexId=spusa-cashpidff----p-us----, accessed October 30, 2012.

McQuillan, Lawrence J., Michael T. Maloney, Eric Daniels, and Brent M. Eastwood. U.S. Economic Freedom Index: 2008 Report. San Francisco: Pacific

Isaacson, Walter. "The Empire in the Mirror." *New York Times*, May 13, 2007. http://www.nytimes.com/2007/05/13/books/review/Isaacson-t.html?_r=0.

Jacobson, Gary C. "The President, the Tea party, and Voting Behavior in 2010: Insights from the Cooperative Congressional Election Study." August 9, 2011. http://ssrn.com/abstract=1907251.

James, Harold. Review of *The Rise and Fall of the Great Powers: Economic Change and Military Conflict from 1500 to 2000* by Paul Kennedy. *Political Science Quarterly*, 103 (Autumn 1988): 549-50.

Jones, Garett. "The Bond Market Wins." *Econ Journal Watch* 9(January 2012): 41-50.

"Jordan, Michael." *The Official NBA Encyclopedia*, Ed. Jan Hubbard. 3rd ed. New York: Doubleday, 2000.

Kamen, Henry. "Decline Of Castile: The Last Crisis." *Economic History Review* (1964): 63-76.

——. "The Decline of Spain: A Historical Myth?" *Past and Present* 81 (1978): 24-50.

Kane, Tim. "The Collapse of Startups in Job Creation and Job Destruction," Hudson Institute Economic Policy Briefing Paper. September 2012. http://www.hudson.org/files/publications/Kane--TheCollapseofStartupsinJobCreation0912web.pdf.

——. "Debt and Democracy." *The Economists' Voice* 9, (2012).

——. "The Importance of Startups for Job Creation and Job Destruction." Kauffman Foundation Research Series: Firm Formation and Economic Growth. July 2010. http://www.kauffman.org/uploadedFiles/firm_formation_importance_of_startups.pdf.

——. "Who Is the Divisive President?" *Washington Examiner*, June 4, 2012. http://washingtonexaminer.com/article/686906.

Karp, Jeffrey A., "Explaining Public Support for Legislative Term Limits," *Public Opinion Quarterly* 59, no.3 (1995) 373-91.

Kellenbenz, Hermann. "The Impact of Growth on Government: The Example of Spain." *Journal of Economic History* 27, no.3 (1967): 340.

Kennedy, Paul M. *The Rise and Fall of the Great Powers: Economic Change and Military Conflict from 1500 to 2000*. New York: Random House, 1987.

Keller, Morton: "Debt: The Shame of Cities and States." *Policy Review* 169 (October 1, 2011). http://www.hoover.org/publications/policy-review/article/93501.

Kitsantonis, Niki and Rachel Donadio. "Athens Shaken by Riots after Vote for

Heston, Alan, Robert Summers and Bettina Aten, Penn World Table Version 7.0, Center for International Comparisons of Production, Income and Prices at the University of Pennsylvania, June 2011.

Hobson, Howard. *Scientific Basketball.* New York: Prentice-Hall, 1949.

Homer. *The Odyssey.* Translated by Robert Fagles. London: Penguin, 1996.

Hoover Institution. Eureka: California's Policy, Economics and Politics. http://www.advancingafreesociety.org/category/eureka/.

Hoshi, Takeo, and Takatoshi Ito. "Defying Gravity: How Long Will Japanese Government Bond Prices Remain High?" National Bureau of Economic Research Working Paper No. 18287, August 2012.

Howard, Michael. "Imperial Cycles: Bucks, Bullets and Bust." Review of *The Rise and Fall of the Great Powers,* by Paul Kennedy. New York Times, Sunday Book Review, January 10, 1988.

"Howard Hobson; Basketball Pioneer and Coach Was 87." *New York Times,* June 10, 1991. http://www.nytimes. com/1991/06/10/obituaries/howard-hobson-basketball-pioneer-and coach-was-87.html, accessed January 9, 2012.

Hubbard, Glenn and Tim Kane. "How America Should Avert Its Looming Fiscal Crisis." *Financial Times.* February 3, 2013. http://blogs.ft.com/the-a-list/2013/02/03/how-america-should-avert-its-looming-fiscal-crisis/?#axzz2O0lmxhAc.

——. "In Pursuit of a Balanced Budget," *Politico.* July 28, 2011. http://www.politico.com/news/stories/0711/60103.html.

——. "Regaining America's Balance," *National Affairs,* no. 14 (Winter, 2013). http://www.nationalaffairs.com/publications/detail/regaining-americas-balance.

Hubbard, R. Glenn, and Anthony O'Brien. *Economics,* 4th ed. Boston: Pearson, 2013.

Hunt, Michael H. Review of *The Rise and Fall of the Great Powers: Economic Change and Military Conflict from 1500 to 2000,* by Paul Kennedy. *Journal of American History* 75 (March 1989): 1285-86.

Huntington, Samuel P. *The Clash of Civilizations and the Remaking of World Order.* New York: Simon & Schuster, 1996.

Ingham, Alan. Review of *The Rise and Fall of the Great Powers: Economic Change and Military Conflict from 1500 to 2000* by Paul Kennedy. *Economic Journal* Vol. 99 (December 1989): 1221-22.

International Monetary Fund. "Global Financial Stability Report: The Quest for Lasting Stability." Washington, D.C., April, 2012. http://www.imf.org/external/pubs/ft/gfsr/2012/01/pdf/c4.pdf, accessed October 11, 2012.

Friedberg, Aaron. *The Weary Titan: Britain and the Experience of Relative Decline*,1895-1905. Princeton: Princeton University Press, 1988.

Fukuyama, Francis. *The End of History and the Last Man*. New York: Free Press, 1992.

——. *The Origins of Political Order*. New York: Farrar, Straus & Giroux, 2011.

Galston, William. "Why Republicans Aren't the Only Ones to Blame for Polarization." *New Republic*, May 18, 2012. http://www.tnr.com/article/the-vital-center/103394/polarization-norm-ornstein-republicans-democrats#, accessed October 11, 2012.

Gibbon, Edward and David Womersley. *The History of the Decline and Fall of the Roman Empire*. New York: Penguin Books, 2000.

Giddens, Anthony, Michael Mann, and Immanuel Wallerstein. "Comments on Paul Kennedy's *The Rise and Fall of the Great Powers." British Journal of Sociology*, 40 (June, 1989): 328-40.

Gigerenzer, Gerd, and Reinhard Selten, *Bounded Rationality: The Adaptive Toolbox*. Cambridge: MIT Press, 2002.

Glaeser, Edward. "Balanced Budget Suddenly Looks More Appealing." Bloomberg, August 1, 2011, http://www.bloomberg.com/news/2011-08-02/balanced-budget-suddenly-looks-more-appealing-edward-glaeser.html, accessed August 4, 2011.

Grandoni, Dino. "Senate Gridlock Explained in One Chart." *Atlantic Wire*, March 8, 2012. http://www.theatlanticwire.com/national/2012/03/us-senate-now-completely-polarized/49641/, accessed October 11, 2012.

Grier, Robin M. "Colonial Legacies and Economic Growth." *Public Choice* 98 (1999): 317-35.

Haltiwanger, John , Ron S. Jarmin, and Javier Miranda. "Business Formation and Dynamics by Business Age: Results from the New Business Dynamics Statistics." CES Preliminary paper, 2008. http://webserver03.ces.census.gov/docs/bds/bds_paper_CAED_may2008_dec2.pdf, downloaded May 18, 2010.

Hamilton, Earl J. "Revisions in Economic History: Viii--The Decline of Spain." *Economic History Review* 8 (1938): 168-79.

Hassett, Kevin A. Testimony Before the House Ways and Means Committee Regarding the Importance of Comprehensive Tax Reform. January 20, 2011. http://waysandmeans.house.gov/news/documentsingle.aspx?DocumentID=229436, accessed June 5, 2011.

Helpman, Elhanan. *The Mystery of Economic Growth*. Cambridge, Mass.: Belknap Press of Harvard University Press, 2004.

Illusion." *Journal of Economic Surveys*, 10 (1996): 261-97.

Donadio, Rachel and Niki Kitsantonis. "Greek Revolt On Bailout Vote May Oust Prime Minister." *New York Times*, November 1, 2011. http://www.nytimes.com/2011/11/02/world/europe/markets-tumble-as-greece-plans-referendum-on-latest-europe-aid-deal.html?scp=3&sq=greece&st=cse, accessed August 29, 2012.

Dreyer, Edward L., "The Poyang Campaign of 1363: Inland Naval Warfare in the Founding of the Ming Dynasty." In Kierman, Frank A., and John K. Fairbank, eds., *Chinese Ways in Warfare*, Cambridge. Mass.: Harvard University Press, 1974.

Duncan, Mike. *The History of Rome*. Podcasts. http://thehistoryofrome.typepad.com/.

Durant, Will, and Ariel Durant. *The Lessons of History*. New York: Simon & Schuster, 1968.

Easterbrook, Gregg. *The Progress Paradox: How Life Gets Better While People Feel Worse*. New York: Random House, 2004.

Fackler, Martin. "Japan Goes from Dynamic to Disheartened." *New York Times*, October 16, 2010, http://www.nytimes.com/2010/10/17/world/asia/17japan.html?pagewanted=all.

——. "In Japan, Young Face Generational Roadblocks," *New York Times*, January 27, 2011. http://www.nytimes.com/2011/01/28/world/asia/ 28generation.html?ref=martinfackler.

Fallows, James M. *Looking at the Sun: The Rise of the New East Asian Economic and Political System*. New York: Pantheon Books, 1994.

Feldstein, Martin. "Japan's Savings Crisis." Project Syndicate, September 24, 2010. http://www.project-syndicate.org/commentary/japan-s-savings-crisis.

Ferguson, Niall. *Empire: The Rise and Demise of the British World Order and the Lessons for Global Power*. London: Allen Lane, 2002.

——. *The Ascent of Money: A Financial History of the World*. New York: Penguin Press, 2008.

Feulner, Edwin, et al. "2012 Index of Economic Freedom." The Heritage Foundation. 2012.

Flynn, Dennis O. "Fiscal Crisis and The Decline of Spain (Castile)." *Journal of Economic History* 42 (1982): 139.

Fraser, Alison Acosta. "The Broken Budget Process: Legislative Proposals". Testimony before the Committee on the Budget, United States House of Representatives, May 31, 2012.

Congressional Budget Office. The Budget and Economic Outlook: Fiscal Years 2010 to 2020. Washington, D.C., 2011. Accessed August 29, 2012. http://www.cbo.gov/ftpdocs/108xx/doc10871/01-26-Outlook.pdf.

——. "CBO's 2011 Long-Term Budget Outlook." Washington, D.C., 2011. http://cbo.gov/ftpdocs/122xx/doc12212/2011_06_22_summary.pdf, accessed August 29, 2012.

——. "Federal Debt and the Risk of a Fiscal Crisis." Washington, D.C., 2010. http://www.cbo.gov/sites/default/files/cbofiles/ftpdocs/116xx/doc11659/07-27_debt_fiscalcrisis_brief.pdf, accessed October 11, 2012.

Cowen, Tyler. "Introduction to Symposium on U.S. Sovereign Debt Crisis: Tipping-Point Scenarios and Crash Dynamics." Symposium, Mercatus Center, George Mason University, Arlington, VA, January 23, 2012. http://mercatus.org/publication/us-sovereign-debt-crisis-tipping-point-scenarios-and-crash-dynamics/introduction, accessed August 29, 2012.

——. "Multiple Equilibria?" Marginal Revolution, October 10, 2012. http://marginalrevolution.com/marginalrevolution/2012/10/multiple-equilibria.html, accessed August 29, 2012.

Coy, Peter. "Keynes vs. Alesina. Alesina Who?" *Bloomberg Business Week*, June 29, 2010. http://www.businessweek.com/stories/2010-06-29/keynes-vs-dot-alesina-dot-alesina-who.

Crook, Clive. "Paralysis in Congress Better Than Self-Destruction." Bloomberg, November 22, 2011. http://www.bloomberg.com/news/2011-11-23/paralyzed-congress-better-than-self-destruction-commentary-by-clive-crook.html, accessed October 11, 2012.

Davis, Steven J., John Haltiwanger, and Scott Schuh. *Job Creation and Destruction*. Cambridge, Mass.: MIT Press, 1996.

Devore, Veronica. "President Obama Ignites Debate Over Executive Powers." PBS, July 3, 2012. http://www.pbs.org/newshour/extra/features/us/jan-june12/executive_07-03.html, accessed August 29, 2012.

DiSalvo, Daniel, "Dues and Deep Pockets: Public-Sector Unions' Money Machine," Manhattan Institute for Policy Research, Civic Reports, No. 67, March 2012, http://www.manhattan-institute.org/html/cr_67.htm, accessed September 20. 2012.

——. "The Trouble with Public Sector Unions," *National Affairs*, Fall 2010, http://www.nationalaffairs.com/publications/detail/the-trouble-with-public-sector-unions.

Dollery, Brian and Andrew Worthington. "The Empirical Analysis of Fiscal gov/ReportsTrustFunds/downloads/tr2011.pdf, accessed August 29, 2012.

Bowen, Catherine Drinker. *Miracle at Philadelphia*. Boston: Little, Brown, 1986.

Broder, David. "The Party's Over." *Atlantic*, March 1972.

Broder, David, and Haynes Johnson. *The System: The American Way of Politics at the Breaking Point*. New York: Little, Brown, 1996.

Brown, Clifton, "3-Pointer Adds Dimension To N.B.A.," *New York Times*, February 5, 1990. http://www.nytimes.com/1990/02/05/sports/3-pointer-adds-dimension-to-nba.html?pagewanted=all&src=pm, accessed June 20, 2012.

Buchanan, James M. *Public Finance in Democratic Process: Fiscal Institutions and Individual Choice*. Chapel Hill: University of North Carolina Press, 1967.

Buchanan, James M. and Richard E. Wagner. *Democracy in Deficit: The Political Legacy of Lord Keynes*. Indianapolis: Liberty Fund, 1977.

Caplan, Bryan. *The Myth of the Rational Voter: Why Democracies Choose Bad Policies*. Princeton: Princeton University Press, 2007.

Carroll, Royce, Jeff Lewis, James Lo, Nolan McCarty, Keith Poole, and Howard Rosenthal. "Who is more Liberal, Senator Obama or Senator Clinton?" Working Paper, VoteView, April 18, 2008, http://voteview.com/Clinton_and_Obama.htm, accessed October 11, 2012.

Center for Economic Studies, National Bureau of Economic Research. http://webserver03.ces.census.gov/docs/bds/bds_paper_CAED_may2008_dec2.pdf, accessed May 18, 2010.

Center on Budget and Policy Priorities. "Special Report Series: The Balanced Budget Constitutional Amendment." http://www.cbpp.org/archiveSite/bba.htm, accessed August 22, 2011.

Chen, Duanjie and Jack Mintz. "Corporate Tax Competitiveness Rankings for 2012." *Cato Institute Tax and Budget Bulletin* 65 (2012). http://www.cato.org/pubs/tbb/tbb_65.pdf, accessed August 22, 2011.

Chua, Amy. *Day of Empire: How Hyperpowers Rise to Global Dominance—and Why They Fall*. New York: Doubleday, 2007.

Cillizza, Chris. "Is Polarization Really all Republicans' Fault?" *Washington Post*, The Fix blog, April 30, 2012. http://www.washingtonpost.com/blogs/the-fix/post/is-polarization-really-all-republicans-fault/2012/04/30/gIQAJXFAsT_blog.html, accessed October 11, 2012.

Colley, Linda. "Britishness and Otherness: an Argument." *Journal of British Studies* 31 (1992): 309-329.

"Confucius." *Stanford Encyclopedia of Philosophy*, http://plato.stanford.edu/entries/confucius/, accessed August 20, 2012.

参考文献

Abramowitz, Alan. *The Disappearing Center: Engaged Citizens, Polarization, and American Democracy*. New Heaven: Yale University Press, 2010.

Acemoglu, Daron, and James Robinson. *Why Nations Fail: the Origins of Power, Prosperity, and Poverty*. New York: Crown Business, 2012.

Akerlof, George, and Rachel Kranton. *Identity Economics*. Princeton: Princeton University Press, 2010.

Alesina, Alberto, and Silvia Ardagna. "Large Changes in Fiscal Policy: Taxes Versus Spending." in *Tax Policy and the Economy*, vol. 24, Cambridge, Mass.: MIT Press, 2010.

Alesina, Alberto, and Francesco Giavazzi. "The Austerity Question: 'How' is as important as 'how much'" VOX, April 3, 2012. http://www.voxeu.org/article/austerity-question-how-important-how-much.

"All Prizes in Economic Sciences." Nobelprize.org. http://www.nobelprize.org/nobel_prizes/economics/laureates/, accessed July 23, 2012.

"Are the Republicans Mad?" *Economist*, April 28, 2012. http://www.economist.com/node/21553449.

Bakker, Gerben. "The Economic History of the International Film Industry," EH.net, February 2, 2010. http://eh.net/encyclopedia/article/bakker.film.

Barro, Robert J., and Xavier Sala-i-Martin. *Economic Growth*. Cambridge, Mass.: MIT Press, 1995.

Bartlett, Bruce. "Balanced Budget Amendment a 'Phony' Deficit Solution." *The Fiscal Times*, August 27, 2010. http://www.thefiscaltimes.com/Columns/2010/08/27/Balanced-Budget-Amendment-a-Bad-Approach.aspx, accessed September 4, 2011.

——. "How Excessive Government Killed Ancient Rome," *Cato Journal* 14, no. 2 (Fall 1994): 287-303.

Belasco, Amy. "The Cost of Iraq, Afghanistan, and Other Global War on Terror Operations Since 9/11." Washington, D.C.: Congressional Research Service, RL33110, March 29, 2011.

Boards of Trustees, Federal Hospital Insurance and Federal Supplementary Medical Insurance Trust Funds. 2011 Annual Report of the Boards of Trustees of the Federal Hospital Insurance and Federal Supplementary Medical Insurance Trust Funds. Washington, D.C., May 13, 2011, https://www.cms.

本書は、二〇一四年一〇月に発行した同名書を
文庫化したものです。

日経ビジネス人文庫

なぜ大国《たいこく》は衰退《すいたい》するのか
古代《こだい》ローマから現代《げんだい》まで

2019年6月 3 日　第1刷発行
2019年6月25日　第2刷

著者
グレン・ハバード
ティム・ケイン

訳者
久保恵美子
くぼ・えみこ

発行者
金子 豊

発行所
日本経済新聞出版社
東京都千代田区大手町 1-3-7 〒100-8066
電話(03)3270-0251(代)　https://www.nikkeibook.com/

ブックデザイン
鈴木成一デザイン室

本文 DTP
マーリンクレイン

印刷・製本
中央精版印刷

Printed in Japan　ISBN978-4-532-19899-2